이케아 사람들은
왜 산으로 갔을까?

이케아 사람들은
왜 산으로 갔을까?

그린 비즈니스에서 승자가 되는 법

대니얼 C. 에스티 · 앤드루 S. 윈스턴 지음 | 김선영 옮김

살림Biz

우리의 아이들 사라, 토머스, 조너선(에스티의 자녀들),
조슈아, 제이컵(윈스턴의 자녀들)에게 이 책을 바칩니다.
이윤을 얻으면서 동시에 건강하고 지속가능한 세상을 만드는
미래의 비즈니스에서 모두가 혜택을 누리며 살기를 바랍니다.

차례

1부 녹색물결이 밀려온다

2부 그린 비즈니스도 전략이다

2009년 한국 정부는 '녹색성장 5개년 계획'을 발표했다. 이 계획에 따르면 한국 정부는 청정 기술산업의 발전을 위해 국내총생산의 약 2퍼센트를 예산으로 잡았다. 이렇게 '친환경going green'에 헌신적인 한국 정부의 모습은 전 세계 어느 정부보다도 두드러져 보인다.

한국이 비즈니스와 환경의 접점에서 선도적 모습을 보인 시점은 10년도 더 전에 한국의 환경지속성지수Environmental Sustainability Index를 높이기 위해 공공부문과 민간부문 양쪽 모두를 끌어들여 '프로젝트 135 이니셔티브Project 135 Initiative'를 추진한 때로 거슬러 올라간다. 그 이후 한국은 2010년에 자국에서 개최한 G-20 정상회의에서 글로벌녹색성장연구소Global Green Growth Institute를 창립하는 등의 노력의 정점을 보여주며 지속가능성 리더십에서 매우 빠른 발전을 이뤘다. 그렇지만 지속가능성과 청정기술에서 보인 매우 헌신적인 모습에도 불구하고 여전히 남는 의문이 있다. 한국 기업들은 이러한 비전을 이행할 만한 전략과 도구를 어떻게 개발할 것인가가 바로 그 의문이다. 세계적인 베스트셀러인 이 책의 한국어판이 이 고민에 어느 정도 도움을 줄 것이다.

'녹색물결Green Wave'이 산업계를 휩쓴다는 증거는 지난 몇 년에 걸쳐 계속 늘어났다. 천연자원의 제약이 점차 많은 산업과 기업을 위협하고 있다. 그리고 많은 나라에서 정부, 규제자, 직원, 비즈니스 고객, 최종 소비자에 이르기까지 각기 다른 다수의 이해관계자라는 어젠다를 중심으로 환경적 우려가 급속도로 커지고 있다. 자연계의 압력 그리고 자연계에 관심있는 사람들의 압박이 결합되면서, 점차 많은 비즈니스 리더들이 각자 분야에서 환경 이슈를 전략의 핵심으로 삼는 것이 수익성이 있으며 필수적이라는 사실을, 그리고 자신들이 이러한 전략을 취하지 않더라도 경쟁자들은 이를 핵심전략으로 삼는다는 사실을 깨닫고 있다.

환경 렌즈를 통해 비즈니스를 바라보는 기업들은 시장에서 경쟁우위를 흔히 발견한다. 이들은 천연자원 관리에 내재한 비용과 위험을 통제해 다수의 기업보다 한발 앞서 갈 수 있다. 그렇지만 이 방법은 식상해졌다. 기후변화와 물 부족, 대기오염, 유해물질 노출, 생물다양성과 '생물망web of life'의 상실에 대응하기를 열망하는 대중에게 환경적 해결책을 제시함으로써 기업은 차츰 '무형'의 가치인 브랜드의 입지를 높이고 현실적인 수익을 높이는 방법도 찾아내고 있다. 시장경제에서 이러한 문제에 좋은 해결책을 제시하는 기업은 막대한 수익을 낳을 수 있다.

이 책은 고객과 직원, 소비자, 비정부기구, 정부를 비롯한 다양한 이해관계자가 보내는 압력뿐 아니라 앞서 말한 지속가능성의 온갖 동력에 대해 논의하고, 기업이 자사의 영업방식과 제품을 정비하는 이유를 분석한다.

그렇지만 이 책의 상당부분은 기업이 실제 가치를 창출하기 위해 사용하는 효과적인 환경전략과 도구를 '어떻게' 마련하는지, 즉 운영비와 위험을 대폭 낮추는 방법, 고객이 환경발자국을 낮추도록 돕는 신제품과 새로운 서비스를 개발하는 방법, 브랜드 가치를 만들고 충성심 있는 고객과 직원을 끌어들이는 방법 등을 탐구한다.

이 책의 한국어판은 매우 중요한 시점에 나왔다. 한국은 몇몇 선도적인 기업들이 오래전부터 환경영역에서 보여준 헌신성을 토대로 한국이 환경적 도약을 하면서 녹색물결이 거세지기 시작했다. 에너지 가격이 오르고 천연자원이 더욱 부족해지는 상황에서 자원생산성을 높이면 이에 대한 보상은 계속 커질 것이다.

한국의 선도적 기업들 다수가 이미 녹색경로를 따라 단호히 움직이면서 매우 모범적인 관행을 선보이고 있다. 삼성은 에너지 사용량과 온실가스 배출량 줄이기부터 유해물질 제거와 수명이 다한 제품의 처리, '제품 회수'를 높이기 위한 방안 고민에 이르기까지 중요한 환경적 구상을 내놓았다. 그렇지만 무엇보다도 중요한 구상은 친환경제품을 개발하기 위해 상당한 노력을 기울인 점이다. 삼성이 5조 4천억 원을 투입한 '플래닛 퍼스트Planet First' 프로젝트는 녹색 리더십을 보여주는 매우 좋은 사례이다. 이 계획에는 삼성 제품의 온실가스 배출량을 50퍼센트 낮춘다는 목표가 담겨 있다.

다른 한국 대기업들도 이러한 흐름을 주도하고 있다. 철강기업 포스코는 자사가 개발하는 제품 중 76퍼센트를 친환경제품에 초점을 맞추겠다고 선포했다. 포스코는 온실가스 배출을 낮추는 생산 공정을 개발했고 제품 재활용 비율을 높이기 위해 고내식성 철강을 개발했다. 또한 자사의 기후변화 전략을 공개적으로 논의하기 위해 탄소보고서를 발간하기도 했다.

전자업체 LG도 마찬가지다. LG는 텔레비전과 냉장고에서 최초로 탄소무발생 제품인증을 받았다. LG는 자사의 탄소발자국을 40퍼센트 줄이고 더욱 친환경적인 제품을 개발하기 위해 향후 10년간 20조 원을 투자하기로 했다. 또한 자사의 전자제품 폐기물이 어떻게 재활용되는지 검증받기 위해 제삼자 인증을 활용하고 높은 기준을 충족하는 재활용업체에게 특혜를 주겠다고 선언했다.

이들 기업과 여타 많은 업체가 산업계를 휩쓰는 녹색물결에서 생기는 위험과 기회를 자신들의 가치사슬 전반에서 목격하고 있다. 이들은 자사의 환경발자국을 줄이고 동시에 더욱 친환경적인 제품을 만들며, 자사제품에 대한 책임감을 높이기 위해 제품의 생애주기를 관리하고 있다. 자사의 경영뿐아니라 한 업체의 가치사슬 전반이 미치는 효과를 측정하고 관리했을 때 얻는 가치가 바로 이 책이 전반적으로 다루는 핵심주제이다.

분명한 사실은 한국에 있는 그 어떤 기업도 산업계를 휩쓰는 녹색물결을 무시할 수 없다는 것이다. 대기업이든 소기업이든 제조업이든 서비스업이든 상관없이 기업은 지속적으로 오염을 줄이고 천연자원을 현명하게 관리하는 방법, 아니면 경쟁열위에 맞서는 방법을 찾아야 한다. 전 세계의 환경적 도전에 해결책을 제시하는 기업은 커다란 수익을 얻을 것이다.

우리는 이 책이 조명한 전 세계 기업의 사례에서 독자들이 교훈을 얻길 바란다. 다국적 대기업부터 작은 업체에 이르기까지 전 세계 기업은 이 책이 자사의 환경전략을 세우는 데 결정적인 도구임을 깨달았다. 우리는 한국 독자도 이에 공감하기를 바란다.

여러분의 지속가능성 여정에 행운이 함께하길 빈다!

2012년 1월

2006년 가을 이 책을 출간하면서, 우리는 비즈니스 리더들이 환경적 사고를 전략에 포용하는 일이 얼마나 중요한지 깨닫길 기대했다. 그런데 사회와 비즈니스 세계를 휩쓴 녹색물결의 위력은 우리의 예상을 뛰어넘었다. 지난 몇 년 동안 친환경기업으로 변모한 곳이 수천 개였다.

역사적으로 볼 때, 기업의 환경에 대한 관심은 갑자기 솟구쳤다가 이내 사라지곤 했다. 그렇지만 이번에는 달랐다. 주로 환경비용과 위험 혹은 기업의 사회적 책임에 주목하기보다, 환경의 지속가능성에 초점을 두면서도 성장과 이윤의 기회를 발견해낸 기업이 많아졌다.

우리가 이 책을 낸 시기는 행운이었다. 환경을 경쟁우위의 한 요소로 관심을 두는 기업들이 많아지면서, 이 책의 여파와 영향력은 우리의 상상을 뒤엎었다. 우리는 녹색정책에 관심이 있으리라고는 예상하지 못한 기업 경영자나 업계 대표들로부터도 많은 전화를 받았다. 이 비즈니스 리더들은 우리에게 자신들의 회의자리에 함께 참석하고, 경영팀에게 조언을 해주며, 현재 친환경 비즈니스로 가는 것이 왜 유익한지 그 전반적 이야기를 해달라고 요청했다. 혹은 그저 이 책이 회사가 더욱 친환경적 기업으로 거듭나는 데 도움이 되었다는 말을 전하려는 이들도 있었다. 이러한 긍정적 반응에 개인적으로 매우 큰 보람을 느끼면서 동시에 우리 책에 쏟아지는 꾸준한 관심 앞에 겸허해졌다. 우리의 관점에 공감을 표하거나 또 다른 이야기를 들려준, 그리고 때론 비판도 서슴지 않았던 모든 독자에게 감사를 드린다.

이번에 출간한 개정판에서, 우리는 진화해가는 비즈니스와 환경을 또다른 관점으로 바라보았다. 또한 새로운 내용을 비롯해 핵심적 사실과 사례연구를 덧붙이고 최근의 시장동향을 반영하였으며, 우리의 분석과 전략을 가다듬었다. 또 우리의 환경 리더들인 '녹색기업Wave Riders', 특히 브리티시 페트롤리엄British Petroleum, BP과 포드Ford를 비롯한 대다수 기업이 범하는 오류 또한 언급했다.

주목할 점은 지난 몇 년간 녹색사업의 성장을 돌이켜볼 때, 우리 주장의 전반적인 틀이 크게 변하지 않았다는 사실이다. 기업에 영향을 주고 이들이 친환경으로 돌아서도록 압박하는 힘은 여전히 막강하다. 그렇지만 환경이나 지속가능성을 전략에 끌어들여야 한다는 비즈니스 논리는 한층 강화했다. 이는 사실 피할 수 없는 논리다.

책 자체에 변화를 주면서 동시에 우리는 전보다 명백해지고 강화된 몇 가지 굵직한 영향력을 조명하고 싶었다. 책 말미에 몇 가지 자주 묻는 질문에 답을 해두었지만(부록3), 우선 여기서 주목해야 할 결정적 흐름 몇 가지를 짚어본다.

급증하는 미디어의 관심

미디어가 녹색물결의 중요성을 간파하기 시작했다. 「포춘Fortune」과 「비즈니스 위크Business Week」를 비롯하여 「월스트리트 저널Wall Street Journal」「뉴욕 타임스New York Times」에 이르기까지 비즈니스-환경 기사를 대폭 늘려 매우 주목받는 내용을 표지기사에 여러 차례 싣거나, 녹색사업에 지면을 특별할애하기도 했다. 무엇보다 환경에 대한 관심이 넓고 깊어지면서 일반잡지와 방송에도 그 영향이 그대로 전해졌다. 잡지 「베니티 페어Vanity Fair」와 「스포츠 일러스트레이티드Sports Illustrated」부터 거의 모든 프로그램이 환경을 주제로 다룬 '대세는 녹색Green Is Universal' 기획을 한 주동안 편성한 NBC 방송이 그런 사례들이다. 최근에는 미디어 회사인 디스커버리 커뮤니케이션이 환경을 주제로 한 텔레비전 채널 플래닛 그린을 만들기도 했다.

우리는 이 모든 관심에서 세 가지 핵심적 결론을 끌어냈다. 첫째, 환경 이슈는 명백한 공공 어젠다로 올라섰다. 이를 비즈니스 입장에서 보자면, 이해관계자 그중에서도 고객과 직원이 언제 어디서나 녹색 메시지를 접하므로 전보다 환경에 대한 우려가 높아졌다는 뜻이다. 둘째, 환경에 대한 미디어의 관심은 녹색경제에 대한 신뢰뿐 아니라 녹색물결이 쉽게 사라지지 않는다는 전망을 보여준다. 그렇지만 셋째, 이는 기업이 녹색시장에서 자신들의 영업방식에 매우 주의를 기울여야 한다는 뜻이기도 하다. 블로거와 나날이 증가하는 자칭 기업감시자 등 다양한 리포터들이 함량미달 친환경기업을 잡아내기 위해 감시의 끈을 늦추지 않을 것이기 때문이다. 그렇지만 적법하고 검증 가능한 친환경을 이야기하는 기업에게는 청중이 그 어느 때보다 흥미를 보이며 대거 몰려들 것이다.

공급사슬의 녹색화는 기업의 도전과제이자 기회

오염된 애완동물사료와 치약부터 납 페인트칠된 장난감에 이르기까지, 지난 몇 년간 대형 환경 스캔들 중 몇몇은 공급사슬에서 터져나왔다. 대다수 기업과 업계에서 가장 큰 환경위험은 공급사슬 상류에 놓여 있다. 이 문제들은 대형 브랜드나 대중을 상대로 최종제품을 판매하는 비즈니스에 치명타를 입힐 수 있다.

혹여 미심쩍은 일이 생기지 않도록 기업 간 거래busienss-to-business, B2B 고객도 소비자만큼이나 신경을 곤두세우고 있다. 사실 월마트Wal-Mart에 녹색물결을 일으킨 거대동력 중 하나는 지속가능성을 우선순위로 앞세운 전략이었다. CEO인 리 스콧Lee Scott의 리더십 아래, 월마트는 운영에 따른 환경발자국footprint을 줄이려고 노력했는데, 그 여파가 사실상 공급사슬로도 퍼져나갔다. 월마트는 폐기물과 화석연료 사용을 줄이기 위해 7만 개의 공급업체에게 계속 압력을 행사해왔다. 이 '요청'들은 월마트가 공급업체에게 포장상태, 에너지 사용, 탄소 발자국 등에 대한 상세한 '채점표' 작성을 주문하면서 더욱 구체적인 모습을 띠었다. 월마트는 장난감 등 일부 제품에 대해서는 자체적인 환경기준을 세우기도 했다. 이러한 자율규제는 가치사슬의 취약성에 대한 인식이 전보다 높아졌다는 신호일 것이다. 영업이나 브랜드에 피해를 주는 위험요소가 상당부분 등잔 밑에 잠복해 있기 때문이다. 우리는 이 모든 행동을 염두에 두면서 책 전반에 걸쳐 월마트의 사례를 여러 차례 다루었지만, 여전히 이 대형소매업체의 영향력을 제대로 전달하지 못한 느낌이다.

공급사슬의 파장은 그 어느 때보다 크다. 한 가지 흥미로운 예로, 도로와 건물에 쓰이는 재료를 채석하는 골재骨材회사를 들 수 있다. 최근 한 골재회사는 소모된 채굴현장을 방치하지 않고 작업 때 파놓은 구덩이를

40만 평방피트에 달하는 크래프트 푸드Kraft Foods 유통창고로 재단장했다. 이것이 공급사슬의 녹색화와 무슨 상관이 있을까? 우선 크래프트는 이 작업장에 식품을 냉장보관하면 에너지 소모량이 훨씬 줄어든다는 점(지하창고는 일년 내내 저온상태를 유지)을 알아내 자사의 가장 큰 고객인 월마트를 만족시켰다(지상창고를 서늘하게 유지할 때 드는 에너지를 65퍼센트 절감한 것 역시 좋은 인센티브였다). 이는 공급사슬에 대한 압박이 돌고 돌아 기초자원에 종사하는 사업에도 영향을 준 경우였다.

그 어떤 기업도 환경피해를 줄이려는 기업고객의 거센 압력을 비껴갈 수 없다. 그렇지만 이러한 추세는 도전과제이면서 동시에 기회로 작용한다. 이러한 요구에 맞추어 환경발자국 자료를 성실히 제시하고 지속가능성을 끌어올린 기업은 매장선반을 더 많이 차지하고 매출을 끌어올릴 수 있을 것이다.

거세지는 초대형 압력

아시아 소비자의 부상, 투명성 요구 증대, 정부가 아닌 기업이 세계적 병폐의 해결책을 제시하는 추세 등 이 모든 것이 녹색물결을 강력하게 일으키는 초대형 압력들이다(1장에서 논한다). 모든 대형추세 중 가장 다급한 것은 아마도 옥수수, 밀, 금속, 그리고 당연히 빠질 수 없는 석유 등의 상품가격이 급등한 일이다. 어떤 때는 상품가격이 단숨에 세 배씩 올라 전 세계를 깜짝 놀라게 했다.

석유시장에서 수급 불균형이 두드러지는 현상은 에너지 가격이 앞으로 몇 년 동안 높은 선을 유지할 것이라는 신호이다. 이에 대중들은 구매물품, 심지어는 거주지와 통근방식까지 다시 고민하기 시작했다. 현재 대형차는 판매가 부진한 반면, 소형차는 최고 대접을 받으며 자동차 업계에 지각변동을 일으키고 있다. 효율적인 자동차 시대에 대비하지 않은 기업은 사라질 가능성이 있다. 반면 이 초대형 변화를 역이용한 민첩한 회사는 상당한 수익을 맛볼 것이다.

환경정책의 점진적 변화

비즈니스 세계가 혁신의 진원지로 떠올랐고, 기업들은 다방면에서 지속가능성 흐름을 주도하고 있다. 그렇다고 해서 전 세계 정부들이 수수방관한다는 뜻은 아니다. 사실 일부는 환경기준을 높이는 데 주된 역할을 맡고 있다. 예를 들어 유럽연합은 탄소배출 상한 및 거래제도를 통해 탄소시장을 형성하거나, '포괄적 생산자 책임제도extended producer responsibility'(기업들이 제품 생산 전 과정에 걸쳐 그 환경과제를 책임지도록 하는 것)에 참여하도록 하는 등 문제해결의 폭을 꾸준히 넓혀왔다. 북미의 경우, 주, 지방, 도시별로 탄소배출 정책을 내놓거나 녹색건물을 장려하고 폐기물을 줄이는 등 새로운 영역을 개척했다. 예를 들어 브리티시 컬럼비아 주는 탄소세를 채택하였고, 캘리포니아 주와 여러 북동부주는 탄소배출 허용권 거래제도를 출범시켰다.

기업들은 계속 바뀌고 다루기 힘든 정책 밑에서 운영을 꾀해야 한다. 온실가스 배출제한 규제는 투입재 가격을 여러 중요한 방식으로 바꿀 것이며, 제품설계부터 물류까지 모든 것을 다시 고민하게 만들 것이다. 2장에서 우리는 포장방식, 전자폐기물, 화학물질 노출, 식품안전, 물 사용 등 새로운 환경규제 압력을 살펴볼 것이다. 간단히 말해, 규제장치는 아직도 전 세계 모든 정부의 수중에 있다. 비록 그 형태와 사용수단, 영향력의 범위는 계속 변모 중이지만 말이다.

이 책을 읽은 독자 중, 친환경을 시도할 때 통하지 '않는' 전략 부분이 흥미로웠다고 소감을 전한 분들이 많았다. 10장에서 녹색정책의 성공을 가로막는 다수의 장애물을 다루는데, 여기서 독자들은 고민스런 상충관계를 두루 접할 것이다. 우리가 조명한 장애물 중 일부는 어느 정도 줄어들었다. '잘못된' 효율성 투자는 여전히 위험요소가 있긴 해도, 높은 유가를 고려한다면 에너지 보존은 승산 높은 '도박'이다. 그렇지만 실제 존재하는 상충관계는 이와는 다른 상황으로, 친환경 추구라는 선택지가 비용을 높이거나 새로운 과제를 만드는 경우를 뜻한다. 전자업계가 무연납땜을 개발한 것은 환경적으로 혜택이었지만, 그 금속대체물은 환경비용도 가져왔다. 순수한 윈윈win-win 가능성은 일반적이지 않다.

특히 그 어느 때보다 키진 징애물로 '중간관리사 압박'을 들 수 있다. CEO가 중요한 환경정책을 발표히면 아래 직원들은 대체로 쉽게 동참한다. 이들은 자기 회사가 옳은 일을 하기를 바라기 때문이다. 그렇지만 이를 실행으로 옮겨야 하는 각 사업단위 및 주요부서 책임자들은 여러 가지 맡은 책임에 녹색정책까지 가세하여 어느 것을 우선순위로 삼아야 할지 갈팡질팡한다. 지나가는 말로라도 친환경을 언급하는 CEO들은 늘었지만, 동시에 이 주제를 '어떻게' 다룰지 철저히 사고하지 않는 기업들이 많아 보였다. 경영진에게 환경실적지표를 제시하면 시동이 걸린다. 그렇지만 책임소재가 불분명하거나 환경 이슈에 부분적 노력만 기울이면 문제가 싹트게 된다.

우리는 책 곳곳에 이러한 경영과제의 해법을 제시했다. 우선 자신의 '환경발자국'을 알아내야 한다. 그리고 이에 맞춰 평가지표를 개발하고 목표를 세운다. 환경을 고민하는 문화도 정착시켜야 한다. 인센티브 구조에 변화를 주면 책임감이 높아진다. 또한 지속적 교육을 하고 지침을 제시해야 한다. 내부적으로 그리고 외부적으로 분명한 의사소통도 필요하다. 힘을 한데 모으면 기업은 말한 대로 실천할 수 있고, 친환경사고를 전략으로 포용하면 불가피하고 까다로운 상충관계도 조율할 수 있게 된다.

산업별 대응

비즈니스를 휩쓴 녹색물결은 사실상 모든 산업을 변화시켰다. 그렇지만 일부 기업 및 분야는 다른 곳보다 발 빠르게 대응하고 있다.

- 금융권은 환경위험에 훨씬 진지한 태도를 보이면서 전례 없는 방법으로 차입자들을 압박하고 있다. 일부 대형 대출업체들은 석탄화력발전소 재정 지원에 제약을 걸거나 대출심사 때 기후변화 규제에 따른 위험요소를 더욱 보편적으로 고려하고 있다.
- 기업들이 필수 환경 이슈에 대처하기 위해 결속하면서 파트너십이 한층 중요해졌다. 로비 전략에도 다소 놀라운 변화가 생겼다. 미국 기후행동연대US Climate Action Partnership, US CAP를 중심으로 알코아Alcoa, 다우Dow, 듀크 에너지 Duke Energy, 듀폰DuPon, 제너럴 일렉트릭GE 등 대형 에너지 사용업체가 한데 모여 기후변화에 관한 연방차원의 '의무' 규제를 요구하고 나선 것이다. 그렇지만 언제 경쟁하고 협력해야 하는가라는 전략상 핵심 질문은 여전히 까다로운 문제다.
- 가치사슬 전반에 걸쳐 환경적 여파에 관한 자료를 풍부히 수집해야 할 필요성이 그 어느 때보다 커졌다. 많은 소프트웨어 업체들이 자사설비, 영업과정, 공급사슬의 환경발자국을 파악하려는 기업들을 돕기 위해 팔을 걷어붙이고 나섰다. 더욱 풍성한 자료가 환경혁신을 높이고 환경실적도 강화해줄 것이라 기대한다.

• 월스트리트와 다른 자본시장들도 환경문제를 주가가치평가의 한 요소로 바라보기 시작했다. '탄소노출'은 전 세계 분석가들에게 관심의 대상이다. 점차 많은 기업이 현재 자사의 온실가스 배출을 보고하고 있다. 펀드 매니저들도 녹색기업에게 자금을 대는 투자수단을 개발했다. LA에 소재한 디멘셔널 펀드 어드바이저라는 회사는 녹색기업에게 유리하고 환경과제에 근접하지 못한 기업에게는 불리한 시장을 사들이는 지속가능성 인덱스 펀드를 개발했다.[01]

이러한 추세는 계속 바뀔 것이다. 때로는 일부 환경 이슈가 후퇴하더라도, 새로운 이슈가 치고 올라올 것이다. 우리는 매우 역동적인 세상에 살고 있다. 변화의 속도는 저항할 수 없을 만큼 빠르다. 그렇지만 한 가지 중요한 진실이 있다. 비로 산업계와 비즈니스계가 핵심적 비스니스 전략을 환경적으로 사고해야 한다는 논리를 더 이상 무시힐 수 없다는 점이나. 우리는 이 새로운 길로 나서는 수백만 기업과 그 리더들에게 이 책이 계속해서 지침이 되기를 소망한다.

2008년 가을

1992년 리우데자네이루에서 지구정상회의Earth Summit가 열릴 무렵, 비즈니스 리더들은 전례 없이 환경문제에 주목하기 시작했다. 스위스의 억만장자 스테판 쉬미드하이니Stephan Schmidheiny의 주도로 50개의 선진기업이 세계지속가능발전 기업협의회를 꾸렸다. 동시에 쉬미드하이니와 그 동료들은 『항로 바꾸기Changing Course』라는 책을 써서 에코 효율성이라는 개념을 알리면서, 오염을 줄이고 천연자원 관리에 더욱 힘쓸 때 얻는 잠재적 경제 이득을 강조했다. 수백 명의 CEO들이 리우 회의에 참석하였고, 수천 명의 CEO들이 환경기업으로 거듭날 방법을 고민하기 시작했다.

댄 에스티Dan Esty도 미 환경부 관계자 자격으로 지구정상회의에 참석했다. 유엔 환경개발회의라는 공식명칭을 달고 있는 이 회담은 기후변화부터 생물다양성 상실에 이르기까지 자연계의 위협에 대해 전례 없는 관심을 낳았다. 회담 주제는 환경문제를 해결하기 위해 사회가 다함께 실천할 수 있는 방안에 초점을 맞추었고 모두들 기대에 부풀었다. 이에 자극받은 몇몇 기업은 환경피해를 줄이겠다며 과감한 실천을 다짐했다.

2002년, 이 동일한 행위자들이 다시 모였는데, 이번에는 남아프리카 공화국 요하네스버그에서 열린 지속가능발전을 위한 세계정상회의였다. 댄이 이번에는 예일 대학교 대표자격으로 참석했다. 그렇지만 뭔가 달라진 분위기였다. 10년 전 리우 회의에서 확인한 대다수 주요 이슈에서 진척된 상황이 거의 없었다. 10년 전 환경, 즉 '녹색' 전투 분위기는 식은 듯 보였다. 지난 10년에 걸쳐 다수의 기업들이 환경정책을 채택하고 심지어 오염관리를 위해 '규제준수 이상'의 방식을 취하기도 했다. 그런데도 비즈니스 세계의 환경 어젠다와 발전가능성에 대해 한층 회의적인 시각이 뿌리내렸다. 무슨 일이 생긴 걸까? 분명 끝나지 않은 일이었다. 그런데도 환경운동은 추진력을 잃은 듯 보였다. 예전의 에너지와 열정은 어디로 갔는가? 기업의 환경전략에 다시 활기를 불어넣으려면 어떻게 해야 할까?

댄이 이런 질문을 비롯한 여러 가지 상념에 빠져 있을 때, 2002년 앤드루 윈스턴Andrew Winston이 예일 대학의 산림환경대학원에 왔다. 마케팅, 비즈니스 개발과 전략 분야에서 10년간 경력을 쌓은 앤드루는 기업이 환경 이슈를 다루는 방법 연구에 본인의 역량을 쏟기로 결심했다. 성공적 비즈니스 전략개발과 지구 살리기 양쪽 모두에 열정적이었던 앤드루는 보통은 서로 다른 궤도를 그리는 두 세계에 다리를 놓고 싶어 했다.

기업의 환경전략을 파악하기 위해 우리는 지난 10년 동안 이 분야의 기업행동을 검토하기 시작했다. 우리는 앤드루의 폭넓은 비즈니스 경험, 기업전략 상승을 위해 15년간 기업과 협력했던 댄의 경력, 그리고 예일 대학과 인시아드(프랑스 퐁텐블로에 있는 경영대학원)에서 댄이 가르치던 기업 환경전략과 경쟁우위 수업을 활용했다. 첫 단계는 녹색 비즈니스의 기본원리를 면밀히 조사하는 작업으로, 비즈니스와 환경을 접목시킨 주요 서적과 논문, 사례연구를 훑어보았다.

우리는 우리가 발견한 새로운 사실에 충격을 받았다. 대다수 문헌이 '윈윈' 성과에 주목하고 있었다. 사실상 대다수 책과 논문들이 잘 해보자는 논조 일색이었다. 사례 중 95퍼센트 이상이 오로지 환경적 사고의 이득에 대해서만 논했다. 즉 환경적 피해가 줄어들고 비용이 절감된다는 내용이었다. 우리는 당연히 이들 정책이 언제나 성공을 보장하지는 않는다는 입장이었다. 어떤 비즈니스 전략이든 '만사형통'한 전략은 없다. 이렇게 치우친 시각과 엄밀하지 못한 분석이 여러 업계의 환경실천 다짐을 무너뜨린 한 가지 이유가 아니었을까? 환경권위자들이 내세우는 끊임없이 낙관적인 주장 때문에 일반 비즈니스 종사자들이 회의에 빠진 게 아니었을까? 실제적인 경쟁우위와 효과적인 조언은 어디로 사라졌을까?

비즈니스와 환경을 접목할 때 실제 어떤 일이 생기는지 알아보기 위해, 우리는 지난 4년 동안 기업, 업계연합, 환경단체에서 수백 명의 사람을 만나 관련자료를 꼼꼼히 살폈다. 그렇다고 성공사례에 거리를 둔 것은 아니었다. 이런 이야기도 상당히 많이 접했다. 그렇지만 우리는 환경정책이 효과를 못 본 경우와 서류상 문제가 없던 정책이 실상 실패한 이유 또한 연구했다. 환경에 노력을 쏟으려는 회사들이 더 이상 과거의 실수를 되풀이할 이유는 없기 때문이다.

우리는 이 결과물이 기업이 비즈니스 전략을 환경적으로 사고할 때 효과가 있는, 또 효과가 없는 방법에 대한 철저한 검토였기를 바란다. 앞으로 환경문제에 대한 관심은 더욱 커질 것이다. 환경문제는 현실이고 다급한 사안이기 때문이다. 게다가 갈수록 기업행동에 깊은 관심을 보이고 더 많은 행동을 끌어내려고 기업을 압박하는 '이해관계자'들이 늘고 있다. 그렇지만 효과적 환경전략은 잠재적 이득 또한 막대하다. 관리자와 경영자가 튼튼한 비즈니스를 일구고 '동시에' 건강한 지구를 만드는 길에, 이 책이 새로운 이정표가 되길 바란다.

2006년 3월

소니의 값비싼 크리스마스

2001년 크리스마스를 한 주 앞둔 시기, 소니Sony는 악몽을 겪었다. 소니의 유럽용 플레이스테이션 게임기 선적을 네덜란드 정부가 모조리 차단했기 때문이었다.[01] 130만 개가 넘는 상자가 매장선반에서 날개 돋친 듯 팔리기는커녕 창고에 잠자코 쌓여 있었다. 무역 전쟁 때문이었을까? 아니면 폭력적 비디오게임에 대한 금지령 때문이었을까? 여하튼 소니 관계자들은 그 문제가 쉽게 해결되길 바랐을 것이다.

소니는 왜 중요한 연휴대목을 놓치고 위기에 봉착했을까? 게임기의 컨트롤러와 본체를 연결하는 케이블에서, 소량이지만 법적 기준치를 넘는 독성 카드뮴 성분이 발견됐기 때문이었다. 소니는 서둘러 문제된 와이어의 교체작업에 나섰다. 그리고 문제의 진원지를 추적하기 시작했다.

6,000개가 넘는 공장 조사 작업을 비롯해 18개월 동안 수색이 이어졌고, 마침내 새로운 공급업체 관리 시스템이 출현했다. 이 '사소한' 환경문제 하나에 총 1억 3,000만 달러가 넘는 비용이 들었다.

소니 경영진은 이 플레이스테이션 사건을 '카드뮴 사태'라고 부른다. 이들은 다시는 환경위험에 무지해서 발목 잡히는 일이 없도록 하겠다고 맹세했다. 실제로 이들은 해당사안을 샅샅이 파헤친 결과 현재 자사의 경영 흐름에 그 어느 때보다 정통해졌다.

그렇다면 이 사건이 주는 교훈은 무엇일까? 응당 치러야 할 대가였을까? 그렇게 보기는 힘들다. 소니는 다소 침체를 겪긴 했어도 수년간 막강한 사업체로 자리매김해온 데다, 통상 환경 리더로 인정받는 기업이었다. 사실 플레이스테이션이 삐끗거릴 조짐은 전혀 없었는데도 이런 사건이 터져 나왔다. 왜 그랬을까? 소니의 난처했던 경험에서 우리는 몇 가지 교훈을 끌어냈다.

1 최고의 기업에게도 환경문제는 불시에 닥친다.
2 환경은 부차적 문제가 아니다. 업체에 상당한 비용을 안겨준다.
3 새로운 각도에서 사태를 바라봐야 실제 이득이 생긴다.

BP와 '탄소추적'

소니의 게임기가 창고에 묵혀 있을 동안, 업종은 다르나 또 다른 초대형 기업 하나가 돈다발을 세고 있었다. 환경에 촉각을 곤두세우고 비즈니스를 전과 다르게 사고하면서 절감한 돈이었다.

1990년대 후반, BP의 최고 경영자 존 브라운 경Lord John Browne은 지구온난화에 일조하는 온실가스 배출, 그중에서도 이산화탄소를 줄이겠다고 약속했다.[02] 브라운은 BP의 모든 사업부서에 가스 배출을 줄일 방법을 찾으라고 지시했다. 직원들은 지시대로 움직였다. 사내용어로 '탄소추적looking for carbon'을 3년간 한 끝에 BP는 온실가스 배출을 줄이고 효율성을 높이며 비용을 절감할 방법을 다각도로 찾아냈다. 돈으로 환산해보니 그 액수는 상당했다.

처음 추진과정에서 BP가 들인 비용은 약 2,000만 달러였으나, 처음 몇 년간 절감한 액수는 놀랍게도 6억 5,000만 달러에 달했다. 그리고 2007년, 절감액은 20억 달러를 넘어섰다.[03] BP 관계자들은 영국인 특유의 자중하는 어투로 자신들도 그 결과에 얼떨떨했다며 당시를 떠올렸다. 그 누구도 이렇게 엄청난 투자수익률은 기대하지 못했다. 브라운은 말했다. "좋은 일을 하자고 시작한 일이 결국 좋은 결과를 가져왔습니다."

그렇다면 BP는 이러한 정책에 착수하기 전에는 형편없이 비효율적인 기업이었을까? 전혀 그렇지 않다. BP는 단지 회사운영을 온실가스 배출 감소라는 시각으로 바라본 적이 전혀 없을 뿐이었다. 그렇지만 한번 이런 관점으로 바라보자, 혁신이 샘솟으면서 손익계산에 이득을 남겼다.

시종일관 환경문제에 초점을 맞추면 예전과 다른 사고와 전략이 생긴다. 환경 '렌즈'를 통해 자신들의 비즈니스를 검토하면, 관리자들은 출혈이 큰 문제를 피하면서도 상당한 가치를 창출할 수 있다. 이에 우리는 소니의 경험에서 얻은 세 가지 교훈에 네 번째를 덧붙여본다. 그리고 이는 근본적인 교훈이다.

현명한 기업은 환경문제의 전략적 관리를 통해 경쟁우위를 낚아챈다.

BP와 소니는 비즈니스와 자연이 불가분하게 연결됐다는 사실을 깨달았다. 이미 일부기업은 알고 있던 내용이었다. 우리의 경제와 사회는 천연자원에 의존한다. 아주 단순하게 말하자면 인간이 쓰는 모든 제품은 채굴하거나 길러서 나온다. 지금 읽고 있는 책도 한때 나무였다. 글자를 찍는 잉크도 콩으로 생명을 시작했다. 환경은 우리의 경제체제를 필수불가결하게 뒷받침해준다. 금융자본이 아닌 천연자본이다. 그렇지만 우리가 체계적으로 우리의 기본자산을 고갈시키며 우리의 필수기반을 취약하게 만든다는 증거가 속속 드러나고 있다.

다시 말해 환경 렌즈는 단지 멋진 전략적 도구도 아니고 기업활동과 동떨어진 우쭐할 만한 탈선도 아니다. 이는 현대 세계에서 비즈니스 전략상 필수요소이다. 게다가 환경 렌즈는 비즈니스가 환경오염과 천연자원 관리라는 현실적 문제에 대처할 수 있는 방법도 알려준다. 이 문제를 잘못 다루면 기업의 가치는 단숨에 흔들린다. 게다가 수십 년에 걸쳐 공들여 쌓은 브랜드 명성도 타격을 받는다. 이런 이유로 선두기업은 환경위험과 비용을 다른 위험과 비용만큼 면밀히 다루는 법을 터득해나갔다. 이 과정에서 기업들은 사업 전반에 미치는 위험을 줄여나간다.

그렇지만 도약기회도 못지않게 중요하다. 이제 이어지는 장에서 우리는 선두기업이 어떻게 환경요인을 기업의 전략으로 배치했는지, 그리하여 결과적으로 어떻게 혁신에 박차를 가하고 가치를 창출하며 경쟁우위를 차지했는지를 살필 것이다. 현명한 기업들은 비즈니스를 전과 다른 방법으로 바라보았다. 이들은 환경적 요구를 충족하기 위해 신제품을 개발했다. 또한 가치사슬을 속속들이 살피면서 환경적 피해를 잊지 않고 기억해두었다. 이들은 지구를 보호하는 일이 자신의 기업을 지킨다는 사실도 깨달았다. 자산을 안전하게 유지하고 직원들의 사기를 높이며, 새로운 인재 그리고 봉급보다 가치관을 중시하는 직원을 확보할 수 있기 때문이었다.

이 책에서 우리는 전 세계에 포진한 선두기업을 산업별로 속속들이 살필 것이다. 우리는 이들이 환경적 사고를 비즈니스 전략의 일부로 사고하면서 접하게 된 실질비용과 난감한 선택, 상충관계 등을 알아볼 것이다. 자연계를 문제 삼지 않는 전문가나 환경전략을 실천할 때 기업이 겪는 어려움을 과소평가하는 논평가는 비즈니스와 지구에 아무런 도움도 주지 못한다.

수십 개 기업의 경험을 체계적으로 분석하면서 우리는 환경을 토대로 경쟁우위를 세울 때 필요한 핵심전략과 전술, 도구를 추려낼 수 있었다. 자본이나 노동력 등 다른 경쟁 차별화 요인들이 평준화를 이룬 시장에서, 환경우위는 비즈니스 전략의 결정적 요소로 차츰 그 모습을 드러내고 있다. 사실 환경문제를 무시할 수 있는 기업은 어디에도 없다. 이 문제를 능숙하게 다루는 기업은 더욱 견고해지고 수익을 높이며, 오랫동안 살아남을 것이다. 게다가 건강하고 살기 좋은 지구도 만들 것이다.

1부

녹색물결이
밀려온다

처음 몇 장에 걸쳐 우리는 이 책의 맥락을 잡으면서, 어떻게 환경과제가 비즈니스 지형에서 중요한 요인이 되었는지 밝힐 것이다. 1장은 비즈니스계를 휩쓴 '녹색물결' 개념을 소개하고 친환경사고가 전략의 핵심이 된 논리적 배경을 알아본다. 세계화 등 환경적 의무를 더욱 부각시키는 몇 가지 '거대한 동력'도 여기서 살핀다. 마지막으로 우리의 연구방법과 이 책에서 주목한 기업의 선정방식을 개괄한다.

2장과 3장에서는 기업을 압박해오는 새로운 요인을 소개한다. 이는 자연의 압력이기도 하고 인간의 압력이기도 하다. 이 요인들이 환경전략을 비즈니스 성공의 필수로 만든다. 2장은 지구온난화부터 물 부족 문제까지, 인류와 모든 기업에게 들이닥친 환경문제를 조명한다. 각 환경 이슈의 기본내용을 살피고 문제들을 명료하게 요약하면서 그 가능한 파장을 검토하고 비즈니스에 어떤 영향을 미칠지 분석한다.

3장에서는 비즈니스 세계에 득세한, 환경에 몰두하는 '행위자'들을 살핀다. 우리는 전통적인 정부규제자부터 막강한 비정부기구NGOs, 점차 환경에 주목하는 금융권에 이르기까지 서로 다른 20가지 부류의 이해관계자를 도표화했다. 기업의 영업방식을 둘러싼 이 그룹들의 질문도 살펴본다.

요약하자면 1부는 크고 작은 모든 기업에게 환경이 핵심전략으로 부각한 과정과 이유를 설명한다. 이는 기업 환경전략의 핵심요인을 살피기 위한 사전준비 단계이다. 또한 신중한 친환경사고가 어떻게 새로운 경쟁우위의 토대가 되는지도 살핀다.

Chapter1

미래사회 새로운 성장의 길
: 환경에 민감해진 세상에서 비즈니스의 이슈와 기회 잡기

워싱턴 D.C.에 소재한 제너럴 일렉트릭GE의 CEO 제프 이멜트Jeff Immelt, 그가 '에코매지네이션ecomagination'이라는 새로운 전략을 발표했다.[01] 대형제조업체들이 친환경제품 투자를 배로 늘리게 만든다는 이 전략은, 에너지절약형 전구부터 산업용 정수설비, 효율성을 더욱 높인 제트엔진까지 그 모두가 투자대상이었다. 이멜트는 수백만 달러를 들인 광고 캠페인을 통해 GE를 세계의 수많은 환경문제에 대한 해결책으로 제시했다.

아칸소 주 벤톤빌에 위치한 월마트의 CEO 리 스콧은 주주를 상대로 '21세기형 리더십'에 대해 연설했다.[02] 그가 제시한 신규정책의 핵심은 회사의 환경실적을 높이겠다는 공약이었다. 월마트는 장차 에너지 사용량을 30퍼센트 줄이고 100퍼센트 재생가능한 에너지(풍력발전기나 태양전지

판 등)를 사용하며, 방대한 화물선적의 연료효율도 두 배로 높일 계획이다. 이 모두를 합산해보면 월마트는 에너지 정책에만 한해 5억 달러를 투자하는 셈이다. 게다가 잠정적으로 큰 파장이 오겠지만, 월마트는 공급업체 쪽에도 더욱 친환경적 제품을 생산해달라고 '요청'할 계획이다. 월마트는 수산물도 점차 지속가능한 어장에서 들여오고, 의류공급업체에게도 유기농면 같은 소재를 사용할 예정이다. 게다가 이 대형소매업체는 이미 포장점수제packaging scorecard를 도입하여 공급업체가 폐기물을 줄이고 화석연료 소비를 낮추기 위해 노력하는지 평가하고 있다. 이 모든 정책은 스콧이 강조한 대로 '더욱 경쟁력 있는 혁신적 기업으로 거듭나게 해줄 것'이다.

시가로 평가하든 매출액으로 따지든, GE와 월마트 모두 역사상 전례 없는 거대기업들이다. 반면 '녹색'이라는 단어를 떠올렸을 때 두 곳 모두 선뜻 연상되는 기업은 아니다. 그런데도 이는 두 기업만의 독자적인 행보가 아니었다. 골드만삭스Goldman Sachs와 티파니Tiffany를 비롯한 다양한 기업들이 잇따라 친환경정책을 발표했기 때문이다. 결국 GE의 움직임은 「워싱턴 포스트Washington Post」의 표현대로, '글로벌 비즈니스에 고요한 변화를 일으키고 있는 녹색혁명 중 가장 극적인 사례'였다.[03]

대체 무슨 일일까? 이윤추구를 최우선 과제로 삼는 탄탄한 초대형 기업들이 무슨 이유로 환경을 이야기하는 걸까? 간단히 말하자면 친환경 외에는 달리 방법이 없기 때문이다. 현재 기업에 가해지는 압력은 현실이며 점차 강도가 거세지고 있다. 거의 예외 없이 모든 산업계가 각종 환경문제와 불가피하게 대면하고 있다. 그리고 다른 모든 혁명이 그러했듯 이 새로운 '녹색물결'도 비즈니스 세계에 전례 없는 도전장을 내밀고 있다.

녹색물결 이면에는 서로 맞물린 두 가지 압력이 놓여 있다. 첫째, 자연의 한계가 기업활동에 제약을 주고 시장을 재편성할 뿐 아니라, 지구의 안녕을 위협한다는 사실이다. 둘째, 기업이 차츰 환경을 우려하는 다양한 이해관계자와 마주해야 한다는 현실이다.

지구온난화, 자원제약, 물 부족, 동식물의 멸종위기(혹은 '생물다양성'의 상실), 인간과 동물을 위협하는 유해물질의 증가를 비롯해 여타 많은 문제들이 기업과 사회의 작동방식에 차츰 영향을 주고 있다. 이러한 도전과제에 능숙하게 대처하고 해법을 찾아낸다면, 그 기업은 경쟁집단을 주도할 것이다.

물론 과학계는 이 모든 이슈를 흑백논리로 재단하지 않는다. 오존층 감소나 물 부족 같은 몇몇 문제는 매우 자명하다. 이 추세는 보기에도 뚜렷하기 때문이다. 반면 다른 문제, 그중에서도 특히 기후변화는 그 정확한 속도와 지구에 미치는 영향이 다소 불분명하다. 그렇지만 그 증거와 과학적 합의는 지금 당장 조치가 필요할 정도로 확실하다. 실제로 전 미 부통령 앨 고어Al Gore와 기후변화에 관한 정부간 위원회Intergovernmental Panel on Climate Change는 이 문제의 중요성과 발 빠른 대응의 필요성을 분명히 한 공로로 2007년 노벨 평화상을 받았다.

· · · · · · ·

도전과제의 변화

환경에 대한 고민은 보통 '성장의 한계' 아니면 석유와 산업용 금속 같은 핵심 천연자원의 고갈에 초점을 맞추었다. 종종 과대포장된 경우도 있었다. 또다른 초점은 환경오염이었고, 이는 더욱 파장이 큰 것으로 드러났다. 이제 우리가 마주친 현실은 각 지역의 수로부터 전 세계 기상, 기후에 이르기까지, 오염물질을 흡수해줄 뿐 아니라 신선한 물, 숨 쉴 만한 공기, 안정적인 기후, 생산적인 토지 등 우리에게 절실한 '생태계 서비스(ecosystem services)'를 제공해주는 자연의 능력을 인류가 압도할지도 모른다는 사실이다.

· · · · · · ·

현재 광범위한 행위자 계층이 이 이슈들에 주목하자고 주장한다. 전통적으로 기업행위에 막강한 영향력을 행사해온 정부 역시 침묵하지 않는다. 오히려 그 반대다. 전 세계에 포진한 정부규제자들이 더 이상 환경오염을 눈감아주지 않기 때문이다. 시민들 역시 이를 용납하지 않는 분위기다. 마찬가지로 모든 지역사회에서도 오염물질 배출을 통제하고 오염당사자들이 그 피해액을 부담하도록 하는 등 진지한 노력을 기울이고 있다.

반면 비즈니스 무대에서 환경적 임무를 뛰어나게 달성하는 행위자들이 있다. 갈수록 예리한 질문을 던지며 이 문제에 관한 행동을 촉구하는 비정부기구, 소비자, 직원이 바로 그들이다. 일례로 휴렛팩커드Hewlett-Packard, HP는 2007년 120억 달러가 넘는 신규 사업을 계획했는데, 그 동기가 HP의 환경 및 사회적 성과를 묻는 고객들의 질문 때문이었다고 한다.[04] HP의 환경과 지속가능성 부서 부사장인 팻 티어난Pat Tiernan은 이 새로운 요인이 자원조달과 관련한 의사결정에 결정적 변수로 작용할 수 있고, 경우에 따라서는 가격, 납품, 품질 같은 종래의 기준과 대등해질 수도 있다고 전했다. 이는 곧 고객이 시장을 재편성하고 비즈니스에 새로운 위험요인을 만들 뿐 아니라, 준비된 기업에게 기회를 안겨준다는 뜻이기도 하다.

놀라운 소식이 하나 있다면, 은행과 보험회사 등 새로운 이해관계자들이 환경영역에 모습을 드러냈다는 점이다. 투자수익률에만 골몰하던 금융 서비스 산업이 환경을 고민하기 시작했다는 것은 뭔가 심상치 않은 일이 벌어졌다는 뜻이다. 월스트리트에서 잔뼈가 굵은 골드만삭스는 "산림을 보호하고 기후변화를 방지하는 활동에 박차를 가하겠다."고 발표했다. 또한 대체 에너지 부문에 10억 달러를 투자하겠다는 공언도 했다.[05] 게다가 골드만삭스는 풍력발전 설비회사도 사들였는데, 이후 이 설비회사는 막대한 수익을 올렸다. 앤드루의 조언에 따라 회사를 운영 중인 뱅크 오브 아메리카Bank of America는 한술 더 떠 환경정책에 200억 달러를 바치겠다고 발표했고, 뒤이어 시티그룹Citigroup도 500억 달러를 내놓았다. 세계적인 대형은행들 대다수가 이미 '적도원칙Equator Principles'에 가입했고, 현재 '탄소원칙Carbon Principles'에 참여하는 등 집단적인 움직임을 보이고 있다. 참고로 이는 거액대출시 반드시 환경평가를 실시한다는 내용의 협약들이다.[06~07] 게다가 월스트리트 분석가들도 기업의 '탄소배출'에 주목하고 있다. 경쟁업체보다 탄소배출 관리에 뛰어난 기업일수록 훗날 탄소 제약적 세상에서 유리할 것이라는 믿음 때문이다.

자연의 힘, 그리고 새로운 이해관계자들이 날린 원투 펀치one-two punch에 한 방 먹은 회사들의 사례가 궁금한가? 그렇다면 최근 코카콜라Coca-Cola에서 CEO를 지낸 더그 아이베스터Doug Ivestor와 더그 대프트Doug Daft에게 질문을 던져보자. 지난 10년 동안, 이 세계적 규모의 음료 제조업체는 물 소비 문제로 인도의 성난 항의자들과 맞서야 했고, 오존층을 파괴하는 냉각제 사용을 중단하라는 압력에 부대꼈을 뿐 아니라, 유럽연합의 품질검사에서 자사 정제수가 불합격하면서 주력제품인 생수 다사니Dasani를 영국시장에서 회수해야 했다. 현재 코카콜라는 신임 CEO인 무타르 켄트Muhtar Kent뿐 아니라, 수자원과 환경정책을 담당하는 제프 시브라이트Jeff Seabright, 회장인 네빌 이스델Neville Isdell 모두가 자사의 환경자문위원회Environmental Advisory Board(댄도 여기에 몸담고 있다)와 긴밀히 협력해 회사를 운영한다.

> 환경적 과실은 대중에게 반감을 사고, 시장진입과 활로를 망칠 뿐 아니라, 회사의 가치를 송두리째 날려버린다. 환경을 전략적으로 사고하지 않는 기업은 점차 환경요인이 좌우하는 시장에서 도약기회를 놓치는 위험을 감수해야 한다.

현명한 회사가 친환경전략을 펼치는 이유

핵심전략을 세울 때 환경 렌즈를 끼고 봐야 하는 기본적인 이유는 다음의 세 가지이다. 바로 잠재적 이득, 비용과 위험 관리, 그리고 환경적 책임이라는 가치이다.

잠재적 이득을 위해 투자하라

시장에 밝은 도요타Toyota를 비롯하여 그 누구도 가스와 전기 겸용 모델인 프리우스Prius의 성공을 점치지 못했다. 과거 전기자동차의 초라한 성적을 감안할 때, 맹목적으로 덤빌 경우 결코 이득을 볼 수 없기 때문이었다. 그러나 도요타의 경영진은 미래의 잠재적 가치를 전망했고, 그 판단은 더없이 정확했다. 10년 동안 연구에 박차를 가한 끝에, 프리우스는 2004년 자동차 전문지 「모터 트랜드Motor Trend」가 선정한 올해의 차에 뽑했다. 당시 고객들은 이 하이브리드 자동차를 손에 넣기 위해 6개월을 기다려야 했다. 파산에 임박한 디트로이트가 직원을 수만 명씩 해고하고 '직원 할인가'를 모든 이에게 제시할 동안, 도요타는 제품가격을 높이고 생산설비를 늘렸으며, 2007년에는 130억 달러라는 기록적인 수익을 올리면서 세계 최대의 자동차 제조업체로 등극했다.

도요타가 환경에 주목한 것은 우연이 아니었다. 1990년대 초, 당시 21세기형 자동차 설계에 뜻을 품었던 도요타는, 자동차 제조업체들이 전통적으로 활용한 각종 판매전략, 즉 크기, 속도감, 성능, 심지어는 아리따운 여성이나 건장한 남성의 눈길을 사로잡는 전략마저 모두 제치고 환경을 주요 테마로 삼았다. 이는 분명 현명한 행보였다.

마찬가지로 에너지 기업으로 재탄생한 정유회사 BP는 '석유를 넘어선 beyond petroleum' 시대에 대비하기 위해 재생 에너지에 투자 중이다. BP 역시 시장을 재편성하고 남들보다 서둘러 시장지분을 확보하는 것이 유리하다는 점을 이미 간파했다.

우리의 연구에 따르면 환경 렌즈를 끼고 비즈니스 전략을 세운 회사들은 대체로 경쟁업체들보다 혁신적이며 기업가 정신이 강했다. 이들은 새로 떠오르는 문제를 남들보다 먼저 알아차렸다. 시장을 뒤흔드는 예측하기 힘든 장애물에 대한 대비도 남들보다 서둘러 진행했다. 게다가 고객의 비용과 환경 부담을 낮춰줄 새로운 기회포착에 능숙했다. 그리하여 이 기업들은 자사제품과 서비스를 재구성해 고객의 수요에 대응하는 식으로 매출증대를 꾀하고 고객충성도를 높여갔다.

현명한 회사들이 친환경전략에서 캐낸 '금덩이'는 매출증대와 운영비 절감만이 아니었다. 신중한 환경경영 시스템을 갖춘 기업은 위험이 높지 않다는 금융권의 인식 덕분에, 이들은 낮은 은행대출 금리라는 혜택도 누렸다. 게다가 이 기업들은 더욱 혁신적인 문화 정착부터 '무형'의 가치 강화, 직원의 헌신, 브랜드 신뢰까지 비물질적 이득도 누린다.

학계와 전문가들은 현재 업계가, 값싼 원료 접근성이나 자본비용절감 같은 전통적인 경쟁우위 요인이 흔해지고 전보다 시들해진 세계를 맞고 있다고 지적한다.[08] 이렇게 달라진 경쟁여건에서 친환경은 혁신의 핵심인 영구적 가치와 경쟁우위를 창출한다. 나이키 관계자인 필 베리Phil Berry도 비슷한 말을 남겼다. "우리의 좌우명은 두 가지이다. 첫째, 혁신은 우리의 본성이다. 둘째, 옳은 일을 해라. 그렇지만 지속가능성을 염두에 둔 우리가 하는 모든 일이 사실상 첫째, 다시 말해 혁신으로 통한다."[09]

추락위험은 언제나 있다

거물급 석유회사 쉘Shell의 경영진은, '다른 대안은 없다'의 약자인 'TINAThere Is No Alternative'라는 용어로 본인들의 행위를 설명한다. 이들에게는 기후변화가 비즈니스에 미치는 영향을 고민하고 이해관계자들의 정서를 고려하는 일이 더 이상 선택사항이 아니다. 불가피한 현실일 뿐이다. 쉘은 지역사회나 나이지리아 정부 등에 문제를 널리 알리면서, 이해관계자와 원만한 관계를 맺기 위해 꾸준히 노력했다. 쉘은 캐나다 앨버타 주에 있는 광활한 아타바스카 오일 샌드Athabasca Oil Sands처럼 주요 원유 및 가스 단지의 거주자들과 협력할 목적으로 수백만 달러를 지출하기도 한다.

쉘의 유명한 시나리오 그룹을 이끄는 앨버트 브리샌드Albert Bressand는 장기적으로 회사의 암적 요소가 무엇인지 경영자들이 고민하도록 돕는 역할을 한다. 그는 말했다. "우리는 시장의 포로입니다. 우리의 영업권을 없앨 수 있는 사람들이 시장에 존재하기 때문이지요."[10]

영업권 개념은 단순하다. 대체로 사회에서 어떤 기업의 존속을 '허락'하고 이들에게 재량권을 부여한다는 뜻이다. 만약 당신 회사가 정해진 선을 넘어서면, 사회는 냉담한 반응을 보이거나 심각할 경우 회사를 망하게 한다. 컨설팅 전문회사인 아서 앤더슨Arthur Andersen의 예전 파트너들은 엔론 스캔들로 이 대형 회계법인이 무너지는 혹독한 대가를 치르고서야 이러한 교훈을 얻었다. 화학업계의 선두였던 유니온 카바이드Union Carbide 사례도 마찬가지다. 1984년 인도 보팔Bhopal 참사로 3,000명이 사망하면서, 유니온 카바이드의 미래는 산산조각이 났고 결국 회사는 다우로 넘어갔다.[11]

좀 더 정확히 말해, 기업행동에 대한 사회의 기대치는 바뀌고 있다. 현지에서 환경을 남용하는 기업은 사업 확장을 꾀할 수 없다. 규제담당자와 정치인, 지역사회가 선량한 이웃에게만 진입장벽을 낮추기 때문이다.

이러한 사회직 허가문제에 특히 중공업 업체들이 촉각을 곤두세운다. 하지만 다른 업체들도 압박을 느끼긴 마찬가지이다. 수년간 거리낌 없이 영업확장을 해온 월마트는 무분별한 도시팽창과 습지파괴, 물 부족을 초래했다는 이유로 거센 비난을 들어야 했다. 일부 지역사회는 규제자들이 동일한 목소리를 내며, 이 대형소매업체의 팽창계획에 제동을 걸기도 했다. 월마트의 리 스콧은 사내회의에서 경영진에게 지속가능성에 신경 쓰지 않으면 자사의 '영업확장 허가'는 보장받을 수 없다고 말했다.[12]

현명한 회사들은 녹색물결의 선두에 서서 재무위험과 영업위험을 낮춘다. 이 기업들은 환경전략을 토대로 영업, 이윤, 성장 면에서 운신의 폭을 넓힌다.

환경과제는 수도관에 송송 뚫린 작은 구멍과도 같아서, 기업의 가치가 이를 통해 서서히 빠져나간다. 아니면 이 도전과제는 댐에 생기는 커다란 틈처럼 느닷없이 나타나, 사업 전반을 위협하기도 한다. 여기서 말하는 문제란 예상치 못한 오염방지 비용 혹은 예산으로 전혀 잡아놓지 않은 정화비용 등이다. 어떤 때는 엑슨 발데즈Exxon Valdez 호 사건(1989년 미국 알래스카에서 발생한 기름 유출사고-옮긴이)처럼 세상이 다 아는 재앙으로 닥치기도 한다. 이 문제를 소홀히 다룬 대가는 매우 개인적인 형태를 띨 때도 있다. 유독성 폐기물처리에 부주의한 책임자가 감옥에서 시간을 보내는 경우가 그 예이다.

폐기물을 줄이고 자원사용을 절감하려는 노력을 보통 '에코 효율성eco-efficiency'이라고 하며, 이는 손익과 직결되는 비용을 줄여준다. 에너지를 적게 쓰도록 공정을 재설계하면, 널뛰는 석유와 가스 가격에 영향을 덜 받는다. 유독성 물질을 빼고 제품을 재설계하면, 규제부담이 줄어 장차 기업가치가 손상받는 일도 없게 된다. 이러한 노력들은 비즈니스 위험을 낮추는 한편, 오랜 세월에 걸쳐 고생스럽게 손에 넣은 황금인 탄탄한 현금흐름, 브랜드 가치, 고객충성도 등을 안전하게 지켜준다.

올바른 행동이란 무엇인가?

조사기간 동안 우리는 경영진에게 환경정책에 착수한 이유를 거듭 물어보았다. 이 정책 중에는 당장 상당한 비용이 들고 원금회수가 불투명한 경우도 있기 때문이었다. 이에 환경정책이 올바르기 때문이라는 답변을 자주 들었다. 우리가 처음 예상한 것보다 훨씬 자주 그랬다.

그렇다면 친환경사고와 행동은 기업의 가치관에서 나오는 걸까? 별로 그렇지는 않았다. 적어도 우리가 인터뷰한 경영자들과는 거리가 있었다.

이들 대다수에게 도덕적 책임은 자기 회사와 상관없는 별개의 의무가 아니었다. 이는 비즈니스적 요구와 관련 깊었다. 기업의 가치가 사회적으로 인정받으면 일종의 경쟁우위를 얻는데, 직원이 2명인 회사든 20만 명인 대기업이든 이 사실에는 변함이 없다. 올바른 행동은 최고의 인재를 끌어모으고 브랜드 가치를 높이며 고객과 다른 이해관계자에게 신뢰를 심어주기 때문이었다. 사실 기업자산 중 이해관계자의 신뢰만큼 장기적 성공을 보장하는 핵심요인도 없다. 한편으로 이는 잃기 쉬운 대상이기도 하다. 투자의 전설 워런 버핏Warren Buffett은 이런 말을 남겼다. "명성을 쌓기까지 20년이 걸리나 이를 잃는 데는 5분이면 충분하다. 이런 점을 고려한다면 행동이 달라질 것이다."[13]

'기업의 주요 사회적 책임은 이윤을 늘리는 것'이라는, 노벨상 수상 경제학자 밀턴 프리드먼Milton Friedman의 주장에 수긍하는 사람들도, 기업이 그 이상의 책임을 다하길 요구하는 현 추세를 무시하지 못한다.[14] 기업의 친환경정책이 자연을 돌보는 일이 바른 행동이라는 개인적 신념에서 나올 필요는 없다. 주요 이해관계자들이 환경을 중시한다면, '자기 기업을 위해' 환경의무를 다하는 것도 바른 행동이다.

> 환경 리더들은 환경 렌즈를 통해 비즈니스를 바라본다. 이들은 비용을 절감하고 위험을 줄이며 수익을 높이고 무형의 가치를 강화할 기회를 찾아낸다. 또 고객, 직원을 비롯한 여러 이해관계자와 깊은 유대를 쌓는다. 이들의 전략에는 새로운 형태의 지속가능한 경쟁우위가 등장하는데, 우리는 이를 환경우위(Eco-Advantage)라 부른다.

확산되는 녹색물결의 힘, 그 원인은 무엇일까?

위기이자 기회인 녹색물결은 비즈니스 사회에 이미 급격한 변화의 물살을 일으켰다. 기업들은 녹색물결과 상호작용하면서 변화의 속도를 높이고 또 그 여파를 확산하는 여러 거대한 조류와도 마주하고 있다.

세계화와 현지화

저술가 토머스 프리드먼Thomas Friedman에 따르면 아웃소싱은 빙산의 일각일 뿐이다. 상품과 서비스 시장의 '평준화'가 거의 모든 산업을 뒤흔들고 있다.[15] 중국과 인도 두 나라의 부단한 상승세도 전 세계 비즈니스, 특히 북미와 유럽 쪽에 강력한 영향을 미치고 있다.

경제통합과 무역자유화로 경쟁은 더욱 격렬해졌다. 세계화는 다수에게 기회를 주지만, 근본적으로는 규모가 관건이다. 그렇지만 규모는 영향력 남용이라는 의혹을 받기도 한다. 따라서 대기업의 비즈니스 관행은 환경 피해를 비롯해 특별 감시를 받는다.

마찬가지로, 현지화한 제품과 서비스를 요구하는 틈새시장이 생기면서 세계는 세분화의 길을 걷고 있다. 예를 들어 맥도날드Mcdonald는 대다수 인도 매장에서 자사의 대표 브랜드인 햄버거 대신 카레를 제공한다. 이렇게 현지의 요구와 기호에 맞춘 영업이 필수로 정착했다. 환경의 범위는 현지에 국한된 문제부터 전 세계적 사안까지 폭넓게 걸쳐 있는 탓에, 가뜩이나 힘겨운 경영과제를 더욱 복잡하게 한다.

불안감의 증폭

9·11 테러 이후 미국과 세계 대다수 지역에 안보적 긴장이 감돌자, 대

중의 태도와 정치지형에도 변화가 생겼다. 테러리즘에 대한 공포를 넘어, 중동산 석유 의존에 대한 고민이 커진 것이다. 사람들은 점차 웃돈을 주고서라도 거주지와 근접한 곳에서 연료를 공급받고 싶어 한다.[16] 여기에는 태양열이나 풍력 같은 대체 에너지원도 해당된다. 이렇게 에너지의 미래는 환경의 중요성이 커지고 과거와 전혀 다른 양상을 보이고 있다.

상품가격의 상승

대다수 기업이 환경에 관심을 두게 된 주요 동력은, 생산에 필수인 에너지 및 여타 제품의 비용 상승 때문이었다. 몇 년 전만 해도 배럴당 30달러이던 유가가 이제 배럴당 100달러를 훨씬 웃도는 상황에서, 거의 모든 기업, 모든 가정은 에너지 보존에 투자해야 이득을 볼 것이다.[17] 에너지 절약형 조명, 냉난방시설, 단열재에서 얻는 투자수익이 커졌기 때문이다. 기업은 사내 에너지 '소비동향'을 생산공정부터 물류관리에 이르기까지 구석구석 재조사해야 한다. 다른 투입재 가격도 오름세를 보이면서 영업비용이 전반적으로 상승하자, '자원생산성resource productivity'은 기업의 모토가 되었다. 재빠르게 효율성을 높인 기업은 늑장 대응한 자원 의존적 경쟁자들을 제치고 성공과 이윤을 거머쥘 것이다.

현재 현명한 기업은 자체적인 효율성 개선 분석을 넘어 고객들의 에너지 효율성과 자원생산성을 높일 방안을 탐구 중이다. 고객의 문제를 풀어야 자신들이 시장에 제공하는 상품과 서비스의 실제 가치도 올라간다고 인식하기 때문이다.

작아진 정부, 커진 비즈니스

큰 정부 시대가 끝나자, 기업이 사회의 요구에 부응해야 한다는 대중들의 기대치가 높아졌다. 미국에서는 규제 시스템 부담이 줄었다고 말할지 모르나, 유럽의 규제부담은 한층 커졌다.[18] 환경뿐 아니라 빈곤완화, 교육, 보건의료 등 사회문제에도 기업이 더욱 자진해서 나서길 바라는 것이 세계의 공통된 흐름이다. 이 높아만 가는 기대치가 바람직한지는 논란거리이나, 뚜렷한 추세인 것은 분명하다. 기업의 사회적 책임에 대한 관심이 이미 정착했기 때문이다.

대기업에게 거는 기대치는 훨씬 높다. 다국적 기업은 그 규모와 도처에 미치는 영향력 때문에 소규모 기업보다 기준수위가 높다. 혜택을 받은 만큼 큰 기대를 받는 법이다. 해외에서 영업하는 기업들은 특히 까다로운 감시를 받게 된다. 한 가지 인상적인 사례로 인도 케랄라 주에 있는 코카콜라 공장은 물 소비 문제로 연일 항의를 받는다. 반면 그 건너편에 있는 인도의 킹피셔Kingfisher 맥주공장은 코카콜라 공장보다 물 소비량이 훨씬 많은데도 전혀 정치적 항의를 받지 않는다.

신흥경제권 중산층의 성장

한 가지 짚어볼 통계가 있다. 중국과 인도의 차량수가 21세기 초 2천만 대 미만에서 2050년 11'억'대(억 단위가 맞다)를 넘어설 것이라고 한다.[19] 여기에 개발도상국의 중산층 노동계급 수억 명이 모두 서구식 삶을 추종한다면, 거의 모든 산업부문이 들썩이게 될 것이다. 준비된 자에게 이 신흥시장은 대단한 기회이다. 그렇지만 이러한 소비증대는 천연자원을 파괴하고 전례 없는 규모로 지구 전체를 오염시키는 위협요인이기도 하다. 실제로 중국은 2008년 세계 최대의 온실가스 배출국으로 미국을 따라잡았다.[20]

계속되는 빈곤 압력

대다수 개발도상국, 특히 아시아권에서 중산층이 급격히 늘었지만, 이들 국가는 여전히 만성빈곤에 빠져 있다. 인구팽창은 한정된 자원에 부담이다. 그리고 빈곤은 때로 환경훼손이라는 결과를 낳는다. 예를 들어 사람들은 토양침식이나 다른 부정적인 결과를 고려하지 않은 채 나무를 베어 연료로 쓴다.

따라서 중산층 소비자의 성장은 환경에 일련의 위협요인이며, 지속되는 빈곤문제 역시 기업이 기피하는 위험요소인 심각한 사회 및 생태적 과제를 낳는다. 네덜란드 은행 ABN 암로의 브라질 자회사로, 개발도상국 내 선두기업인 ABN 암로 레알ABN AMRO Real의 한 고위 관계자는 이렇게 말했다. "실패한 사회에서 기업은 성공하지 못합니다."[21]

투명성과 책임감

"웹이 모든 것을 바꾼다." 이는 흘러간 옛이야기처럼 들릴지 모르나, 디지털 시대는 경제와 사회에 계속 파문을 일으키고 있다. 그 유명한 '무어의 법칙Moore's Law'은 마이크로칩에 내장하는 트랜지스터 용량이 18개월마다 두 배로 뛴다고 예견했다. 이 추세는 40년 동안 유지되어 컴퓨터 성능을 끊임없이 높이면서도 디지털 기술 비용은 계속해서 낮추었다. 허위정보도 섞여 있긴 하지만, 이제 수십억 사람들에게 무궁무진한 정보는 단지 클릭 한 번 하는 행위에 지나지 않는다.

인터넷이 낳은 전례 없는 투명성은 비즈니스 세계를 뒤바꾸고 있다. 회사 내부를 비롯해 어디든 블로거가 포진한 탓에, 회사 영업에 어떤 문제라도 발생하거나 거래 공급업체에 문제가 생기면 거의 삽시간에 웹을 강타한다. 「뉴욕 타임스」는 인터넷이 "더욱 대중적인 분노의 배출구를 제공한다. 블로그 세계에는 BP, 월마트 등 대기업에 대한 비방글이 자자하다. 글에는 물 소비부터 부당 노동행위, 해로운 굴뚝매연배출까지 모든 내용이 담겨 있다.”고 표현했다.[22] 이는 못 말리는 별종끼리 떠드는 한가한 수다가 아니다. 블로거 사이에 시작된 대화는 눈 깜짝할 사이에 사이버 공간을 타고 실물경제Main Street로 이동한다.

투명성이 높아지고 저비용 정보가 판치는 세상에서는 ‘누가’, ‘무엇’을 책임지는지가 갈수록 명확해진다. 환경오염과 유독물질의 진원지를 쉽게 추적할 수 있어서, 어떤 기업이 오염원을 배출하고 운반하고 사용했으며 또 처분했는지 파악가능하다. 그러므로 ‘지속적으로’ 책임지는 자세는 의심의 여지없이 새로운 규범이 될 것이다.

어느 기업이 가장 신경 써야 할까?

일부 기업에게 새로운 녹색시각은 혁신을 낳아 신선한 사고, 신규시장, 수익성증대, 가치향상으로 이어질 것이다. 반면 어떤 기업에게 환경 렌즈는 기업전략의 다른 필수 ‘요소’처럼 매우 서서히 차분하게 그 모습을 드러낼 것이다. 친환경으로 탈바꿈한 이 기업들은 시간이 흐를수록, 당장 확연한 이득은 아닐지라도 오랫동안 지속되는 우위를 확보할 것이다. 거대한 중공업 기업에게 그 이득은 보장된 것이나 다름없다. 그렇지만 중소규모의 ‘청정’기업도 놀랄 만한 이득을 얻을 것이다.

현재 대기업이든 소기업이든 활동무대가 지역이든 세계이든, 또 그 분야가 제조업이든 서비스업이든 상관없이 그 어떤 기업도 환경문제를 무시하지 못한다. 물론 녹색물결이 야기하는 기회와 위험은 기업과 산업별로 다양하다. 환경우위 추진력도 각자의 상태에 따라 다르다. 모든 기업과 모든 환경에 하나같이 들어맞는 전략이나 도구는 절대 없기 때문이다. 그렇지만 녹색물결의 역동성은 거의 모든 조직에 엄연한 현실로 자리 잡았다. 이 물살을 피해볼 요량으로 그 밑으로 잠수한다 해도, 녹색물결의 강한 존재감과 완고함만 확인할 것이다.

작은 기업도 신경 써야 하는 이유

작은 기업의 경우는 어떨까? 이들은 수수방관해도 상관없을까? 한마디로 절대 그렇지 않다. 그 이유는 여섯 가지이다.

1 한때 대기업에만 적용됐던 법안들이 중소기업에도 침투 중이나. 심지어 제과짐과 주유소도 이제는 대기오염 규제에 따라야 한다.

2 소기업도 때로는 혁신에서 유리한 고지를 점한다.[23] 매해 '청정기술' 시장에 쏟아지는 1천억 달러가 넘는 자금 중 상당액이 역사상 획기적인 제품과 서비스를 생산한 소규모 신규 벤처로 흘러들어간다.

3 개인의 소비선택을 추적하기란 정치적으로 어려워도, 환경단체들이 소규모 사업자의 행동에 제동을 거는 일은 아무런 문제가 없다. 그러므로 개인차량은 NGO로부터 감시를 받지 않더라도, 택시나 배달 서비스는 상대적으로 주목받는 감시대상이 된다.

4 정보화시대는 소규모 행위자의 추적비용을 낮춘다. 신종 감지기, 정보 시스템, 정보통신기술 덕분에 오염배출을 추적하고 규제준수를 감시하는 비용이 갈수록 낮아진다. 초소형기업도 이제는 감시망을 벗어나기가 어렵다.

5 대형고객들이 소규모 공급업체에게 환경기준을 준수하라는 압력을 넣고 있다.

뉴욕에 소재한 어느 소프트웨어 개발업체는, 적극적인 공급사슬 감사 프로그램을 보유한 도쿄의 한 텔레콤 회사로부터 난처한 요구를 받았다. 선호 공급업체 목록에서 제외되지 않으려면 이 회사는 환경경영 시스템을 실시해야 했는데, 이는 동급 업체들과 비교해 까다로운 수준이었다.

6 소형회사들은 대형 경쟁업체들보다 민첩하게 움직일 수 있다. 기업가 정신으로 무장한 기업들은 발 빠르게 대처할 경우 변화하는 환경을 활용하거나 틈새시장 수요에 부응할 수 있다. '지속가능한' 가정용 가구업체인 큐 컬렉션은 유독성 염색제를 사용하지 않고 지속가능한 산림에서 목재를 전부 공급받아 소파, 탁자, 의자를 생산한다. 이 가구들은 고가지만, 회사는 자연적 제품을 원하는 인테리어 디자이너들을 고객으로 확보할 수 있었다. 또 하와이에 있는 코나 블루는 호르몬과 항생제 주입 없이 키운 어류 수요가 늘어나자, 친환경 어장 사업에 착수해 그 기대에 부응했다.

· · · · · · ·

환경에 특히 신경 써야 할 기업

이 책이 건전한 환경과 건강한 사업에 관심 있는 모든 이들에게 유용하다고 보지만, 이 문제에 다른 업체보다 각별히 신경 써야 하는 기업들이 분명 있다. 그리고 특정 분야에서는 잠재적 도약기회가 훨씬 크다고 본다. 우리는 아래 기업들의 경우 위험과 보상이 크다고 판단했다.

· 높은 브랜드 인지도: 호감이 크고 무형의 가치를 소유한 기업(코카콜라, 프록터 앤 갬블, 맥도날드 등)은 특별한 과제에 직면한다.
· 막대한 환경적 피해: 채취산업이나 중공업 관련업체(BP, 엑슨, 알코아, 라파즈 등)

는 높아지는 감시수위에 대비해야 한다.

- 높은 천연자원 의존도: 어류, 식품, 산림제품을 판매하는 회사(카길, 네슬레, 인터내셔널 페이퍼 등)는 사회가 극심한 자연제약에 놓일 경우 그 최전선에 놓일 가능성이 있다.

- 현재 규제 대상인 경우: 환경전략에 관한 질문은 특히 유해물질을 다루는 기업(듀폰), 그리고 규제가 엄격한 공익설비업체(AEP)와 에너지 집약부문(항공회사) 기업에서 더욱 중요한 역할을 한다.

- 규제 가능성이 높은 경우: 자동차 제조업체와 전력생산업체(포드, 인텔)는 고객들이 다 쓴 제품을 제조사가 처분하도록 하는 유럽의 '제품회수'법 때문에 새로운 과제에 직면했다. 또한 '포괄적 생산자 책임' 논리도 세계적으로 확산 중이다.

- 탄소노출: 화석연료 고지서 비용이 높은 기업은 가격상승과 더불어 온실가스 배출 비용청구라는 이중적 타격을 입을 것이다.

- 인력시장 경쟁: 서비스 부문과 '신경제(new economy)' 종사기업(시티그룹, 인텔, 마이크로소프트 등)은 환경문제를 훤히 꿰뚫고 있어야 한다. 기업의 가치가 불만족스러우면, 기업의 주요자산이 회사 밖으로 걸어 나가기 때문이다.

- 환경에 대한 기존평가: 과거에 문제를 일으켰던 기업은 특별감시를 예상해야 한다. 평판이 좋은 기업은 상대적으로 여유가 있으며, 시장의 호감 덕분에 이득을 볼 것이다.

● ● ● ● ● ● ●

환경우위를 추구하는 기업들

우리는 4년이라는 연구기간 동안 수십 개의 기업을 조사했다. 1970년대 이후 사고에 변화가 없는 기업들도 더러 있었다. 이들은 규제에 대한 불만이 여전했고 규제준수에도 마지못해 응했다. '규제준수'를 뛰어넘어 비즈니스 기회를 발견하기 시작한 기업들도 있었다. 이중에는 환경몸살을 앓는 세상에 해법을 제시하고자 재생 에너지 판매계획, 효율적인 전력생산, 정수설비 그밖에 여러 가지를 기획한 GE처럼 과감한 신규정책을 띄운 기업도 있었다.

환경보호와 비즈니스 사이에서 접점을 '찾은' 기업들은 환경피해 '발자국'을 줄이면서도 상당한 이윤과 지속적인 환경우위를 창출했는데, 이들에게 단일한 특색은 찾아볼 수 없었다. 이들은 세계적인 거대기업부터 틈새시장을 노린 직물업체까지 다양하다. 그렇지만 우리는 특정한 패턴을 발견했다. 이 첨단기업들은 법률준수라는 기본의무를 넘어, 폐기물을 줄이고 효율적인 운영을 꾀한다. 또 모든 영업활동마다 환경요인을 고려한다. 특히 아래와 같은 특징이 있었다.

- 혁신적인 제품을 설계해 고객들이 환경문제에 대처하도록 했고 새로운 친환경 시장을 개척하기도 했다.
- 공급업체가 환경에 대한 책임감을 높이도록 했고 이를 기준으로 공급업체를 선발했다.
- 업체의 실적을 보여주는 자료를 모으고 측정기준을 마련해 지속적으로 그 진전도를 평가했다.
- NGO나 다른 이해관계자와 협력하여 혁신적인 환경문제 해법을 찾아냈다.
- 야심찬 목표, 인센티브, 교육 그리고 이러한 비전에 직원들을 동참시키는 각종 수단을 동원해 환경우위 문화를 정착시켰다.

우수기업들에게 환경경영은 처음에는 의무감 비슷한 것이었다. 그렇지만 이제는 다르다. 이들은 환경'경영'을 제2의 천성으로 끌어올렸고, 이제는 친환경'전략'에서 황금알을 캐기 위해 힘을 쏟고 있다.

친환경전략, 지속가능성, 그리고 기업의 사회적 책임

이 우수기업들은 환경 및 사회문제에 대한 해법을 다각도로 모색한다. 일부기업은 '세 가지 핵심triple bottom line(경제, 사회, 환경이라는 세 가지 관점에서 기업성과를 측정하는 것-옮긴이)' 성과 또는 지속가능성에 주목했다. 또 어떤 기업들은 기업의 사회적 책임, 책임의식, 시민의식, 혹은 환경·건강·안전이라는 측면을 놓고 영업의 틀을 짰다. 그 어떤 접근방식이든 이 모두가 행동을 촉구하고 환경우위를 창출했다. 핵심은 실천, 즉 비즈니스 영역에서 환경 및 사회문제를 포용하는 데 있었다. 그렇지만 회사들은 저마다 자사문화에 적합한 언어와 조직구조를 찾아야 했다.

사내 명칭이 무엇이든 지속가능성 문제는 그 초점을 분명히 해야 최상의 효과를 거둔다. 환경문제를 보건의료나 빈곤완화 혹은 '피라미드 밑바닥(전 세계 극빈층의 미개발 시장)'에 뛰어드는 문제와 결부시켜 생각하면 암담해진다.[24] 우리가 조사한 바에 따르면 환경문제와 사회적 관심사는 전혀 별개로 다뤄야 해결책을 모색할 수 있었다. 예를 들어 기업이 대기오염 허용치를 준수하도록 하는 일은 직원의 건강증진 프로그램 개발과 유사점이 거의 없다.

게다가 환경 어젠다는 사회적 어젠다와 달리 구체적이다. 일반적으로 환경분야의 법적 책임은 매우 명확하며, 이는 윤리적 경영을 하면서도 경쟁우위를 확보하는 기회가 되기도 한다. 그렇다고 사회문제가 중요하지 않다는 뜻은 아니다. 사실 어떤 문제는 도덕적 의무이기도 하다. 그렇지만 하스 경영대학원의 데이비드 보겔David Vogel 교수의 주장에 따르면, 사회적 어젠다를 떠안는 '사업계획안'을 짜기란 매우 어렵다.[25] 이런 이유로 우리는 논의의 범주를 '환경적' 기회를 발판으로 삼은 전략과 도구들로 좁히도록 하겠다.

· · · · · · ·

사회문제를 소홀히 하면 안 되는 이유

환경 및 사회적 문제는 서로 다른 차원의 과제지만, 둘 다 기업평판과 관련이 있다. 부족한 사회적 성과를 뛰어난 환경실적으로 만회할 수 있다고 보는 기업이 있다면, 이는 착각이다. 예를 들어 월마트는, 진정한 환경 리더로 에너지 비축부터 제품포장 효율성까지 대규모 정책을 추진하면서 무시하지 못할 성과를 보여주었다. 그렇지만 월마트가 임금이나 보건, 노사관계 같은 기본적인 사회문제에서 대중의 기대를 저버린다면 기업의 책임면에서 그 어떤 칭송도 받지 못할 것이다.

· · · · · · ·

친환경정책의 환상에서 깨어나라

사실 우리도 환경우위를 찾기가 쉽다고 말하고 싶다. 그렇지만 어떤 분야든 특출나려면 그만한 노력을 기울여야 한다. 이러한 조언이 '그린 비즈니스'를 다룬 대다수 책이나 논문과 대조되는 견해임을 잘 알고 있다. 3M을 비롯한 몇몇 리더들은 에코 효율성의 경제적 보상을 선전하면서, 친환경전략이 확실한 보증수표라고 묘사했다. 그렇지만 안타깝게도, 친환경노력이 모두 윈윈으로 이어지지는 않는다.

혁신적인 제품을 개발하고, 이를 시장에 성공적으로 선보이며, 고객 만족을 유지하거나 다른 비즈니스 성공요인을 따라잡는 일만으로도 매우 버거운 게 사실이다. 여기에 환경적 차원을 보태면 새로운 기회가 열리겠지만, 한편으로 경영에 또 다른 차원의 복잡성을 안겨준다. 우위를 얻는다는 것은 신기술을 습득하고 색다르게 경영하며 고민스런 상충관계도 헤쳐 나간다는 뜻이다. 실상 이는 한층 더 미묘한 구석이 있다. 일부 정책은 전통적 기준에서 볼 때 '실패사례'이지만 기업에게는 무형의 가치를 안겨주기도 한다. 때로는 수익률 측정이 힘든 탓에 바람직한 추구대상인지 분간하기 어려운 경우도 있다.

이 책은 지나치게 단순화하기 쉬운 논쟁의 실상을 파헤치고자 한다. 이를 위해 우리는 온갖 복잡한 실제 사례에 주목해 친환경전략을 통해 성공으로 가는 길을 밝히고, 본래 계획에서 벗어났거나 완전히 실패한 정책들도 분석할 것이다. 우리는 긍정적이고 부정적인 교훈 모두를 선별했다. 이러한 사례연구를 참고한다면 환경우위를 추구하려는 기업들이 맨땅에서 시작하지 않아도 된다.

· · · · · · ·

환경정책이 실패하는 이유

환경정책이 실패하는 이유는 여러 가지다. 허술한 계획, 책임감 부족, 핵심인력 배치 실패 등 다양한 원인이 있다. 그렇지만 기업들이 환경영역에 발을 들여놓을 때, 그 발목을 잡는 특정한 실패사례들이 몇 가지 눈에 보인다. 엉뚱한 문제에 주목하거나 시장분석에 실패하는 것, 친환경제품에 대한 고객의 반응을 잘못 해석하고 친환경사고를 비즈니스에 완벽히 녹여내지 못하는 것 등이 이에 해당한다. 우리가 연구를 통해 찾아낸 13가지 흔한 실패사례는 10장에서 살펴보겠지만, 업무 담당자들이 겪는 도전과제를 조명하기 위해 그중 몇 가지만 책 전반부에서 먼저 다룰 것이다.

결론적으로 말해 환경정책은 다른 프로젝트 못지않은 노력을 요한다. 그리고 실패 횟수도 다른 프로젝트 못지않다. 개구리 커밋(미국 어린이 TV프로그램인 세서미 스트리트에 나오는 개구리 캐릭터-옮긴이)의 말대로 녹색이 되는 일은 쉽지 않다(It's not easy being green. 커밋이 자주 부르는 노래-옮긴이). 그렇지만 탄탄한 환경전략은 매우 큰 보답을 안겨준다.

· · · · · · ·

녹색물결을 탄 기업들

금융계의 리더를 파악하는 일은 매우 간단하다. 주식실적이나 현금흐름, 순익 등 나름의 측정기준을 세워 그 성과가 가장 뛰어난 기업을 찾으면 된다. 하지만 환경계의 리더를 선정하는 일은 훨씬 어렵다. 때로는 믿을 만한 자료를 구하기 힘들다. 자료를 손에 넣었다 해도, 기업마다 실적 평가방식이 제각각이다. 보편적인 기준이 아직 없다. 기본적으로 금융권에는 재무회계기준위원회Financial Accounting Standard Board가 있어 체계적이고 엄밀한 반면, 환경영역은 그렇지 못하다.[26]

우리는 확보 가능한 정보를 이용해 선두기업을 선별하는 작업부터 시작했다(자세한 연구방법은 부록2에 서술했다). 지속가능경영 평가기관인

ISVAInnovest Strategic Value Advisors와 SAMSustainable Asset Management(다우
존스는 이 기관의 지표를 활용해 지속가능성 지수를 산출한다)의 분석가들, 그
리고 사회적 책임투자 분야의 다른 전문가들이 작성한 환경 및 지속가능
성 성적표를 참고했다.[27] 우리는 이 순위를 경영자 설문조사 등 자체적인
연구 자료와 종합했다. 다양한 분야의 기업 5,000개를 200개로 좁힌 다
음, 오염물 배출량이나 에너지 소모량 등 환경피해 수준을 구체적으로 조
사했다. 이를 통해 '녹색물결을 탄 50대 녹색기업'이라고 이름붙인 목록
을 만들었다(58쪽 표 참조). 이는 여건상 불완전한 목록이지만, 우리는 이
순위를 토대로 심도 깊은 기업평가와 인터뷰를 진행했다.

우리 연구에서 이 목록은 처음부터 개괄적인 성격이었다. 그렇다면 지
금은 이 순위가 달라졌을까? 물론이다. 그 두드러진 예가 바로 국제기업
항목에 있는 에너지 기업 BP이다. 몇 년 전만 해도 이 회사는 환경 및 사
회적 리더십에 의구심이 생길 만큼 안전과 기업운영 면에서 심각한 허점
을 보였다. 아니면 포드와 제너럴 모터스GM를 살펴보자. 두 기업은 소비
자들이 대형차에서 중소형차로 수요를 크게 바꾸면서 타격받은 업체들
이었다. 유념할 사실은 선두기업을 확정하기 위해서가 아니라, 주목할 기
업을 선별하기 위해 이 목록을 작성했다는 점이다.

우리는 순위에 든 수십 개 기업을 업종, 특색, 주요 환경문제에 대한 시
각 등을 놓고 자세히 살펴보았다. 인지도가 순위에 크게 작용한다는 사
실에 유념하면서 규모가 작아 널리 알려지진 않았어도 업계에서 유명
한 일부 기업도 연구대상에 넣었다. 이를테면 스위스의 섬유제조업체 로
너 텍스틸Rohner Texil이 바로 그런 기업이었다. 또한 우리는 본인들의 환경
친화성을 내세우지 않는 선두기업도 찾았는데, 가구제조업체 허먼 밀러
Herman Miller와 휴대전화 시장의 거물 노키아Nokia가 바로 여기에 속했다.

• 녹색물결을 탄 50대 녹색기업

	미국기업	국제기업
1	존슨 앤 존슨	BP(정유업체)
2	백스터(의료기기 전문업체)	쉘(정유업체)
3	듀폰	도요타
4	3M	라파즈(시멘트 제조업체)
5	휴렛팩커드	소니
6	인터페이스	유니레버
7	나이키	BASF(화학기업)
8	다우	ABB(중전기 산업기업)
9	프록터 앤 갬블	노보 노디스크(의약품 전문업체)
10	SC 존슨	스토라 엔소(제지회사)
11	코닥	필립스
12	포드	바이엘(제약회사)
13	IBM	홀심(시멘트 전문업체)
14	스타벅스	ST마이크로일렉트로닉스(반도체업체)
15	인텔	알칸(알루미늄 제조업체)
16	제록스	일렉트로룩스(가전제품 제조업체)
17	맥도날드	선코(에너지 전문업체)
18	제너럴 모터스	노스크 하이드로(정유업체)
19	벤 앤 제리(아이스크림 업체)	헹켈(생활용품 전문업체)
20	파타고니아(등산용품업체)	지멘스(전기전자업체)
21	인터내셔널 페이퍼(제지업체)	스위스 리(보험회사)
22	알코아(알루미늄 제조업체)	아스크라제네카(제약회사)
23	브리스톨-마이어스 스퀴브(제약회사)	노보자임스(효소생산업체)
24	델	이케아(가구업체)
25	유나이티드 테크놀로지(항공기회사)	리코(카메라 전문업체)

마지막으로 GE와 코카콜라 같은 기업도 언급할 필요가 있다. 이들은 당시에는 리더가 아니었으나, 지금은 확실하게 환경우위를 추구하거나 환경우위 전략을 기업운영의 핵심으로 삼기 때문에 연구할 가치가 있었다.

우리는 녹색기업 '모두'를 연구할 생각은 없었다. 일부 업종이 대표성을 띠다보니 다른 모든 기업을 살피는 일은 시간낭비였다. 어떤 기업은 유일무이한 사례여서 전형적인 비즈니스의 지침으로 삼기 힘들었다. 예를 들면 등산용품업체 파타고니아Patagonia는 단연코 세계 제일의 친환경기업이지만, 그 설립자이자 소유주인 이본 쉬나드Yvon Chouinard는 이윤보다 가치를 앞세우는 기업윤리에 자부심을 느끼는 인물이다. 실제로 그는 사업가가 되고 싶은 적이 한 번도 없었다는 농담도 종종 하던 사람이다.

우리는 업종 특성상 상당한 환경과제를 짊어져야 하는 기업도 배제하시 않았다. 녹색기업 중에는 여전히 대형 오염입체인 경우도 많으며, 이 중 몇몇은 세계 최고 수준이기도 했다. 그렇지만 이들의 환경발자국은 동종업체 경쟁자들보다 작다. 우리는 상대적 위치를 중요하게 여긴다. 에너지, 화학물질, 금속에 대한 수요가 존재하는 한, 이 기피업무에 최선을 다하는 기업을 규명하는 일도 가치가 있다고 본다. 그렇지만 이들을 리더로 칭한다고 해서 그들의 역할이 다했다는 뜻은 아니다. 여러 가지 면에서 이는 단지 시작에 불과하다.

환경성과는 기업의 경영수준 보여주는 지표

환경문제에 주목하는 바람에 손해를 본 녹색기업은 없을까? 환경실적과 재무실적 사이의 상관관계를 파악하기 위해 사람들은 그동안 엄청난 양의 잉크를 흩뿌려야 했다. 우리는 어느 쪽으로든 섣부른 주장에 편승하고 싶지 않았으나, 녹색물결을 탄 공개기업의 주식실적을 시장 전체와 비교해보니 뚜렷한 추세가 나타났다(아래 도표 참고).[28] 지난 10년 동안 녹색기업들은 주요지수 동향을 가볍게 뛰어넘었다.

한 가지 주의사항이 있다. 상관관계가 곧 인과관계는 아니다.[29] 녹색기업이 주식시장에서 상대적으로 거둔 성공은 어느 특정 녹색정책에 초점을 두기보다, 전반적으로 수준 높은 경영을 해왔기 때문일 것이다. 실제로 대다수 연구에서 기업의 환경성과는 전반적인 경영수준을 보여주는 강력한 지표임이 밝혀졌다.

지속가능한 경로란?

우리가 아는 그 어떤 기업도 진정한 장기적 지속가능성을 향해 가고 있지는 않았다. 따라서 다음의 세 가지 유의사항을 덧붙이고자 한다.

• 녹색기업의 주식실적

1 녹색기업 모두가 일정 정도 천연자원을 오염시키고 감소시킨다.

2 우리가 조명한 기업 중에는 환경에 심각한 영향을 주는 업종도 많지만, 그래도 이 녹색기업들은 '모범적'이거나 다른 기업이 본받을 만한 관행이 있었다.

3 녹색기업이 행한 모든 환경투자가 빛을 본 것은 아니었다. 사실 이 기업들 모두가 때로는 실패를 맛봤다. 그렇지만 대체로 환경에 대한 관심이 경쟁력을 길러주었다.

이 기업들은 완벽하지 않다. 일부 기업은 환경성과 중 어떤 면에서는 강하나 다른 면에서는 취약했다. 그렇지만 이들은 모두 발전하고 있다. 또 새로운 비즈니스 방식을 보여주고 있다. 이 기업들의 모습에서 우리는 환경우위를 확보하는 방법을 발견했다. 더불어 환경보호와 성공적인 비즈니스가 서로 어깨동무하며 세상으로 내딛는 첫걸음도 확인할 수 있었다.

이 책에서 살펴볼 내용

1부에서는 친환경사고를 점차 수익성과 연결하고 필수요건으로 정착시킨 비즈니스 세계를 살펴본다. 2장에서는 모든 기업이 겪는 주요 환경과제를 설명하고 비즈니스와 인류에게 닥친 주요 환경논쟁 10가지를 알아본다. 3장에서는 환경 이슈에 관심이 높은 이해관계자들이 기업의 이익 창출에 크게 영향을 미친다는 사실에 주목한다. 우리는 감시집단(이를테면 NGO), 의제 설정자(싱크탱크), 비즈니스 파트너(고객), 지역사회, 투자자(은행) 등 다섯 가지 행위자 집단에 대한 기본적 사고의 틀을 제시할 것이다.

이 중요한 배경설명을 마친 후 2부와 3부(4장부터 9장)에 걸쳐 환경전략의 기본요소를 보일 것이다.

2부에서는 구체적 전술을 보여준다. 4장과 5장은 친환경사고로 경쟁우위를 얻기 위한 8가지 핵심 전략을 소개한다. 우리는 이들 전술이 어떻게 불리한 비용구조나 위험을 줄이고 유리한 기회를 창출하는지, 그리고 그 결실이 수익과 어떤 관계가 있는지 분석 틀을 제시할 것이다.

3부에서는 기본적인 경영내용을 살핀다. 6장에서는 선두기업들이 환경우위 사고방식을 키우는 활동을 소개한다. 녹색기업이 어떤 식으로 친환경사고를 기업운영의 기본으로 삼았는지 살펴봄으로써 그들의 주요 수단과 행동방침의 핵심이 보일 것이다. 7장은 선두기업이 자료를 찾고 환경성과를 파악하는 방법, 다른 이들과 협력해 전략을 가다듬는 과정을 살핀다. 8장은 이러한 선두기업이 자사제품과 공급사슬을 재설계하는 방법을 탐구한다. 이어 9장에서는 핵심관리자와 평직원 모두를 환경우위 문화에 끌어들이는 방법을 설명한다.

4부에서는 환경우위를 만드는 행동지침을 소개한다. 10장은 친환경적 경쟁우위를 확보할 때 빠지기 쉬운 함정을 살펴봄으로써 친환경정책이 실패하는 근본적 이유를 알아볼 것이다. 11장에서는 책에 기술한 사고방식과 방법을 토대로 친환경정책의 성공을 위한 단기, 중기, 장기 행동방침과 함께 공략법을 제시한다. 마지막으로 12장에서는 환경우위 전략을 실행할 때 필요한 모든 요소를 점검한다.

위대한 기업이 되려면 선량한 기업으로 거듭나라

사람들의 관심을 끌어모으려면 때로 결정적 계기가 있어야 한다. 월마트의 CEO 리 스콧은 2005년 허리케인 카트리나가 빚어낸 참상을 접한 후 큰 심적 변화를 겪었다. 동시에 그는 자기 회사가 태풍 피해자를 도운 사실에 매우 큰 자부심을 느꼈다. 그렇지만 월마트 역사상 최고의 순간은 그가 다음과 같은 질문을 던진 순간이었다.

> "월마트가 언제나 최선을 다하는 선량한 기업이 되려면 어떻게 해야 할까요? 우리 기업의 규모와 자원을 토대로 고객과 제휴업체, 우리의 자녀와 미래세대 등 우리 모두를 위해 우리나라와 지구를 훨씬 살기 좋은 곳으로 만들어보면 어떻겠습니까? 이것이 의미하는 바는 무엇일까요? 우리는 그 일을 해낼 수 있을까요?"**30**

스콧은 연설을 계속했고 환경에 주목한 사업계획안을 제시하면서 대다수 CEO들이 감상적으로 치부할 만한 결론을 내렸다. "책임감 있는 시민과 성공한 기업가는 사실 차이가 없습니다. 현재 월마트에게 이 둘은 한몸입니다."

리 스콧이 실제 겨냥한 것은 무엇일까? 우리는 그것이 위대함에 대한 새로운 정의라고 본다. 경영의 대가 짐 콜린스Jim Collins는 그의 혁신적 저서 『좋은 기업을 넘어 위대한 기업으로Good to Great』에서, 영속적인 위대함을 낳으려는 기업은 결정적인 접근법과 더불어 깊이 있는 통찰과 문화, 책임감이 뒷받침되어야 한다고 명쾌하게 기술했다. 스콧과 다른 CEO들도 종래의 위대함만으로는 사실 부족하다고 입을 모은다. GE의 제프 이멜트는 에코매지네이션을 선보인 연설에서 이를 매우 간명하게 표현했다. "위대한 기업이 되려면, 선량한 기업으로 거듭나야 한다."[31]

위대하면서 '동시에' 선량한 기업은 남들을 잡아끄는 힘이 있다. 고객은 이들의 브랜드에 매료되고 직원은 더욱 열심히 일을 한다(그러면서도 동시에 재미를 느낀다). 환경우위를 추구하는 것은 곳곳에 구멍이 뚫린 험난한 도로를 걷는 일이다. 녹색황금을 캐는 손쉬운 방법은 없다. 그렇지만 우리가 만난 녹색기업들은 그 길을 보여주고 있었다.

Chapter2

녹색물결을 탄 스마트한 기업들

: 환경문제로 시장은 어떻게 바뀔까?

1990년대 중반, 소비재 대기업인 유니레버Unilever 경영진은 자사제품을 덮쳐오는 거대한 먹구름을 보았다. 전 세계적으로 어류가 감소하면서 냉동생선제품 공급에 적신호가 켜지고 있었다.

자연의 한계라는 냉엄한 현실을 접한 유니레버는 조치를 취하기로 결심했다. 댄 에스티에게 조언을 구하고 세계야생생물기금World Wildlife Fund과 협력한 유니레버는, 지속가능한 어업을 도모하는 독립단체인 해양보호협회Marine Stewardship Council를 세웠다. 이 협회는 어획총량을 제한하는 어장들을 인증했다. 어업종사자들에게 이러한 인증을 유도하고 그 수요를 높이기 위해 유니레버는 수산물을 100퍼센트 지속가능한 어장에서 사들이겠다고 공언했다.[01]

유니레버 경영진은 이러한 공약과 이와 관련된 상당한 비용을 단순한 비즈니스 이슈로 보았다. 유니레버 공동대표인 앤터니 부르크만스Antony Burgmans는 "세계적인 대형 수산물 구입업체로서 어류를 고갈하는 어획 방식을 막는 것은 곧 유니레버사의 상업적인 이해관계다."라고 말했다.[02] 어떤 공급사슬 관리자는 이 상황을 간결하게 표현했다. "우리는 환경보호 주의자가 아니다. 과학자도 아니다. 그렇지만 아무런 조치도 취하지 않으면 결국 영업에서 손을 떼야 한다."[03]

이러한 실리적 이기심은 절로 수긍 가는 부분이다. 그렇지만 오염의 여파와 천연자원 제약에 정확히 초점을 맞추기란 말처럼 쉽지 않다. 환경문제에 대한 목소리가 커졌지만, 때로는 이치에 안 맞고 터무니없는 경우도 있다. 어떤 환경단체는 너무 오랫동안 암울한 전망만을 설교한 탓에 대중이 등을 돌려버렸다. 대중이 귀 기울일 만한 근거가 부족했던 경우도 있었다. 미국이 환경문제에 눈뜬 이후 지난 40년 동안, 굴뚝산업들은 대기 및 수질오염을 눈에 띄게 줄였다. 그렇지만 세계적 추세는 대체로 부정적이다.[04]

2005년 국제연합은 24개 생태분야에 대한 포괄적이고 방대한 보고서인 '밀레니엄 생태계 평가'를 발표했는데 결과는 전반적으로 퇴보였다. 담수고갈부터 토질악화, 기후변화 위험까지 문제는 널리 퍼져 있었고 대부분 시급한 조치가 필요했다.

다음은 어떤 잡지에 나오는 글일까? "전 세계적으로 인류는 자연계의 자정능력을 기겁할 만큼 떨어뜨렸다. …… 현재 세계 담수의 절반가량을 인간이 마음대로 쓰고 있고, 세계 습지의 절반은 메마르거나 파괴되었다. …… 이러한 사례는 끝이 없다." 「마더 존스Mother Jones」(미국의 진보성향 잡지-옮긴이)일까? 아니다. 「포춘」에 실린 기후변화의 위험성과 그것에 대한 우리의 대처능력 상실 기사에 나오는 대목이다.[05]

손써야 할 문제들이 대기오염이나 수질오염 등 앞선 환경문제만큼 당장 '코앞에' 닥치지 않았다는 점도 문제해결을 어렵게 한다. 현재 떠오르는 환경위협은 때로 쉽게 드러나지 않으며, 소기업, 가정, 심지어 각 개인처럼 오염원이 흩어져 있는 경우도 있다. 예를 들면, 자동차 한 대로는 오염이라는 해악을 입힐 수 없지만, 미국의 차량 3억 대는 심각한 스모그와 상당한 수준의 이산화탄소를 만들어낸다.

지구온난화와 생물종 상실 같은 문제는 피부에 와 닿지 않거나, 장기적 사안 같고 그다지 절박해 보이지도 않는다. 우리가 숨 쉬는 공기나 식수로 쓰는 물 같은 긴급한 사안과 비교해볼 때, 먼 미래에나 벌어질 일을 지금부터 신경 쓰기란 쉽지 않다. 그렇지만 장기과제는 얄궂게도 우리를 슬그머니 덮쳐온다. 이런 종류의 문제들을 계속 방치했다가는 실제 닥쳤을 때 손을 쓸 수 없게 된다.

우리의 자산을 보호해야 하는 이유

요즈음처럼 편리한 세상에서 사람들이 쉽게 잊는 진리가 하나 있다. 바로 우리는 자연의 한계 안에서 산다는 사실이다. 자연은 단순히 휴양지에서 탄복하고 끝나는 대상이 아니다. 천연자원은 지구의 대차대조표에 놓인 자산이다.[06] 천연자원 중에는 산림처럼 재생이 가능한 것도 있다. 반면 석유처럼 나날이 고갈되는 자산도 있다. 어떤 기업이 아무런 보충 계획 없이 자산을 계속 가져다 쓴다고 생각해보자. 그 기업은 성난 주주들의 집중 포화를 받고 결국에는 생존의 위협을 겪지 않을까?

맥도날드의 베테랑 간부인 매츠 레더하우젠Mats Lederhausen은 우리에게 이런 말을 들려주었다. "풍족한 사회에서 실제 자산은 단 두 종류밖에 없습니다. 창의력과 기술을 겸비한 인력, 그리고 이들을 둘러싼 생태계입니다. 이 두 자산은 모두 세심하게 보살펴야 합니다."[07]

주목해야 할 환경문제

천연자원의 유한성을 자각한 비즈니스계는 동시에 두 번째 현실과 마주했다. 바로 제약에서 도약기회가 있다는 사실이었다. 부족한 천혜의 자연을 모범적으로 관리하는 기업은 타격을 최소화하며 경쟁업체를 따돌릴 것이다. 이는 매우 당연해 보이겠지만, 친환경사고를 환경우위로 전환하려면 놀랍도록 광범위한 문제에 정통해야 한다. 어떤 게 현실적 문제이고 가장 절박한지, 또 소홀히 해도 경쟁에서 불이익을 받지 않는 문제는 무엇인지 알아야 한다.

회사마다 가장 신경 쓰는 환경문제는 실로 다양하다. 게다가 환경문제는 시간에 따라 변한다. 과학적 이해도 훨씬 정교해진다. 자원소모가 많은 제품은 대체상품에 자리를 내준다. 소비자들의 기호와 취향도 바뀐다. 성공을 원하는 관리자라면 환경경영의 변화무쌍한 속성을 눈여겨봐야 한다.

10대 환경문제

1. 기후변화.

2. 에너지.

3. 물.

4. 생물다양성과 토지이용.

5. 화학물질, 유해물질, 중금속.

6. 대기오염.

7. 폐기물 관리.

8. 오존층 파괴.

9. 해양과 어장.

10. 산림벌채.

· · · · · · ·

    이 장에서 우리는 인류가 직면한 '10가지' 환경문제를 간략하게 훑을 것이다. 기업에게 가장 시급한 환경문제는 업종이나 입지, 비즈니스 모델 등 구체적 환경에 따라 각각 다를 것이다. 그렇기에 위에서 제시한 환경문제의 정확한 순위는 분명 논쟁의 여지가 있고, 과학자들 사이에서도 각 과제의 양상과 절박함에 대해 논란이 있을 것이다. 그럼에도 비즈니스 분석을 위한 발판으로 삼기 위해 우리는 대략적인 중요도에 따라 그 순위를 매겼다.

    각 주제마다 우리는 정확한 '현황진단state of play'을 위해 가장 객관적이고 뛰어난 과학적 자료를 바탕으로 각각의 환경문제를 이해하려고 했다. 더불어 그 문제가 특정 기업과 업종에 어떤 영향을 미치는지를 밝힌 비즈니스적 여파를 실었다. 편의상 이 장은 철저한 분석이 아닌 간단한 요약 정도로 서술하도록 하겠다.

기후변화

개괄

비즈니스 전략에 미치는 잠재적 영향으로 볼 때, 대기 중 온실가스 증가만큼 불안한 문제도 없다. 언론매체에서는 이를 '지구온난화'라는 제목 아래 막연히 다루지만, 문제는 단순히 온도상승에서 그치지 않는다. 우리가 마주할 현실은 더욱 정확히 표현하자면 '기후변화'이다. 이 표현 한 가지에 해수면 상승, 강우량 변동, 극단적인 가뭄과 홍수, 극심해진 허리케인과 태풍, 새로운 질병경로(말라리아가 기후가 따뜻해진 곳으로 전파된 것이 그 예이다) 등 모든 것이 담겨 있다. 상황을 과장하지 않더라도 기후변화 때문에 지구가 살기 힘들어졌다고 해도 과장은 아닐 것이다.

어떤 이들은 과학적 근거가 취약하다며 이 문제를 의심한다. 그러면 몇 가지 질문에 주목하여 알려진 사실들을 검토해보자.

- 지구온난화는 과연 사실인가?
- 누구의 책임이며 왜 생겼는가?
- 기후변화로 지구와 우리는 어떤 영향을 받을까?
- 가장 심한 타격을 입을 대상은 누구인가?

이 질문에 간단히 답하자면 지구온난화는 사실이고, 인간의 책임이며, 우리의 기본적인 생태계가 불안정해질 뿐만 아니라 주로 가난하고 저지대에 위치한 열대 국가들이 타격을 받겠지만 그 피해는 모두에게 돌아간다는 것이다.

지구온난화는 과연 사실인가?

모두 아는 이야기부터 꺼내보자. 우선 이산화탄소, 메탄, 다른 여러 미량가스 등 대기 중에 있는 온실가스는 지구에 도달한 열이 우주공간으로 반사되지 않도록 열을 가두는 역할을 한다. 실상 온실효과가 없다면 지구는 생명유지가 힘들 만큼 추워진다.

그렇지만 지난 수세기에 걸쳐 인류는 이러한 보온능력에 지나친 공헌을 했다. 이전 산업화pre-industrial 시대 이후, 대기 중 이산화탄소 농도가 280피피엠에서 현재 390피피엠으로 증가했다(73쪽 도표 참고). 큰 차이가 없어 보이지만 결코 그렇지 않다. 현재 우리는 전례 없는 수준을 맞이했기 때문이다. 북극 얼음층에 있는 빙핵을 조사해보면, 지난 65만 년 동안 근대로 들어서기 전까지 온실가스 농도가 300피피엠을 넘은 적이 한 번도 없었다고 한다.[08] 그렇지만 이제 우리는 앞으로 50년에서 100년에 걸쳐 500피피엠이나 600피피엠까지 그 수치가 더욱 올라간다는 현실적 전망과 마주하고 있다.

과학계는 인간의 행동이 이러한 변화를 초래했다는 사실에 점차 합의하는 분위기다. 2007년 '기후변화에 관한 정부 간 위원회'는 인간의 행동이 지구온난화를 초래했다고 '명백하게' 밝혔다. 그렇다면 기후변화 과학에 미심쩍은 구석은 없는가? 물론 있다. 기후변화 속도, 수준, 지역적 편차 등 모두가 논란거리이다.

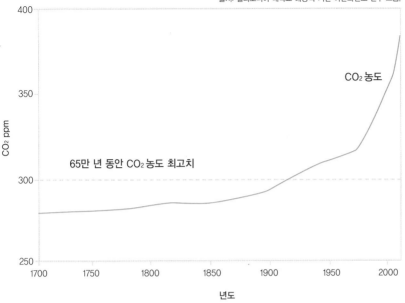

• 대기 중 이산화탄소 농도

출처: 캘리포니아 대학교 해양학 기관 이산화탄소 연구 그룹.

65만 년 동안 CO₂ 농도 최고치

CO₂ 농도

CO₂ ppm

년도

그렇지만 전문가들의 검토를 거쳐 학술잡지에 실린 기후변화 관련 논문 900편 중에서, 기후변화가 현실이며 정치적으로 주목할 대상이라는 '합의사항'에 이의를 제기한 글은 단 한 편도 없었다.[09] 「사이언스Science」는 이렇게 표현했다. "정치인, 경제학자, 저널리스트 등은 기후 전문가들이 혼란스러워하고 자기들끼리 의견차가 존재하며 합의점이 없다는 듯한 인상을 받을지 모른다. 그러나 이는 잘못된 인상이다."

누구의 책임이며 왜 생겼는가?

우리는 온실가스가 어디서 생기는지 알고 있다.[10] 이 문제의 70퍼센트 이상을 차지하는 것은 이산화탄소이다. 이산화탄소는 주로 화석연료를 태울 때 나온다. 이는 비중이 비슷한 세 분야에서 배출된다. 바로 수송과정, 일반가정이나 기업, 그리고 제조업에서 나온다. 그다음으로 중요한 온실가스 배출원은 메탄으로 특히 천연가스에서 새어나오거나 논, 그리고 소의 가스(믿기지 않겠지만)에서 발생한다. 나머지 온실가스는 질소산화물을 비롯한 미량 가스로 구성된다.

온실가스와 관련해 다른 두 가지 사실도 언급할 필요가 있다. 첫째, 이 가스들은 지구 전체를 감싸기 때문에 어디서 배출됐는지 여부는 사실 중요하지 않다. 이 말은 특정 국가가(혹은 일부 나라들이 소규모로 뭉쳐서) 홀로 풀 수 없는 문제라는 뜻이다. 전 세계의 협조와 공동대응이 필수다. 둘째, 온실가스는 수십 년 심지어는 수세기 동안 대기권에 존재한다. 따라서 지금의 문제는 지난 수십 년 동안 배출된 결과이다. 바꿔 말하면, 우리가 지금 당장 온실가스 배출량을 대폭 줄인다 해도, 대기권 농도는 세기 중반까지는 떨어지지 않는다는 뜻이다.

썩어가는 식물부터 화산폭발에 이르기까지 자연계의 기대한 탄소순환에 비하면, 인간의 기여도는 미약하다는 지적도 있다. 엄밀히 말해 사실이다. 그렇지만 사실 논점을 벗어난 말이기도 하다. 인류가 원인을 제공한 것 자체가 자연계의 균형에서 벗어나는 일이다. 하수구가 뚫린 욕조에 수도꼭지를 틀었다고 해보자. 들어오고 빠져나가는 물의 양이 일치하는 한 욕조의 물은 흘러넘치지 않는다. 그렇지만 수도꼭지를 조금만 세게 틀어도 물은 결국 흘러넘친다.

우리는 또 현재 문제가 수년에 걸쳐 생겼다는 사실 역시 알고 있다. 물론 중국이나 인도 같은 개발도상국에서 탄소배출에 가속도가 붙은 상황도 무시할 수 없는 문제이다. 그렇지만 선진국, 특히 미국이 현존하는 문제에 상당부분 책임이 있다는 점은 반론의 여지가 없다.

기후변화로 지구와 우리는 어떤 영향을 받을까?

솔직히 말하자면, 기후변화가 정확히 어떤 작용을 할지 아무도 모른다. 그렇지만 몇 가지 꽤 설득력 있는 이론과 전망이 있다. 그중 다섯 가지를 소개하도록 하겠다.

첫째는 온도상승이다. 1998년 이후 기록상 가장 더운 해를 여덟 번 기록했고, 그 최고치는 2005년에 달성했다(2007년에도 그에 버금갔다).[11] 평균 기온상승은 작아 보여도, 인류의 위기는 대체로 온도가 빈번하게 급등하면서 생겼다. 2003년 유럽을 휩쓴 무더위로 2만 6,000명이 사망했다. 유럽인들은 2040년까지 여름의 절반을 그렇게 무더위 속에서 보내야 할지도 모른다.[12~13]

둘째는 해수면 상승이다. 세계 곳곳에서 빙하가 녹고 있다.[14] 미국 록키 산맥의 스노우팩snowpack(산맥을 뒤덮은 얼음들판-옮긴이)은 16퍼센트 감소했고, 아프리카의 킬리만자로 산맥은 최근 몇 년 동안 빙하의 80퍼센트가 녹아내렸다. 녹아내리는 빙하로 특히 그린란드와 남극대륙에서 해수면이 크게 상승할 수 있다. 대다수 저지대 국가들은 영구적으로 물에 잠기고, 해안선이 전 세계 해안지역으로 파고들 수 있다.

셋째는 거세지는 폭풍이다. 허리케인 카트리나가 걸프 만을 강타하기 일 년 전, 「뉴욕 타임스」는 기후변화 때문에 허리케인 강도가 눈에 띄게 높아졌다는 게 과학계의 전반적인 견해라고 보도했다.[15] 카트리나 같은 초대형 태풍 하나를 놓고 이것이 기후변화의 징후인지 판단하기란 쉽지 않다. 그러나 해양온도 상승이 더욱 강력한 허리케인과 태풍을 몰고 온다는 전망에는 의심의 여지가 없다.

넷째는 생태계 붕괴이다. 온도가 상승하고 강우 패턴이 바뀌고 물의 흐름이 변하면서, 생명체의 서식지 그리고 종의 번성과 소멸에 근본적인 변화를 주고 있다. 이제 버몬트Vermont 주에서 단풍나무를 구경할 수 없을

지도 모른다. 기온 상승으로 브리티시 컬럼비아 주와 알래스카 주에 한 번도 등장하지 않았던 소나무좀pine bark beetle이 생겨나 수백만 에이커에 달하는 숲이 피해를 입었다.[16] 일각에서는 미국 중서부 지역 일부가 대공황 시절처럼 가뭄에 시달릴지 모르며, 그럴 경우 미국의 곡창지대인 이곳의 생산성이 눈에 띄게 줄어들 것이라고 전망한다.[17]

마지막으로 실향민과 환경난민을 들 수 있다. 카트리나 후유증에 시달리던 뉴올리언스 주의 비참한 모습에서, 우리는 수천 명에 달하는 사람들이 느닷없이 강제이동하게 될 때 생기는 혼란과 수난을 목격했다.[18] 앞으로 수십 년 이내에 우리는 작은 북극 마을뿐 아니라 해수면 바로 위에 수천 명이 거주하는 방글라데시 같은 넓은 나라에서도 강제이주 광경을 보게 될지 모른다. 그렇다면 이들은 모두 어디로 가야 할까?

가장 심한 타격을 입는 대상은 누구인가?

급격한 변화에 대처능력이 없는 나라들이 아무래도 피해를 볼 것이다. 저지대 국가, 그중에서도 적도 근처에 있는 나라들이 특히 심각한 곤란에 처할 것이다. 가장 위태로운 국가는 극빈국이 될 것이므로 그 잠재적 결과가 더욱 참담할 것이다. 미국의 일부 지역도 위태롭긴 마찬가지이다. 미국 남동부 대부분을 포함해 허리케인 지대에 있는 저지대 지역은 더욱 극심한 풍해와 폭풍해일에 노출될 것이다.

비즈니스적 여파

기후변화가 정치적 논란거리인 이유는, 이 문제를 다루든 다루지 않든 그 비용이 매우 높기 때문이다. 실제로 영국 정부의 「스턴 보고서Stern Review」에 따르면, 기후변화를 해결하지 못할 경우 그 경제적 타격은 세계

GDP의 5퍼센트 정도라고 한다. 더욱 절망적인 시나리오에서는 그 손실 액이 세계 경제 산출량의 20퍼센트까지 달한다고 예측한다. 반면, 기후변화가 낳을 최악의 상황을 막기 위해 온실가스 감축에 쏟는 비용은 연간 세계 GDP의 1퍼센트 정도라고 한다. 온실가스는 화석연료 연소와 관련 있기 때문에, 탄소배출 통제에 제대로 성공하려면 지구상의 모든 비즈니스뿐 아니라 개인 모두가 행동으로 옮겨야 한다.

기온상승과 더불어 갈수록 종잡을 수 없는 날씨도 광범위한 생계수단과 산업에 영향을 준다. 강우 패턴의 변화는 농부에게 치명타다. 스키장의 눈도 녹아내리게 한다. 게다가 더욱 강력해진 태풍은 해안가에 위치한 주택을 휩쓸 뿐 아니라, 수송체계와 항공운행마저 마비시킨다.

일부 산업, 이를테면 보험업계는 이미 그 여파를 심각하게 받아들이기 시작했다. 극단적 자연재해가 초래하는 경제적 비용이 1950년대 이후 10배로 껑충 뛰었기 때문이다.[19] 위험과 불확실성이 더욱 높아지자, 스위스 리Swiss Re와 뮤니히 리Munich Re 등 재보험 회사들은 현재 기후변화 방지 활동을 활발히 펼치고 있다.

날씨와 기온이 주는 직접적 영향 외에도 모든 회사들이 기후변화의 2차적 영향을 받을 것으로 보이는데, 그중 특히 온실가스 배출을 통제하는 규제정책을 꼽을 수 있다. 탄소요금(유럽과 일본에서는 이미 실시 중이다)이 부과되고 연료가격이 높아지면, 유통체계나 공급업체와의 관계를 비롯해 기업운영을 여러 가지로 손봐야 한다. 항공업계, 물류회사, 그리고 수송의존도가 높은 업체에게 운송수단의 연료효율성은 결정적 요소가 될 것이다. 화학물질과 플라스틱 제조업체처럼 석유의존도가 높은 업체들도 원료사용 전략을 재고할 필요가 있다.

이러한 규모의 변화는 커다란 기회를 제공한다. 소비자, 지역사회, 비즈니스계가 기후변화와 탄소 제약적 세상에 적응하려면 새로운 기술과 제품, 서비스가 필요할 것이다. 현명한 기업 중에는 이러한 수요를 채우면서 수익을 올리고자 창의력을 발휘한 제품군을 갖춘 곳들이 많다. 예를 들면 허니웰Honeywell 같은 회사는 에너지 소비를 줄이려는 각 가정과 기업에게 효율적인 냉난방 설비뿐 아니라 정교한 온도조절장치를 제공한다. 문제를 근본적으로 완화해주는 기술, 예를 들면 온실가스를 발생시키지 않는 에너지 공급기술 등을 제공해야 수익성을 보장받는다. 마찬가지로 앞으로는 탄소를 대기권으로 방출하는 대신, 비용을 절감하면서 탄소를 포획·저장하는 방법(이를 '탄소격리carbon sequestration'라고 한다)을 선보이는 회사가 단숨에 시장을 장악할 것이다.

· · · · · · ·

기후변화와 필수과제

기후변화는 비즈니스 사회에 가장 강력한 환경전략 이슈로 떠오르고 있는데 그 잠재적 영향은 깊고 폭넓다. 이에 기후변화의 여파와 규제에 주목하여 전략을 다시 세우는 일이 기업의 필수과제로 급부상하고 있다.

· · · · · · ·

에너지

개괄

2005년 미국의 정유회사 셰브런 텍사코Chevron Texaco는 주요잡지에 전면광고를 냈다. "석유가 쉽던 시기는 끝났다." 제대로 짚은 문구였다! 석유

공급이 부족해지고 유가가 배럴당 100달러를 돌파하자, '원유생산의 정점peak oil'과 유가의 정점을 둘러싼 논쟁으로 시끌벅적하다. 지질학적으로 볼 때 석유는 갈수록 뽑아내기 어렵고 비용도 많이 든다. 기후변화정책으로 당장에 화석연료 사용에서 벗어나든 못 벗어나든 결론은 자명하다. 에너지의 미래는 과거와 동일하지 않을 것이다.

에너지는 정확히 말해 우리가 제시한 다른 항목과 달리 환경문제가 아니다. 그렇지만 모든 사회는 에너지가 필요하고, 그 방식이 뭐든 간에 에너지 생산은 환경을 파괴한다. 화석연료를 연소할 경우 오염을 일으키고 대기권의 온실가스 농도를 높이는 것은 두말할 나위 없다. 수력발전 같은 '청정' 에너지도 지하수 흐름을 바꾸고 물고기 이동을 가로막는 등 나름의 환경적 피해를 낳는다.

어떤 이들은 에너지 전문가 다니엘 예르긴Daniel Yergin이 칭한 '석유 인간hydrocarbon man' 시대가 종말로 치닫고 있다고 전망한다.[20] 이 주장에 대한 반박도 있다. 이들은 탄소 제약적 세상이 코앞에 닥쳤다는 점은 인정하지만, 신기술 개발로 이산화탄소와 더불어 수은 같은 해로운 오염원을 포획하면 앞으로도 화석연료 사용이 가능하다고 본다.

물론 우리의 에너지 미래가 정확히 어떤 모습일지 아직 알 수 없지만, 어떤 모습을 띠든 모든 산업이 이로부터 영향을 받을 것이다. 한 가지 예를 들어보자. 현재 미국은 전력의 3분의 2 이상을 화석연료를 태워 얻는다.[21] 석탄이 51퍼센트, 천연가스가 17퍼센트, 석유가 3퍼센트다. 에너지 수요가 계속 오른다면, 특히 인도와 중국처럼 급성장하는 개발도상국에서 수요가 지속된다면, 이들 연료가격은 당분간 높게 유지될 것이다.

이는 안타까운 소식이 아닐 수 없다. 반면 좋은 소식이 있다면, 지금과 같은 고유가가 에너지 시장에서 혁신을 유도할 것이라는 점이다. 풍력, 태양열, 지력, 바이오 연료, 조력발전 같은 재생 에너지원이 점차 가격경쟁력을 얻을 것이다. 일부 지역에서는 풍력발전이 벌써부터 시장지분을 눈에 띄게 차지하기 시작했다. 현재 생산수준은 낮더라도 재생 에너지 산업의 성장세는 인상적이다. 전 세계적으로 풍력발전능력이 해마다 30퍼센트 넘게 성장해왔고 태양열 발전도 60퍼센트 넘게 발전해왔다. 동시에 원자력은 대기오염이나 온실가스를 발생하지 않는다는 이유로 심지어 일부 환경진영에서도 선호도가 꾸준히 높아졌다.[22] 원자력 발전소는 안전성과 폐기물처리 문제로 여전히 논란이 많다. 그렇지만 에너지 경제학은 새로운 기회와 더불어 어색한 동반자를 낳기 마련이다.

전 캘리포니아 주지사 아널드 슈워제네거뿐 아니라, 에너지 분야 평론가들도 에너지 및 기후변화 문제의 해법으로 수소경제hydrogen economy의 도래를 선포했다. 그렇지만 수소는 사실 에너지원이 아니라, 에너지를 저장하고 유통하는 한 가지 방식에 해당한다. 수소를 운송수단의 연료로 사용할 경우, 분명 '지역적으로는' 탄소배출이 없으므로 도시에 이롭다. 그렇지만 물에서 수소를 얻으려면 여전히 전기가 필요하다. 따라서 수소는 풍력이나 태양열처럼 탄소배출이 없는 재생 에너지로 생산할 수 있어야 무공해 에너지로 분류될 것이다. 수소는 장차 에너지 구성에서 중요한 요소가 되겠지만, 대중적인 시장에서 수소 에너지를 변환하고 운반, 유통하려면 아직은 갈 길이 멀다.

비즈니스적 여파

불가피하게도 에너지 전환은 새로운 경쟁압력을 낳는다. 에너지 소모가 큰 부문, 예를 들면 중공업과 운송업 등은 에너지 생산성이 전략적 우위에서 핵심일 것이다. 게다가 역사적으로 높은 가격을 겪은 탓에 거의

‘모든’ 산업이 에너지를 보존하고 에너지 효율투자를 하려는 동기가 높다. 따라서 에너지 효율성을 높인 상품과 서비스를 판매하는 기업은 시장지분을 확보할 것이다. 예를 들어 타이드Tide 사는 자사의 찬물세제를 온수를 쓰지 않아 에너지를 상당부분 절약한다는 점을 들어 광고했는데 무려 7백만이 넘는 가구가 이 광고에 호응했다.

재생 에너지에 대한 수요도 커지고 있다. 현재 미국은 캘리포니아와 북동부 지역을 포함해 20곳이 넘는 주에서 전력의 일정량을 재생 에너지로 공급하도록 의무화하고 있다.[23] 법적 압력이 없는데도 이러한 선례를 따르는 회사들이 있다. 마이크로프로세서 제조업체인 AMD는 텍사스 오스틴에 있는 자사 설비에 10년 동안 재생 에너지를 사들여 전력을 공급하기로 했다. 구글Google도 석탄보다 저렴한 재생 에너지를, 샌프란시스코를 감당할 정도의 전력량인 1기가와트를 개발하겠다며 새로운 정책에 착수했다. 스타벅스Starbuck, 페덱스 킨코스Fedex Kinko's, 존슨 앤 존슨Johnson&Johnson 등 다양한 회사들도 에너지의 5퍼센트에서 20퍼센트를 재생 에너지로 구입한다. 가장 놀라운 소식은 월마트가 자사의 에너지 전량을 재생 에너지로 공급받겠다고 선언한 점이다.

크고 작은 벤처 투자자들이 에너지의 미래를 과거와 사뭇 다르게 점치면서, 대체 에너지 회사는 뜨거운 투자처가 되었다. 저명한 투자자 클라이너 퍼킨스를 비롯해 실리콘밸리의 거물급 인사들은 주로 재생 에너지에 투자하는 ‘청정기술clean tech’ 펀드를 출범시켰다.[24] 앨 고어의 제너레이션 자산운용사, 미션 포인트 캐피탈, 굿 에너지 등 친환경 펀드도 여럿 등장했다. 이러한 펀드로 몰리는 벤처 자금도 꾸준히 증가 중이다(82쪽 도표 참고). 어느 모로 보나, 앞으로 친환경 투자시장은 매우 커질 것이다. 유엔 보고서에 따르면 청정기술에 들어가는 자금이 향후 10년간 수조 원에

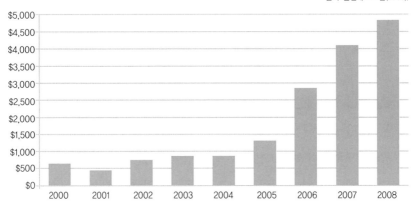

• 청정기술에 투자한 벤처 자금

(미국과 캐나다, 단위: 백만 달러)
출처: 클린테크 그룹(2008).

달할 것이라고 한다.

태양전지부터 풍력발전기, 수소차량까지 기업들은 미래의 에너지원을 해결하기 위해 고심한다. 스페인의 이베르드롤라Iberdrola와 엔데사Endesa, 인도의 수즐론Suzlon과 타타 파워Tata Power 등 세계적 규모의 재생 에너지 회사들도 출현했다. 다른 모든 신규 벤처처럼 이 사업들 모두가 성공을 장담할 수는 없다. 그렇지만 몇몇 기업은 큰 성공을 거머쥘 것이다.

물

개괄

물은 생명의 본질이다. 동시에 농업과 수많은 산업에 꼭 필요한 자원이다. 하지만 인구증가와 경제성장으로 건조지대 물 자원이 상당한 압박을 받고 있다. 상대적으로 물이 풍부한 지역도 갈수록 수질오염 때문에 골머리를 앓는다. 업계에게, 복합적이고 상보관계에 있는 이들 요인들은 수질과 더불어 물의 양이라는 도전과제를 낳는다.

수질

어디를 둘러봐도 모든 정부와 지역사회가 식수의 수질관리 때문에 날로 근심이 높아간다. 미국을 비롯한 선진국은 지난 몇 십 년에 걸쳐 수질을 전반적으로 개선했다. 오염정도가 극심한 나머지 1969년 클리블랜드에 있는 쿠야호가 강에서 화염이 일었던 사건은 이제 옛 이야기이다.

그렇지만 산업 및 농업 폐기물뿐 아니라 광산이나 건설현장, 잔디밭에서 생기는 다양한 오염물질 때문에 아직 안심하기는 이르다. 전 세계 정부들이 강과 하천으로 흘러들어가는 오염원을 최소화하도록 계속 단속하고 있다. 회사들은 점차 엄격해지는 수질오염 기준에 대한 계획을 세워야 한다.

개발도상국에서는 무려 오수의 90퍼센트에서 95퍼센트, 그리고 산업 폐기물의 70퍼센트가 아무런 처리과정 없이 강이나 호수, 해양으로 바로 흘러 들어간다.[25] 귀중한 수자원을 보호하는 일은 모든 나라의 선결과제이다.

물의 양

밀레니엄 생태계 평가에 따르면 무려 20억 명이나 되는 인구가 물 부족에 시달리며 지낸다고 한다. 전 세계 건조지대의 핵심문제가 아닐 수 없다. 결국 물 문제는 그 수요와 공급으로 단순하게 요약된다. 지구는 닫힌계closed system라서 기본적으로 신선한 물의 공급량이 정해져 있다. 그렇지만 인구가 늘고 관개작물이 증대하면서 물 수요가 계속 상승 중이다. 실제로 농업은 우리가 사용하는 물의 70퍼센트를 소비한다. 대다수 지역에서 자연계의 빗물이 순환하며 생기는 공급량보다 더 많은 양을 사용한다. 그 결과 대수층이라고 부르는 천연지하수가 고갈상태에 빠졌다. 예를 들면 미국 8개주에 걸쳐 있는 거대한 오갈랄라 대수층Ogallala Aquifer은 휴론 호수보다 물의 양이 많은 데도, 그 양이 눈에 띄게 줄었다. 우리는 다시 한 번 천연자원을 고갈하고 있는 셈이다.

중국은 이미 심각한 물 부족 문제를 겪고 있다.[26] 앞으로 몇 년 안에 100군데 이상의 도시가 심각한 물 부족에 시달릴 가능성이 있다. 중국의 주요 밀 경작지는 지하수면이 가파르게 하강 중이다. 게다가 단 6년 만에 곡물생산량이 7천만 톤(캐나다의 곡물총생산량과 맞먹는다)이나 줄어들면서 사람들이 식품가격 상승에 시달리고 있다.

사실 물 부족은 과소평가된 문제일지도 모른다. 당장 인간의 수요만 신경 쓸 문제가 아니기 때문이다. 자연계의 동식물도 물이 필요하며, 이 동식물이 또 다시 우리를 먹여 살린다. 때로는 물을 둘러싼 인간과 생태계의 갈등이 끔찍한 결과를 낳기도 한다. 2002년 오레곤 주 클라매스 강에서 관개설비를 확장하려고 물을 빼내다가, 고기들이 생명유지를 할 수 없을 정도로 줄어드는 바람에 치누크 연어와 코호 연어 3만 4,000마리가 떼죽음을 당했다.[27]

· · · · · · ·

습지에 대한 달라진 시선

기업의 레이더에 걸린 비교적 새로운 이슈는 바로 습지보호이다. 무지했던 옛 시절(1989년 이전)에는 미 육군 공병단(Army Corps of Engineers)이 질병과 홍수를 막는다며 늪이라고 부른 습지에서 물을 빼낸 적이 있었다. 그렇지만 지금은 습지를 생명을 유지시켜주고 동식물에게 서식지를 제공하는 필수적인 생태계로 본다. 인간에게 습지는 오염물질 여과기이자 폭풍해일의 완충제이다(뉴올리언스 지역이 습지를 상실한 것도 2005년 범람이 치명적이었던 이유 중 하나이다). 기업들은 이제 습지 보호에 유념하면서 토지자원이나 개발계획을 다루어야 한다.

· · · · · · ·

비즈니스적 여파

기업들은 물 소비 규제가 강화될 상황에 대비해야 한다. 물 소비량이 지나치고 수질오염에 한몫하는 기업들은 정치적 공격과 대중들의 반발, 규제강화, 심지어 법적 소송에 직면할 것이다.

코카콜라는 회사의 영업권을 물 관리와 따로 떼어 사고할 수가 없다. 인도 케랄라 주 지방정부는 코카콜라 공장이 물 소비에 신경 쓰지 않자 공장문을 닫게 했다. 코카콜라뿐만이 아니다. 물 의존도가 높은 회사 대다수가 이 문제해결에 활발하게 임한다. 유니레버Unilever도 자사의 환경보고서에서 현실을 인정했다. "소비자들이 물을 책임 있게 소비하도록 협조하는 일은 분명 우리의 장기적인 이해관계이다. …… 깨끗한 물이 없으면 우리의 브랜드 제품은 쓸모가 없어진다." 간단히 말해, 물이 없으면 사람들은 유니레버 세제로 빨래를 할 수가 없다.

수질은 잘사는 나라만의 사치스러운 고민이 아닌 전 세계적 문제이다. 이는 셀룰로사 아라우코Celulosa Arauco 사가 14억을 투자해 세운 칠레 발비디아의 펄프 제지공장 관리자들을 만나보면 안다.[28] 과거에는 습지로 흘러 들어가는 미처리 폐기물이 대수롭지 않은 문제 같았다. 그러나 이 회사의 폐기물로 수천 마리의 고니가 떼죽음을 당하자, 정부는 한 달간 제지공장 가동을 중단시켰고, 1,000만 달러가 넘는 벌금을 물렸다. 이 비극적 사건이 벌어지면서 CEO와 환경책임자를 비롯해 몇몇 임원들이 쫓겨나거나 강등당했다. 결국 회사는 문제해결을 위해 다시 두 달 동안 공장문을 닫아야 했다.

현재 코카콜라와 유니레버뿐 아니라 개발도상국에서 활동하는 대다수 회사들이 위험관리에 힘쓰고 있다. 여기서 긍정적인 면을 찾자면, 물 문제를 해결하는 기업이 지역사회에서 호감을 얻는다는 사실이다. 일부는 신규시장 개척으로 수익을 기대해볼 수도 있다. 지난 몇 년 동안 GE는 주로 합병을 통해 수십억 달러를 들여 물 인프라 사업을 추진했다. 이 투자로 GE는 '세계에서 가장 시급한 문제인 물 재활용 그리고 산업용수와 지역용수, 관개와 식수 등을 해결하는 기업'으로 입지를 굳혔다.[29] GE는 분명 녹색물결을 간파하고 이에 뛰어든 기업이었다.

생물다양성과 토지이용

개괄

"우리 개인의 건강뿐 아니라 경제 및 사회의 건전성은 자연이 제공하는 다양한 생태적 상품과 서비스에 달려 있다."[30] 그린피스Greenpeace가 낸 성명서일까? 아니다. 거대 광산회사인 리오 틴토Rio Tinto의 말이다.

우리 주변에 있는 다양한 동식물을 뜻하는 용어인 생물다양성은, 모든 생명체가 의존하는 먹이사슬과 생태계를 보존해준다. 이는 또 새로 발견한 종에서 신종 의약품과 식품 등을 얻으므로 여러 가지 제품의 보고이다. 생물다양성은 그 속성상 측정이 어렵지만 다른 문제들처럼 점차 사회가 관리해야 할 필수 천연자원으로 조명받고 있다. 어느 저명한 연구팀은 생물다양성과 생태 서비스의 가치가 어림잡아 매해 수조 달러에 달한다고 발표했다.[31]

쇠퇴의 기미

생물다양성 문제는 얼마나 심각할까? 유엔의 밀레니엄 생태계 평가가 확인한 과학적 가설이 한 가지 있다. 현재 멸종률이 지구가 생긴 이래 평균치보다 1,000배나 높다고 한다. 생물학자들에 따르면 지난 50억 년 동안 지구는 급속한 진화와 광범위한 멸종이라는 다섯 차례의 대격변을 겪어왔다. 이제 우리는 여섯 번째 격변기를 맞고 있는데, 이번에는 전적으로 인간이 만든 현상이다.[32]

주된 문제는 인류의 개발로 자연서식지가 파괴된다는 점이다. 유해물질과 환경오염도 핵심적인 역할을 하며, 기후변화 역시 원인목록의 상단에 올라와 있다. 최근 밝혀진 자료에 따르면, 수많은 개구리종이 멸종위기에 내몰린 것—이들은 생물다양성이라는 탄광 속의 카나리아(광부에게 산소부족을 알려주던 역할을 하였음-옮긴이)이다—도 기온상승 때문이라고 한다.[33]

몇몇 생태과학자들은 단 한 세대 만에 식물종의 4분의 1이 멸종위기에 처할 것이라고 전망했다. 우리는 머지않아 북극곰의 종말뿐 아니라, 위풍당당한 호랑이를 비롯한 대다수 고양이과 동물, 그리고 이들보다 카리스마가 떨어지는 수백만 종의 최후를 보게 될지도 모른다. 사라지는 곤충과 미생물을 우려하는 모습에 코웃음 치는 사람들도 있겠지만, 이 종들은 생명의 그물에 필수적인 존재이다. 그러니 벌레와 박테리아는 인간 없이도 잘살지만, 우리는 이들 없이는 오래 살지 못한다는 웃지 못할 농담도 나오는 것 아니겠는가.

이와 연관된 문제로 외래 동식물의 유입이 있다. 이 '침투'종은 대개 교역과 선적과정에서 정착하는데, 생태계를 위협하고 토종 야생동식물을 파괴하거나 수백만, 때로는 수십억 달러의 피해를 준다. 예를 들면 오대호에 들어온 얼룩무늬 홍합은 물 흡입관을 막아 선박에 손해를 입힌다. 의회조사단에 따르면 이 성가신 연체동물 때문에 1990년대에 전력산업에서만 30억 달러 넘게 손해를 보았다고 한다.[34]

토지이용

생물다양성 감소를 초래하는 핵심요인으로 서식지 상실이 있다. 인구가 증가하면 토지이용이 늘고 생활수준도 높아지므로, 생태계가 받을 압력이 불가피해 보인다. 그런데 우리의 개발계획은 보통 사태를 더욱 악화시킨다. 개방지 보존에 무신경한 교외 난개발은 생태계를 단절시키고 교통 혼잡을 일으키며 인간과 동물 모두의 삶의 질을 떨어뜨린다. 개발도상국의 경우 전혀 다른 문제를 겪고 있지만, 결코 심각성이 뒤지지 않는다. 개발압력은 경작용 토지전환과 화전 농업에서 비롯되기도 한다. 전 세계 빈곤층에게 이는 생존이 걸린 문제이지만, 생물다양성 상실을 놓고 볼 때 그 대가가 너무나 크다.

개방지가 감소하자 환경보호주의자들은 정부에게 공원을 새로 조성해 야생지를 보호하라는 압력을 넣고 있다. 이러한 노력을 거들고자 토지와 자원을 헌납한 기업들도 많다. 월마트는 난개발의 선봉이라는 오명을 벗기 위해 미국을 위한 토지 정책을 선보였다. 월마트는 현재 운영 중인 매장 면적을 훨씬 뛰어넘는 약 40만 에이커의 토지를 보존 중인데, 이는 그간 소모해온 땅을 보상하는 성격이 짙다.[35] 이러한 조치가 결코 충분한 환경전략은 아니겠으나, 월마트가 땅을 집어삼킨다는 일부 지역사회의 우려에 하나의 화답이 될 수 있겠다.

비즈니스적 여파

난개발에 동참한 기업 대다수가 압력을 받고 있다. 지역사회는 이 기업들이 토지이용 계획을 세삼하게 짜서 교통체계를 무너뜨리거나 삶의 질을 떨어뜨리는 일이 없어야 한다는 입장이다. 플로리다 주 북부 버지니아와 캘리포니아 주 대도시 애틀랜타, 그리고 남서부 전역 등 개발이 한창인 지역에서 활동하는 회사들은 필요한 물자를 비롯해 심지어는 인력을 어떻게 확보해야 할지 이유 있는 고민에 빠졌다.

공장이나 매장이 들어선 모든 곳에서 지역사회와 정부가 생태계 파괴가 없도록 세심하게 고민해달라고 요청해온다. 특히 부동산 개발업체, 광산업체, 목재회사 등 천연자원을 집약적으로 쓰는 곳은 세밀한 감시를 받을 것이다(6장에서 리오 틴토가 기업의 위험을 줄이고 새로운 토지 접근성을 높이기 위해 생물다양성 정책을 어떻게 앞장서서 다뤘는지 살펴볼 것이다).

동식물로부터 새로운 합성물질을 얻는 제약업계를 제외한다면, 생물다양성 관리에서 얻는 혜택은 그리 뚜렷하지 않다. 그렇지만 그 잠재력은 크다. 지구는 수십억 년 동안 진화하면서 인간이 기술로 모방할 만한 깜짝 놀랄 작품들을 선보였다.[36] 재닌 베뉴스Janine Benyus는 자신의 저서인 『생체모방Biomimicry』에서 거미줄이 강철보다 5배 강하면서도 유연하다고 지적했다. 베뉴스는 초대형 거미집은 날아가는 제트기도 끊어짐 없이 멈추게 할 수 있다고 지적했다.

이런 이유로 일부 회사는 동식물에서 모방할 점을 차분히 연구한다. 카펫 제조사 인터페이스 플로어링Interface Flooring은 디자이너들을 산림에 보내 자연의 설계원리를 연구하도록 한 결과, 획일적이지 않으면서도 되풀이되는 자연의 탁월한 패턴을 발견했다. 인터페이스는 이를 모방한 다양한 디자인의 신제품을 선보였는데, 이 카펫은 바닥에 어떤 방향으로 깔아도 전체적으로 통일감을 준다. 이 자연스러운 문양 덕분에 생산비는 낮아지고 설비가동속도는 훨씬 빨라졌다. 엔트로피Entropy라고 하는 이 신규 브랜드는 인터페이스에서 제일 잘 팔리는 상품으로 올라섰다.

경제적 시각에서 볼 때, 생물다양성과 자연서식지는 그 경제적 혜택을 정확히 산출하기 힘들어도 진정한 가치가 있다. 이를테면 산림은 수질을 정화하고 홍수 발생률을 낮추는 등의 기능을 한다. 공공부문과 민간부문은 자연이 제공하는 '생태계 서비스ecosystem services'를 계량화하고 가격으로 환산하는 일에 관심이 높다. 정확한 측정을 생략한 채 조치를 취하는 정부들도 있다. 중국은 홍수가 자주 일어나는 지역 인근의 벌채를 금지했다. 이들은 홍수예방이 산림관리보다 더 가치 있다는 사실을 알았기 때문이다. 게다가 뉴욕 시티는 40억 달러가 드는 수질정화공장을 세우는 대신 단돈 6억 달러로 캣스킬 산맥에 있는 토지를 매입해 자연의 물정화 서비스를 지켜냈다.[37]

민간부문도 이에 동참 중이다. 페리에Perrier는 깨끗한 물을 보존하기 위해 강 유역 숲 조성 사업을 지원하며, 자사 물이 흘러나오는 곳 인근에 있는 농부들이 유기농법으로 전환하도록 보조한다.[38]

마지막으로 동식물 침입종의 피해를 막기 위한 노력도 탄력을 받고 있다. 정부가 문제해결의 부담을 운송업체에게 지우면서, 국제적으로 제품 운송을 하는 모든 이들의 선적비용이 아시아 하늘소나 얼룩무늬 홍합 등 침투종 때문에 올라갈 것으로 보인다.

화학물질, 유해물질, 중금속

대기오염을 비롯한 모든 오염 형태를 한층 심각하게 만드는 요인 중 하나가 바로 유해물질이다. 제지공정 등에서 발생하는 부산물인 다이옥신 같은 화학물질을 비롯하여 납, 수은 같은 중금속은 대중의 건강을 심각하게 위협한다. 암이나 선천적 장애에 대한 우려 때문에 미국이나 유럽에서는 까다로운 화학물질관리법이 생겨났고, 엄격한 예방원칙이 자리 잡았다.

• • • • • • •

사전예방원칙

불확실한 상황에서 안전에 편승하는 '사전예방원칙'은 유럽식 환경규제의 핵심이다. '후회하느니 안전을 택하는 게 낫다'는 이 원칙은 다수에게 상식처럼 자리잡았다. 한편으로 예방원칙 때문에 실상 현상유지에 안주한다는 지적도 있다. 또 이 원칙이 혁신을 가로막거나 '보호무역주의자'에게 악용되어 기존 생산업체들의 신규경쟁을 차단한다는 주장도 있다.

• • • • • • •

유럽은 신화학물질관리제도REACH를 통해 제조업체들이 기존의 것이든 새로운 것이든 모든 화학물질의 안전성을 입증하도록 의무화했다. 입증책임이 완전히 뒤바뀐 셈이다. 전에는 규제자들이 '안전하지 않은' 물질임을 증명해야 했기 때문이다. 이 법에 논란이 없는 것은 아니나, 대중들이 강화된 보호조치를 환영하므로 계속 유지될 것으로 보인다.

유해물질을 둘러싼 법적 책임에는 사실상 끝이 없다. 수년 동안 과학자들은 석면노출의 위험성을 알고 있었지만, 법적 제도는 이제야 이를 수용해 판사와 배심원이 석면제조회사에게 상당한 피해액을 부담시켰다. 이에 석면제조사인 존스 맨빌Johns Manville과 W.R. 그레이스W.R. Grace를 비롯해 70개가 넘는 기업이 파산상태에 빠졌다.[39]

석면의 사례처럼 앞으로 몇 년간 상당한 법적 공방에 휩싸일 수 있는 새로운 고민거리들이 있다. 살충제부터 세제, 플라스틱까지 두루 쓰이는 화학물질인 환경 호르몬은 인체와 동물의 호르몬에 영향을 미쳐 재생산과 성장 같은 생물학적 기능과 면역기능을 교란시킨다.[40] 이 물질들이 인체에 미치는 영향을 살핀 과학적 연구와 관심이 나날이 늘고 있다. 한 가지 지표를 보면, 연간 의학저널에 실린 논문 중 호르몬이 건강에 미치는 영향을 살핀 글이 1990년 200편에서 2002년 1,000편 가까이 급증했다.[41]

중금속

납에 대한 과학적 규명은 명백하다. 이 중금속은 뇌손상과 심각한 발달장애를 일으킬 소지가 있다. 가솔린, 페인트, 수도시설에서 납 성분을 없애고 여타 노출경로를 차단하는 일은 성공적인 공중보건사업 중 하나다. 정부는 현재 수은과 카드뮴, 다른 중금속에도 납처럼 엄격한 규제를 적용 중이다.

석탄연소에서 발생하는 대기 중 수은도 고민거리이다. 수은증기는 수로에 안착하여 우리가 먹는 생선과 식품 그리고 우리 몸에 침투한다. 미국에는 600곳이 넘는 석탄화력 발전소와 더불어 수천 대의 소형 보일러가 있다. 현재 활동가들이 미 환경보호국US Environmental Protection Agency, EPA

에 압력을 넣는 관계로, 조만간 수은배출에 대한 엄격한 기준안이 마련될 것으로 보인다.

최근 미 환경보호국이 임산부와 아동 등 취약계층에게 특정 어류 섭취를 낮추라고 경고한 주된 이유 중 하나가 수은이었다. 이는 근거 없는 우려가 아니었다. 시나이산 병원Mt.Sinai Hospital과 뉴욕의 앨버트 아인슈타인 의과대학은 태아기 때 접한 수은이 매해 아동 63만 명의 뇌기능을 떨어뜨리고 성장문제를 일으킬 위험이 있으며, 사회적으로도 87억 달러의 비용이 든다고 발표했다.[42] 가임기 여성 중 약 10~20퍼센트는 혈중수은농도가 미 환경보호국에서 정한 적정기준치보다 높다고 한다.[43]

비즈니스적 여파

오늘날 기업은 생산제품과 생산방식에 세심한 주의를 기울여야 한다. 유해물질이나 중금속이 섞인 제품은 특별 규제조치라는 난관에 부딪치기 때문이다. 소니가 크리스마스를 겨냥해 플레이스테이션을 수출했다가 겪은 수입 불가판정을 떠올려볼 때, 이러한 규칙을 따르지 않았다가는 곤경에 처할 수 있다. 생산공정에서 유해물질 처리비용은 독성폐기물 처리비용을 포함해 상당히 높다. 독성물질은 비즈니스에 여러 가지로 피해를 준다. 유해자산을 처분하는 일만 떠올려봐도 충분히 공감할 것이다.

● ● ● ● ● ● ●

녹색기업도 나무에서 떨어질 때가 있다[44]

화학물질과 독성물질은 제대로 다루기 힘든 복잡한 문제로, 잘못 걸려든 기업은 난감하기 짝이 없다. 듀폰은 테프론 제조에 쓰이는 화학물질 PFOA의 유해성에 소홀했다는 혐의에 맞서왔다. 2004년 듀폰은 오하이오 주와 웨스트 버지니아 주에서

PFOA가 식수를 오염시켰다는 집단소송에 걸려 1억 달러가 넘는 합의금을 냈다. 또 듀폰은 이 화학물질의 안전성 관련정보를 공개하지 않았다는 이유로 미 환경보호국에 고소를 당하기도 했다. 듀폰은 벌금으로 1천 6백만 달러를 내고 소송을 종결했다. PFOA가 규제대상은 아니었으나, 회사의 명성에 끼치는 해악을 감안했을 때 법적 공방을 지속하는 게 의미가 없다고 듀폰은 판단했기 때문이었다.

• • • • • • •

화학물질 사용에 유념해 불필요한 독성물질이 없도록 제품과 공정을 재설계하는 것은 의미 있는 투자이다. 예를 들어 컴퓨터와 프린터를 생산하는 거대기업 HP는 규제가 생기기 이전부터 자사제품에서 내연제를 없애버렸다.

더욱이 현재 이런 화학물질이 특정 질환, 특히 아동질환 발생을 높인다는 우려가 커지고 있다. 자폐증, 소아암, 알레르기 발생률 증가가 독성물질과 관련이 있는 걸까? 아마 의사들이 이런 병을 과거보다 더 예리하게 진단해낸 이유도 있을 것이다. 그렇지만 일부 부모들은 우리가 먹는 식품 속 화학물질이 영향을 미친다고 보고, 이에 대한 경각심을 일깨우고 있다. 수적으로 소수일지라도 크게 우려하는 시민들이 뭉치면, 기업과 정부가 화학물질을 세심히 다루도록 압력을 행사할 수 있다.

유독성분을 생산하거나 이를 사용하는 기업이 짊어져야 할 법적 책임은 매우 높다. '여론재판'은 독성제품을 판매한 기업에게 더욱 과중한 책임을 묻기도 한다. 이런 이유로 화장품 대기업인 레브론Revlon과 로레알L'Oreal은 자사제품에서 유해물질인 프탈레이트phthalates 성분을 없애기로 했다. 다른 회사들도 자사의 천연제품을 선전하면서 유해물질 노출에 민감한 대중에게 호소하려 애쓰고 있다. 예를 들어 50년 동안 녹색제품을 팔아온 샤클리Shaklee는 화학성분이 없는 가정용 '청정'제품 판매에 주력하고 있다.[45]

긍정적으로 보자면, 대중이 식품부터 화장품까지 모든 제품에서 몸에 좋은 대안품을 찾는 것은 기업에겐 하나의 기회일 수 있다. 건강을 추구하는 대중에게 신선한 유기농식품을 제공하는 선두기업 홀푸드Whole Foods는 현재 미국에서 급성장하는 슈퍼마켓이다. 과거에는 틈새시장이었던 영역이 현재 대형시장으로 돌변한 것이다.

대기오염

개괄

얼마 전만 해도 LA에 있는 6구 신호등은 통근자들 눈에 보이지 않았다. 지금도 공기질이 완벽하다고는 할 수 없으나, 전보다는 월등히 나아졌다. 공장, 차량, 여타 오염배출원에 대한 규제를 강화하여 공기질에 신경쓴 결과 지난 30년에 걸쳐 미국, 일본, 유럽의 대기오염농도가 급격히 줄어들었다. 이제 전보다는 숨 쉬기가 편해졌다.

공기정화는 1980년대에 산성비로 신음하던 미 북동부의 산림 및 호수를 비롯해 생태계에도 유익한 결과를 가져왔다. 최근 크게 성공을 거둔 환경정책 중 하나로 미국 내 이산화황 배출이 크게 감소한 점을 꼽을 수 있다. 1990년 조지 부시 대통령이 서명한 대기정화법 수정조항Clean Air Act amendments으로 기업들이 할당받은 이산화황 배출량을 자유로이 교환할 수 있는 시장이 생겼다. 이 정책은 기대 이상의 성공을 거두었다. 대기 중 이산화황 농도가 전보다 절반 이하로 뚝 떨어졌기 때문이다.[46] 게다가 애초에 잡았던 비용의 일부밖에 들지 않았다.

'전보다는' 나아졌어도, 아직도 공기가 맑지 못한 곳이 많다. 천식 같은 호흡기 질환을 앓는 사람들의 경우 여전히 건강에 위협을 받는다. 유럽위원회 European Commission의 추산에 따르면 공기오염으로 조기 사망한 유럽인이 30만 명이 넘으며, 업무시간 손실비용도 1천억 달러에 달한다고 한다.[47]

개발도상국의 경우 실내외 공기오염문제가 여전히 심각하다. 주로 난방이나 음식물 조리를 위한 불에서 발생하는 실내 공기오염은 특히 건강에 치명적이다. 반면 선진국은 가구나 카펫, 페인트에서 나오는 화학물질 때문에 실내 공기가 오염되는데, 이를 일컬어 새집 증후군sick building syndrome이라 한다.

비즈니스적 여파

공기오염규제가 전반적으로 엄격해질 것이다. 규제수준과 법 집행력이 선진국은 어느 정도 엄격해지는 반면 개발도상국은 상당히 강화될 것이다. 공기오염도가 높은 기업은 이러한 과제에 대비해 계획을 짜야 한다. 시멘트산업처럼 오염도가 높은 분야가 제일 시급하다. 예를 들면 시멘트 제조회사 라파즈Lafarge는 제네바에 본부를 둔 세계지속가능발전 기업협의회와 더불어 시멘트 업계를 주요 지속가능 정책에 끌어들이는 데 앞장서고 있다.[48]

공기오염원에 대한 이해가 높아지면서, 공기질은 더욱 다양한 기업집단에게 영향을 주는 문제가 되었다. 예전에는 거대기업에만 적용되던 규제가 지금은 중소업체에도 영향을 주고 있다. 게다가 화학물질을 사용해 실내제품을 만드는 회사들 귀에 고객의 불평이 들려오기 시작했다. 녹색기업 허먼 밀러가 사무용 가구의 유해가스 배출 테스트를 위해 연간 25만 달러씩 지출하는 주된 이유도 시장이 보여주는 의구심 때문이다.[49]

폐기물 관리

1970년대에 '오염을 막자'는 메시지와 텔레비전에 나온 아메리카 원주민의 외침은 대중에게 경각심을 일깨웠다. 갑자기 모두들 쓰레기 문제를 고민하기 시작했다. 이 세대는 자신들이 폐기물을 지나치게 많이 쏟아낸다는 점을 깨닫고 그것을 재사용할 필요성을 자각했다. 그리고 결과적으로 이는 눈에 띄는 좋은 성과를 낳았다. 현재 미국은 유리의 20퍼센트, 종이의 40퍼센트, 알루미늄의 50퍼센트, 철강의 60퍼센트를 재사용한다.[50] 다른 나라들도 이와 비슷하거나 더 높은 수치를 보여준다. 스웨덴은 종이 및 알루미늄을 90퍼센트 재사용하며 일본은 철강의 86퍼센트를 재사용한다.

그렇지만 공장, 사무실, 거주지에서 나오는 폐기물처리는 여전히 풀어야 할 숙제이다. 부피로 따졌을 때 문제의 대부분을 차지하는 것은 소각하거나 매립지에 쏟아 부어야 하는 고형폐기물, 즉 날마다 가정과 사무실에서 배출하는 쓰레기이다. 비록 부피차지는 작을지라도 독성폐기물은 더욱 처리하기 곤란하다. 대부분의 선진국에서는 적하추적積荷追跡 시스템으로 폐기물을 '요람에서 무덤까지' 세부 추적한다. 실상 독성폐기물 추적 책임방기는 심각한 범죄이다. 미국은 여느 환경문제보다도 유해폐기물 처리과실로 감옥에 가는 사람들이 많다.

이와 관련해 새로 떠오르는 문제로 온갖 낡은 전자장비 처리문제가 있다. 이 '전자폐기물e-waste'은 국가와 기업 모두에게 부담스런 존재이다.[51] 구형컴퓨터마다 내연제, 납, 카드뮴, 수은 등 각종 악성물질을 비롯한 유해물질이 1.8킬로그램씩 들어 있다. 미국에서만 3억 대의 컴퓨터가 처분

대기상태임을 떠올려볼 때 독성폐기물은 결코 적은 양이 아니다.[52]

• • • • • • •

슈퍼펀드

폐기물처리장 문제는 오랫동안 산업계에서 큰 문제로 방치되어 왔다. 환경부의 추산에 따르면 미국 전역에 있는 1,200곳의 슈퍼펀드(superfund, 미 연방정부가 유해폐기물로 오염된 지역의 환경복원을 위해 운용하는 거액의 펀드 자금―옮긴이) 지정폐기물처리장에 향후 30년에 걸쳐 2천억 달러의 정화비용이 들어간다고 한다. 영화 〈시빌 액션〉(지역주민을 위해 대기업과 환경소송을 벌이는 변호사 이야기―옮긴이)에 나오는 것처럼 슈퍼펀드 법 책임조항에 의하면, 폐기물처리장 책임자는 독성물질이 법적으로 처분됐을지라도 정화비용 전액을 책임져야 한다. 정화비용에 대한 책임을 회피하기란 쉽지 않으며, 슈퍼펀드 문제를 잘못 처리할 경우 큰 죗값을 치를 수도 있다.

• • • • • • •

비즈니스적 여파

이제는 유명해진 비즈니스 세계의 금과옥조, '줄이고, 다시 쓰고 재활용하라Reduce, Reuse, Recycle'에는 어떤 배경이 작용했을까? 크게 세 가지 요인이 있다.

첫째, 대부분 법의 힘이 작용했다. 그 어떤 업체도 유해폐기물을 부주의하게 다룰 수 없다. 책임자를 감옥에 보내거나 수백만 달러의 벌금을 물리는 등 처벌조항의 효력은 대단했다.

둘째, 폐기물 감축은 비용을 줄인다. 쓰레기를 줄인 기업은 폐기물 처분비용을 절감한다. 유해폐기물 처리에 이보다 10배 넘는 비용이 지출될 수 있다. 대다수 녹색기업이 제품과 공정을 재설계하고 재활용 노력을 높인 결과 폐기물이 확연하게 줄어들었다. 심지어 가구제조업체 허먼 밀러는 매립쓰레기 제로를 목표로 삼았으며, 앞으로 달성 가능할 것으로 보인다. 이 기념비적 성과를 모든 기업이 능히 해낼 수 있는 것은 아니다. 그렇지만 대다수 기업들도 단지 폐기물을 줄이기만 해도 상당한 비용절약이 가능한데, 이는 단지 버리는 쓰레기량이 줄어서만은 아니다. 기업에서 활용가치가 있는 물품도 내다 버리는 경우가 상당하므로, 이런 물품을 버리지 않고 잘만 수거해도, 비용과 원료 모두를 절약할 수 있다.

셋째, '포괄적 생산자 책임제도'라는 새로운 법안이다.[53] 특히 유럽에서 시행 중인 이 제도는 전자부문에서 특정 원자재를 빼고 제품을 설계하도록 하거나, 자사제품을 회수하여 직접 처분하도록 하고 있다. 그 결과 이러한 법안이 전 세계에 퍼질 것을 예상한 현명한 기업들은 '제품회수take-back' 정책을 마련 중이다. 예를 들어 이 법안의 도래를 직감한 노키아는 규제도입에 앞서 유럽에서 포괄적인 정책을 내놓았다.[54]

비용과 위험 감축과는 별개로 도약가능성, 즉 재활용과 재사용에서 얻는 수익성을 노리는 기업들도 있다. 「포춘」이 선정한 100대 급성장 기업 명단에는 슈니처 스틸 인더스트리즈Schnitzer Steel Industries와 스틸 다이내믹스Steel Dynamics 등 고철 재활용 업체가 포함돼 있다.[55] 이 분야는 대표적인 '구 경제old economy'지만 성장잠재력이 매우 높다. 덩치가 큰 기업들 중 틈새시장을 노린 재활용업체를 가로막고 가치사슬 말단에서 직접 이윤을 챙기려는 회사들도 많다. 제록스Xerox는 다른 업체들이 토너 카트리지를 리필하거나 재판매하는 것을 막기 위해 이를 부분적으로 재활용한다. 중소기업들도 이에 동참하는 추세이다. 텍사스에 소재한 테크턴Tech Turn은 구형컴퓨터를 수거해 재사용하거나 재활용할 방안을 찾아냈다.[56]

이런 방법이 없었다면 이들은 창고의 애물단지로 전락하거나 매립지를 가득 채웠을 것이다.

일부 업계는 재활용정책 덕분에 10대 환경문제 거의 전반에 끼치던 피해를 줄였다. 현대 사회에서 최악의 오염산업이자 에너지 집약도가 매우 높은 알루미늄 생산이 그 예이다. 알루미늄은 재활용을 꾀할수록 알루미늄 원광에 대한 수요가 줄고 제련이나 채굴도 줄어든다. 이런 작업이 줄어들면 곧바로 온실가스 배출과 채광 시 생기는 독성 유거수流去水도 줄고 토지이용이나 생물다양성 문제도 완화된다. 한마디로 알루미늄 업계의 재활용은 공기, 땅, 물에 가하는 부담을 크게 줄이므로 모두에게 윈윈전략이다.

오존층 파괴

개괄

1980년대, 남극대륙 상공에서 지구의 보호막인 오존층에 구멍이 생겨 전 세계적으로 뉴스가 된 적이 있었다. 그 범인은 성층권 내 오존을 파괴하는 클로로플루오로카본chlorofluorocarbons, CFCs(프레온가스)이라고 하는 화학물질이었다. 기후변화와 마찬가지로 오존층 감소도 불가피하게 세계적인 이슈이다. 어디서든 프레온가스를 배출하면 사방으로 퍼지기 때문이다. 따라서 이 역시 어느 한 나라가 독자적으로 다룰 수 있는 문제가 아니다.

오존층이 얇아질수록 농업생산성이 줄어들고 피부암 등 여타 건강문제를 야기하므로 지구는 살기 위험한 공간이 된다. 미 환경보호국의 한 연구보고서는 21세기 동안 발생할 1억 5,000만 명의 피부암 환자와 300만 명의 피부암 사망자라는 잠재적 해악을 경제적 비용으로 환산하면 6조 달러에 달한다고 밝혔다.[57] 이런 사실과 더불어 오존구멍이 계속 커진다는 엄연한 과학적 논리 덕분에 전 세계가 대응에 나서기 시작했다. 1985년, 전 세계 프레온가스 생산을 대표하는 22개국이 문제해결을 위해 빈 협약을 논의했다. 2년 후에는 이들 국가에 20개국이 더 동참해, 프레온가스 생산의 단계적 감축에 동의하는 몬트리올 의정서를 추가로 체결했다. 이처럼 엄격한 규율은 기업에게 부담처럼 보일지 모른다. 그렇지만 우리는 4장에서 프레온가스 대체물질을 개발한 듀폰이 변모한 시장에서 경쟁우위를 차지하기 위해 까다로운 규율을 옹호했던 과정을 살펴볼 것이다.

몬트리올 의정서와 이후 수정안들은 국제환경협약이 거둔 가장 큰 쾌거일 것이다. 심지어 비관론자들도 이 계획안으로 인류가 상당한 진전을 이루었다는 점에 동의한다. 이제 오존층은 더 커지지 않는다. 오염물질 배출규제가 현재처럼 유지된다면 2065년쯤에는 오존층이 상당부분 회복될 것이다.

비즈니스적 여파

전 세계가 프레온가스 및 관련 화학물질을 금지했다. 이에 대다수 업체들은 에어로졸, 용매, 냉각제, 세정제 생산을 위한 대체제를 찾아야 했다. 그렇지만 일부 대체제 역시 오존층에 해롭기는 마찬가지여서 결국 금지대상이 되었다. 국제협약을 통해 단계적으로 없애기로 한 화학물질 중 일부는 각별히 중요한 쓰임새가 있거나 그 대체품을 찾을 수 없어 여전히 논란거리다. 특히 농장에서 훈증제(유독 가스를 발생시켜 병균이나 해충을 죽이는 살충제)로 쓰는 브롬화메틸은 오존층에 미치는 해악에도 불구하고 금지해서는 안 된다고 미국정부가 주장했다.

해양과 어장

개괄

전 세계 해양은 한때 어류공급원이자 폐기물 투하장소로 무한히 기능할 것처럼 보였다. 그렇지만 인류는 이 거대한 규모마저 초월해버렸다. 유니레버가 밝혔듯이 어류량이 눈에 띄게 감소했다. 전 세계 어장의 4분의 3 이상이 남획으로 지속가능성 임계치를 넘어버렸다.[58] 간단히 말해 어류가 번식하는 속도보다 잡아들이는 속도가 빠른 상황이다. 거대한 어망이 바다를 휩쓸면서 놀라운 효율성을 발휘해 헤엄치는 모든 것을 낚아채고, 전통적인 저인망어선은 정교한 센서를 배치해 과거 어부들을 따돌렸던 고기떼를 찾아낸다. 고기들은 더 이상 숨을 공간이 없다.

해양서식지 또한 위험에 빠졌다. 전 세계 산호초의 20퍼센트가 죽었고, 그보다 많은 산호초가 매우 황폐해졌다.[59] 결국 우리의 바다는 여타 환경문제의 실질적 지표인 셈이다. 기후변화는 산호를 죽이고, 오염된 공기는 수로를 타고 들어가며, 농업 유거수는 강을 타고 바다로 흘러들어 간다. 우리는 멕시코 만에 죽음의 해역을 만들었는데, 이곳에는 사실상 바다 생명체가 없다. 미시시피 강 입구는 화학물질과 화학비료 때문에 뉴저지보다 큰 지역 안에 살던 생명체가 모조리 죽어버렸다.[60]

비즈니스적 여파

바다의 상실이 대부분의 비즈니스에 문제로 작용할까? 직접적이지는 않을 것이다. 하지만 어업, 휴양산업, 관광업으로 생계를 꾸리는 사람들에게는 어장감소의 여파가 심각하다. 그리고 생선은 전 세계 대다수 사람들에게 주요 단백질 공급원이므로, 생선을 즐겨 먹는 사람들에게 이 문제는 피부에 와 닿을 것이다. 앞서 말했듯이 유니레버는 해양개체를 보호하는 인증받은 어장에서 공급물량을 늘이는 행동방식을 택했다. 이외에도 양어장을 늘리는 등 새로운 해법이 등장하고 있다.

· · · · · · ·

북대서양 어장의 붕괴[61]

1990년대에 대구, 해덕, 가자미 등 상업용 어류 개체수가 95퍼센트 감소했다. 1994년부터 2002년까지 영국 어획량 하나만 화폐가치로 환산했을 때 3억 달러가 감소했다. 유엔 식량농업기구의 추산에 따르면 지속가능한 어장관리가 이뤄질 경우 160억 달러의 이익을 낳는다고 한다.

· · · · · · ·

산림벌채

개괄

산림벌채는 미국에서 그다지 큰 쟁점은 아니다. 산림면적이 국토전반에 걸쳐 늘고 있기 때문이다. 그렇지만 벌채방식은 여전히 문제가 있다. 예를 들어 모두베기clear-cutting 벌채는 자연경관을 훼손하고 토양을 침식하며 수질오염을 낳는다. 또한 '노령림old growth forest'을 벌채하면 귀중한 서식지가 파괴되므로 거센 반발을 낳는다. 일부 북미와 유럽지역의 목재회사는 산림관리를 신조로 삼고 있지만, 세계 곳곳에 있는 다른 회사들은 그렇지 않다.

남미와 일부 아시아 국가(그중 하나를 꼽자면 인도네시아)에서는 산림벌채 속도가 줄었다고 보기 힘들다. 벌목은 문제의 일부일 뿐이다. 더 큰 문제는 늘어나는 인구를 먹여 살리기 위해 토지를 농업적 용도로 전환하는 일(벌목과 화전을 점잖게 표현한 말)이, 거대한 방목지가 필요한 육류 수요 증대와 중첩된 상황이다. 산림벌채 하나로도 우리는 매년 수백만 에이커에 달하는 산림을 잃는다. 1990년 이래 벌채로 파괴된 산림은 텍사스, 캘리포니아, 뉴욕을 합한 크기이고, 유럽으로 치자면 스페인과 프랑스를 합한 면적보다도 넓다.[62]

비즈니스적 여파

목재와 종이를 쓰는 회사, 심지어 마분지포장을 하는 회사들도 모두 현재의 산림상태에 이해관계가 얽혀 있고 그에 따른 책임이 있다. 15년 전 포장쓰레기 문제를 처음 깨달은 맥도날드는 뉴욕에 소재한 NGO 단체인 환경보호Environmental Defense와 손잡고 포장 줄이기에 나섰다. 현재 이런 NGO 활동가들은 비교적 눈에 띄지 않는 사용업체에도 주목하고 있다. 이에 카탈로그 제작업체들은 전에 한 번도 생각하지 못한 일에 책임을 떠안게 되었다. 빅토리아 시크릿Victoria's Secret의 소유주인 리미티드 브랜즈Limited Brands는 카탈로그 종이의 출처를 묻는 항의공세에 시달려야 했다.[63] 이 캠페인을 촉발한 것은 리미티드 브랜즈에는 '추악한 비밀dirty secret'이 있다고 주장한 한 재치 있는 광고 때문이었다.

수년간 굴뚝산업과 무관하거나 환경에 가시적인 영향을 주지 않던 서비스 업종은 환경문제를 거의 고민하지 않고 지냈다. 하지만 이제 그런 좋은 시절은 지났다. 앞으로 우리는 일단 대기업들이 합세해 종이사용 같은 문제에 어떻게 대처했는지 살펴볼 것이다. 여기에는 스테이플스Staples 처럼 당연히 참가할 만한 기업도 있고 뱅크 오브 아메리카Bank of America 와 도요타처럼 의외의 기업도 있다.

다른 신경 써야 할 문제들

환경문제는 범주구분이 힘들다. 특정 관심사는 일부 기업이나 산업뿐 아니라, 눈에 띄지 않는 거의 모든 업체에게 필수이다. 기업 모두가 급변하는 현실뿐 아니라, 이것이 우리의 환경에 미치는 영향 또한 살펴야 한다. 다각도로 문제들을 검토한 결과 10가지 환경문제 외에 주목해야 할 몇 가지 문제가 더 있었다.

식품안전

생화학 테러, 식품안전, 물 공급 문제 때문에 사람들은 불안해한다. 화학물질 사용을 줄여 농사를 지어달라는 소비자들의 압력도 늘었다. 이에 유기농식품을 찾는 이들이 예전보다 폭발적으로 증가했다. 그렇지만 요즘 가장 뜨거운 이슈는 유전자변형 농산물 사용일 것이다. 대다수 소비자들, 특히 유럽권 소비자들은 유전자조작이 식품을 더욱 위험상태에 빠뜨리며 '신과 맞선' 대가로 인간에게 예기치 못한 여러 문제를 초래할 수 있다며 우려한다. 아직까지는 유전자조작 식품이 건강에 직접적 문제를 일으킨다는 증거가 거의 없다. 하지만 뒷장에서 이 문제를 다시 다루겠지만, 우리는 객관적 사실 못지않게 이해관계자들의 정서가 중요한 세상에 살고 있음을 잊지 말아야 한다.

방사능

탄소배출이 없는 원자력은 기후변화에 한 가지 해답일지 모르나, 원자력사고나 폐핵연료 미숙처리로 생기는 방사능 노출은 심각한 우려를 낳는다. 방사능 살균처리를 우려하는 사람들도 많다. 예를 들어 방사선 조사식품은 부패를 막는 효과적인 방법이지만, '방사선'과 '식품'이라는 단어조합에서 사람들은 대개 불편함을 느낀다.

사막화

세계 곳곳에서 사막이 점차 늘면서 인간의 생활터전을 잠식하고 있다. 잘못된 토지이용, 과도한 개발, 전반적인 기온상승으로 지구가 건조해진 게 그 원인이다.[64] 그 여파는 예측하기 힘들지만 매우 광범위할 수 있다. 2002년, 서울에서는 1,200킬로미터 떨어진 중국 사막에서 황사가 불어오자 휴교를 단행했다.[65] 중국의 모래먼지는 현재 미국에까지 들이닥쳤다.

오디오AUDIO 분석으로 환경 이슈 잡아내기

기업들이 추적해야 할 온갖 환경문제가 다소 부담스러울지 모른다. 기업의 환경전략을 짜내기에 앞서 모든 업체들은 '이슈 지도issue map'를 작성해야 한다. 우선 우리가 오디오 분석AUDIO analysis이라고 이름 붙인 과정을 밟아보길 권한다.

이 분석의 목적은 기업의 문제점과 기회를 잡아내기 위해 자사 비즈니스와 가치사슬 곳곳에 '귀 기울이는 것'이 목적이다. 우리는 한 축에 나열한 10가지 환경문제, 그리고 다른 축에 나열한 양상'A'spects, 가치사슬의 상류'U'pstream, 가치사슬의 하류'D'ownstream, 이슈'I'ssue, 기회'O'pportunity라는 다섯 가지 범주를 놓고 분석을 시작한다.(108~109쪽에 나오는 표를 참고. 대형소매업체를 위한 오디오 분석 사례를 실었다).

이 작업을 수행하려면 환경전문가, 구매대리인, 마케팅 임원 등 다양한 비즈니스 담당자를 불러 모아야 한다. 환경문제가 어떤 '양상'으로 비즈니스에 다가올지 다 같이 머리를 맞대어본다. 예를 들면 에너지 소모량이 많지 않은지, 온실가스 배출량이 높지 않은지, 담수 의존도는 어느 정도인지 질문해본다. 다음으로 가치사슬의 후방(상류)과 전방(하류), 양쪽을 살피면서 비슷한 질문을 던져본다. 이 문제들이 공급업체나 고객에게 어떤 영향을 미칠 것인가? 비즈니스에 핵심이 아닐지라도, 관련 공급업체에 매우 중요한 문제라면 결국 당신의 문제이다. 자기 회사에서 독성물질이나 중금속을 생산과정에 사용하지 않는다 해도, 소니의 사례처럼 공급업체가 이를 사용하고 있다면, 당신의 비즈니스에 큰 타격을 가할 수 있다. 가치사슬 하류의 영향도 무시할 수 없는 문제다. 고객이 당신의 제품을 다 쓴 다음 어떻게 처리하는가? 회사가 직접 해를 끼치지 않았다고 해서

녹색물결을 탄 스마트한 기업들

• 간략한 오디오 분석 사례(대형소매업체의 경우)

도전과제	A (양상)	U (상류)
1. 기후변화	에너지 사용 시 배출하는 탄소	유통 시스템에서 나오는 탄소, 공급업체가 영업과정에서 배출하는 탄소
2. 에너지	에너지 소비와 비용 증대	공급업체의 에너지 선택과 에너지비용 등락에 대한 민감도
3. 물	건물과 주차장에서 흘러오는 오염된 유거수	식품매장용 농작물이 소비하는 물
4. 생물다양성	매장의 토지이용 및 '발자국(footprint)'으로 서식지 분열	생물다양성에 의존하거나 이를 감소시키는 제품들
5. 화학물질과 유해물질	매장운영 시 사용하는 화학물질	판매식품용 농장에서 흘러나오는 화학비료 섞인 유거수
6. 대기오염	설비에서 나오는 대기 배출물	공급업체 공장과 에너지원에서 나오는 배출물
7. 폐기물관리	쏟아내는 쓰레기 양	공급업체가 생산과정에서 배출하는 고형 및 유독성 폐기물
8. 오존층 파괴	냉각 시 사용하는 프레온 가스 부산물	공급업체가 배출하는 프레온가스
9. 해양과 어장		전 세계 어류 감소 및 가격 상승
10. 산림벌채	설비를 위한 토지개간	원목 공급업체가 지속 불가능한 목재자원에 의존하는 상황

이케아 사람들은 왜 산으로 갔을까?

D (하류)	I (이슈)	O (기회)
매장에 차를 끌고오는 고객들이 배출하는 탄소, 매장 판매상품의 에너지 사용량	탄소제약이나 요금부과 가능성	에너지 사용과 온실가스 배출을 줄이기 위한 에코 효율적 노력 개시
매장 판매상품의 에너지 사용량	에너지 조달과 비용부담, 에너지망(grid) 의존성	매장단장으로 에너지 사용량 줄이고 에너지 효율이 높은 제품 판매
수로로 흘러 들어가는 유독성제품(잔디와 정원 용품)	수질개선에 대한 압력 증대	주차장 재설계와 유거수 문제해결
고객이 생태적 피해를 주는 제품을 사용(혹은 잘못 사용)하는 경우	지역개발 제한과 '난개발'에 대한 우려	토지보존에 투자하고 기업 평판 쌓기
판매제품에 들어 있는 화학물질	인간과 환경에 영향을 주는 화학물질에 대한 책임	유기농식품과 친환경제품 판매
제품에서 흘러나오는 유해 배출물	대기오염물질 배출통제 강화	유해물질 배출과 비용을 줄이기 위한 노력 증대
고객이 포장물을 처리하는 경우	폐기물 처리비용 증가와 '회수'규제 강화	포장 줄이기, 제품회수 및 재활용 제안
제품에서 새어 나오는 프레온가스	프레온가스 사용에 대한 법적 제약	프레온가스 미사용제품을 개발하기 위한 제휴
	비용 증대와 수산물 공급원 추적압력 증대	지속가능한 방식으로 잡은 수산물 판매
	소비자의 항의 혹은 불매 운동 위험	공급업체에 조달기준 제시

책임을 회피할 수 없다. 고객의 문제는 곧 당신 기업의 문제이기도 하다.

숲을 보며 커다란 밑그림을 완성했으면, 이제 이들 환경문제로부터 어떤 도전과제 혹은 '이슈'가 생길지 철저히 파헤쳐보자. 이는 당신의 회사와 다른 가치사슬 모두를 위한 작업이다. 특정 자원, 예를 들면 물에 의존하는 영역이 있는지, 만약 그 자원이 공급부족에 시달리면 어떤 일이 생길지 질문해보자. 마지막으로 수익창출 '기회'를 살펴보자. '제품에 들어가는 에너지 사용을 줄이면 고객에게 도움이 될까?' '제품판매를 높일 수 있을까?' 이런 질문을 해본다.

11장에서 이 문제를 다시 살펴보겠지만, 우선 오디오 분석이 기업 환경 전략의 출발점이자 토대라고 생각하자. 이 이슈 지도는 환경 딜레마가 당신의 비즈니스와 공급업체, 고객에게 미치는 영향을 동시에 살피도록 해준다. 이 문제들은 현실이며 당분간 지속된다. 오디오 분석은 위험에 맞서 전략을 세우는 법, 그리고 환경 이슈들이 열어줄 기회를 신중히 고민하게 이끌어준다. 그리고 바로 이런 고민이 있어야 환경우위를 창조할 수 있다.

● ● ● ● ● ● ●

환경우위의 핵심

환경문제는 무시할 수 없다. 물론 전보다 나아진 경우도 있다. 그렇지만 커져가는 위협이 종래의 사업방식이나 우리의 생활양식을 바꾼다는 점은 분명하다. 다양한 이슈들이 우리를 압박해오고 있다. 기후변화나 물 문제 등 몇 가지는 모든 사회에 중대한 문제이다. 크건 작건 거의 모든 회사가 이 문제를 다뤄야 할 것이다. 독성물질 노출 같은 문제는 일부 업계에 특히 심한 타격을 입힌다. 이런 다양한 압력에 직면한 회사들은 과학계의 입장이 무엇이고 본인의 가치사슬은 어떤 영향을 받는지 훤히 꿰뚫고 있어야 한다. 이 막대한 힘이 시장과 업계, 회사에 미칠 영향력을 정확히 예측하기란 힘든 일인데, 이는 위험과 기회 모두를 초래하기 때문이다. 그렇지만 현명한 기업이라면 도구를 개발해 눈앞에 빠르게 전개될 시장여건을 파악할 것이다.

· · · · · · ·

녹색물결의 배후

: 이해관계자들이 휘두르는 힘

1995년, 환경단체 그린피스 활동가들이 영국 정유업체 쉘의 북해 원유채굴시설인 브렌트 스파Brent Spar에 올라탔다. 이 시설을 북해 밑에 그대로 가라앉힌다는 쉘의 계획에 맞서 활동가들은 원유채굴시설이 수천 파운드에 달하는 독성화학물질을 방출해 바다를 오염시킨다고 주장했다. 쉘이 시위대에게 물대포를 발사하면서 사태는 더욱 악화되었고, 결국 쉘은 대중과의 교감에 실패한 최악의 기업으로 기록되었다. 유럽의 소비자들은 곧바로 쉘 회사의 신용카드를 잘라버리고 쉘 주유소 불매운동을 전개했다.

이 국제적 사건의 아이러니는, 브렌트 스파를 투기하려던 쉘의 계획이 과학적으로 볼 때 실상 더 낫다는 사실이 밝혀진 데 있었다. 외부 전문가와 쉘의 과학자들은 원유시설 처분계획을 신중하게 연구했을 뿐 아니라,

영국정부로부터 승인까지 받아둔 상태였다. 훗날 그린피스는 오염수치가 1,000배 과장됐다며 본인들의 잘못된 자료를 시인했다. 그렇지만 문제의 초점은 객관적 사실이 아니었다. 여론재판에서 그린피스는 자신의 주장을 펼쳤고 승소했다. 이들의 목소리는 설득력 있고 얼핏 그럴듯해 보였다. 어쨌거나 90미터짜리 원유시설을 바다에 빠뜨리는데 어떻게 환경에 해롭지 '않을' 수 있겠는가?

다행히 쉘은 이 뼈저린 실수에서 교훈을 얻어, 현재 그린피스처럼 집요한 NGO 단체에 적절히 대처하며 이해관계자들과 원만한 관계를 맺는 일에 있어 세계 어느 기업보다도 능수능란해졌다. 그렇다고 대외홍보에만 신경 쓰는 기업은 큰 그림을 놓치는 우를 범하게 된다.

원하든 원치 않든 갈수록 기업에게 환경정책을 설명하고 정당성을 입증하라는 요구가 증가하고 있다. 이 같은 요구를 해오는 새로운 주요행위자는 다음과 같다.

- 제품성분을 궁금해하고 구매제품이 본인과 자녀뿐 아니라 환경에도 안전한 제품인지 따지는 소비자.
- 공급업체가 생산방식과 제품성분을 '정확히' 밝히길 원하는 기업고객.
- 자신의 가치관과 직업관을 일치시키고 기업의 지향점을 알고 싶어 하는 직원.
- 대출심사에 환경변수를 삽입해 이 모든 관심사를 증폭시킨 금융권.
- 환경위험을 비즈니스의 위험으로 보기 시작한 보험업체.
- 환경성과를 무엇보다 중요한 경영능력으로 삼는 주식시장 분석가.

이 모든 압력들이 기업의 운명에 지대한 영향력을 끼칠 뿐 아니라, 어

녹색물결의 배후

떤 사업이 자금지원을 받을지, 뛰어난 직원을 계속 확보할 수 있을지, 제품 출시는 얼마나 수월할지 등을 결정한다. 현명한 기업은 이러한 압력에 정면승부를 건다. 당혹스러운 브렌트 스파 사건 이후, 쉘은 '텔 쉘Tell Shell'이라는 널리 알려진 캠페인을 띄웠고, 장차 문제가 발생하지 않도록 이해관계자 관리에 주력하고 있다. 쉘은 캐나다 아타바스카 오일샌드Athabasca Oil Sands 지역에서도 수백만 달러를 들여 지역사회, 지방정부, 토착민 들과 수차례 면담을 가졌다. 면담의 목적은 쉘의 활동에 막대한 영향을 주는 사람을 모두 만나, 그 목소리를 초반부터 빠짐없이 듣는다는 데 있었다.

쉘은 부단한 노력으로 녹색물결에 휩쓸리지 않고 그 위에 올라선 경우이다. 그러기 위해서는 우선 각 이해세력에 대한 이해가 필수다.[01] 아래 환경우위 '영역'에는 환경에 주목하는 다섯 종류의 핵심 이해관계자를 나타냈다.

1 정부규제자와 환경단체 같은 '규제제정자와 감시단체'.

2 싱크탱크(두뇌집단)와 학계를 비롯한 '아이디어 생산자와 여론주도층'.

3 공급업체와 B2B 기업고객을 비롯한 '비즈니스 파트너와 경쟁업체'.

4 지방공무원과 일반대중을 비롯한 '소비자와 지역사회'.

5 주식시장 분석가와 은행가 같은 '투자자와 자산평가사'.

어느 대기업에서 기업의 사회적 책임을 담당하는 임원 하나가 앤드루에게 이런 질문을 던졌다. "외부적 압력 없이도 사회적 책임을 받아들인 기업이 있던가요?" 순간 우리는 당황했다. 퍼뜩 떠오르는 기업이 많지 않았다. 물론 녹색기업 중에는 뿌리 깊은 믿음과 문화로 그 활동을 뒷받침하는 경우도 소수 있었다. 미시간에 소재한 사무용 가구회사 허먼 밀러

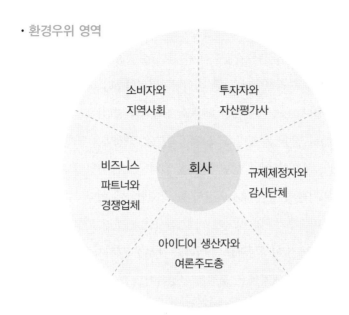

가 그중 하나였다. 그렇지만 일반적으로 볼 때 대형 브랜드 회사치고, 독실한 신념을 갖춘 사람들의 추진력 없이 자발적으로 사회적 책임을 떠안는 사례는 거의 없었다.

앞으로 다섯 종류의 핵심 이해관계자를 간략히 살펴보면서, 이들이 기업에 어떤 영향을 주고, 머지않아 어떤 동향을 형성할지 알아보겠다.

규제제정자와 감시단체

전통적으로 이 행위자들은 기업에게 환경적 자각을 일깨우는 '근육' 역할을 했다. 수십 년 동안 엄격한 규율은 대개 연방차원에서 발전의 동력으로 기능했다.

현재 규제제정자와 감시단체가 수직·수평으로 팽창하면서 정부의 역할도 변하고 있다. '수직적'이라 함은 지역기획위원회부터 국제협약에 이르기까지, 규율을 새로 만들어내는 다양한 조직체를 일컫는다. 그 하단에는 최근 미국에서 연방정부보다 더욱 적극적으로 환경법을 집행하는 주공무원과 지방공무원이 있다. 상단에는 전 세계적으로 기업의 온실가스 배출 감축 분위기를 조성한 교토의정서 등 국제협약이 있다. '수평적' 차원의 행위자는 비정부기구와 미디어, 자칭 감시단체, 그리고 수백만 구독자를 지닌 블로거까지 환경성과를 추적하는 새로운 행위자이다.

이들 영향력 있는 행위자들은 정책을 구성하기도 하는데, 이를 수용하는 기업들이 늘면서 민간차원의 제안도 규율적 색채를 띠게 되었다.[02] 독립단체인 국제산림관리협의회Forest Stewardship Council, FSC는 지속가능한 산림관리의 기준을 마련했다. 이에 목재와 제지를 찾는 소매업체와 구입업체들은 점차 FSC 마크가 붙은 제품을 사려고 한다. FSC든 경쟁업계끼리 주도한 지침이든(지속가능한 산림구상Sustainable Forestry Initiative 등), 앞으로 이러한 준규율적 제도들이 산림업체에 자리 잡을 것으로 보인다.

NGO 단체

비정부기구 수를 정확히 헤아리기란 불가능하지만, 어느 연구에 따르면 4만 개가 넘는 다국적 NGO가 활동 중이라고 한다.[03] 개별 국가에서 활약하는 단체도 수십만 개가 넘는다. 게다가 수직·수평적 차원에 있는 수천 개의 단체가 적어도 환경에 주목한다.

규모가 큰 환경 NGO들은 장악력과 영향력이 큰 다국적 단체로 설립되었다. 여기에는 환경보호Environmental Defense, 세계야생생물기금, 천연자원보호협회, 시에라 클럽Sierra Club, 그린피스, 자연보존 인터내셔널 Conservation International, 자연보호회Nature Conservancy, 국립야생동식물연합National Wildlife Federation, 지구의 벗Friends of the Earth 등 여러 단체가 있다. 이중에는 서른 해를 넘은 완숙한 단체들도 많다. 최근에 환경연합 설립을 둘러싸고 내분이 있긴 했지만, 이들의 대중적 영향력은 아직도 상당하다. 어느 연구에 따르면 여론주도층의 55퍼센트가 NGO를 신뢰하는 반면, 단 6퍼센트만이 비즈니스 계를 믿는다고 했다.[04]

· · · · · · ·

새롭고 놀라운 제휴관계

지난 몇 십년동안 NGO와 비즈니스가 상호작용하는 방식이 눈에 띄게 변했다. 현재 모든 주류 환경 NGO들은 비즈니스계와 협력하는 일을 핵심활동으로 삼는다. 당근과 채찍 활용법을 깨달은 것이다. 「파이낸셜 타임스」는 아래와 같은 글을 실었다.

"환경보호론자들이 세련된 활동방식을 보여주고 있다. 북실북실한 점퍼와 샌들은 찾아볼 수 없다. 대신 말쑥한 정장과 넥타이를 차려입는다. …… 그린피스 활동가들이 브리티시 페트롤리엄의 신규 유전탐사에 항의하기 위해 해양설비를 타고 올라간 지 며칠 후 그린피스 의장 멜체트는 브리티시 페트롤리엄의 최고경영자 존 브라운과 저녁식사를 함께했다.[05]

NGO 활동은 정기적으로 저녁식사자리를 갖거나 어엿한 파트너십을 구축하는 등 교류가 늘면서 더욱 정교해졌다. 2008년 다보스에서 열린 세계경제포럼에서 그린피스와 코카콜라의 CEO는 오존층에 해로운 프레온가스를 청량음료 냉각제에서 없애는 작업에 협력한다고 발표했다.

· · · · · · ·

이 조직 중 상당수는 법정에서 풍파를 일으키거나(천연자원보호협회) 나무 위에 올라앉고 원유시설에 오르는 등(그린피스) 대결구도를 모델로 삼아 설립됐다. 이러한 압력은 쉘의 사례처럼 전 세계적 확산을 목표로 하는 경우도 있고, 기업본사의 핵심인물을 겨냥하는 경우도 있다. 몇 년 전에는 어느 영리한 활동가들이 보스턴의 펜웨이 파크Fenway Park 밖에서 야구카드를 나눠준 적이 있었다.[06] 그 카드는 스테이플스의 회장 겸 CEO를 세계 산림벌채의 주범으로 묘사했다. 카드 뒷면에는 이 사무용품 대기업에 대한 강한 비난이 적혀 있었다. 스테이플스의 한 임원은 말했다. "그들은 모두베기 산림벌채 책임이 기본적으로 우리에게 있다고 비난했습니다."

이러한 '대결주의적' 전술이 도를 넘어설 때도 있다. 예를 들면 델 컴퓨터 CEO인 마이클 델Michael Dell의 아내는 전자제품 재활용에 소홀하다며 델에 불만을 품은 성난 항의자들과 회사 외부에서 대면해야 했다.[07] 일부 NGO는 때로 법의 테두리를 넘어 위험한 행동을 자행하기도 한다. 일례로 1998년 콜로라도의 유명 스키 리조트인 베일Vail은 극단주의자들이 건물 여러 채에 불을 지르는 바람에 방화피해를 입었다.[08] 범인들은 스키장을 천연서식지로까지 확장한다는 계획에 항의한 것으로 보인다. 모든 회사가 비이성적 행동에 완벽히 대비할 수는 없겠지만, 공격받을 가능성은 낮출 수 있다. 다른 스키장, 특히 아스펜Aspen은 환경에 대한 고민을 비즈니스 전략의 중심으로 삼은 덕분에 저돌적인 비난을 피해갔다. 실제로 아스펜 스키장은 최근 100퍼센트 풍력발전을 이용해 스키장을 운영하겠다고 선언했다.[09] 어느 신뢰받는 감시단체는 환경적 차원에서 볼 때 아스펜이 서구에서 제일가는 스키 리조트라고 평가한 반면, 이를 추격 중인 베일에게는 종전대로 낮은 점수를 주었다.[10]

사실 대결주의적 접근은 쇠퇴일로에 있다. NGO는 이제 회사를 공격하는 활동 못지않게 파트너 관계를 맺고 있다. 매우 공격적인 단체들도 기업과 제휴를 맺었다. 코카콜라와 그린피스, 클로록스Clorox(가정용품 전문업체-옮긴이)와 시에라 클럽이 그 예이다. 뒤에서 우리는 파트너십과 더불어 효과적 관계를 맺고 진정한 가치를 창출하는 방법에 대해 자세히 살펴겠지만, 여기서는 일단 NGO와 기업이 오랜 기간 제휴하며 최고의 관계를 맺어온 두 가지 사례를 살펴보도록 하겠다.

1 치키타(Chiquita)와 열대우림동맹(Rainforest Alliance): 파란만장한 이력을 지닌 기업 치키타는 1990년 초반부터 영업방식에 변화를 주어야 한다는 강한 압박을 느꼈다. 이후 10년에 걸쳐 열대우림동맹과 긴밀히 협력한 끝에, 치키타는 라틴아메리카 바나나 농장운영에 큰 변화를 주었다.

2 맥도날드와 환경보호: 맥도날드는 NGO 파트너십이 이룬 최고의 쾌거일 것이다. 맥도날드는 1990년대 초 환경보호단체인 환경보호와 협력해 포장방식을 바꾼 것을 시작으로, 10억 개 이상의 햄버거를 담아 팔던 스티로폼인 '클램쉘(clamshell)'도 없애버렸다.

요즘 들어 NGO가 기업과 협력하는 경우가 자주 있다 하더라도, 감시 역할은 아직도 이들의 주요 활동영역이다. NGO는 어느 한 가지 사안에 대해 기업과 자주 협력하면서도, 다른 문제에 대해서는 공개적으로 공격할 수 있다. 기업은 이런 모습에 적잖이 당황해하지만 이는 받아들여야 할 현실이다. NGO의 초점이 전 세계이든 지역이든, 안건을 비밀리에 추진하든 아니면 카메라 앞에 들이밀든, 또 활동방식이 신사적이든 아니면 소란 피우기든 간에, 이 세력을 고려해야 한다. NGO에 대한 계획이나 전략이 없는 회사는 큰코다치기 십상이다.

정부와 규제자

듀크 에너지의 CEO 짐 로저스Jim Rogers는 비즈니스 가치를 곧장 바꿀 수 있는 새로운 규제에 대해 언제나 불안하다고 말했다. 그는 이를 '한 번 휘두른 펜stroke of the pen'이 초래하는 위험이라고 불렀다. 환경규제의 세계는 역동적이다. 입법자들은 연방법을 끊임없이 수정하고 관련기관들은 새로운 규제를 일상적으로 쏟아낸다. 더욱 눈에 띄는 변화는 법적 피라미드의 새로운 영역에서 의무규제가 출현한다는 사실이다. 지역에서 제정한 조례부터 유럽연합의 지침에 이르기까지, 환경법은 갈수록 복잡하고 다양해지고 있다.

> 규제변화를 따라잡지 못하는 기업은 경쟁열위라는 심각한 위험부담을 안게 된다.

'수직적' 변화—지역의 압력

미국의 지방정부와 주정부는 환경경영의 빈틈을 줄이기 위해 개입한다. 약 30개 주가 각자의 영역에서 온실가스 감축계획을 세웠고, 공익설비업체가 비화석연료로 에너지의 25퍼센트를 생산하도록 하는 재생 에너지 의무기준을 마련했다.[11] 캘리포니아는 2016년까지 차량의 온실가스 배출을 30퍼센트 줄이도록 하는 엄격한 공기정화기준안을 채택했으며, 이 시행권한을 따내기 위해 환경부와 법정 투쟁 중이다.[12] 캘리포니아 시장의 규모를 감안할 때, 이 기준안이 시행되면 전국의 자동차와 트럭에 변화가 오리라 예상된다. 하이브리드 등 청정기술에 대한 수요가 늘면서 디트로이트의 입지가 빠르게 위축되고 있고, 그 틈새를 일본이 파고들고 있다.

· · · · · · ·

시장市長들의 행보

2005년 초, 온실가스 배출을 줄이자는 국제협약인 교토의정서가 발효되었다.[13] 178개국에서 이 협약을 승인한 반면, 미국은 이례적으로 동참하지 않았다. 이에 시애틀의 시장인 그레그 니켈스는 미국 시장 회의를 주도해 자체적인 기후보호협정을 만장일치로 채택했다.[14] 정치적 입장을 막론하고 크고 작은 도시에서 온 시장 850명이 각자 교토의정서 목표치에 필적하게끔 온실가스 배출을 낮추겠다고 공약했다.

· · · · · · ·

'수직적' 변화—국제적 압력

수직축의 또 다른 끝에는 경쟁의 장을 재편성하는 새로운 국제규율이 있다. 기후변화에 대한 전 세계적 우려에 직면한 중국은, 차량의 연료효율성을 미국의 기준치보다 갤런당 5마일 '높게' 설정한 엄격한 의무규제를 도입했다. 어느 강대국의 자동차 회사들이 이러한 신흥시장 기준치에 준비가 가장 덜 되어 있는지 짐작이 가는가?

최근 유럽연합은 강력한 지침을 마련했다. 일각에서는 이 새로운 규제가 환경을 크게 개선할 것으로 평하지만, 산업 전반을 망친다는 목소리도 있다. 이 지침은 분명 양방향으로 작용할 것이다. 이 지침 중 특히 세

가지 내용이 막대한 영향력을 행사할 것으로 보인다.

1 유해물질 사용제한 지침 '로즈'(RoHS, Restriction of Hazardous Substances Directive).

2 폐전기전자제품 처리지침 'WEEE'(Waste Electrical and Electronic Equipment Directive).

3 화학물질관리제도 '리치'(REACH, Directive on Registration, Evaluation, and Authorization of Chemicals).

처음 두 가지는 주로 전자산업의 화학물질과 재활용에 초점을 둔 것이지만, 이후 출현할 법안의 성격도 능히 짐작하게 해준다. 지금은 컴퓨터와 휴대전화 제조업체에 주목하지만, 앞으로는 더욱 많은 산업분야가 그 대상이 될 것이다. 그리고 이러한 규율이 유럽권 회사에만 적용된다고 생각하면 오산이다. 유럽시장용 제품을 만드는 회사는 예외 없이 이에 따라야 한다.

'로즈' 규정은 납, 수은, 카드뮴 같은 유해물질을 새로운 전기설비에 사용하는 것을 금지한다. 이에 제조업체들은 집적회로 접합에 쓰이는 납땜 대체물을 개발했다. 물론 선별적인 규제에 불만을 표하거나 로즈 규정의 실효성에 의구심을 보이는 이들도 있다. 그렇지만 비록 완벽한 형태는 아닐지라도, 이 지침은 사라지지 않을 것이다. 더불어 이 규정은 흥미로운 규제전략의 변화를 보여준다. IBM의 환경담당 임원 웨인 발타Wayne Balta은 이렇게 말했다. "로즈 규정 등은 규제대상이 산출물에서 투입물로 바뀌었음을 보여줍니다.[15] 즉 굴뚝에서 나오는 결과물에서 제품에 들어가는 성분으로 대상이 바뀐 것이지요."

오염자 부담의 원칙

우리가 연구한 모든 나라에서 장기적인 규제추세는 첫째, 오염자가 해악을 줄이도록 하거나 둘째, 오염자가 그 피해액를 부담하게 하는 것이었다. 이 오염자 부담의 원칙은 경제적 효율성을 보장하고 재산권을 보호하며 탄탄한 법적 논리를 갖추었다. 경제용어로 회사가 '비용을 내부화'하도록 압박한다는 것은, 굴뚝이나 배기관으로 오염물질을 배출하며 유지해오던 경쟁우위를 이제 갈수록 고수하기 힘들어진다는 뜻이다.

· · · · · · ·

'WEEE'는 제품 생애주기의 맞은편 끝부분에 주목한다. 이 규정은 다양한 전기전자제품을 만드는 각종 제조업체들이 제품을 처분하거나 재활용할 때 그 비용을 부담하도록 요구한다. WEEE는 제조업체가 요람에서부터 무덤까지 제품을 책임지도록 하는 '제품회수take-back' 제도의 최근 추이를 반영한다. 이 규정은 폐기단계에 대한 고려 없이 제품을 설계할 경우 기업이 그 실질비용을 부담하도록 하여, 기업이 가치사슬을 고민하도록 유도한다. 일각에서는 로즈와 WEEE 규정에 따를 경우 제품판매비용의 3퍼센트만큼 추가부담을 해야 할 것이라고 추산한다. 적지 않은 액수이다.

전망적으로 사고하는 현명한 전자제품 생산업체는 어떤 규정이 추가로 생겨도 문제될 일이 없도록 제품설계에서 모든 독성물질을 제거하기 시작했다. 또 다른 규정이 미래에 생기지 않더라도, 이러한 지침이 전자업계에 미치는 영향은 이미 상당하다. 미국 전자산업협회는 이 새로운 규율이 '유럽연합에 있는 첨단기술 기업의 비즈니스 전략뿐 아니라, 전 세계 공급사슬의 경영방식을 근본적으로 바꾼다'고 평했다.

우리는 인텔, 델, AMD 임원과 담화를 나누면서 이 규정들 때문에 자사 설계와 공정이 전 세계적으로 바뀌었다는 이야기를 여러 차례 들었다. 그들은 칩을 생산하거나 전자제품을 조립할 때, 유럽연합 외부 지역에서도 유럽연합 같은 대규모 시장과 동일한 유통방식을 취해야 재정상 합리적이라고 말했다. 결국 유럽연합의 적극적인 정책이 전 세계에 변화를 일으킨 셈이다.

리치의 확산, 오버리치?

브뤼셀에 본부를 둔 유럽연합이 내놓은 가장 야심찬 규정은 화학물질의 등록, 평가, 인증에 대한 규정, 즉 '리치REACH'이다. 유럽의 화학물질 법안을 전면적으로 손본 이 규정은 대다수 산업을 재편성할 것으로 보인다.

리치에 따르면 생산자들은 그들이 제조하는 3만 가지의 화학물질을 모두 등록해야 하고, 대중건강에 미칠 잠재적 위험도 측정해야 한다. 리치는 알려지지 않은 위험이 존재할 경우, 사회가 그 새로운 물질이나 제품, 기술을 받아들여서는 안 된다는 생각에 기초했다. 대표적 사전예방원칙인 것이다. 이 법안으로 안전성 입증책임은 정부가 아닌 기업이 지게 되었다. 기업은 제품이 안전하며 사회에 주는 위험보다는 혜택이 더 크다는 사실을 입증해야 한다.

리치가 혁신을 말살하고 유럽에서 활동하는 기업들의 경쟁력을 떨어뜨린다고 주장하는 회사들이 많다. 하지만 리치 옹호자들은 자사제품의 안전성을 입증하도록 하는 이 규정이 늦은 감이 있으며, 리치 덕분에 인류에 미치는 아직 드러나지 않은 화학물질의 배출위험이 줄어들 것이라고 주장한다. 양쪽 다 일리 있는 주장이다. 리치는 공중보건을 위해 필요하지만 '동시에' 새로운 제품개발을 제약하고 규제준수에도 수십억 유로의 비용이 든다. 어느 쪽으로든 리치가 몇몇 거대 산업에 대단한 영향을 끼칠 것이라는 점은 분명하다.

* * * * * * *

규제준수로 경쟁자 물리치기

비즈니스 리더들은 때로 규제비용을 과대평가하고 자신들의 혁신역량을 과소평가하는 경향이 있다. 예를 들어 업계는 1990년 미국 대기오염방지법에 따라 산성비를 감소시키기 위해 오염물질 배출을 줄이는 데 드는 비용이 톤당 1,500달러에 달한다고 추산했다.[16] 이후 10년 동안 정책을 시행해본 결과 톤당 가격은 200달러를 결코 넘지 않았으며, 대개는 이보다 훨씬 밑돌았다.[17] BP의 존 브라운 경은 자신이 속한 정유업계에 대해 이렇게 말했다. "매번 새로운 법안이 하나씩 나올 때마다 우리 업계는 이제 끝장이라고 입버릇처럼 말합니다. …… 그렇지만 이와 관련된 오싹한 기록도 있습니다."[18] 비용 효율적인 규제준수 방법을 알아내는 기업은 경쟁업체에 비해 비용을 절감하고 환경우위도 만들 수 있다.

* * * * * * *

규제를 넘어서: 정부의 새로운 도구

시간이 흐를수록 전 세계 정부는 환경보호에 관한 접근방식을 넓혀왔다. 예를 들어 프랑스는 최근 안전하고 건강한 환경에 대한 권리를 헌법에 명시했고, 사전예방원칙을 확고한 규제원리로 받아들였다. '지휘와 통제command and control'식 명령조항이 남아 있긴 하지만 규제방식은 계속 변모 중이다.

각 나라의 정부들은 특정한 오염통제기술을 강요하기보다 성과기준을 정하는 게 더 낫다는 사실을 깨닫고 있고, 이 방식은 기업에게도 재량껏 대응할 수 있는 여지를 준다. 미국을 위시한 많은 나라가 경제적 보상을 활용하는 규제방침으로 옮겨갔다. 이런 성격의 시장기제로 오염배출이나 오염제품에 매기는 세금, 오염배출권 거래, 배터리 등의 유해폐기물 예치금제도 등이 있다. 미국은 가솔린에서 납을 없애고 오존층에 해로운 프레온가스를 제거하며 산성비를 줄이기 위해 이러한 시장기제를 활용해왔다.

유럽은 교토의정서 기준에 맞춰 온실가스 배출을 줄이기 위해 배출권 거래시장을 활용 중이다. 이 안에 따라 유럽 내 수천 개의 설비업체(공익설비와 정유공장 등)는 온실가스 배출허용권을 받는다. 그러면 회사들은 할당량에 맞추어 탄소배출을 줄이거나 시장에서 추가로 허용권을 사와야 한다.

경제적 보상을 활용하면서 효율성을 극대화하는 등 의도가 좋은 규율이라 해도 세심하게 설계하거나 조율하지 않는다면 비즈니스에 부정적 영향을 줄 수 있다. 유럽연합의 교토의정서 시행규칙에 따르면 이산화탄소 배출 1톤당 약 35달러의 요금을 부가하고 있는데, 이는 기업뿐 아니라 업계 전반에 상당한 부담을 준다. 만약 가장 효율적으로 온실가스 배출을 줄인 업체에게 보상을 해주는 단순한 규칙이었다면, 시장재편에 거의 문제가 없었을 것이다. 반면 이 과도한 오염비용 부담은 기업들이 낮은 비용으로 배출을 줄일 방법을 찾지 못하거나, 미국, 캐나다를 비롯한 주요경쟁국이 동일한 부담을 지지 않는 한, 유럽산업의 경쟁력을 전반적으로 떨어뜨릴 수 있다.

또 다른 주요추세로 '정보규제'가 있다. 미국의 유독물질 배출량 조사제도에 따르면 기업은 공기, 물, 땅에 배출하는 모든 화학물질을 보고해야 한다. 이와 유사한 인도네시아의 오염규제 및 평가프로그램PROPER도 산업설비업체들을 환경경영 수준에 따라 색깔별로 공개적인 점수를 매긴다. 전혀 오염관리를 안 한 경우는 검은색, 오염방지를 위해 상당한 노력을 기울인 경우는 녹색, 이에 더해 오염물질 배출이 거의 없는 설비업체는 황금색 등급을 받는다.

기업투명성에 대한 압력은 배출량과 오염수준 보고 정도에서 그치지 않는다. 기업들은 점차 증권거래위원회와 재무회계기준위원회, 유럽연합으로부터 환경실적 및 이것이 재무상태에 미치는 영향을 공개하라는 요구를 받고 있다. 세부 시행규칙은 아직 다듬는 중이지만, 미국의 사베인스-옥슬리 법Sarbanes-Oxley Act을 보면 기업들이 환경위험에 대해 그 어느 때보다 많은 내용을 밝혀야 할 것으로 보인다.[19] 게다가 이 법은 그 의무에 대한 CEO들의 인지책임을 명시하였으므로, 이를 소홀히 할 경우 감옥에 갈 위험이 있다.

● ● ● ● ● ● ●

2002년 사베인스-옥슬리 법

미국 의회에서 종종 있는 일이지만, 성급한 조치는 의아한 법을 만들기도 한다. 2002년 재정 스캔들이 기업계를 휩쓸자 입법자들은 조치가 필요하다고 생각했다. 그중 한 가지 눈에 띄는 결과물이 바로 사베인스-옥슬리 법이었다. 이 법의 취지는 재무책임과 투명성을 높이는 것이었지만, 광범위한 관련규정을 보면 급조한 티가 난다. 그 핵심인 401조항 (a)(j)항목에 따르면, 기업은 '모든 주목할 만한 부외거래나 약정, 채무관계 등 현재 혹은 훗날 재무상태에 영향을 미칠 수 있는 모든 내용을 공개해야 한다.'고 나와 있다. 이 광범위한 규정과 이와 연관된 409조항에 나오는 '주목

할 만한' 문제에는 환경의무도 포함된다.[20]

사베인스—옥슬리 법안은 아직 그 윤곽이 뚜렷하지 않다. 오염된 공장부지 정화비용 등은 그 책임선이 매우 명확한 반면, 먼 훗날의 위험요소는 정확히 뭔지 알 수 없다. 기업이 기후변화에 미치는 영향에 대해서도 잠재적 책임을 계산하라는 걸까? 분명한 사실은 갈수록 정보공개 수위가 높아질 뿐 낮아지지는 않는다는 점이다.

· · · · · · ·

정보공개 항목에는 재정위험 이상의 내용이 포함된다. '알 권리'의 범주가 점차 넓어지면서 기업은 공공복지에 미칠 잠재적 위험도 공개해야 한다. 미국의 유독물질 배출량 조사제도는 이런 성격의 법안으로 가장 유명하면서도 가장 모범적이다. 그렇지만 이보다 작은 규모의 법규들도 풍파를 일으키고 있다. 캘리포니아 주의 환경규제법에 따르면 기업들은 암 유발 가능성이 10만분의 1이라도 있는 화학물질을 사용했을 경우, 이 물질을 제품에 의무적으로 명시해야 한다. 그 결과 제품에 발암성 성분을 표시해야 했던 참치포장업체들은 밀폐 통조림에 들어가던 납성분을 없앴다. 그리고 와인 제조업체들도 납 호일 대신 플라스틱 병마개로 소재를 바꿨다.

일부 정보공개 법안은 환경에 미치는 부정적 영향을 공개하라고 요구하는 반면, 또 다른 법안은 긍정적 영향을 밝히는 것에 주목한다. 미 환경부는 뛰어난 성과를 보인 기업을 선별하기 위해 에너지 스타Energy Star와 기후변화 리더Climate Leader 등 여러 가지 인증정책을 고안했다. 게다가 정부는 친환경제품 시장을 마련하기 위해, 재활용종이부터 천연가스 버스까지 그 상당한 구매력을 활용 중이다.

정부가 꽉 막힌 관료조직이라는 속설은 접어두도록 하자. 물론 일부 공무원들은 형식적으로 근무한다는 인상을 주는 게 사실이지만, 시청, 주도state capital 등에서 일하는 대다수 관료들은 오염배출을 줄이고 개방지를 보호하며 천연자원을 보존할 새롭고 지혜로운 방법을 짜내기 위해 분주하다. 현명한 기업은 규제자를 적으로 삼지 않는다. 대신 정부 공무원과 협력해 인센티브와 성공적인 환경정책을 고안한다. 규제자와 파트너 관계를 맺고 그들의 요구에 동참해 대중의 기대에 부합하는 것이 적대관계를 쌓는 것보다 훨씬 뛰어난 전략이다.

정치인

규제업무 전담자들은 카메라를 거의 의식하지 않는 반면, 정치인들은 언제나 재선거 출마를 염두에 둔다. 그래서 이들은 피해당한 약자를 보면 정의로움을 과시하기 위해 의심 가는 행위자들을 공개적으로 비난한다.

정치적 과시는 세계 어느 곳에서나 나타나는 고질병이다. 필리핀을 예로 들어보자. 홍수와 산사태로 수백 명의 인명피해가 생기자, 글로리아 아로요Gloria Arroyo 대통령은 불법 벌목꾼들을 비난했다. 그 비난은 숲이 물을 머금어 홍수의 기세를 꺾고 산사태를 막아준다는 논리에서 나왔다. 불법과 합법의 경계가 매우 모호한 게 벌목이므로, 벌목산업 전체는 따가운 눈총을 받아야 했다. 아로요의 비난이 틀린 것은 아니다. 잘못된 벌목관행과 모두베기 벌채가 홍수피해를 더욱 악화시킨 것은 분명하기 때문이다. 그렇지만 자연재해의 책임을 전적으로 특정산업에 지우는 것은 고전적 정치수법일 뿐이다.

정치적 희생양이 되지 않으려면, 몇 가지 주목해야 할 핵심사항이 있다. 첫째, 고위급부터 하급까지 선출직 관료들과 폭넓은 관계를 맺어야 한다. 둘째, 환경기업이라는 평판을 쌓아서 '면책특권'을 누려야 한다. 마지막으로 가장 기본적인 사항인데, 애초에 비난의 표적이 되지 않도록 잘못된 행동을 하지 말아야 한다. 규모가 크거나 어느 모로 봐도 용납 안 되는 행동을 한 업계는 정치계에서는 눈길을 끌기 마련이다.

원고전문 변호사

모든 기업들, 그중에서 미국 기업이 직면한 가장 큰 환경관련 위험은 환경오염이나 생태학적 피해를 이유로 고소당하는 경우이다. 그 어떤 기업도 집단소송 전문가인 '원고전문 변호사the Plaintiff's Bar'를 비껴갈 수 없다.

석면진단소송부터 공장 관련 민원에 이르기까지, 법적행동은 당분간 사라지지 않을 것이다. 석면산업이 치른 홍역을 그들만의 독자적인 문제로 생각하는 이가 있다면, 다시 생각해보길 바란다. 2006년 로드 아일랜드 주의 한 역사적인 소송에서, 납 페인트가 건강에 미치는 부정적인 영향에 대해 생산업체가 법적책임을 져야 한다는 판결이 나왔다.[21] 갈수록 법적 위협이 커질 뿐 아니라 그 양상도 복잡해지고 있다. 기업에서 환경 영역을 담당하는 어느 고위급 임원은 최근 댄에게, 원고전문 변호사가 가장 주시해야 할 이해관계자로 보인다는 이야기를 했다.

여기에 다국적기업이 가슴에 새겨야 할 흥미로운 소송 몇 가지를 간략하게 나열해본다.

- 시가로 수십억 달러에 달하던 W.R. 그레이스 사는 석면 관련 소송이 쇄도하면서 2001년 파산상태에 빠졌다.[22]
- 호주에 석탄발전소를 새로 지으려던 계획이, 온실가스 배출과 지구온난화에 미치는 영향에 중점을 둔 소송으로 흐지부지된 사례가 있다.[23]
- 허리케인 카트리나 피해자들은 석유가스회사 열 곳을 상대로 이들이 습지대를

파괴해 홍수피해가 더 극심했다며 집단소송을 걸었다.[24]

- 빙하가 녹으면서 소멸위기에 처한 알래스카 키발리나 섬 마을 주민들은 에너지 업체 20여 곳을 고소했다. 칭송받는 소송전문 변호사 스티브 서스맨이 포함된 이 일류 법률팀은, 피고들이 기후변화에 책임이 있으며 대기권 내 온실가스 증가 라는 피해상황에 대해 진실을 호도한 혐의가 있다고 주장했다.

"사소하고 터무니없다. 그런 일은 우리 회사에 일어나지 않는다." 이렇게 읊조릴지도 모르겠다. 그렇다 해도 원고전문 변호사를 조심해야 한다. 이 들은 창의력과 열정으로 중무장하고 새로운 공격거리를 찾는 변호사들 이기 때문이다.

다음 사실도 잊지 말아야 한다. 아무리 기업이 규정을 성실히 준수하 고 법정싸움에서 이긴다 해도, 그 과정에서 기업은 치명적 손해를 입는 다. 법적 방어비용도 무시하지 못한다. 회사가 승소했을지라도 불리한 사 실이 공개되면 여론재판에 밀릴 수 있다. 그러므로 규제준수를 넘어 이해 관계자와 신중한 관계를 맺는 일이 절대적으로 필요하다.

아이디어 생산자와 여론주도층

미디어

미국에 슈퍼펀드 정책을 탄생시킨 러브 커넬Love Canal 독성폐기물 사 건부터, 1990년 미 원유오염 방지법을 촉발시킨 엑슨 발데즈 호 기름유출사고, 그리고 이보다 규모는 작지만 수백 군데 지역에서 터진 오염사고에 이르기까지, 미디어는 대중들의 사건이해를 돕고 정치적 대응을 모색하게 했다. 친환경전략으로 황금알을 캐려면 미디어를 주의 깊게 다루어야 하지만, 이는 예전만큼 쉬운 일이 아니다. 텔레비전, 라디오, 신문을 넘어 인터넷이 성장하면서 '미디어'는 실로 널리 확산되었다. 누구든 비디오 카메라와 웹사이트, 그리고 견해만 갖춘다면 어떤 이야기든 널리 알릴 수 있다.

가장 눈에 띄는 것은 자칭 온라인 논객인 블로거로, 이들은 뉴스 전달 방식을 바꾸고 있다. 익명성과 공개성을 특징으로 하는 블로그는 기업 '내부'에서도 고개를 내밀고 있는데, 여기에는 자사제품과 경영진, 회사방침, 활동 등에 대한 솔직한 이야기가 담겨 있다.

회사들은 미디어에 어떻게 대처해야 할까? "당혹스러운 일에는 창피를 당할 만한 대응은 하지 않는다."고 대부분 쉽게 대답하지만 그보다는 먼저 눈에 띄는 비난의 표적이 되지 않도록 노력하는 게 나을 것이다. 이는 곧 환경문제를 체계적으로 진지하게 다룰 뿐 아니라, 제품의 생애주기 어디서든 취약점을 없애야 한다는 뜻이다. 공급업체가 독성폐기물을 개발도상국의 강가에 버리고 있지는 않는가? 고객들이 당신회사 제품을 처분할 때 환경문제를 초래하지는 않는가?

회사마다 비상대책이 있어야 한다. 문제가 생기거나 사고가 터지고 나면 경영진은 여론과 미디어 앞에 꼼짝할 수가 없다. 1989년 알래스카에서 엑슨 발데즈 기름유출사고가 터졌을 때 엑슨의 늑장대응은 환경에 대한 무딘 인식을 보여주었다. 그 후로 지금까지 엑슨이 전과 다른 모습을 보여도, 엑슨과 발데즈호는 여전히 기업의 잘못된 행동을 환기시키는 쓰라린 사례로 입에 오르내린다. 매스컴에 긍정적으로 보도되려면, 혹은 어떤 상황에서 부정적인 모습을 최소로 노출시키려면, 피해를 줄이기 위해 실질적인 행동을 취하는 것이 핵심이다. 엑슨의 사례처럼 위기관리를 홍보회사로 떠넘기면 필히 미디어라는 불길에 연료를 주입하는 결과만 낳는다.

싱크탱크와 연구센터

미디어는 보도를 통해 어떤 아이디어를 퍼뜨리거나 사그라지게 한다. 그렇지만 보도의 실마리는 다른 곳에서 온다. 지난 몇 십 년에 걸쳐 싱크탱크는 공공정책의 틀이 되거나 정치적 논쟁을 일으킨 아이디어를 수없이 제공했다. 헤리티지 재단, 미국 기업연구소, 카토 연구소 등 소수의 핵심적 싱크탱크는 정부의 사회적 역할에 대해 대중의 인식을 근본적으로 바꿔놓았다.

환경영역에서도 몇몇 집단이 혁신적인 역할을 해왔다. 미래자원연구소는 환경보호전략이 명령과 통제식 규율에서 오염배출부과금과 배출허용권거래 같은 시장기제로 옮겨가도록 주도한 단체이다. 워싱턴에 소재한 또다른 단체인 세계자원연구소도 경제발전과 환경적 진전 사이의 연결고리에 주목하고 지속가능한 발전이라는 개념에 탄력을 불어넣은 곳이다.

환경 및 사회적 전략의 틀을 세우는 선도적인 아이디어를 확보하려면, 기업들은 이 중요한 아이디어 생산자들을 눈여겨봐야 한다. 싱크탱크는 이를 가능케 한다. 아니면 최소한 여러 선두적인 연구센터에서 나오는 정책 제안서들을 부지런히 읽고 따라가야 한다.

학술계

정책부터 과학지식까지 새로운 아이디어는 고등교육기관에서 나오기도 한다. 대학과 연계하면 기업은 날로 변화하는 이슈에서 첨단을 달릴 수 있다. 지식기반경제에서 지식을 생산하는 연구원들과 관계를 맺는 일은 합리적이다. 이런 관계는 기업에게 아이디어의 흐름을 제공해줄 뿐 아니라 재능 있는 미래의 직원을 확보하는 역할도 하기 때문이다.

갈수록 많은 기업들이 이러한 연결고리를 맺고 있다. 마이크로소프트는 최신 소프트웨어 엔지니어를 배출하는 기관과 강력한 인연을 맺기 위해 인도 공과대학과 제휴했다. BP도 다수의 대학과 조직적인 관계를 맺어 이 유대관계를 전략수립에 활용한다. 신규 중국정책을 띄우기에 앞서 일류기업 임원들이 예일 대학을 방문해 중국사, 기업지배구조, 환경과제에 이르기까지 다방면의 학계 전문가들과 함께 해당정책을 검토한 경우도 있었다.

이러한 유대관계 모두가 오염문제나 천연자원 관리에 관심을 두는 것은 아니다. 그렇지만 대학이나 연구소와 협력관계를 맺으면 어떤 문제가 갑자기 터졌을 때나 장차 터질 상황에서, 기업은 새로운 아이디어나 통찰을 얻을 곳을 확보하게 된다. 혁신과 신선한 발상에 프리미엄을 주는 시장에서, 지식센터와 관련을 맺는 일은 환경우위를 창출하는 수원이 되어줄 것이다.

비즈니스 파트너와 경쟁업체

성공적인 전략의 핵심은 공급사슬, 고객, 경쟁업체 등 전통적 비즈니스 경쟁의 장을 관리하는 능력이다. 환경문제의 경우도 이러한 기본적인 현실에 변함이 없다. NGO가 온갖 머리기사를 장식하고 정부가 규제로 시장의 향방을 좌우한다면, 전통적 행위자들은 실질적 압력을 꾸준히 행사해 기업들이 변화하는 기대에 맞게 비즈니스 계획을 재조정하도록 한다. 그렇지만 현명한 기업은 단순히 반응만 하지 않는다. 이들은 전략적 우위를 얻기 위해 사전에 이러한 관계를 관리한다.

산업연합

환경에 관한 평판은 보통 산업전체를 놓고 형성된다. 이는 주요 화학회사들도 잘 알고 있는 사실이다. 1986년 인도 보팔에서 유니온 카바이드 Union Carbide 공장이 폭발했을 때, 화학업종 전체가 생사의 갈림길에 놓였기 때문이다.

화학업계는 화학물질의 제조, 저장, 운반에 대한 엄격한 기준을 세우는 등 다양한 정책으로 대응했다. '책임 있는 관리Responsible Care'라는 기치 아래 듀폰, 다우 등 일류 화학회사들은 법에서 정한 것보다 훨씬 높은 환경요건을 준수하겠다고 공언했다.

화학업종연합은 꾸준히 적극적인 자기규제를 실시했다. 그 과정에서 주요 화학회사들은 정부의 지시에 무난히 대처했고, 업계의 평판을 새로이 했으며, 평균을 밑도는 실적에는 압력을 행사해 환경에 대한 책임감을 높이도록 했다. 현재 협회 소속기업은 모두 환경경영을 필히 해야 하며, '책임 있는 관리'에 대한 제삼자 인증을 받아야 한다. 화학업계는 여전히 비난을 많이 받지만, 책임 있는 관리로 공백을 메우면서 신규 화학물질 생산업체에게 더욱 높은 수준의 안전 및 환경의무를 따르도록 하고 있다.

임업부터 커피업계, 의류 및 전자업체에 이르기까지 다양한 부문에서 모범적인 사회 및 환경적 관행에 대한 지침을 정해 산업 전반적인 정책으로 활용하고 있다. 그 어느 때보다 사회적 평판이 업종과 긴밀해지면서, 최소 요구수준에 맞추기 위한 업계의 압력은 나날이 커지고 있다.

기준책정을 넘어 업계는 다른 긍정적 방식으로 협력을 꾀하기도 한다. 바로 동종업계와 협력해 높은 이득을 취하는 방법이다. 집단행동은 서로 힘이 되고 안전하다. 어느 회사도 독단적으로 섣부른 행동을 하지 않는다. 공동대응은 집단적 문제의 해법을 찾아 모두가 자원을 끌어모으기 때문에 더욱 수준 높은 첨단과학, 정책, 분석을 낳기도 한다. 게다가 소속 기업끼리 뛰어난 관행을 교류하면서 업계 자체의 기준도 높아진다.

업종연합에는 그늘진 모습도 존재한다. 구성원끼리 허물을 덮어주거나 신규규제에 맞서기 위해 정보를 감추는 경우가 여기에 해당한다. 어떤 경우는, 연합들이 적정 옹호수준을 벗어나 입법과정에 차질을 주기도 한다. 지금은 해산된 세계기후연맹은 언뜻 보면 화석연료업종 연합치고는 중립적인 이름을 가지고 있지만, 실상 지구온난화에 대한 새로운 과학적 논리에 혼선을 넣기로 악명 높던 곳이다.[25]

> 개별회사들은 회사의 평판이 업종전체와 불가피하게 맞닿아 있음을 기억해야 한다. 그리고 회사가 속한 업종연합은 좋은 쪽으로든 나쁜 쪽으로든 회사평판에 영향을 준다.

경쟁업체

산업조직에 전혀 변화가 없더라도 어느 한 기업의 리더십과 과감한 행동이 때로는 극적인 변화를 몰고 오는 경우가 있다. 1990년 하인즈Heinz

사의 스타키스트Star-Kist 참치는 돌고래를 해치지 않고 참치를 잡겠다고 공약하면서 다른 경쟁업체보다 환경적 우위를 확보했다.[26] '돌고래 보호'라는 표시를 붙인 스타키스트 제품은 시장점유율을 빠르게 높여갔다. 아이들이 돌고래를 해치는 다른 회사 제품은 사지 못하게 부모를 조르자, 다른 업체들도 점차 스타키스트의 맹세를 뒤따라야 했다.

의류 소매업체 갭Gap은 2004년 기업의 사회적 책임이라는 획기적인 보고서를 통해 전 세계 거래 공급업체의 환경 및 사회적 책임 현황을 담은 상세자료를 공개하여 경쟁업체에게 압력을 불어넣었다. 순식간에 갭은 포괄적 생산자 책임을 채택해 의류업계의 투명성을 한층 올려놓았다.

기업가치가 수백만 달러인 어느 회사 부사장이 우리에게 말했다. "경쟁업체가 움직이니까 우리도 뭔가 환경 관련 조치를 해야 할 것 같긴 한데, 그 정확한 이유는 모르겠습니다." 이렇게 수세적인 태도는 곤란하다. 현명한 기업은 경쟁업체를 주시한다. 심지어 이들은 업계 차원의 해결책이 필요할 경우, 적대세력과도 제휴할 의사를 보인다.

기업 바이어와 공급사슬의 녹색화

대형고객은 큰 스트레스의 근원이 될 수 있다. 이들은 품질이나 서비스를 그대로 유지한 채 최저가격에 상품을 공급받길 원하면서 점차 구매제품에 들어간 모든 성분뿐 아니라 어디서 조달했고 어떻게 제조했는지에 관한 정보도 요구해오고 있다.

'공급사슬의 녹색화Greening the supply chain'는 이 모든 행동을 지칭하는 전문용어다.[27] 고객의 압력은 기다란 행위자 목록에서 가장 빠르고 강력한 영향력으로 떠오르고 있다. 대다수 산업에서 환경책임 입증은 대형거래를 따내거나 고객을 유지하는 데 있어 필수요건이 되었다. 그렇지만 때로는 대화가 더 긍정적인 작용을 하기도 한다. 지속가능한 신발을 생산하기 위해 나이키가 듀폰에게 대화를 요청한 경우가 바로 여기에 해당한다. 이러한 추세는 수많은 연못에 파문을 일으키고 있다.

· · · · · · ·

나에게 지레를 준다면……

공급사슬에 생긴 파급효과는 우연이 아니다. NGO는 기지를 발휘해, 공급사슬에 압력행사가 가능한 대형 고객 상대 브랜드(빅토리아 시크릿과 맥도날드 같은)를 표적으로 삼았다. 아르키메데스는 "내게 충분히 긴 지레를 준다면 지구를 들어 올리겠다"고 말했다. 매우 긴 지렛대 끝에 대형 바이어들이 놓여 있었고, NGO는 이들을 들어올리기 위해 부지런히 힘을 가하고 있다.

· · · · · · ·

지난 몇 년에 걸쳐, 월마트는 공급업체에 화석연료 사용을 낮추고 포장과 폐기물을 줄이도록 압력을 가했다. 월마트는 추진력을 높이기 위해 공급업체들에게 성과실적표를 작성해달라고 요청했다. 또 최근 이 대형소매업체는 공급업체에게 원자재 조달부터 제조 및 유통에 이르기까지, 월마트 선반에 완제품이 놓이는 전 과정에 대해 에너지 이용도를 계산하라고 요구하기 시작했다.

이 압력은 공급사슬로 퍼져나가고 있다. 펩시, 피앤지, 휴렛팩커드, 네슬레, 로레알, 캐드베리 스윕스, 유니레버 등 세계적 규모의 소비재 회사 몇몇은 공급사슬 리더십 연합Supply Chain Leadership Coalition을 구성해, '자사의' 공급업체에게 탄소배출 자료를 요청하고 있다. 창립 멤버인 영국계 소매업체 테스코TESCO도 7만 개의 제품에 탄소배출정보를 포기하겠다고 발표했다.

공급업체

우리는 자사 공급업체에게 그 어느 때보다 엄격한 환경기준을 요구하는 기업고객을 예상하고 있었다. 그런데 놀랍게도 대형 기업고객에게 압력을 넣는 공급업체 또한 만날 수 있었다. 카탈로그 종이사용 문제로 NGO의 반발을 감지한 델은 새로 출범한 지속가능한 비즈니스 부문 책임자 팻 네이선Pat Nathan에게 이 문제를 해결하도록 지시했다. 마이클 델의 강력한 후원을 받은 팻은 조달 담당자들과 함께 실무팀을 구성했다. 이들은 서로 협력하여 회사의 재생종이 사용률을 10퍼센트로 끌어올렸다. 이는 그리 놀라운 사건이 아니다. 하지만 연이어 벌어진 일이 진짜 흥미로웠다. 델은 NGO가 선정한 10대 카탈로그 발송업체에 자사가 속해 있지는 않지만, 자사의 대다수 기업고객이 껴 있다는 사실을 알았다. 대형 우편주문 회사들은 콜센터와 여타 설비들을 보유하고 있었는데, 이들이 쓰는 컴퓨터 장비는 보통 델이 공급한 제품이었다. 델은 고객에게 재활용 종이를 사용해보라고 짧은 편지를 보냈다. 그 요청은 델이 고객을 위해 꾸준히 노력하는 모습으로 비춰졌다. 델의 편지문구는 이러했다. "신뢰 가는 비용절약적 제품과 서비스를 제공하는 것도 중요하지만, 공급사슬, 나아가 전 세계 사람들과 최고의 관행을 공유하는 일도 중요하다고 봅니다."

아마 이 경우에는 '압박'이라는 말이 적절하지 않겠지만, 앞으로는 공급업체가 더욱 단호하게 의중을 묻고 제안해올 것이다. 지금까지 수년간 알코올, 담배, 총기류 제조업체들은 고객에게 미치는 악영향을 이유로 소송을 당해왔다. 이러한 정서는 더욱 확산될지도 모른다. 제품회수법이 중요해지면 점차 많은 기업이 가치사슬 내 제품, 그리고 환경문제와 제품 관련 책임이 자사의 발목을 잡는 일이 없길 희망할 것이다. 앞으로 꾸준히 지켜볼 사안이다.

소비자와 지역사회

CEO 집단

거대 기업들이 시장의 90퍼센트를 좌우하던 시절은 내리막으로 접어든 것 같지만, 리더십 네트워크는 여전히 강력하고 중요하다.[28] 거물급 인사들은 헬스클럽부터 회의실, 자선행사장까지 매우 다양한 상황에서 마주친다. 그리고 서로의 근황을 비교한다. 환경 문제아가 되길 원하는 경영자는 아무도 없다. 모두들 의젓한 환경시민이 되길 원한다. GE의 제프 이멜트와 월마트의 리 스콧 등 CEO의 친환경 연설은, 자기 회사가 현재 환경기업의 선두이든 아니든 모든 임원들의 책임의식을 높인다. 동료가 주는 압박감은 고등학교에서 끝나는 게 아니다.

지금 CEO들은 그 어느 때보다 높은 투명성을 요구하고 기업실적과 순위를 강조하는 세상과 마주하고 있다. 현재 그 지표에는 판매실적과 시장점유율뿐 아니라 사회 및 환경적 성과도 포함된다. 최근 녹색지수가 바닥을 친 회사의 CEO라면 일요일에 클럽하우스에서 브런치 먹기가 영 껄끄러울 것이다.

소비자

기업에게 고객은 애정의 대상이면서 동시에 두려운 존재이다. 몇 해 건너 한 번씩 고객의 미덕을 칭송하는 책들이 서점가를 휩쓴다. 그렇지만 고객의 마음은 갈대와 같으며, 특히 환경영역 고객은 특히 종잡을 수가 없다.

소비자에게 활력 있고 건강한 삶을 지향하는 제품을 선보이면, 젊은 소비자일수록 열렬한 반응을 보일 것이다. 상업에서 이를 로하스LOHAS, Lifestyles of Health and Sustainability 시장이라고 하는데, 건강과 환경을 중시하는 삶을 뜻한다. 그렇지만 그들에게 환경적 혜택이 있는 일반제품을 제시했을 때 그 결과는 훨씬 장담하기 어렵다.

'에코' 제품의 성공에 지나친 기대를 걸지 말라는 경고가 무색하게, 녹색황금으로 탈바꿈하는 데 성공한 제품영역들이 있다. 식품영역에서 유기농제품의 매출은 다른 산업보다 훨씬 빠른 성장세를 보여준다. 유기농 우유의 경우 미 전역에서 수요를 따라잡지 못할 정도다. 소비재 영역에서 톰스 오브 메인Tom's of Maine은 치약부터 샴푸까지, 일상용품을 천연성분으로 대체한 틈새시장에서 수익성을 찾았다. 그 수익은 실로 대단해, 비교적 작은 이 회사를 콜게이트Colgate(생활용품 제조회사)는 1억 달러에 사들였다. 2008년 클로록스는 버츠비Burt's Bees(친환경 화장품업체)를 무려 9억 5천만 달러에 인수했다. 게다가 휘발유 가격이 천정부지로 치솟는 상황에서 앞으로 연료효율성 덕분에 팔리는 제품은 도요타의 프리우스 하나만은 아닐 것이다.

'미래 세대'인 아이들

아이들은 뜻밖의 범주겠지만, 대다수 경영자들은 미래 세대에게 부끄럼 없는 행동을 하고 싶다고 입을 모았다. 때로는 이런 압박은 각자의 가정에서 오기도 한다. 폴 프레슬러Paul Pressler가 갭의 CEO 자리 수락을 놓고 고심하던 중, 딸에게 이런 질문을 받았다고 한다. "아빠, 갭에는 착취공장이 많지 않나요?"[29] 그는 CEO 자리를 수락했지만 2004년 기업의 사회적 책임 보고서에서 갭의 노동조건 투명성이 눈에 띄게 높아진 것은 결코 우연이 아니었다.

때로는 조직적 압력이 발생하기도 한다. 치키타가 사회 및 환경문제에서 역사적 선회를 하게 된 데에는 '공식적인' 이유가 있다. 즉 유럽의 눈

높은 소비자와 막강한 식품협동조합이 치키타에게 환경성과를 더욱 높이라고 요구해오는 바람에, 치키타에게는 선택의 여지가 없었다는 설명이다. 물론 고객의 압력도 중요했겠지만, 라틴아메리카 현장에서 치키타의 환경분야 총책임을 맡고 있는 데이브 맥로플린Dave McLaughlin의 설명에 따르면 또 다른 핵심변수도 있었다고 한다. "유럽 사람들 덕택이기도 합니다만, 가장 큰 영향력을 행사한 사람은 미국의 초등학생들이었습니다." 초등학생용 환경잡지인 「환경감시원 릭Ranger Rick」이 치키타 CEO에게 엽서 보내기 캠페인을 시작했다.[30] 수천 명의 아이들이 엽서로 애원해오자 치키타 경영진은 이내 회사 방침을 바꾸지 않을 수 없었다.

아이들은 정부에 압력을 넣기도 한다. 엑슨 발데즈 호가 좌초되면서 기름더미에 익사한 조류와 야생생물의 모습에 아이들은 그야말로 충격을 먹었다. 전국 학교에서 아이들은 자신들이 보고 느낀 바를 그림에 담았다. 환경부 특별보좌관이었던 댄 에스티는 원유에 잠긴 프린스 윌리엄 사운드Prince William Sound 해협에서 죽어가는 새를 그려보낸 수천 명의 학생들에게 해줄 답변을 짜내느라 무척 고심했다고 한다.

● ● ● ● ● ● ●

종교, 새롭고 오래된 영향집단

2003년 여름 복음주의 환경 네트워크라는 단체가 '예수님은 어떤 차를 몰았을까?'라는 제목의 캠페인을 시작했다. 이 단체는 기독교인에게 연료절약형 자동차를 사도록 권장하는 광고를 실었다. 이에 신의 창조물을 보살피는 일을 도덕적 의무로 느끼는 독실한 소비자들이 점차 많아졌다. 미 복음주의자 설문조사에서 48퍼센트가 환경을 '중요한' 우선순위로 뽑았다.[31] 이는 52퍼센트를 차지한 낙태 바로 다음이었다. 전미 복음주의 협회의 리처드 시직 목사는 이렇게 말했다. "참 놀라운 수치다.

낙태는 우리가 30년 동안 이야기해왔지만, 환경문제는 아직 설득을 시작하지도 않았기 때문이다."

2006년, 복음주의 목사들이 모여 지구온난화 방지운동에 헌신하겠다고 선언했다. 이 운동은 복음주의를 공화당의 지지기반으로 생각한 이들에게 충격이었다. 부시 행정부에게서 등을 돌린 목사들은 기독교인이 지구에 대한 책임이 있음을 분명히 했다. 그리고 「뉴욕 타임스」와 「크리스채너티 투데이」에 전면광고를 싣기도 했다.[32]

기후변화 방지활동 캠페인(그 선봉장은 앨 고어였다)으로 2008년 가장 큰 반향을 일으킨 광고, '우리가 해결합시다(We Can Solve It)'에는 앨 샤프톤(흑인 인권운동가—옮긴이) 목사와 팻 로버트슨(기독교 우파운동 주도자—옮긴이)의 모습이 실렸다. 이 둘은 나란히 앉아 서로 동의할 만한 내용이 거의 없다고 토론한다. 단 한 가지 기후변화 논쟁만 빼고.

● ● ● ● ● ● ●

지역사회

1995년, 현재 광산대기업 리오 틴토 소유인 캐나다의 알루미늄 회사 알칸Alcan은 지역사회 협조의 필요성을 뼈저리게 느꼈다. 이는 회사가 지역사회문제를 다루는 데 미숙해서가 아니었다. 알칸은 스코틀랜드에 있는 오래된 제련소 한 곳을 폐쇄해야 했을 때, 지역노동자 문제를 훌륭하게 매듭지었다. 그렇지만 브리티시 컬럼비아에서는 지역사회와의 관계라고 할 만한 게 사실상 존재하지 않았다. 기업과 지역사회의 이해관계는 기껏해야 제로섬zerosum 게임 정도였다.

알칸은 사업을 계획할 때 지역의 이해관계나 NGO의 우려를 반영한 적이 거의 없었다. 그래도 수년간 별 문제없이 활동해왔다. 그렇지만 알칸이 대형제련소 건설에 필요한 수력을 얻기 위해 유역변경을 하려고 보니,

분위기가 예전 같지 않았다. '피플스the peoples'라고 하는 지역토착민이 반대의사를 보였다. 지금까지 그랬던 것처럼 알칸은 캐나다 정부가 지역사회문제를 해결해주리라 기대했지만, 이번에는 통하지 않았다. 유역변경사업을 지속하려면 지역사회를 직접 매입해야 했지만, 알칸은 주민들의 마음을 산 경험도, 그간 쌓아놓은 호감도 전혀 없었다.

알칸 대외업무팀 수석부사장인 댄 가그니어Dan Gagnier가 말했다. "우리는 환경공청회에서 '이겼고' 허가를 받기 위해 필요한 조치도 했습니다. 그렇지만 정치적 환경이 변했더군요. 그래서 우리는 실상 진 것과 다를 바 없었습니다." 환경책임자 파올라 키슬러Paola Kistler도 이렇게 덧붙였다. "예전에는 정부가 지역사회를 대변한다고 생각했습니다만 이제 보니 우리가 이해관계자와 직접 관계를 맺어야 했습니다." 결국 알칸은 '5억 달러' 이상을 지출비용으로 남긴 채 사업계획에서 물러나야 했다. 지금도 알칸은 수로 터널의 절반만 소유한 상태이다.[33]

알칸의 사례가 보여주듯, 지역에서 사업을 시작하거나 확장할 때를 전후해 회사는 지역사회와 관계를 맺어야 한다. 건물이나 공장을 새로 짓는 일이 갈수록 힘들어지면서 지역사회의 이해관계는 대다수 기업에게 우선순위로 떠오르고 있다. 지역고유의 문제, 난개발 반대, 지역 이기주의 등과 얽힌 복잡한 이슈를 고려할 때, 지역사회의 협조여부에 따라 최상의 계획이 나오기도 하고 그 계획이 폐기되기도 한다.

녹색기업은 지역사회와 폭넓게 관계 맺는 법을 안다. 이들은 지역지도자나 지역집단과 나누는 대화가 단순히 좋은 관례가 아닌 필수적인 비즈니스임을 알고 있다.

투자자와 자산평가사

직원

직원은 특정 정책이나 회사 전체의 성패를 좌우하므로 아마 가장 강력한 행위자일 것이다. 직원은 감시단체부터 지역사회 구성원까지 어느 부류에나 어울리지만, 이 책에서는 자신의 시간과 기술을 소속 회사에 투자한다는 의미에서 투자자로 분류했다. 인재확보 경쟁이 갈수록 치열한 상황에서, 기업 호감도를 높이는 우위는 그 무엇이든 추구할 가치가 있다. 직원들이 회사에 바라는 사항은 이리저리 바뀌는데, 이러한 성향은 특히 선진국에서 두드러진다.[34] 회사가 헌신적인 직원을 바라는 만큼, 직원들도 당연히 헌신할 수 있는 기업을 원한다.

2004년 스탠포드 경영대학원이 MBA 학생들을 상대로 장차 일할 회사의 이념을 얼마나 중시하는지 조사했다. 학생들은 올바른 가치를 지향하는 회사에서 일자리를 얻을 경우 얼마까지 포기할 의향이 있을까? 결과는 놀라웠다. 97퍼센트가 봉급의 일부(평균 1만 1,480달러로 기대소득의 14퍼센트였다)를 직원, 이해관계자, 지속가능성에 관심 두는 회사에서 일하는 대가로 감수할 생각이 있다고 답했다.[35] 2008년 몬스터닷컴(미국 온라인 구직 사이트-옮긴이)이 학부생을 대상으로 조사했을 때도 응답자의 92퍼센트가 녹색기업에서 일하고 싶다고 답했다.

지난 10년은 CEO들이 새로운 역동성을 자각한 시기였다. 미래의 경영자들은 월스트리트(월가, 대기업 또는 대형 투자회사의 경제 활동무대-옮긴이)뿐 아니라 메인스트리트(번화가, 중소기업 혹은 중산층의 실물 경제 활동무대-옮긴이)에서도 자부할 만한 회사를 원했다. 심지어 콧대 높기로 유명한 GE의 '중성자탄' CEO 잭 웰치Jack Welch(과감한 해고전략으로 건물만 남기고 인명을 모두 살상한다고 해서 얻은 별명-옮긴이)도, 비즈니스 전략에서 환경문제의 역할에 적잖이 회의적이었음에도 이 같은 추세를 인정했다. 그는 GE가 뉴욕 허드슨 강에 투기한 독성폐기물과 관련해 규제자와 언쟁하던 중 본사 임원에게 이렇게 말했다. "이 일에서 잘못 처신하면 인재들이 우리 회사에 안 올 것 아닌가."[36]

가치 지향적 직원이 가치 지향적 회사를 만든다. 우리의 녹색기업들이 깨달은 바대로, 원대한 신념으로 무장한 회사는 직원들의 사기와 책임감을 상당히 높여준다. 그 과정에서 회사도 공존하게 된다. 제록스의 CEO 앤 멀케이Anne Mulcahy는 회사가 파산 직전까지 가는 암울한 시기를 겪었지만, 사회적 책임을 다한 자사의 헌신성이 위기를 극복해준다는 믿음을 버리지 않았다.[37] "나락에서 헤맬 때 직원들에게 소매를 걷어붙이자고 요구했습니다. 그리고 대다수 사원들이 회사 곁을 떠나지 않았어요. 회사가 표방하는 가치를 믿었던 셈이지요. …… 우리 회사의 '기본 방침'은 바로 모범적인 기업 시민으로 거듭나기였습니다."

그렇다. 이 모든 행위자를 잘 관리하는 일은 위험요소를 줄이고 비용을 관리하는 차원을 넘어선다. 생산성 향상, 낮은 이직률, 직원의식 고취라는 잠재적인 이득을 안겨주기 때문이다.

주주

지금까지 우리는 주주를 편협하게 기업의 이윤에만 관심을 둔, 모범시민과 거리가 먼 집단으로 생각한다. 하지만 이 단순한 도식이 빠른 속도로 무너지고 있다. '주주'는 하나로 묶기 매우 어려운 집단이다. 사실, 보통의 소매업 주주는 지속가능성에 대해 아는 바가 거의 없는데도, 사회 및 환경적으로 책임 있는 회사를 선별하는 뮤추얼 펀드나 금융수단을 통해 투자하는 경우가 늘고 있다.

이러한 투자는 사회적 책임투자 범주에 들어간다. 비영리단체인 사회적 투자포럼Social Investment Forum에 따르면, 각종 방식으로 선별투자하는 자금이 2조 달러가 넘는다고 한다. 이 수치는 다소 오해를 살 수 있는데, 여기에는 담배나 도박처럼 '죄악sin' 주식을 피해간 펀드도 포함됐기 때문이다. 환경 및 사회적 책임을 다하는 기업을 찾아 투자하는 펀드 규모는 실제 2천억 달러 정도일 것으로 보인다. 매우 대략적이긴 하나, 액수는 하나의 단면을 보여줄 뿐이다.[38]

환경적 사고와 인연이 없는 월스트리트도 녹색물결의 파장을 느끼고 있다. 주식 선정자stock pickers 중 환경경영을 모범경영의 지표로 삼는 이들이 많아졌다.[39] 자원제약이, 그중에서도 화석연료와 관련된 사안이 점차 기업실적에 영향을 미칠수록 기업의 환경전략을 분석변수로 삼는 투자자들이 늘어날 것이다. 사실 최근 메릴 린치Merrill Lynch 보고서는 '자원이 한정된 세계' 그리고 '청정자동차 혁명clean car revolution'에 준비한 기업을 잣대로 자동차 주식을 선정했다.[40] 그중 1위는 당연히 도요타였고, 그 뒤로 현대와 자동차 부품업체 보그워너가 줄을 이었다.

환경에 책임감 높은 기업을 파악할 수 있는 인프라도 확대 중이다. 다우존스 지속가능경영지수와 유럽의 FTSE4Good 지수는 투자자와 벤치마크 대상을 찾는 기업에게 뛰어난 기업을 알려주는 나침반 구실을 한다. 이 명단은 윤리적 투자 조사기관Ethical Investment Research Service, 이노베트스Innovest, 지속가능한 자산관리Sustainable Asset Management 같은 기관의 연구조사자료가 뒷받침한다. 이들은 기업의 환경전략과 성과에 관한 자료를 모은 뒤 등급을 매기거나 '분류'한다. 이노베스트는 신용평가와 흡사하게 회사마다 AAA부터 CCC까지 등급을 부여한다.

로이터 통신 회장인 니알 피츠제럴드Niall Fitzgerald(유니레버 전임 회장이자 공동 CEO)는 이러한 순위선정이 갈수록 중요해질 것으로 전망한다. "조만간 사람들이 FTSE4Good 지수를 진지하게 받아들일 겁니다. 그렇지만 그것은 감성적이거나 사회적인 이유에서가 아닐 겁니다. 어디서든 책임 있게 경영하지 않으면 경영능력이 떨어진다는 사실을 사람들이 이해했기 때문이지요."[41]

월스트리트 기업들이 더 나은 환경실적을 요구하지 않는다 해도, 자본시장의 다른 구성원들이 회사에 압력을 불어넣고 있다. 연기금을 비롯한 기관투자자들이 이 조류에 가담했기 때문이다. 지난 2005년 5월, 수조 달러의 투자능력을 지닌 주 재무장관들과 주 감사원장들이 유엔에서 만나 환경위험에 대해 토론했다.[42] 보험회사와 노조 연기금 투자자들도 동참했는데, 이를 두고 연합통신은 '기후변화로 재무위험이 있다는 사실을 미국 기업들이 공개적으로 인정하게 하고 그 위험을 줄일 방안을 찾도록 하기 위해' 모였다고 전했다.

어떤 기금들은 한발 더 앞서간다. 미국의 3대 연기금 중 캘리포니아에 있는 두 곳은 환경기업과 친환경기술에 직접 투자하기 위해 10억 달러가 넘는 자금을 비축했다.[43] 캘리포니아 재무부 장관 필 안젤리데스는 주 연기금을 환경시장 성장에 투자하게끔 분위기를 조성했다. 그렇지만 이런 종류의 자산보유자가 직접 참여하는 경우도 우리는 접하게 될 것이다.

주주결의안을 통해 환경문제에 힘을 행사하는 NGO 단체들도 있다. 기업의 사회적 책임을 위한 범종교 센터Interfaith Center on Corporate Responsibility는 신앙을 기반으로 모인 275개 기관투자자 연합으로, 석유와 가스 회사에 주목했다. 또 보스턴에 소재한 투자연합이자 환경단체인 세레스Ceres도 기후변화와 관련된 재무위험 투명성을 더욱 높이라고 주장했다. 2008년에는 스탠더드 오일Standard Oil의 창업자 존 록펠러John D. Rockefeller의 후손들 거의 모두가(78명 중 73명) 엑슨모빌에 있는 자신들의 지분을 이용해 이 석유재벌에게 기업지배구조와 환경전략을 수정하라고 요구해왔다.[44] 물론 이들의 안건은 부결됐지만, 그 노력은 세계적인 뉴스 감이었고 이 때문에 엑슨모빌의 입장도 난처해졌다.

끝없는 결의안을 피해 두 손을 든 기업들도 많다. 6대 석유 및 가스회사는 기후변화가 낳는 재무피해를 공개적으로 인정하고, 온실가스 감축 계획안을 채택하며, 이사회 차원에서 이 행동들을 지원하기로 했다. 이 성공을 기반으로 범종교 센터와 다른 단체들은 금융서비스와 부동산 분야의 대형 행위자로 목표대상을 확대 중이다. 과거 중공업부문에 해당했던 질문과 마주하는 것은 이들 서비스 업종만이 아니다. 거대보험회사 AIG도 주주들의 압력이 높아지자 새로운 환경전략을 내놓았다.

・・・・・・・

높아진 공개압력 수위

2002년 ABN 암로, 메릴린치를 비롯한 일련의 기관투자자들이 탄소정보공개 프로 젝트(Carbon Disclosure Project)를 출범시켰다.[45] 이는 세계 500대 대기업에게 보낸 간단한 설문지였다. 기업들에게 탄소배출량 문서화를 요청한 이 프로젝트로 투자 자들은 기후변화 관련 위험을 평가할 수 있었다. 프로젝트가 커지면서, 현재는 설문 대상 기업 3,000곳 중 60퍼센트 정도가 프로젝트 웹사이트(www.cdproject.net)에 답변을 올린다. 이 기업들의 자산 가치는 60조 달러에 달한다. '탄소정보공개'가 월 스트리트의 실제 관심사로 떠오를수록, 많은 기업들이 온실가스 배출을 해명해야 할 압력을 느낄 것이다.

・・・・・・・

기후변화 영역에서 큰 성공을 거둔 활동가들은 주주결의안을 다양한 이슈에 대한 행동촉구에도 활용한다. 최근 에이본Avon, 다우, 월마트, 홀 푸드 같은 다양한 기업들은 특정 화학물질 및 독성물질과 연관된 환경건 강 이슈 결의안과 마주쳤다. 녹색물결이 휘몰아치면서, 활동가뿐 아니라 투자자들도 재무상태에 매우 신경 쓰는 눈치다. 세레즈 대표 민디 러버 Mindy Lubber는 이렇게 말했다. "이는 정치적으로 진보냐 보수냐를 가르는 문제가 아닙니다. 재무위험 평가는 활동가 캠페인이 아닌 수탁자 의무입 니다."[46]

보험업체

로이즈 오브 런던의 회장 피터 레빈은 최근 한 연설에서 보험업계가 마 주하고 있는 가장 큰 위험에 대해 설명했다. 9·11 이후 테러리즘이 제일 큰 위협으로 보였으나 레빈의 말은 달랐다.

> "테러리즘은 현재 정부들이 상당부분 다루고 있는 위험요소입니다. 보험 업체에게 닥친 진짜 문제는 자연재해로, 이는 실로 중대한 고민거리입니 다.[47] 게다가 기후가 계속 변하면서 재해의 여파도 갈수록 커지는데, 이런 상황은 보험업체에게 매우 심각한 과제가 아닐 수 없습니다."

보험업체는 위험에는 신경 쓰지 않아도, 불확실성에는 몸서리친다. 이 들의 업무는 악재 가능성을 점치고 그 비용을 해당위험에 직면한 모든 주체에게 분산시키는 일이다. 수익을 보려면 이들은 손해의 규모와 빈도 를 정확하게 예측해야 한다. 이 기업들의 배후에는 위험관리의 명수인 재보험사가 있다. 업체들은 보통 위험관리에서 한 발짝 물러나 보험에 가입하여 자신에게 닥친 위험을 일정부분 전가한다. 따라서 재보험업체는 환경문제 전반, 그중에서도 특히 기후변화와 관련해 목청을 높일 수밖에 없다.

뮤니히 리와 스위스 리 같은 대형 재보험업체들이 우려하는 데에는 그만한 이유가 있다. 자연재해에 따른 총비용이 최근 몇 년 사이 급증했기 때문이다. 1990년대에는 과거 40년을 합친 것보다도 경제적 손실이 컸고, 2000년대에는 손실액이 더욱 클 것으로 보인다. 2002년 유럽 대홍수로 150억 달러가 들어갔다. 2003년 유럽의 이상 폭염으로 2만 6,000명이 사망했을 때는 그 피해액만 160억 달러에 달했다.[48] 2004년 재보험업체는 남아시아의 스나미를 제외하고도 자연재해로 400억 달러를 지출해야 했다. 2005년에는 자연재해에 따른 전 세계의 경제손실이 2,000억 달러를 넘어섰다.[49]

은행과 자본시장

지난 몇 년간 금융권은 자사가 대출한 프로젝트와 관련해 그 환경 및 사회적 위험이 측정하기 힘들지라도 자신들의 비즈니스에 매우 큰 타격을 입힐 수 있다는 점을 깨달았다. 채무불이행 위험도 명백한 문제이지만, 은행의 명성이 걸린 위험은 훨씬 더 위협적이다. 다시 한 번 우리는 국제 금융업체에게 이러한 상관관계를 확실히 일깨워준 몇몇 끈질긴 NGO 단체에게 감사를 표하지 않을 수 없다. 이 과정에서 열대우림행동네트워크Rainforest Action Network 같은 조직이 분명히 깨달은 사실이 하나 있었다. 바로 돈줄을 쥔 자에게 영향력을 행사하면, 문제를 유발하는 회사에게 직접 변화압력을 가할 필요가 없다는 점이었다. 산림과 수로 근처에서 공장을 운영하는 임업회사가 못마땅한가? 그러면 우선 그 공장을 짓도록 자금을 댄 사람들을 추적하라.

일찍이 변화압력을 감지하고 선두에 선 기업 중 하나가 자산가치 1조 유로를 상회하는 네덜란드계 은행 ABN 암로였다. 지금은 스코틀랜드 왕립은행에 속한 ABN 암로는 환경적 사고를 비즈니스와 접목하는 노력에 있어 진정한 선두주자이다. 은행임원은 적도원칙에 명시된 환경임무 검토에 앞장섰고, 그 수위를 훨씬 높이도록 촉구했다.[50] 이 은행의 지속가능한 비즈니스 자문그룹Sustainable Business Advisory Group 책임자인 앙드레 아바디Andre Abadie도 "적도원칙은 빙산의 일각이다."는 입장이었다.[51]

· · · · · · ·

적도원칙

2003년 시티그룹, 크레딧 스위스, ABN 암로 등 세계적인 대형은행 10곳이 모여 '적도원칙'이라 이름 붙인 새로운 협약을 발표했다. 이는 프로젝트 대출심사와 관련해 새로운 기준을 제시한 협약이었다. 파이프라인이나 발전소 등 대규모 프로젝트를 추진하는 대형개발업체는 이제 건설공사를 할 때, 그 환경 및 사회적 여파를 충분히 숙고했고 환경피해가 크지 않다는 점을 입증해야 한다. 협정가입압력이 컸기 때문인지 참가은행이 처음 10곳에서 이제 거의 60곳에 육박하고 있다. 이 은행들은 세계적인 프로젝트 대출 대부분을 전담한다. 이에 거부당하거나 수정하는 프로젝트가 갈수록 늘고 있다. 페루의 파이프라인, 루마니아의 광산을 비롯한 여타 프로젝트의 경우 환경적 요인을 진지하게 고민하지 않은 탓에 계획을 단념해야 했다.

· · · · · · ·

아바디의 자문팀은 불과 몇 년 전에 생겨났지만 사내 중요도가 빠르게 상승했다. 자문팀은 환경 및 사회적 위험이 따르는 거래를 평가하는 부서로, 이 거래 중 극히 일부만 프로젝트 대출과 관련이 있었다. 그러던 것이 지난 3년 동안 프로젝트 관련거래가 매해 두 배씩 늘어났다. 최근 1년 사이에 자문팀은 수백 건의 거래를 검토했고, 그 결과 20퍼센트는 대출제한을, 15퍼센트는 명백한 거절을 보냈다. ABN 암로는 또한 위험자동평가도구에 체크 및 경고장치를 마련하여, 환경 및 사회적 위험 평가가 그 바탕에 깔리도록 했다. 암로 은행은 이처럼 열정적이고 의미 있으며 헌신적인 태도를 공개적으로 인정받아, 2006년 세계환경센터가 수여하는 2006년 세계 지속가능개발기업 부문에서 금메달을 수상했다.

은행들은 자신들의 대출 포트폴리오가 위험의 커다란 원천임을 깨닫고 있다. 예를 들어 정유공장에 대출했을 경우 당장은 만족스러운 거래처럼 보일 것이다. 그러나 40년이라는 투자기간동안 세상의 가치관과 기대는 크게 변하기 마련이므로, 화석연료 프로젝트는 매우 해로운 투자가 되기도 한다. 바로 이런 이유로, 2008년 JP 모간, 모간 스탠리, 시티그룹 등은 모든 화력발전소 대출에 엄격한 심사를 하기 위해 '탄소원칙'이라는 협정을 만들었다.[52] 세계적인 대형은행들이 기본적으로 종래의 화석연료 의존형 프로젝트에는 더 이상 대출하지 않겠다는 의사를 밝힌 것이었다. 그리고 이는 단지 시작에 불과했다.

· · · · · · ·

녹색금융 서비스

녹색물결이 금융권을 덮치면서, 기업 규모와 상관없이 모든 대출자가 대출 관련 질문을 받는다. 소규모 사업자라도 대출을 받기 전에 환경적 피해에 대한 답변을 미리 준비해야 한다.

· · · · · · ·

시티그룹 고위 관계자들도 자연서식지에 해악을 주는 프로젝트를 선별하고, 불법 벌목을 자행한 회사에게 대출을 거부하며, 재생 에너지 프로젝트에 투자할 뿐 아니라, 자사 포트폴리오에 있는 모든 발전설비 프로젝트에서 온실가스 배출 현황을 보고하겠다고 공약하고 나섰다.[53]

헤지펀드도 이에 동참하고 나섬에 따라, 대기업의 지배구조와 전략수립에 영향을 주고 있다. 예를 들면 2007년 텍사스 퍼시픽 그룹과 콜버그 크라비스 로버츠는 댈러스에 소재한 전력회사 TXU를 사들였는데, 이 과정에서 11개의 석탄 화력발전소를 새로 짓겠다는 내용 빼고는 계획안에서 수정된 부분이 거의 없었다.[54] 이러한 추세가 전 세계 경제권으로 빠르게 확산하면서, 자금줄이 녹색물결을 선두에서 이끌고 있다.

복잡한 문제를 다루는 도구, 이해관계자 도표

간단한 일처럼 들리겠지만, 서로 다른 행위자를 모두 상대하는 최선의 방법은 구조적으로 접근하는 것이다. 11장에서 좀 더 자세하게 이해관계자 전략에 대해 논하겠지만, 우선 여기서는 20종류의 주요 이해관계자 집단을 다루는 간단한 도구를 살펴보도록 하겠다(156쪽 도표 참고).

이해관계자 도표작성은 회사들이 이해관계자의 다양하고 거세진 압력에 대처할 수 있는 전망적인 전략을 개발할 수 있도록 한다. 하지만 이 도표는 동시에 세상이 얼마나 급변했는지 보여주는 지표이기도 하다. 전통적인 비즈니스 분석에서 전략은 공급업체부터 고객까지 가치사슬을 구성하는 한줌의 핵심 행위자들, 그리고 여기에 덧붙여 소유주(주주), 규제

설정자(규제자), 직원하고만 관련 있을 뿐이었다.

이러한 전통적인 시각으로는 현재 세계가 제대로 파악되지 않는다. 20년 전에 하버드 경영대학의 마이클 포터Michael Porter가 구분한 '다섯 세력 Five Forces'은 여전히 중요하며, 이 세력을 대표하는 각 행위주체의 힘은 여전히 막강하다. 그렇지만 지금은 경쟁의 본질과 강도가 변했으므로, 비즈니스 전략 역시 보완해서 시대의 흐름을 좇아야 한다. 환경을 중시하는 이해관계자들이 다양한 이슈에 대해 까다로운 질문을 던지면서 기업의 미래에 근본적인 영향을 미치고 있다. 따라서 오늘날에는 이 광범위한 계층을 파악하는 것이 필수이다.

이러한 세계를 도표화하는 작업이 처음에는 버거울지 모른다. 그렇지만 간단히 시작해보자. 행위자 원형도표를 펼친 후 각 항목에 대해 질문을 떠올려보자. 중요한 조직이나 개별적 이해관계자들은 누구인가? 그런 다음 더욱 심도 깊은 질문을 던진다. 구체적으로 어떤 NGO 단체들이 당신의 회사와 그 업종을 추적하는가? 경쟁업체들은 환경문제에 대해 어떤 조치를 취하는가? 당신 회사의 환경실적을 직원들이 어떻게 평가하는지 알고 있는가? 이런 식으로 질문하는 것이다.

일단 행위주체를 파악했으면, 이제 그들이 원하는 바를 알아본다. NGO의 어젠다는 보통 매우 쉽게 확인가능하다. 그들의 웹사이트나 미디어 보도내용을 살피면 된다. 아니면 전화통화를 해도 좋다. 대개 자신들의 우선과제가 뭔지 일러줄 것이다. 다른 집단의 어젠다를 파악하는 일은 이보다 어렵겠지만 불가능하지는 않다. 내부에서 시작하는 것도 괜찮은 생각이다. 알칸은 직원들을 상대로 지속가능성 이슈에 대한 연례조사를 한다. 내키지 않겠지만 칭찬이 아닌 비난의 목소리에도 귀를 기울여야 한다.

마지막으로 가장 중요한 대목은 행위주체들이 협상자리에서 꺼낼 모든 이슈에 대해 회사가 준비된 상태인지 자문해본다. 만약 어떤 NGO가 특정 이슈, 이를테면 제품 생애주기 마지막에 발생하는 일에 문제를 제기해오면 회사는 어떻게 대응할 것인가? 그리고 회사는 어떤 태도를 '보여야' 할까? 델은 대형 연례행사인 소비자 가전박람회에서 자사의 사회 및 환경적 관행에 대해 어느 NGO가 격렬하게 항의해오자 깜짝 놀랐던 적이 있었다. 이 단체의 미디어 장악력 또한 기대 이상이었다. 그렇지만 일 년 후, NGO 단체가 트럭 한 대분의 전자제품을 연례총회장 앞에 쏟아부었을 때, 델은 전보다는 더 준비가 되어 있었다. 이제 델은 정기적으로 이해관계자 도표를 작성해 대외관계에도 예의주시한다.

환경우위의 핵심

- 환경전략에 영향을 미치는 일련의 행위자는 날로 다양해지고 그 규모와 영향력 또한 커져간다.

- 모든 회사는 모든 이해관계자들의 활동무대를 살펴야 한다. 이를 위해 이해관계자 도표작성부터 시작하자.

- 다양한 행위자들의 영향력을 평가해보자. 이때 주의할 점이 있다. 영향력이 가장 높다고 본 행위자가 현실에서는 아닐 수 있다. 또한 다른 행위자들을 과소평가하는 일도 없도록 하자.

- 당신 회사와 관련 있는 각 항목별 행위자를 체계적으로 점검해야 한다. 그들이 원하는 게 무엇인지, 그리고 회사의 가능한 대응과 바람직한 대응은 무엇일지 자문해보자.

- 비판적 행위자, 심지어 적대적으로 보이는 세력과도 접촉할 기회를 찾도록 하자.

- '때가 되면 생각해보겠다'는 식의 접근은 화를 부른다. 관계가 아쉬워지기 전에 미리 돈독히 하자.

2부

그린 비즈니스도 전략이다

5장에서 우리는 상승가치 전술을 살펴볼 것이다. 그전에 우선 4장에서 비용과 위험을 동시에 낮추면서 녹색물결을 유연하게 타는 방법부터 살펴보도록 하겠다.

어떻게 해야 기업은 환경우위를 만들 수 있을까? 기업은 보통 어떤 식으로 경쟁우위를 창출하는가? 이 질문에 답하려면 우리는 먼저 더욱 기본적인 질문을 던져야 한다. 기업들은 대체로 어떻게 경쟁우위를 만들어내는가? 하버드 경영대

학의 마이클 포터 교수는 기업전략을 다룬 그의 독창적 저서에서 두 가지 기본
적인 경쟁우위를 설명했다. 첫째, 경쟁업체와 비교해 원가를 낮춰라. 둘째, 제품의
품질, 특색, 서비스로 차별화하라.

　경쟁에 대한 포터의 저서는 우리가 살핀 녹색기업의 환경우위 전략을 분석하
는 데 매우 유용한 출발점이었다.

비용과 위험을 줄이는 전략
: 침체요인 관리하기

환경우위 전술

어떤 비용은 명백하고 상대적으로 투입기간이 짧다. 투입재, 소비 에너지, 정기회의에 드는 시간과 비용 등이 여기에 해당한다. 근본적으로 보면 오염물질은 대부분 폐기물이며, 낡은 생산공정 혹은 시대에 뒤처진 제품설계와 관계있다. 따라서 비즈니스의 자원생산성을 높이는 일, 다시 말해 단위산출당 들어가는 원자재나 에너지 소모량을 낮추는 일은 손익과 직결된다. 마찬가지로 특별관리나 문서화가 필요한 제품, 화학물질, 제조공정을 피해 규제부담을 없애야 경상비가 낮아진다. 환경위험을 성공적으로 관리하는 기업은 영업비용을 낮추고, 자본비용을 줄이며, 주가가치를 높일 뿐 아니라, 보험료를 합리적인 선에서 유지한다. 게다가 이런 기업

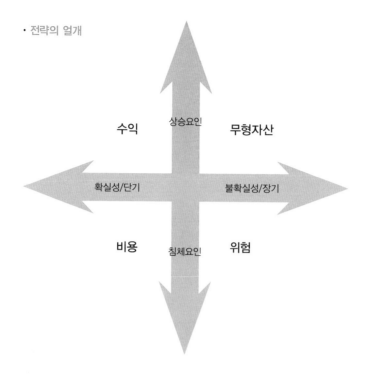

들은 영업중단이나 기업평판 훼손에서 생기는 간접비용도 비껴간다.

수익 면에서, 바람직한 환경의식이 낳는 차별화된 이득은 높은 가격에 물건을 팔거나 단순히 더 많이 파는 것처럼 구체적일 때도 있지만, 대개는 고객, 직원 등 여타 이해관계자들과 맺는 돈독한 관계처럼 무형적이다. 이 무형자산은 너무 모호하므로 측정하기 곤란하다는 사람들도 있으나 이는 틀린 생각이다. 고객 한 명을 잃고 대신 새로운 고객을 확보하는 데 드는 비용은 얼마일까? 이는 대략 고객충성도를 높이는 가치에 해당된다. 직원들의 이탈은 어떨까? 업무의욕과 책임감을 높여서 이직률을 낮출 경우 절약되는 비용을 따지면 된다. 지역사회의 협조도 마찬가지다. 한 가지 예를 들면, 물 소비량을 우려한 지역사회 때문에 열두 달 동안 10억 달러 가치의 칩 공장을 세우지 못해 인텔이 부담해야 했던 제반비용을 따지면 된다. 이렇게 측정 가능한 이득으로 환산할 경우, 무형가치에 대한 투자는 더욱 구체적 모습을 띤다.

기업이 사용하는 혹은 사용하지 못하는 환경전략을 제대로 살피기 위해, 분석에 한 가지 차원을 더 추가하자. 바로 가치창출에 확실한 전략인지 아니면 불확실한 전략인지 살펴보는 것이다. 아주 단순하게 보자면, '확실성'은 대부분 단기와 호응하고 '불확실성'은 장기와 맞아떨어진다.

그 예로 비용관리와 위험관리를 비교해보자. 만약 당신 회사에서 폐기물을 줄일 경우, 그때 절감되는 비용은 확실하게 가늠할 수 있다. 그리고 기업 내부에서 그 프로젝트에 대한 동의를 얻는 일도 쉬울 것이다. 반면 유해성은 낮지만 당장 비용이 더 드는 물질을 생산에 대체 투입할 경우 회사는 얼마를 절약하게 될까? 위험은 낮아지겠지만, 과연 그럴 만한 가치가 있을까? 언제 그 이득이 실현될까? 이렇게 대답하기 곤란한 질문이 나오기 때문에 위험관리는 장기적으로 결실을 낳는다 해도 불확실한 범주에 속한다. 상승요인축에도 똑같은 원리가 적용된다. 브랜드 가치를 높이는 것보다는 수익을 높이는 것(쉽진 않아도)이 상대적으로 수월하다.

우리가 인터뷰와 조사를 해본 결과, 녹색기업들은 네 가지 주요 전략을 달성하기 위해 여덟 가지 기본전술을 활용하고 있었다.

---

1 녹색기업은 가치사슬 전반에서 영업 '비용'을 절감하고 환경지출을 줄인다. 여기에는 폐기물처리나 규제부담 등이 속한다.

2 이들은 시장접근비용을 줄이고 시장출시속도를 높이기 위해 영업활동, 특히 공급사슬운영에서 환경 및 규제 '위험'을 파악하고 줄여간다.

3 이들은 환경적으로 뛰어난 제품, 고객이 원하는 제품을 설계하고 마케팅하는 식

으로 '수익'증대 방법을 찾아낸다.

4 점차 많은 회사들이 기업의 친환경을 마케팅하는 식으로 '무형의 브랜드 가치'를
창출한다.

이 모든 녹색황금 전략이 바로 환경우위 전략을 구성한다. 현명한 기업
은 이 전략들을 활용해 친환경적이고 지속가능한 사고를 이윤으로 전환
한다.

5장에서 우리는 상승가치 전술을 살펴볼 것이다. 그전에 우선 4장에서
비용과 위험을 동시에 낮추면서 녹색물결을 유연하게 타는 방법부터 살
펴보도록 하겠다.

● ● ● ● ● ● ●

녹색황금 전술

침체요인 관리(4장)

* 비용

1. 에코 효율성: 자원생산성 개선하기.

2. 환경지출 감축: 환경비용, 규제부담 줄이기.

3. 가치사슬의 에코 효율성: 가치사슬 상류와 하류의 비용 낮추기.

* 위험

4. 환경위험 관리: 친환경 비즈니스의 위험관리하기.

상승요인 쌓기(5장)

* 수익

5. 환경설계: 고객의 환경적 요구 맞추기.

6. 환경제품 판매와 마케팅: 제품의 입지, 친환경성에 대한 고객충성도 구축하기.

7. 새로운 환경시장: 가치혁신을 활성화하고 획기적 제품 개발하기.

* 무형자산

8. 무형의 가치, 기업의 평판을 쌓고 신뢰 있는 브랜드 만들기.

● ● ● ● ● ● ●

녹색황금 전술1 자원생산성 개선하기

지난 15년간 화학대기업 듀폰은 지구온난화 기여도를 무려 72퍼센트나 줄였다. 감축의 절반은 아디프산Adipic Acid 생산이라는 제조공정 단 하나를 바꾼 데서 나왔다. 이러한 변경작업으로 이산화탄소보다 온난화를 더욱 부추기는 강력한 온실가스인 아산화질소 배출이 사라졌다. 듀폰은 또한 주력제품 수요가 아무리 늘더라도, 온실가스 배출의 주요인인 에너지 사용량을 일정하게 유지하기로 맹세했다. 긴장을 늦추지 않고 혁신을 지속한 결과, 듀폰은 공정을 축소하고 에너지 목표를 달성하는 백여 가지 방법을 찾아냈다. 지난 10년간 이러한 전략으로 듀폰은 무려 20억 달러를 절감했다.[01]

이와 같은 끈질긴 투지는 우리가 연구한 현명한 기업의 전형적인 모습이었다. 녹색기업은 투입물을 줄여도 산출수준에 변함이 없다. 자원생산성을 개선한 덕분에 이들의 행동은 전형적인 원원 환경전략으로 거듭났다. 이러한 예는 수두룩하다.

- 물: 칩 제조회사 AMD는 '습식세정공정wet processing'을 변경하여 실리콘 웨이퍼를 세척할 때 화학물질 사용을 줄였고, 아이러니하게 물 소비량도 줄였다.[02] 이 공정으로 분당 18갤런이던 물 소비량이 현재 6갤런 이하로 줄어들었다.
- 원료: 미국의 식료품 제조회사 제너럴 밀스는 인스턴트 식품인 햄버거 핼퍼의 제품포장을 20퍼센트 줄인 결과 40만 킬로그램이 넘는 종이를 절약했다(이는 운송 부피를 줄여 트럭 500대 분을 도로에서 없애는 효과도 낳았다).[03]
- 에너지: 근 몇 년 사이에 도입된 가장 독특하고 창의적인 영업방식 중 하나는 물류업체 UPS가 좌회전을 금지한 일이었다. 즉 공회전하는 횟수를 줄여 시간과 돈을 절약하는 방법이다. GPS를 이용해 우회전 중심의 노선을 개발한 결과, UPS는 노선거리를 2,800만 마일 이상 줄였고 연료도 300만 갤런을 절약했다.[04]

조사과정에서 우리는 폐기물을 줄여 비용과 자원을 동시에 절약한 기업사례를 수천 가지 찾아냈다. 이중에는 다우 케미컬Dow Chemical의 '수익성 있는 폐기물 감소방안Waste Reduction Always Pays, WRAP'처럼 20년 된 대형정책도 있었다. 또 소프트웨어 회사 어도비 시스템즈Adobe Systems가 본사에 설치한, 잔디에 물을 주기 전 일기예보를 확인하는 자동살수장치 같은 작은 변화도 있었다.[05] 크건 작건, 에코 효율성은 현명한 기업의 기본요소가 되었다. 그렇지만 모든 일에는 선구자가 있기 마련이다. '오염방지대책'이라는 굵직한 아이디어는 미네소타 주 미니애폴리스에 있는 거대한 산업기업 3M에서 출발했다.

오염방지로 돈을 벌다[06]

1975년 3M의 환경담당 임원 조 링Joe Ling은 비교적 새로운 토지법에 대비하느라 정신이 없었다. 그의 회사는 오염물질 제거를 위해 굴뚝에 집 진기를 설치했고, 오수를 방출하기 전 폐수처리를 했으며, 고체폐기물을 따로 분리해 그냥 버리지 않고 일부를 소각했다. 그렇지만 조는 오염이 발생하기 전, 애초에 오염원을 제거하는 것이 더 손쉽지 않을까라는 생각이 들었다. 그래서 그가 착수한 것이 현재까지 이어지고 있는 이른바 수익성 있는 오염방지Pollution Prevention Pays, 3P 정책이었다.

이 정책은 처음부터 한 가지 점에서 타협하지 않은 점이 있었는데 어떤 오염절감 아이디어든 비용절감으로 이어져야 한다는 사실이었다. 현재 임원들은 모든 3P 프로젝트가 이러한 이상향에 부합한다고 전했다. "뭐든 제품 안에 담기지 않으면 그건 비용입니다. 품질이 떨어진다는 신호이지요."[07] 3M의 환경분야 총책임자 캐시 리드Kathy Read가 말했다. 3M 임원들은 공장에서 흘러나오는 '모든 것'을 제품 및 부산물(재사용이 가능하거나 팔 수 있는 것) 아니면 폐기물로 보았다. 이들은 왜 폐기물이 생겨야 하는가라는 질문을 던졌다. 그리고 지난 30년 동안 3M의 경영진은 탄소배출, 고체폐기물, 에너지나 물 사용 등 그 무엇이든 발자국을 많이 남기는 것은 비효율의 증거라는 경영철학에 수긍하게 되었다.

3P는 이들에게 해법이었다. 아무리 사소해도 전 직원이 제품과 공정을 거듭 고민하게 자극한 것은 바로 사내 문화로 정착한 3P 정책 덕분이었다. 시행 초반에 링과 그의 팀은 직원들이 내놓은 낭비를 줄이고 비용을 절약하는 스무 가지 아이디어에 자부심을 느꼈다. 이 덕분에 수 톤에 달하는 오염물질과 1,100만 달러의 비용이 줄었기 때문이다. 그때부터 3P는 그 어떤 낙관적 예측도 뛰어넘을 정도로 성장해왔다. 현재 이 프로그램의 총 누계는 거의 6,300개에 달하며, 11억 킬로그램이 넘는 오염원을 줄이는 성과를 올렸다.[08] 휘발성 유기화합물인 VOCs 배출량도 1988년

70,000톤에서 현재 6,000톤 이하로 줄어들었다.

　재무적 성과도 놀라웠다. 3M은 프로젝트 시행 첫해에 절감비가 10억 달러를 넘어섰을 것으로 추정했다. 이 대목은 거듭 강조할 필요가 있다. 3M이 계산한 추정액 혹은 실제 절감액은 오로지 시행 '첫해'에 해당하는 수치이다. 이 절감액을 동력 삼아 3M은 꾸준히 정책을 추진하였고 사내 직원들은 이득과 직결되는 아이디어를 찾아냈다. 이 프로그램의 효과가 실제 더 크다는 사실은 바꿔 말해 에코 효율성에서 얻는 이득이 현저하다는 뜻이다.

　30년이 지난 지금도 3M의 3P 정책은 매년 새로운 이익을 낳고 있다. 3M의 임원들은 새로운 3P 프로젝트 숫자를 의욕적인 목표로 삼을 뿐, 돈의 가치나 환경을 기준으로 목표를 세우지는 않는다. 그저 직원들이 새로운 아이디어를 찾고 혁신하도록 격려하면, 환경적 이득과 돈은 저절로 따라온다고 보기 때문이다. 이는 그동안의 경험에서 자연스레 체득한 사실이었다.

　짐 옴랜드Jim Omland는 의료용 테이프와 산업용 미네랄을 생산하는 3M 공장 다섯 곳을 운영한다. 그가 직원들에게 새로운 3P 프로젝트 3개를 찾아내라고 요구했을 때, 주저하는 이들이 있었다고 한다. "직원들이 그러더군요. '우리가 할 수 있는 절약은 모조리 했잖습니까?' 그런데 천연가스 가격이 치솟으면서 제 사업도 1,000만 달러의 손해를 입자, 직원들이 바로 천연가스 사용을 줄일 새로운 방법을 찾아냈지 뭡니까."[09]

　녹색기업은 직원들에게 환경 렌즈를 끼고 업무를 바라보라고 지시하면, 폐기물을 줄이고 자원생산성을 높이는 혁신적 방법이 나온다는 사실을 여러 차례 목격했다. 그리고 이러한 혁신은 곧바로 기업의 환경우위로 통했다.

······

감축기술의 맹점

굴뚝 집진기는 '마무리 단계에서 해결'하는 방식 중 하나이다. 그렇지만 3M이 깨달은 것처럼, 집진기와 그 유사기술은 단지 문제를 다른 장소로 옮길 뿐이다. 집진기가 모은 오염물질은 여전히 세심한 처리가 필요하며, 이런 처리과정이 없을 경우 수질오염을 낳는다. 또 오염물질을 소각할 경우에는 공기 오염물질이 생긴다. 3M의 전직 관리자 토머스 조셀은 "사실 우리가 하는 일이란 오염원을 쳇바퀴 돌리듯 이리저리 옮기는 일에 불과하다."고 말했다.

3M의 3P 프로그램이 효과를 본 이유는 사전에 문제를 차단하도록 직원에게 요구했기 때문이다. 대다수 녹색기업은 어떤 경우 비용은 비용대로 투자했는데 계획과 달리 효과를 못 봤거나 오히려 문제만 더 발생시킨 감축기술에서 생긴다고 말했다. 환경우위의 핵심은 새로운 정화전략보다는 폐기물 제거를 위해 공정과 제품을 재설계하는 일에 있었다.

······

어떤 기업은 폐기물 감축과 효율성 증진에서 한발 더 나간다. 산업 부산물을 폐기물로 처리하는 대신 그 거래시장을 찾아내는 경우이다. 화학제품 회사인 론 플랑Rhone-Poulenc은 1990년대에 나일론 부산물인 다이애시드diacids 시장을 찾아내 새 분야를 개척했다.[10] 현재 대다수 기업이 한 기업의 부산물을 다른 기업의 투입재로 쓰는 '산업생태학' 정신을 받아들여, 폐기물을 재수거한 후 그 일부를 파는 방법을 찾고 있다.[11]

따기 쉬운 열매: 성능개선과 자동화

7, 8, 9장에서 우리는 기업들이 에코 효율성을 찾기 위해 사용하는 여

러 가지 도구들을 살필 것이다. 예를 들어 제품 생애주기 평가life cycle assessments와 친환경 설계design for the environment는 환경적 사고를 공정에 도입한 것이다. 그렇지만 세련된 도구만이 에코 효율성을 높이는 것은 아니다. 소매업체나 대형설비업체에 해당하는 녹색기업의 경우 새로운 '친환경' 조명이나 기타 에너지 절약장비를 설치하는 것만으로도 높은 투자 수익률을 올렸고, 그 결과 단 몇 달 안에 투자액을 회수한 경우가 종종 있었다.

· · · · · · ·

정보화시대의 에코 효율성

오늘날과 같은 디지털 세계에서는 효율성 개선기회를 훨씬 쉽게 찾는다. 컴퓨터 및 정보경영 시스템 덕분에 자원이용과 생산성을 추적하기 쉽고 설비나 제품, 생산 라인별 벤치마크도 수월하기 때문이다. 소모 원료, 필요 에너지, 폐기물 발생량을 비교 분석하면 뛰어난 관행을 찾거나 효율성 개선대상을 발견하는 일이 간단해진다. 전자 우편과 인터넷 덕분에 사내에 우수관행을 퍼뜨리는 일이 쉬워지면서 서로 주고받는 피드백이 빨라져 업무성과도 높여준다.

디지털 기술 역시 새로운 에코 효율성 기회를 창출하는 데 큰 역할을 하고 있다. 구매자와 판매자를 온라인에 끌어모으면, 인터넷 덕분에 탐색비용이 줄어들고 전에 없던 시장이 형성된다. 폐기물 교환 웹사이트가 늘어날수록 회사들은 '폐회로 형성(close loops)'에 도움을 받고 자사의 산업 폐기물을 이용할 고객 찾기가 손쉬워 진다.[12]

· · · · · · ·

다우 케미컬은 컴퓨터를 사용하지 않을 때는 전원이 차단되도록 설계했다. 스테이플스는 조명 및 냉난방을 중앙통제해 2년 만에 1,500개 매장에서 6백만 달러를 절약했다.[13] 페덱스 킨코스는 통행자가 없을 때 조명을 끄기 위해, 1천 개 지점 중 95퍼센트 이상에 에너지 효율적인 천정 조명과 동작감지 센서를 새로 설치했다.[14] 이 작업으로 페덱스 킨코스는 '센터'당 3천 달러에서 만 달러를 지출했지만, 에너지를 절감한 덕분에 단 12개월에서 18개월 사이에 이 비용을 회수했다.

페덱스 킨코스의 환경업무 담당자인 래리 로제로Larry Rogero는 효율성을 위한 자사의 노력을 대단하지 않다는 듯 겸손해 했다. "모두가 하는 일이니 그리 혁신적이진 않습니다." 하지만 모든 회사들이 이렇게 간단한 에너지 절약 기술을 찾아내는 것은 아니며, 설령 찾았다 해도 매장 1,000개를 손보는 곳은 극소수이다. 페덱스 킨코스는 이 쉽지 않은 일을 실천으로 옮겼고, 그 결과 환경실적과 비용절감 면에서 괄목할 만한 성과를 얻었다.

절감의 달인 월마트도 이미 에코 효율적인 매장에 새로운 목표를 부여했다.[15] 에너지를 25퍼센트 추가로 줄인다는 계획이었다. 처음에는 불가능해 보였지만, 관리자들 머리에 퍼뜩 떠오른 방법이 한 가지 있었다. 치즈와 우유를 판매하는 냉장 코너 쇼케이스마다 문을 부착해보는 것이었다. 이 간단한 변화로 이 코너에서만 에너지를 70퍼센트 절감했다. 또한 동작감지기를 설치해보니 새로운 케이스에 설치한 조명은 24시간 매장에서 낮에 쓰는 전력소비량의 절반이면 충분했다. 이제 월마트는 이 같은 변화를 모든 매장으로 확대 중이다.

3M의 임원들과 만난 자리에서 묻고 싶은 게 있었다. 3M의 순이익과 영업이익은 30년 전과 대체적으로 비슷한 수준이었다. 그렇다면 에코 효율성으로 절감한 수십억 달러는 시간이 흐르면서 3M의 이익으로 실현된 것 아니었을까? 그들의 답변은 3P가 회사에 얼마나 중요한 정책이었는지 보여주었다. 3M의 영업분야 중에는 이익이 줄어 경쟁이 치열한 사업이 많았다. 그렇지만 캐시 리드 말에 따르면 끊임없이 비용절감을 모색한 결과, "현재 영업분야에서 경쟁력을 갖고 활동을 지속할 수 있었다."고 한다.[16]

친환경과 비용효율성 추구라는 시류에 동참한 또 다른 기업은 훨씬 더 직설적인 답변을 들려주었다. 인터페이스Interface의 설립자이자 회장인 레이 앤더슨Ray Anderson은 폐기물처리와 에코 효율성으로 3억 달러라는 비용을 절감한 덕분에 회사가 살아났다고 말했다. 2000년대 초 불경기 때 인터페이스는 주력시장인 사무실 바닥용 카펫 분야에서 매출이 3분의 1 이상 떨어진 경험이 있었다. 앤더슨은 비용절감이 없었다면 살아남지 못했을 것이라 했다.[17] 터놓고 말해, 에코 효율성에 그리 관심 없는 CFO(재무담당 최고책임자)와 CEO도 수익향상이라고 하면 귀를 쫑긋 세운다. 기업의 생존전략이라는 점 역시 솔깃한 얘기가 아닐 수 없다.

· · · · · · ·

고민스러운 상충관계

때로는 에코 효율성에 상당한 대가가 동반되기도 한다. 환경이라는 한 가지 차원에서 폐기물을 줄이면 다른 영역에서 문제가 터질 수 있기 때문이다. 스위스의 작은 제조업체인 로너 텍스틸은 그 어느 때보다 중요해진 수자원을 재활용하기 위해 폐회로 물관리 시스템을 설계했다. 스위스의 물가격을 감안할 때 이 계획의 절약효과는 대단할 것으로 예상했다. 그렇지만 신규 시스템의 에너지 사용량이 엄청나서 절약효과마저 상쇄시키자, CEO 앨빈 캘린은 결국 이 정책을 폐기해버렸다.[18]

환경문제는 사회적 배려와 갈등을 빚기도 한다. 코카콜라는 인도에서 잔류살충제 검출로 강력한 대중적 항의를 받았다. 코카콜라가 면밀히 조사해보니, 잔류성분은 회사가 현지에서 사들인 설탕에서 검출되었다. 한 가지 대책은 설탕을 인도 외부에서 조달하는 것이었지만, 이 경우 인도의 사탕수수 농장에서 돈과 일자리를 빼앗게 된다. 결국 코카콜라는 인도 농장에서 계속 물품을 공급받고 추가로 드는 정제비용을 떠안기로 했다.

여기서 얻는 교훈은 다음과 같다. 환경피해를 줄이기 위해 에코 효율성 정책을 띄우거나 발 빠른 행동을 취하기 전, 의도치 않은 부정적 결과는 없는지 살펴야 한다.

● ● ● ● ● ● ●

녹색황금 전술2 환경비용, 규제부담 줄이기

1980년대 후반, 듀폰은 바짝 긴장했다. 대중에게 공개한 환경정보가 유독물질 배출량 조사제도를 거치면서 급물살을 타고 있었다. 듀폰은 자사가 폐기물 처리와 오염물 관리에 연간 10억 달러 이상을 지출하는데도 세계적으로 손꼽히는 오염기업이라는 사실을 알게 되었다.[19] 경영진은 화학물질 처리를 위해 부담해야 할 산더미 같은 비용에 경악했다.

CEO인 에드 울라드Ed Woolard는 배출량과 비용 모두를 줄이라고 회사에 지시했다. 그가 정한 폐기물 목표는 과감했다. '목표는 제로', 이는 그 후 듀폰의 구호가 되었다. 회사가 굼뜨게 움직인다고 느낀 울라드는 임원들에게 말했다. "필요하다면 공장문을 닫아서라도 내 확고한 의지를 보여주겠다."

회장의 메시지는 그대로 전달되었다. 현재 듀폰사의 폐기물처리 및 오염물관리 비용은 4억 달러로 줄어들었다. 안전·건강·환경 사업부 부사장을 지낸 폴 테보Paul Tebo는 이런 조치가 없었다면 오염물 처리 비용이 20억 달러를 웃돌았을 것이라고 했다. 한해 순익이 20억 달러인 상황에서 연간 16억이라는 비용은 기업의 운명을 좌우한다. 매해 에너지 절감으로 수억 달러를 투자하는 친환경 노력이 없었다면 듀폰은 본전치기에 그쳤을 것이다.

듀폰의 사례처럼, 오염물 처리설비에 수백만 달러를 지출하는 기업 모두가 환경적 책임이 무시하지 못할 사안임을 깨닫고 있다. 알칸의 댄 가그니어의 추산에 따르면, 신종 알루미늄 제련기에 들어간 30억 달러 중 20퍼센트 이상이 환경 관련 장비라고 한다.[20]

첫 번째 녹색황금 전술은 자원을 낭비하지 않는 방향으로 비용을 줄이자는 것이었다. 이제 두 번째 전술의 초점은 오염물 처리와 환경관리에 소모되는 시간 및 비용이다. 여기에는 폐기물 처분과 오염물 처리장비에 들어가는 수백만 달러 혹은 유로의 비용뿐 아니라, 규제양식에 따르느라 추가되는 시간과 비용, 환경문제를 제대로 처리하지 못해 물게 되는 엄청난 벌금, 그리고 규제장애가 초래하는 업계 전반의 침체까지도 포함된다.

이러한 비용을 직접 다루면 회사자금이 절약된다. 15년 전, 가구제조업체 허먼 밀러는 1,800만 킬로그램의 매립쓰레기를 배출했다. 하지만 지금은 130만 킬로그램이 조금 넘을 뿐이다. 적극적으로 재활용하고 폐기물을 줄이기 위해 노력한 결과 허먼 밀러는 매해 100만 달러 이상을 절약했다.[21]

규제대비 노력은 어떤 형태이든 영업비용을 낮추고 시장 진입속도를 높일 것이다. 예를 들어 새로운 설비 하나를 세우려면 무수히 많은 허가를 받아야 한다. 특정 화학물질을 사용하거나 오염물 배출 한도를 넘어서면 추가규제를 받기도 한다. 녹색기업은 이 수준을 면밀히 관찰해 규제 밖으로 벗어나지 않도록 심혈을 기울인다. 이들은 필요하다고 판단되면 규제 준수를 위해 공정과 제품도 재설계한다. 비즈니스를 환경비용이라는 렌즈를 끼고 바라보면, 낮은 비용으로 영업 속도를 높이는 방법을 찾는 데 도움이 된다.

녹색황금 전술3 가치사슬 상류와 하류 비용 낮추기

신발제조는 놀랍게도 유독성 사업이다. 소재 자체는 둘째 치고 소재 접합에 쓰이는 접착제에 심장, 호흡기, 신경계통에 위험하다고 알려진 화학물질이 들어가기 때문이다.[22] 물론 런닝슈즈 한 켤레 때문에 소비자가 병원에 가는 일이야 없겠지만, 이를 만드는 업계 종사자에게는 현실적인 위협일 수밖에 없다.

전통적으로 유독성 화학물질에 크게 의존해온 이 사업을 팀버랜드는 다시 고민하기 시작했고, 그 결과 신발업계 최초로 비운동용 신발에 새로운 수성용 접착제를 시도했다(운동용 '흰색 신발'에서는 나이키와 다른 업체가 이미 어느 정도 진전을 이뤘다).[23] 이러한 변화를 위해 팀버랜드는 아시아 공급업체와 긴밀히 협조해야 했다.

상식적으로 볼 때 팀버랜드의 무독성 정책은 관련 공급업체에 상당한 비용을 초래할 것으로 보였다. 게다가 제품실험단계에서 비용은 더욱 높아졌다. 새로운 접착제는 아직 규모의 경제가 적용되지 않기 때문이다. 그러나 팀버랜드는 시간이 흐르면 적어도 비용중립적 공정이 되거나, 전체 가치사슬에 비용절감 기제가 될 것으로 기대하고 있다. 그 근거는 다음과 같다. 우선 수성접착제 덕분에 거의 모든 공급업체가 폐기물처리, 보험, 업무교육 등 유해물 처리비용이 들지 않는다. 제조비용은 수성접착제를 두 번이 아닌 단 한번 사용으로 일찌감치 낮춘 상태고, 관련설비 세척작업도 훨씬 줄어든다. 덕분에 공급업체는 중단 없이 설비를 꾸준히 가동할 수 있다. 이렇게 바뀌면 노동비용과 시간 모두가 절감된다. 그렇다면 팀버랜드는 이러한 공급업체의 절감효과를 누릴 수 있을 것인가? 이는 녹색황금 세 번째 전술의 과제이다.

　분명 그 일은 쉽지 않을 것이다. 팀버랜드가 공급업체와 이러한 절감효과를 공유하기 어렵다 했을 때, 고객과는 같이 누릴 수 있을지 생각해보자. 듀폰의 혁신적 작업의 산물인 자동차 페인트가 바로 그런 사례이다. 현재 자동차 업체인 다임러크라이슬러가 테스트 중인 초고체 기술은 코팅 작업에서 발생하는 유해물질 배출을 80퍼센트까지 줄인다. 듀폰은 각 자동차회사가 이 기술을 활용하면 오염물 처리시설과 운영비 면에서 2천만 달러씩을 절감할 수 있다고 추산한다.[24] 그렇다면 듀폰은 이러한 절감효과를 누릴 수 있을 것인가? 물론 당장은 힘들다. 하지만 시간이 흐르면 이 전략이 시장점유율을 높여 새로운 수익을 안겨줄 것이다.

· · · · · · ·

트럭 가득 채우기

가치사슬의 효율성을 아주 간단히 높이는 전략이 있다. 바로 트럭을 최대한 꽉 채우는 방법이다. 예를 들어 델은 평균적재량을 8,100킬로그램에서 9,900킬로그램으로 높이고 수송전략을 최적화하기 위해 UPS와 협력한다.[25] 3M에서 수여하는 3P상은 최근 한 프랑스 직원이 내놓은 혁신적인 아이디어에 돌아갔다. 바로 트럭에 조절 가능한 덱(deck)을 설치하는 것이다. 팔레트를 2단으로 설치한 결과 3M 설비 한 곳당 하루 화물트럭 수가 40퍼센트 줄어들어 연간 11만 달러를 절감했다.[26]

‧ ‧ ‧ ‧ ‧ ‧

많은 기업들이 제품운송에 드는 환경 및 재무비용을 낮추어 가치사슬의 비용을 절감하는 방법을 찾아냈다. 이케아에서 손수조립 제품을 사본 사람이라면, 이케아 제품이 상자 안에 얼마나 많이 들어가는지 잘 알 것이다. 이케아는 '플랫 패키징flat packaging(납작포장)'이라고 부르는 자사의 전략에 자부심을 느낀다.[27] 모든 상자에서 몇 밀리미터라도 더 짜내려고 노력한 결과 이케아는 트럭과 열차에 더 밀도 있게 제품을 채워넣게 되었다. 최대 적재량을 50퍼센트 늘린 경우도 있었다. 이렇게 기발한 적재방식 덕분에 각 물품당 연료를 15퍼센트 줄이는 놀라운 환경 우위를 달성했고, 직원들도 이에 더욱 자극받았다. 이케아 직원 에릭 앤더슨은 이케아의 88센티미터짜리 클리판Klippan 소파가 91센티미터짜리 상자에 실려가는 현장을 목격했다. 이에 이케아는 포장방식을 재설계해 1센티미터를 줄였고, 그 결과 각 트레일러당 소파 4개를 더 집어넣을 수 있었다.

수 년 동안 시리얼 상자에 든 경품이나 장난감은 어린이들에게 행복감을 안겨주었다. 라이스 크리스피와 팝 타르츠 제조사인 시리얼 업체 켈로그Kellogg는 2004년 여름 새로 나온 블록버스터 영화 〈스파이더맨2〉를 이용해 통상적인 제품홍보를 하던 중 회사 이미지가 급속도로 추락했다. 연합통신은 미국 각지에서 팔던 켈로그 상자 속 스파이더맨 장난감 때문에 켈로그가 '비난의 거미줄에 걸려들었다'고 재치 있게 표현했다.[28] 이 전자 장난감에는 놀라운 사실이 숨어 있었다. 바로 유독성 수은이 담긴 작은 배터리가 문제였다.

이는 매우 흔한 '버튼형' 배터리였지만, 일부 주에서는 수은 건전지 장난감을 금하고 있었다. 켈로그는 아이들 식품 가까이에 수은을 두었다는 이유로 곧바로 공개적 비난에 휩싸였다. 뉴욕, 코네티컷, 뉴햄프셔 주의 검찰총장들로부터 심문을 받은 켈로그는 장난감을 손에 넣은 1,700만 고객 모두에게 반송용 봉투를 보내기로 했다. 그리고 앞으로 주법에 위반되는 수은 건전지를 사용하지 않겠다고 다짐했다.

한편 종종 장난감을 끼워 팔던 또 다른 대기업 맥도날드 임원들은 일리노이 주 본사에서 안도의 한숨을 내쉬고 있었다. 맥도날드는 이 비난의 화살을 잘 피해갔는데, 이는 결코 우연한 사건이 아니었다. 켈로그에 제품홍보문제가 터지기 몇 년 전부터 맥도날드는 수은 건전지의 위험성을 감지했고, 위험관리를 위해 모든 해피밀 장난감에서 수은을 없앴다.[29]

켈로그 사건이 발생한 지 며칠 지나지 않아, 우리는 맥도날드 임원들과 인터뷰를 했다. 맥도날드 임원들은 전략적 접근법을 개발해 자사의 가장 가치 있는 브랜드 자산에 위협이 될 만한 요소를 파악하고 이를 줄여나갔다. 수백억 달러의 무형가치가 있는 대형 브랜드를 지키기 위해 이들은 환경적 위험을 비롯한 예기치 못한 사건이나 기업위험을 막기 위해 전력을 다했다. 쓰레기부터 포장방식, 광우병에 이르기까지 이 모든 사안들 때문에 몇 년간 홍역을 치렀던 맥도날드는, 결국 한발 앞서나가는 전략을 취했다.

'선행 이슈 경영anticipatory issues management'을 하는 과정에서 맥도날드는 영업에 잠재적 위험이 될 환경 및 사회적 흐름을 공부했다. 초반 이들이 주목한 새로운 위협은 당시 세상이 잘 모르던 수은 건전지였다. 계산해보니 그 부작용은 큰 반면 조정비용은 낮은 것으로 나타났다. 이에 맥도날드는 켈로그가 스파이더 사건에 휘말리기 몇 년 전부터 자사의 시장 장악력을 이용해, 공급업체에 대체물을 찾으라는 압력을 넣기 시작했다. 맥도날드가 이 작업에 착수한 지 한참 후에야, 각 주에서 식품에 딸린 장난감 속 수은을 규제하기 시작했다. 맥도날드가 수은 건전지의 위험성을 체계적으로 파악하고 예방한 덕에 수은 건전지는 맥도날드 브랜드에 큰 위험요인이 되지 못했다.

'터지지 않은' 문제는 예상 밖의 성공을 안겨주었다. 맥도날드의 사회적 책임 부서 이사인 밥 랭거트Bob Langert는 우리에게 말했다. "우리가 한 일에 자부심을 느낍니다. 그렇지만 아무도 이런 사실을 모를 겁니다." 이 사례를 지켜보면서 우리는 이것이야말로 이해관계자들이 원하는 바라고 확신했다.

· · · · · · ·

신뢰의 둑 쌓기

밥 랭거트와 그의 맥도날드 팀원들에게 위험관리는 침체위험의 통제 그 이상을 뜻했다. 랭거트는 말했다. "물론 바른 행동을 하지 않으면 위험이 뒤따르는 게 사실입니다. 그렇지만 도약하려면 고객들과 '신뢰의 둑'을 쌓아야 합니다. 신뢰는 얻기는 매우 힘들어도 잃기는 또 쉽습니다. 신뢰의 둑을 높이 쌓을수록, 브랜드 충성도도 높아지는 법이지요. 바로 여기에 실제 도약기회가 있다고 확신합니다."

⦁ ⦁ ⦁ ⦁ ⦁ ⦁ ⦁

사전에 위험 파악하기

오프라 윈프리Oprah Winfrey의 시장장악력은 대단하다. 오프라가 알려지지 않은 책을 한 권 뽑아들면 바로 베스트셀러가 된다. 오프라가 추천하면 수백만 사람들의 구매물품이 바뀐다. 1996년 방송에서 한 채식주의 활동가를 인터뷰한 오프라는 "햄버거를 입에 대기 겁난다."라고 말했다.[30] 그러자 다음날 쇠고기 값이 10퍼센트 이상 뚝 떨어졌다.

비즈니스 위험은 때로 예상치 못한 상황에서 등장한다. 쇠고기 생산자와 맥도날드 같은 버거 판매업체에게, 오프라 사건은 분명 뜻밖의 사건, 즉 마른하늘에 날벼락이었다. 그렇지만 정말 예측 불가능한 일이었을까? 그렇지 않다.

현명한 회사는 제아무리 포착하기 힘든 위험도 갖가지 방법을 동원해 위험사항을 식별해낸다. 쉘은 미래상을 그리기 위해 시나리오를 짠다.[31] 이케아는 공급사슬 감사를 철저히 한다. 맥도날드는 핵심관리자들을 소집해 정기적으로 위험사항을 검토한다.

환경위험을 파악하려면 전통적인 기업의 경계를 넘어서는 일도 필요하다. 위험은 가치사슬의 상류(공급업체)에서도 생기고 하류(고객)에서도 발생한다.

대형소매업체가 아시아 업체에서 가죽코트를 공급받는다고 해보자. 그런데 이 업체가 가죽을 유성처리할 때 발생하는 유해물질을 현지 강에

무단 투기하는 상황이 벌어진다. 진취적인 NGO는 이 불법 투기현장을
사진으로 찍어 웹에 올린다. 사건은 미국과 유럽 언론의 이목을 끌기 시
작한다. 고객들은 작은 유성처리 공장이 아닌, 대형소매업체 브랜드가 환
경에 해악을 끼쳤다고만 기억한다. 이야기가 퍼지고 나서 문제를 수습하
려 해도 해당기업은 원상복구가 힘든 상황에 놓인다. 평판이란 한 번 손
상되면 회복하기 힘든 법이다.

그러므로 녹색기업은 문제를 사전에 발견해야 한다. 그러려면 공급사슬
뿐 아니라 가치사슬 전반을 파헤쳐야 한다. 기업이 환경피해에 대처할 때
도움이 될 만한 개괄적인 질문 몇 가지를 열거해 보았다(182쪽 표 참고).

• 환경위험 파악하기

가치사슬단계	환경위험을 파악하기 위한 예시질문
기업활동	· 우리 기업의 환경발자국 크기는? · 가장 의존도가 높은 자원(에너지, 물, 원료) 및 그 사용량은? · 대기나 물에 배출하는 오염물질은? · 폐기물 처리방식은? · 지금까지 환경경영방식은 어떠했는가? · 유해물질을 유출, 누출, 배출할 가능성은? · 동종업계 다른 회사들이 겪은 문제는? · 지역, 주, 연방, 국제 규제 중 어떤 항목이 우리 사업에 해당되는가? 우리 기업은 이 모두를 준수하는가? 이러한 필수규제들이 더 엄격 해질까?
가치사슬 상류	· 우리의 공급업체가 가장 의존하는 자원은 무엇인가? 앞으로도 그 자원은 풍부할까, 아니면 제약적일까? · 공급업체가 오염을 유발하는가? 이들은 관련법규를 지키는가? 이 들에게 법적 요구가 더 강화될까? · 공급업체 판매제품에 어떤 성분이 들어가는가? 이 성분들은 유해 한가?
가치사슬 하류	· 우리 제품을 고객이 사용할 때 에너지(물 혹은 다른 자원) 소비량 은 어느 정도인가? · 우리 제품에 해로운 물질이 담겨 있는가? · 수명이 다했을 때 고객들은 우리 제품을 어떻게 처분하는가? 우리 가 제품을 회수하면 어떤 일이 생길까?

●●●●●●●

비즈니스 위험이란?

모든 기업이 환경위험을 줄여야 한다고 말하기는 쉽다. 그렇지만 관리자들이 정확히 살펴야 할 사항은 무엇일까? 우리는 비즈니스 위험을, '일상적 상황(business as usual)'을 전혀 판이한 일로 돌변하게 만드는 가능성이라고 본다. 이에 대해 영국의 위험관리연구소 전문가들은 네 가지 포괄적 항목을 제시했다.[32]

1. 재무위험: 이자와 환율, 유동성, 현금흐름.
2. 전략위험: 경쟁업체, 산업역동성, 고객의 변화.
3. 경영위험: 공급사슬, 규제.
4. 불확실한 위험: 예측 불가능한 자연재해, 환경, 직원, 기타 요인.

환경위험은 모든 항목에 들어맞는다. 오염물 유출이나 기타 사고는 재무전망에 영향을 주고, 고객의 환경수요는 전략지형을 재빠르게 바꾸며(예를 들면 연비효율이 좋은 자동차), 엄격한 규제나 공급사슬 문제는 경영에 위험을 준다.

●●●●●●●

　기본적으로 기업의 위험요소를 파악한다는 것은 기업이 환경에 미치는 영향과 자연의 제약이 기업에 미치는 영향을 정확히 이해한다는 뜻이다. 기업들은 우리가 2장에서 다룬 오디오 분석을 활용하면 환경문제가 가치사슬을 따라 비즈니스에 어떤 타격을 주는지 파악할 수 있다. 7장에서 우리는 아직 드러나지 않은 위험까지도 포착할 수 있는 도구들을 논할 것이다.

1990년대 후반, 헝가리에서 영업하던 맥도날드 매장은 재활용규제의 앞날을 실감했다.[33] 서구 유럽국가에는 이미 고도로 발달한 폐기물처리 시스템이 자리 잡고 있었다. 헝가리는 유럽연합 가입에 대비해, 더욱 엄격한 규제를 추진 중이었다. 맥도날드의 헝가리 경영진은 정부 규제보다 앞서, 전국적인 소비자 폐기물처리 시스템을 구축하기로 결정했다.

재활용법이 통과되자 기업들에게 새로운 시스템에 가입해 비용을 부담하라는 '요구'가 들어왔다. 높은 수수료와 질적으로 낮은 초기 서비스는 그다지 매력적이지 않았지만, 기업들은 현실적으로 선택의 여지가 없었다. 그러나 맥도날드에게는 다른 대안이 있었다. 유럽연합의 환경담당자 엘세 크루엑Else Krueck이 우리에게 말했다. "맥도날드 헝가리 매장은 자체 시스템을 활용했습니다. 그것은 국립 시스템만큼 비싸지도 않고 또 매장의 폐기물흐름에도 적합했으니까요." 결국 손수 만든 시스템이 월등하고 저렴했다는 소리다.

녹색기업은 규제보다 앞서가면 시간과 돈이 절약되고 신경 쓸 일도 줄어든다는 사실을 깨달았다. 개인기업인 SC 존슨은 유리세정제 윈덱스와 하수구용 세제 드라노, 가구광택제 플레지, 밀폐용기 지퍼락 등 시장주도 제품을 소리 소문 없이 개선해 화학물질 사용을 일부 줄였는데, 특히 PBT라고 부르는 '잔류성 생체축적 독성물질'을 제거했다.

모든 SC 존슨 제품은 그린리스트라고 부르는 내부공정에 따라야 한다.[34] 이 목록은 모든 성분을 독성 및 생분해도biodegradability에 따라 점수를 매긴 것이다. SC 존슨이 평가한 원료는 3,000개가 넘었다. 이는 연방정부가 독성물질법에 따라 등급을 매긴 것보다 훨씬 많은 수치였다. 마찬가지로 노키아 역시 30,000가지가 넘는 성분을 검토해 일부 물질을

자사 제품에서 빼버렸다.[35]

· · · · · · ·

큰 사안에 대비하기: 기후변화규정

전 세계에 기후변화규정이 등장하자, 현명한 기업은 그 미래에 대비하고 있다. 그중 가장 주요한 이슈는 '탄소노출'이다. 그 대비책으로 설비의 탄소배출량을 정확히 파악하는 일부터 하는 것이 적절하다. 칩 제조사 AMD는 2001년 처음으로 세계기후보호계획을 발표했다. 이 연간보고서에서 AMD는 자사의 부지별 탄소배출량을 밝혔고, 총배출량을 줄인 작업장 사례도 담았다. 이 같은 기업의 기후전략은 몇 년 전만 해도 별스럽게 보였지만, 지금은 일반적이고 당연히 해야 할 의무가 되었다.

3장에서 언급했듯이, 몇몇 세계적 대형기관 투자자들이 지원하는 탄소정보공개 프로젝트는 기업에게 간단한 질문을 던진다. '당신 회사의 기후변화 방지계획은 무엇인가?' 이 질문은 실상 '엄격한 규제가 시행되면 장차 어떤 행동을 취할 것인가?'라는 질문과 일맥상통한다. '모르겠다'는 더 이상 선택지에 없다.

GE의 CEO 제프 이멜트는 말했다. "우리는 '현재' 탄소제약적 세상에 산다. 내일이 바로 오늘이다."[36]

· · · · · · ·

수년간 그린리스트 정책을 다뤄온 SC 존슨 임원 데이브 롱은 결국 이 정책 덕분에 경쟁업체에 비해 신규 규제의 영향력을 훨씬 덜 느낀다고 말했다. "새로운 규제가 떨어지면 업계 내부는 허둥지둥합니다. 유럽에서 세제규정이 새로 통과됐을 때, 우리 회사는 그린리스트 덕분에 이미 신규법에 준하는 계면활성제를 제품에 사용하고 있었습니다. 그러니 법률의 여파가 최소한에 머물렀지요."

그렇다면 유럽연합의 부담스러운 규정인 리치는 화학업계 주장대로 기업에게 수십억의 비용을 안겨주고 기업을 만신창이로 만들까? 롱의 목소리에는 동요하는 기색이 없었다. "우리는 리치도 문제가 없는 것이, 그 기준 중 몇 가지는 이미 우리 제품 원료에서 빠진 유해물질들입니다." 규제 대상과 무관하면 규제가 두렵지 않은 법이다.

사실 규제준수를 넘어선 기업입장에서 강력한 규제는 환영할 만한 일이다. 반면 준비가 미흡한 기업에게 엄격한 규제는 비용부담을 안겨주므로, 결국 수년 안에 이들은 시장 밖으로 밀려날 수도 있다.

1999년, 스웨덴의 가전제품 제조업체 일렉트로룩스Electrolux는 도시바Toshiba와 제휴하여, '장차 엄격해질 국제환경규제에 대비할 에너지 절감 기술을 개발하겠다'고 선언했다.[37] 이는 분명 혜안이었다. 그렇지만 소규모로 시행되는 지역별 규제나 국가단위 규제도 시장 판도를 바꿀 수 있다. 일본의 '톱 러너Top Runner' 제품 라벨 정책은 해당 가전의 정가와 함께 10년 치 전력사용량을 합산한 '총비용'을 고객에게 명시한다.[38] 일렉트로룩스는 세계적으로 효율성이 뛰어난 가전제품을 생산하므로, 일본식 환경마크 규제가 기준인 곳에서도 분명 유리한 고지를 점할 것이다.

BP도 준비태세를 갖췄다. BP는 온실가스 배출권을 내부 사업끼리 교환하는 식으로(이에 대해서는 나중에 더 다룬다) 20억 달러 이상을 절감했다. BP의 경험은 영국뿐 아니라, 유럽연합의 배출거래 시스템을 세우는 데 도움이 되었다. BP의 CEO 존 브라운 경은 "앞서 나간다는 것은 곧 회사가 자리를 선점하고 미래 규제에 영향력을 행사할 가능성이 있다는 뜻이다."고 말했다.[39]

비슷한 사례로 노키아 역시 유해물질 규제와 더불어 고객들이 다 쓴 제품을 제조사들이 처리하는 회수법 등에 미리 대비하는 것이 매우 유익할 것이라 판단했다.[40] 노키아는 규제보다 한발 앞서 민첩하게 움직이며,

시범 아이디어를 통해 자사 시스템의 문제를 풀어나갔다. 이 덕분에 BP와 마찬가지로 노키아 역시 법률제정에서 권위 있는 역할을 담당했다.

• • • • • • •

환경에 기반한 경쟁우위 추구를 민망해하지 마라

환경요인을 놓고 경쟁하는 것은 모양새가 좋지 않다는 경영자들의 우려를 심심찮게 접한다. 그 심정이야 이해하지만, 옳은 일을 통해 영리를 추구하는 것을 경영자들은 부끄러워 할 이유가 없다. 어떤 전자제품업체에서 중금속 없이 제품 만드는 법을 알아냈다면, 이 방법을 왜 경쟁업체와 공유해야 하는가? 왜 경쟁자에게 환경우위를 휘둘러서는 안 되는 걸까? 이에 반대하는 이해관계자들이 있을지 자못 궁금하다. NGO는 녹색기업이 오염기업보다 유리한 상황에 대해 흐뭇해할 것이다. 이들은 활동가나 규제자와 마찬가지로 업계를 친환경 해법으로 이끄는 주체이기 때문이다. 게다가 직원들과 주주들도 환경전략이 더 높은 수익으로 통한다면 이를 마다할 이유가 없을 것이다.

• • • • • • •

고급전략: 엄격한 규제 로비로 경쟁우위 확보하기

회사가 정부정책에 영향을 미친다는 사실은 널리 알려진 바다. 로비스트나 업종연합, 선거자금에 상당액을 투자하는 기업들이 많은데, 그 목적은 모두 정치과정에 영향력을 행사하기 위해서다. 눈길을 끄는 점은 거의 모든 로비가 새로운 규제를 '막아내기' 위해 이뤄진다는 것이다. 그렇지만 새로운 규제는 낙오자뿐 아니라 승자도 만들어낸다. 새로운 규제에 만반의 준비를 끝낸 기업은 달라진 환경에서도 상대적으로 우위를 차지할 것이다.

기업들이 엄격한 규제를 요구하는 경우가 지금보다 더 잦아야 한다. 물론 위험요인도 따르겠지만, 적절한 환경이라면 이는 강력한 우위를 낳는 막강한 전술이 된다. 예컨대 챔피언 페이퍼Champion Paper는 북서지역 산림에서 얼룩올빼미가 멸종하지 않도록 벌목에 새로운 제재조치가 가해지면서 경쟁업체들이 고전하는 가운데서도 선전했다.[41] 듀폰은 몬트리올 의정서가 오존층을 고갈시키는 프레온가스 생산을 단계적으로 없애기로 한 상황에서 시장지분을 늘리고 수익을 챙겼다. 프레온가스로 5억 달러의 수익을 올리던 듀폰은 처음에는 이 감축안에 저항했지만, 이후 프레온가스 대체품 시장이 훨씬 수지맞는다는 사실을 깨달았다.[42]

● ● ● ● ● ● ●

환경우위의 핵심

비용을 줄이는 방법

· 폐기물을 줄이고 에코 효율성을 추구한다.

· 폐기물 처분비용과 규제 준수비용을 줄인다.

· 가치사슬의 상류와 하류에서 환경부담을 줄이는 방법을 찾아낸다.

환경위험을 통제하는 방법

· 환경 이슈를 예견하고 그 해법을 찾는다.

· 새로운 규제보다 한발 앞서간다.

· 정부 규제에 대처하여 시장에서 상대적 우위를 확보한다.

● ● ● ● ● ● ●

Chapter5

수익을 올리고
무형의 가치를 내는 전략

: 상승요인 쌓기

"내가 CEO자리에 올랐을 때, 환경 이야기를 하게 되리라곤 상상도 못했다."[01] GE의 제프 이멜트가 에코매지네이션 정책을 떠우면서 한 이야기다. 상상을 못한 정도가 아니었다. 전임 CEO 잭 웰치는 NGO와 적대적인 사이였다. 웰치는 허드슨 강과 후사토닉 강에서 유독물질 PCB가 검출되자, GE의 책임을 묻는 정부와 수년 동안 싸웠다. 그러나 몇 년 지나지 않아, 그가 직접 뽑은 후임자는 친환경제품과 서비스가 장차 GE 사업전략의 핵심이라며 이를 만방에 알렸다.

GE의 녹색정책은 녹색황금 전술의 이점을 유감없이 보여준다. 에코매지네이션은 이미지 광고, 직설적인 제품 마케팅, 제품혁신 등 여러 가지가 혼재된 정책이다. 그 핵심에는 이멜트가 강조한 대목인 매출증대전략이 있다. 이를 위해 GE는 2010년까지 에코매지네이션 제품 매출 2백억 달

수익을 올리고 무형의 가치를 내는 전략

러를 향해 순탄한 길을 걸었다.[02] 이멜트는 이러한 에코매지네이션을 일컬어 '내가 GE에서 25년간 본 적 없는 판매전략'이라고 표현했다.

환경전략은 지난 40년 동안 대장정을 걸어왔다. 전술적 규제준수부터, 여전히 전술적 색채가 짙은 비용과 효율성에 대한 강조, 또는 더욱 전략적 시각으로 성장기회에 주목한 것까지 다양한 모습을 보였다. 현재는 녹색물결의 압력에 원활히 대처하기 위해 매출증대를 타진하는 기업들이 점점 늘고 있다.

이 장에서 살펴볼 녹색황금 전술은 매출증대, 브랜드 가치 상승, 이해관계자의 신뢰 키우기 등에 관한 것이다. 따라서 이 장에서 주목하는 전술은 고객수요에 초점을 맞춘 신제품 개발, 제품의 환경속성을 부각시키는 마케팅, 새로운 시장창출(즉 '가치혁신'), 친환경에 헌신적인 기업 이미지 쌓기이다.

녹색황금 전술5 고객의 환경적 요구 맞추기

전기자동차를 기억하는가? 아니면 에너지 절감 전구의 첫 번째 물결이 생각나는가? 이러한 녹색제품이 시장에 자리 잡은 것은 GM, 포드, 필립스, GE 등 성공을 거둔 현명한 기업들이 환경에 관심 높은 고객을 만족시키기 위해 노력한 덕분이었다. 그 원동력은 무엇이었을까? 지난 30년 동안의 설문조사를 해봐도 고객들은 환경문제에 관심이 있다고 답했다. 그렇지만 이는 원칙적인 답변일 뿐, 막상 가격이 높은 제품을 대하면 고객들은 보통 구매를 꺼려했다(위에 언급한 회사들이 진작 눈치 챈 사실이기도 하다).

어떤 녹색제품은 고객의 수요를 적정가격에 맞추지 못해 실패했고, 또 어떤 제품은 차별화나 마케팅에 문제가 있어 실패했다. 고객의 수요나 바람을 파악하고 이에 맞게 제품을 설계하는 작업은 결코 쉽지 않다. 그렇지만 환경적 자각이 커갈수록 녹색 마케팅을 통한 환경우위 기회가 생기고 있다.

고객 부담 낮추기: 고객의 환경문제가 내 문제!

제품이나 서비스를 환경설계한다는 것은 정확히 무슨 뜻일까? 간단히 말해 공급업체가 투입물을 다루는 단계부터 다 쓴 제품을 처분하는 단계까지, 환경피해를 줄이게끔 해당 아이템을 개발한다는 뜻이다. 때로 '환경설계'는 '고객들'의 탄소발자국 및 관련비용을 줄이며, 가격 프리미엄을 정당화한다. 또한 시장지분을 높일 뿐 아니라 고객충성도를 강화해주는 등 유익함을 낳는다. 이러한 녹색황금 전술의 핵심에는 에너지 사용 낮추기와 폐기물 없애기, 제품 독성 줄이기가 있다.

고객의 에코 효율성 증대방법은 무수히 많다. 폐기물을 줄이고 자원생산성을 높이는 방법 고안의 핵심은 창의력이기 때문에 기업가정신으로 무장한 융통성 있는 소형사업이 수익을 올리는 경우도 있다. 일례로 아이들 에어 테크놀로지Idle Aire Technologies는 트럭 휴게소에 전력공급장치, 냉난방시설, 케이블 텔레비전을 설치하고 주차차량에서 초고속 인터넷이 가능하게 하는 등 각종 서비스를 개발했다.[03] 이 외부 공급시설 덕분에 트럭 운전사들은 밤새 트럭을 공회전하지 않고 엔진을 끌 수 있었다. 이 서비스로 연료가 절감되고 엔진 마모가 줄었으며, 공회전 때 들어가던 연료비도 상당량 줄어들었다. 이러한 효율성 혁신이 널리 퍼진다면 연간 3천

400만 톤의 온실가스를 제거할 수 있을 것이다.

소형사업은 가장 규모가 큰 바이어인 정부의 환경적 피해를 줄여주기도 한다. 매사추세츠에 있는 타이니 씨홀스 전력회사Tiny Seahorse Power Company는 새로운 쓰레기통 빅밸리를 만드는 업체이다.[04] 태양열로 작동하는 이 첨단용기는 쓰레기를 자동으로 압축하면서 쓰레기 수거횟수를 줄인다. 뉴욕시티와 미 산림청 같은 고객들은 전보다 수거 트럭을 적게 보내고 쓰레기 소각 가스도 줄일 수 있다.

대형 기업들도 동참하고 있다. 2005년, 선 마이크로시스템Sun Microsystems은 전력소비량을 낮추고 냉각효율을 높인 '그린 서버green server' 칩 제품을 화려하게 출시했다. CEO 스콧 맥닐리Scott McNealy는 컴퓨터 업계에게 "지속가능한 성장전략은 회사의 비용을 획기적으로 줄여준다. 우리 회사는 일상에서 기술의 진화가 낳은 도전에 업계와 직원들이 대처할 수 있도록 도왔듯이 앞으로도 에너지와 자원효율성, 전력소비와 폐기물처리 문제를 다룰 것이다."며 제품을 홍보했다.[05]

기술 생애주기 후방에도 엄청난 기회가 도사리고 있다. 바로 고객들의 제품처분을 돕는 일이다. 델의 자산복구 시스템은 이러한 행동전략에 귀중한 사례를 제공한다.[06] 컴퓨터 교체속도가 빨라지면서, 폐기장비를 처분해야 하는 회사들은 환경문제와 데이터 처리라는 두 가지 과제에 직면했다. 델은 여기에 개입해 고객들이 원하는 소프트웨어 제공과 환경정화 모두를 다루었다. 그리고 이 과정에서 수익도 누렸다.

장비당 약 25달러를 내면, 델은 사무실로 와서 구형 컴퓨터를 수거해 간다. 델은 일차적으로 컴퓨터에 있는 모든 디지털 정보를 없애기 위해 '데이터 소거용 덮어쓰기 작업'을 한 후 기계를 해체한다. 일부 부품은 손질해 재사용하고 플라스틱은 재활용한다.[07] 결국 이 작업으로 구형 컴퓨터 중 단 1퍼센트만 매립쓰레기장으로 향한다.

이러한 다방면 서비스는 고객과의 관계를 돈독히 할뿐만 아니라 기업의 매출도 늘린다. 델이 차세대 장비를 배달할 때쯤이면 회수작업도 시작된다. 회사 임원들은 이 서비스로 본전치기만 해도 만족했겠지만, 이익까지 보고 있다. 이들은 이런 성과를 다소 멋쩍어하나 우리는 전혀 그럴 필요가 없다고 본다.

환경설계를 통한 수익증대에서 얻은 세 가지 교훈

환경설계는 까다로운 면이 있다. 회사들은 녹색황금 전술에서 성공보다 실패하는 경우가 많다. 우리가 연구해본 결과 몇 가지 간단한 교훈을 되새기면 최악의 실수는 피할 수 있다.

실제 수요를 충족시켜라

1990년대 듀폰의 엔지니어들은 자사의 폴리에스테르 사업을 '폐회로'로 만들려고 애를 썼다. 이들이 개발한 폴리에스테르 재활용기술은 페트라 테크Petra Tech라는 것으로, 분자구조를 '풀어' 과거의 원료에서 새로운 폴리에스테르를 얻는 방식이었다.[08] 이치상 소비자로부터 제품을 회수하면 부가가치가 창출되고 회사의 비용도 낮아진다. 그렇지만 카펫 회사나 프린트 업체가 직면했던 유독성 염료나 용매 문제와 달리, 폴리에스테르 처분은 고객들에게 대수롭지 않은 문제였다. 사실 재활용 폴리에스테르가 원래 폴리에스테르보다 비용이 더 들었고 후자가 훨씬 저렴했다. 한마디로 고객을 끌어들일 만한 가치가 없었다.

혁신적이고 친환경적인 공정 및 제품이 조직에는 활기를 불어넣을 수 있다. 그렇지만 그 문제가 고객과 무관한 경우 어떻게 해야 할까? 다음의 교훈을 새기자. 기술이라는 함정에 빠져서 사업계획서를 짜지 마라. 기업에 유익한 것이 반드시 고객에게도 이롭다는 사고에서 벗어나야 한다.

놓치지 말아야 할 고객의 다른 수요는 없는가?

환경문제를 푸는 최선의 해법에 심취한 나머지 정작 필요한 제품수요를 등한시하기 쉽다. 3M의 과학자들은 용매(그리고 생산과정에서 나오는 성가신 휘발성 유기화합물) 사용을 없앤다는 취지하에, 수성 코팅법을 이용한 마그네틱 녹음 테이프 제조법을 개발했다. 그러나 안타깝게도 유기화합물이 없다고 선전한 신제품에는 심각한 결함이 있었다. 기존 제품과 달리 새로운 테이프는 보관 온도대가 짧았던 것이다. 실상 유기화합물 제거 테이프는 일상에서 사용하다가 녹는 경우도 있었다.[09] 아차 싶은 제품이었다.

때로는 제품의 기능과 관련된 서비스가 필요하다. 맥도날드는 시험 삼아 일회용 컵이 아닌 재사용 머그컵에 커피를 제공했다.[10] 그러나 고객들은 커피를 들고 매장 밖으로 나가길 원했지, 다 마신 머그컵을 반납할 때까지 매장에 머무르고 싶어 하지 않았다. 고객들은 커피뿐 아니라 이동성에도 돈을 지불했기 때문이었다.

자체비용에 주목하라

수요를 파악했다 해도 수요충족에 드는 비용은 매우 높을 수 있다. 한 간호사가 3M 측에 특정 의료제품의 포장을 재활용하지 않는 이유를 문의해왔다.[11] 제품관리자는 이 제안을 진지하게 고민했다. 그러나 3M은 곧 의료제품 포장을 바꾸는 게 보통 일이 아니며, 갖가지 규제 장벽을 넘어 수많은 실험도 필요하다는 사실을 깨달았다. 잠재적인 환경 혜택에 비해 그 비용이 지나치게 높았다.

석유 관련 대기업도 새로운 연료문제로 이와 같은 딜레마를 겪는다. 청정연료 생산을 위해 추가로 정제할 경우 비용이 더 들뿐 아니라 정제과정에서 오염물질 배출도 높아진다. 고객의 환경적 수요 충족은 매우 뜻깊은 일이지만, 그전에 기업은 예기치 않은 비용과 의도치 않은 결과는 없는지부터 살펴야 한다.

녹색황금 전술6 친환경에 대한 고객 충성도 구축

모든 고객이 친환경제품을 원하는 것은 아니며, 돈을 더 내고 구매하는 사람도 일부에 불과하다. 그렇지만 갈수록 환경요인을 고려해 구매결정을 내리는 소비자들이 늘고 있다. 환경과 사회에 이로운 제품, 여기에 가격은 동일하고 품질까지 유지되면 더없이 좋은 제품을 선호하는 '모순적'이거나 '지각 있는' 소비자가 득세하면서 일부 시장의 판도가 바뀌고 있다. 기업들은 증가한 녹색제품 수요를 충족시키면서 수익과 시장지분을 손에 넣으려 애쓰고 있다. 특히 기업들이 대거 뛰어드는 제품군이 몇 가지 있다.

- 식품: 유기농식품에 주목하는 홀푸드와 여타 체인점들이 급격히 팽창 중이며, 스탑 앤 샵(Stop & Shop)의 브랜드인 네이처 프라미스 유기농제품이 큰 인기를 모으고 있다. 유기농제품은 대부분 상당한 고가이지만 매출성장세는 다른 품목에 비해 훨씬 빠르다. 녹색기업 중 하나인 클리프 바(Clif Bar)도 이 추세에 동참해 에너

지 바 등 자사의 핵심제품 모두를 유기농 성분으로 바꿨다.

- 개인용품: 몇 년 동안 침체에 빠졌던 바디샵(Body Shop)은 친환경을 차츰 세련미와 연결 짓는 분위기를 타고 수익을 얻고 있다. 이러한 틈새시장이 성장하면서, 배스 앤 바디 웍스(Bath and Body Works)의 친환경제품도 급격한 수요증가를 보이고 있다.

- 청소용품: 클로록스는 일부 제품에서 유해성 논란이 일자 그린웍스라는 청소용품을 선보이면서 세븐스 제너레이션(Seventh Generation), 메서드(Method) 등 스타일, 디자인, 무독성을 수익성과 새롭게 조합해 치고 올라온 업체들과 경쟁 중이다.

녹색 마케팅은 언제 어디서 통하는가?

쉘 오일Shell Oil이 매우 상이한 두 나라에서 청정 휘발유 신제품을 마케팅하면서 겪은 체험만큼 녹색 마케팅의 적절한 사례도 없을 것이다.[12] 쉘의 지속가능한 발전전략 담당자인 마크 웨인트라웁Mark Weintraub은 앤드루에게, 회사가 '지속가능한 발전 렌즈'를 활용해 태국에서 청정연료 수요를 파악했다고 말했다. 아시아의 대다수 지역처럼, 방콕을 비롯한 지역은 인구과밀과 교통밀집으로 대기오염이 심각한 수준이었다. 따라서 유황과 다른 유해물질 발생이 적은 청정연료에 실제 수요가 있다고 이들은 판단했다.

모범적인 환경설계 사례로, 쉘은 천연가스를 무유황 액체연료로 만든 다음 일반 디젤과 혼합했다. 현재 쉘은 이 혼합액을 푸라Pura라는 브랜드로 판매 중이다. 쉘은 오염이 줄어들고 엔진도 깨끗해져 수명이 오래간다고 선전하며 제품을 시장에 내놓았다. 푸라는 고가였는데도 시장을 장악했고 매출도 굳건했다. 한마디로 이 제품은 완벽한 성공이었다.

쉘은 다른 지역에서도 푸라를 선보이면 똑같이 선전할 수 있겠다고 판단했다. 그러나 네덜란드에서는 완전히 참패하고 말았다. 왜 그랬을까? 청정연료가 자동차 엔진을 보호한다는 강조문구가 네덜란드에서는 전혀 통하지 않았다. 이 사실을 쉘은 뒤늦게 깨달았다. 이는 가솔린 품질과 이것이 엔진 성능에 미치는 영향에 관심이 높은 태국인에게나 솔깃한 문구였다.

아무리 네덜란드에 친환경제품을 사겠다는 소비자가 넘친다 해도, 이러한 전략은 잘 통하지 않았다. 도시 공기정화가 아시아보다 절실하지 않기 때문이었다. 결국 쉘은 네덜란드에서는 엔진성능을 향상시켰다는 점에 주안을 두고 푸라 대신 브이 파워V-Power라는 이름으로 제품을 다시 출시했다.

쉘의 경험은 보기 드문 사례가 아니다. 녹색마케팅은 여러 모로 복잡하다. 대중이 환경적 유익함을 바로 알아채고 돈을 더 내고자 하는 시장은 극히 일부이다. 그리고 실제 그런 일이 생길 때에만 녹색황금을 캘 수 있다.

• • • • • • •

매출로 통하는 또 다른 문[13]

경쟁이 극심해진 세상에서, 인연 맺는 고객이 늘어나면 관계를 다지는 데 도움이 된다. 한번은 GE가 3M에게 '녹색 화학'에 대한 견해, 그리고 일부 제품에서 엿보이는 독특한 환경과제를 공유하자고 요청해왔다고 한다. 자사의 세계적인 친환경사고를 제공한 3M은 이 대형 고객과 돈독한 유대를 쌓았다. 3M의 캐시 리드는 말했다. "환경, 건강, 안전에 대한 우리의 지식은 매출로 통하는 또 다른 문입니다." 비슷한 사례로 라틴 아메리카의 대기업 그루포누에바(GrupoNueva)의 고객들도 회사에 친환경 관행에 조언을 구할 때가 종종 있다. 이런 정보를 교류하면서 그루포누에바 역시 3M의 비즈니스 파트너로 자리매김했다.[14]

. . . .

환경적 미덕을 선전할 때 명심할 점 세 가지

친환경이라는 특성 하나로는 통하지 않는다. 친환경이라는 특성 하나에 기대어 제품을 판매하면 화를 자초한다. 무해하고 환경에 유익한 신제품일 경우, 이러한 강점을 마케팅에 쓰는 것은 합리적이다. 그러나 조심해야 한다. 고객들은 또 다른 이유가 있어야 구매를 한다. 이들이 가장 중시하는 것은 여전히 가격, 품질, 서비스일 것이다.

쉘의 마크 웨인트라웁의 말을 명심해야 한다. "친환경은 두 번째나 세 번째 '카드'일 때 더 많은 소비자를 끌어모읍니다. 소비자에게 이렇게 말해보세요. 품질이 뛰어난 이 제품은 엔진을 보호해줍니다. 게다가 환경에도 더욱 유익합니다. 바로 이 '게다가'가 도움이 됩니다."[15]

. . . .

세 번째 카드

제품의 친환경속성을 부각하는 마케팅은 매우 힘들 수 있다. 대개 성공한 녹색 마케팅은 종래의 판매 포인트인 가격, 품질, 성능을 먼저 홍보한 다음에 친환경을 언급했다. 십중팔구, 친환경을 첫 번째로 내세워서는 안 된다.

. . . .

녹색 마케팅 없이도 제품의 환경적 우위를 알리는 방법으로, 인증이나 친환경 마크 활용이 있다. 친환경 인증 마크로 녹색 마케팅을 대신하는 국가들도 많다. 스칸디나비아는 환경적으로 우수한 제품에 백조Nordic Swan 마크를, 독일에서는 푸른 천사Blue Angel 마크를 부착한다. 미국은 미농무부에서 유기농제품을 인증해준다. 카펫섬유 제조업체인 안트론Antron은 상업 인테리어업계 최초로 과학적 인증 시스템을 통해 '환경에 바람직한 제품'으로 인증받은 후 매출이 400만 달러나 급등했다.[16]

일부 산업에서는 비싼 인증절차가 참가자격처럼 굳어졌다. 치키타의 경우 사실상 선택의 여지가 없었다. 치키타 입장에서는 특히 유럽 고객의 수요에 맞추려면, 열대우림동맹과 협력해 바나나 농장운영을 송두리째 바꾸는 일이 필수였다. 그리고 미국 내 전자제품 및 가전제품 바이어들은 에너지 효율이 높은 제품임을 확인하는 빠른 방법으로, 차츰 미국 정부의 에너지 스타 마크를 찾기 시작했다.

최근 소비자들이 구매제품에 관한 정보를 더욱 원하자, 웹사이트에 제

• 전 세계의 환경마크

푸른 천사(독일)　　　　　백조(북유럽국가)　　　　　해양관리협회(세계 공통)

유럽 환경마크(유럽연합)　　　에너지 스타(미국)　　　　산림관리협회(세계 공통)

품의 환경정보를 제공하는 기업들이 많아졌다. 상세한 환경정보 마크를 개발한 기업도 있다. 팀버랜드는 구두상자에 식품성분 표시처럼 '환경발자국'을 표시해넣는다.[17] 고객들은 이를 보고 신발생산에 소모된 에너지와 다른 정보를 확인할 수 있다. HP도 앤드루의 조언을 참고해 에코 솔루션Eco-Solutions 정책의 일환으로, 자사 전자제품에 비슷한 사항을 적어넣는다.

누가 어떤 기준으로 인증하고 마크를 부여하는가를 놓고 때로 논란의 소지가 있다.[18] 정부가 기준을 정할 때도 있지만, 자체적으로 하는 경우도 있다. 또 산림관리협회가 부여하는 지속가능한 산림인증처럼 민간단체가 하기도 한다.[19] 인증에 필수인 환경적 진전을 위해 제삼자와 협력하는 일이 유용하다고 깨달은 회사도 있다. 열대우림동맹과 함께 바나나를 재배한 치키타가 이러한 협력을 통해 성과를 얻은 경우이다.

· · · · · · ·

녹색 보호주의

환경 마크는 까다로운 대중들에게 적합한 환경정보를 제공하는 수단이다. 그렇지만 시장에서 경쟁업체에게 불이익을 주는 수단으로 돌변해 무역장벽 역할을 하는 경우도 있다. 예를 들면 유럽의 쇠고기 시장에서 현지 생산업체들이 시장장악을 위해 미국산 수입쇠고기에 '호르몬 처리' 표시를 부착하도록 시도한 적이 있었다.

녹색 보호주의는 또 다른 모습을 띠기도 한다. 한때 온타리오 주는 모든 맥주를 회수 가능한 유리병에 담아 판매하라고 요구했다. 이러한 재활용 의무규정은 환경 친화적으로 보이지만, 실상 유리병을 사용하는 몰센(Molsen)과 다른 캐나다 맥주업체에게 유리한 시장입지를 확보해주었다. 미국의 맥주회사는 대개 재활용이 수월한 알루미늄캔에 담아 팔고 있었으므로 이러한 정책시행으로 손해를 보는 것은 당연했다.

결론은 다음과 같다. 친환경 가면을 쓴 무역장벽과 시장진입장벽을 조심하라.

● ● ● ● ● ● ●

틈새시장이 다르면 화법도 달라야 한다

시장 세분화는 이제 새로운 전략이 아니다. 그렇지만 환경문제에서 각기 다른 태도는 큰 의미가 있다. 몬산토Monsanto는 유럽에 생명공학기술을 선보이려다 장벽에 부딪쳤다. 미국 고객들은 유전자조작 식품에 개의치 않는 분위기였으나, 유럽 고객들은 회사를 뒤흔들 만큼 거센 반응을 보였기 때문이다.

녹색 소비자들의 구매를 유도하려면, 먼저 그들의 언어로 다가서야 한다. 친환경기업은 맞춤식 선전의 필요성을 알고 있다. 오피스 디포Office Depot는 늘어나고 있는 사무실 환경주의자들을 위해 재생종이와 재제조 토너 카트리지 등을 포함한 녹색제품 전용 카탈로그를 제작했다.

B2B 시장에서는 적합한 고객에게 다가가는 것뿐만 아니라, 적절한 화법구사가 핵심이다. 친환경제품이 월등한 이유를 제대로 설명하지 못한 판촉활동은 시장출시를 중단시킬 수 있다. 예를 들어 환경친화도가 높은 제품일수록 당장에는 가격이 높아 보이지만, 멀리 보면 고객의 돈을 절약해준다. 판매사원들은 이러한 제품속성을 고객에게 이해시켜야 한다. 우리는 한 녹색기업의 판매담당자에게 고객들이 이런 사실을 '이해하는지' 물어보았다. 그러자 담당자가 웃으며 말했다. "우리 회사 판매담당자부터 이해하는지 물어보셔야지요."

때로는 드러내지 않을수록 이득이다. 인터페이스 플로어링이 10년에 걸쳐 지속가능성에 주목하는 회사로 거듭나는 동안, 레이 앤더슨 회장은 회사가 그 취지를 정확히 알기 전까지 변화된 모습을 선전하기 꺼려했다. "우리는 9년 동안 친환경 노력을 내세워 판촉하는 일을 금했습니다. 행동보다 말이 앞서면 치명적이거든요. 고객들은 이를 꿰뚫어봅니다."[20] 앤더슨의 이야기다.

가격 프리미엄을 기대하지 마라

기업전략 입문서를 보면 회사는 가격을 올리거나 판매량을 늘려 수익을 꾀할 수 있다고 나온다. 녹색제품의 경우 훨씬 안전한 방법은 판매량 증대이다. 가격 프리미엄은 드물다. 이는 시장 판도를 송두리째 바꿀 만큼 실로 혁신적인 제품만 가능하다. 도요타의 프리우스가 바로 그런 경우로, 잠시 뒤 이에 대해 살필 것이다(우리가 살펴본 바에 따르면 유기농 및 천연식품 분야에도 가격 프리미엄이 꾸준히 존재했다).

어떤 시장이든, 녹색제품에 프리미엄을 지불하려는 고객들이 있기 마련이다. 쉘의 웨인트라웁은 이 비중이 전체 고객의 5퍼센트라고 했고, 또 다른 녹색기업 임원은 그 수치가 어림잡아 1퍼센트에 가깝다고 좀 더 비관적으로 분석했다. 한 여론조사에 따르면 일부 시장에서는 그 수치가 10~20퍼센트까지도 해당하지만, 정말 특별한 제품이 아닌 한 높은 가격 프리미엄은 기대하기 어렵다.

녹색제품 선전에 대한 이 모든 교훈의 공통점은 무엇일까? 기본적으로 동일하다. '어떤 제품을 개발하고 출시하든 그에 따라붙는 비즈니스 이슈를 소홀히 해서는 안 된다'는 점이다. 환경설계와 녹색 마케팅도 다른 비즈니스 정책처럼 온갖 장애물을 전문가답게 다뤄야 성공을 얻는다. 다시 말해 고객의 수요를 파악하고 가격을 낮추며 성능과 가격기대를 충족시키려는 노력이 있어야 한다.

녹색제품을 내놓은 기업들은 과거의 유물과도 싸우고 있다. 일부 고객은 '친환경제품'은 품질이나 기능이 떨어진다는 선입견이 있다. 이는 근거 없는 지적이 아니다. 초창기 전기자동차는 멀리 나가지도 그다지 빠르지도 않았다. 게다가 초기 친환경 형광등은 눈에 거슬리는 하얀 빛을 발산했다. 두 경우 모두 신제품이 나오면서 해결된 문제들이다. 그렇지만 이미지에는 벌써 타격을 입었다.

기존 제품을 넘어 도약한 제품들도 모두 기본사항을 명심해야 한다. 그리고 제품마다 또 다른 판매 전략도 갖춰야 한다.

녹색황금 전술7 가치혁신 활성화와 획기적 제품 개발

1993년 도요타는 '21세기형' 자동차 설계에 착수했다.[21] 내부적으로 차세대 모델을 놓고 치열하게 의견을 쏟아내는 가운데, 엔지니어들 머릿속에 두 가지 용어가 스쳤다. 바로 '천연자원'과 '환경'이었다. 이들은 신형 차량의 주안점을 종래처럼 크기나 속도가 아닌 환경적 성능에 두었다. 유가가 폭등하는 상황에서 장차 10년을 내다볼 때, 에너지 효율이 좋은 자동차를 개발하는 것은 해볼 만한 전략이었다. 그러나 당시 도요타의 전략은 매우 위험했고 그 전략적 목표도 불가능해 보였다.

우선 간부급 경영진은 신종차량의 연료효율 목표치를 도요타의 중소 차량보다 두 배 높게 정했다. 이를 달성하려면 배터리를 사용하는 방법 외에는 없었는데, 순수한 전기차량은 현실적으로 실용성이 떨어졌다. 그래서 나온 것이 가솔린과 전기를 병행해 사용하는 하이브리드 엔진이었다. 이 자동차에 장착된 배터리는 충전이 전혀 필요 없었다. 보통 감속할 때 소모하는 에너지로 전력을 충전받기 때문이었다. 10년이라는 기간 동안 신기술을 추진한 도요타는 결국 프리우스로 대단한 성공을 손에 넣었다.

고객들은 프리우스에 프리미엄을 주고 구입했을 뿐 아니라, 몇 달을 기다려 사기도 했다. 처음 프리우스가 등장했을 때 프랑스 인시아드 경영대학원 교수인 김위찬과 르네 마보안Renee Mauborgne은 이를 가치혁신이라 칭했다.[22] 즉 고객들이 대체상품을 찾을 수 없을 만큼 실로 새롭고 전례 없으며 유일무이한 상품이라는 뜻이다. 프리우스 구입자들은 포드의 토러스Taurus나 혼다의 어코드Accord를 몰아볼 기회가 주어져도, 이에 응하지 않을 기세였다. 적어도 한동안은 프리우스와 대적할 자동차가 없었다.[23] 실상 '하이브리드'는 '자동차'와 별개로 개인 운송수단의 새로운 범주로 자리 잡았다.

그렇지만 프리우스의 성과는 작은 틈새시장 개척 그 이상이었다. 도요타는 10년간 터득한 지식을 활용해 신형 모델의 시장출시기간을 단축하고 생산공정을 개선했다. 세계적 린lean 생산 방식 업체가 이룩한 놀라운 성과였다. 뿐만 아니라 프리우스는 폭넓은 사랑을 받아 도요타에게 영광을 안겨주기도 했다. 디트로이트의 자동차 업계가 휘청거리는 동안에도 도요타는 수익을 척척 쌓아갔다.

현재 도요타는 세계 최대의 자동차 제조업체이다. 도요타가 부상한 핵심요인에는 환경정책과 시장을 바라보는 장기적 안목이 있었다. 반면 GM의 CEO 릭 왜고너Rick Wagoner는 2005년에 대형차를 생산하겠다고 했다가, 몇 년 후 재정적으로 혹독한 대가를 치렀다. 그렇지만 도요타는 곧 녹색물결이 밀려온다고 전망하고 가치혁신으로 대응한 결과, 이윤을 늘리고 주주가치를 유지시킨 획기적 제품을 만들었다. 이것이 바로 환경우위이다.

서비사이징

에너지 분야의 대가 애모리 로빈스Amory Lovins가 즐겨 쓰는 말이 있다. 사람들은 시원한 맥주와 뜨거운 샤워를 원하지만 냉장고의 작동원리나 물을 데우는 과정에는 그다지 신경 쓰지 않는다는 것이다. 고객들의 이런 속성을 이해한다면, 환경우위로 통하는 흥미로운 길을 개척할 수 있다.

제품 대신 서비스를 제공할 경우, 회사는 원료와 에너지 사용을 줄이고, 해당 서비스를 가급적 낮은 가격에 제공해 수익을 올린다. 예를 들어 로빈스는 에어컨 제조업체가 에어컨 제품이 아닌 냉각 서비스를 제공하면, 기업이 그 시스템의 에너지 효율을 높일 동기가 생긴다고 주장한다.[24] 일부 녹색업계에서는 제품을 서비스로 탈바꿈하는 아이디어를 가리켜 '서비사이징servicizing'이라 부르는데, 이는 환경혁신의 성배이다.

어떤 혁신적 기업들은 이 도전과제에 착수해 종래의 제품구분에 얽매임 없이 고객의 궁극적 수요를 서비스화하고 있다. 코네티컷에 소재한 화학약품 판매업체 허바드 홀Hubbard Hall은 고객들이 인터넷을 통해 제조사로부터 직접 화학약품을 사들이자, '직거래'라는 심각한 문제에 직면했다. 그래서 회사는 제품을 서비스화했다. 고객에게 화학물질 목록검색을 제공하고 규제서류 작성을 처리해줬으며, 필요한 약품을 재공급하고 다 쓴 용기를 수거해갔다. 고객들은 이 새로운 서비스 덕분에 관리시간과 규제 준수비용이 줄어 자금을 절약할 수 있었다. 동시에 허바드 홀은 시장의 입지를 유지하여 수익을 높일 수 있었다.

수익을 올리고 무형의 가치를 내는 전략

문제는 제품 서비스화가 언제나 통하지는 않는다는 점이다. 인터페이스 플로어링은 에버그린이라는 브랜드를 달고 카펫 임대 사업을 시도했다가 실패했다. 이 비즈니스 모델은 처음에는 매력적으로 보였다. 이는 인터페이스가 회사에 공급한 바닥재를 관리해주고 낡은 카펫타일은 필요시 교체하거나 재활용하는 방식이었다. 잠재적 환경이득이 분명한 듯했다. 이 경우 인터페이스는 카펫의 내구성을 높이고 자사제품을 재활용할 동기가 생기므로, 에너지와 천연자원도 절약된다.

그러나 레이 앤더슨 회장의 말에 따르면, 일이 계획대로 진행되지 않았다고 한다.[25] 알고 보니 세금과 회계규정은 임대보다는 판매를 더 선호했다. 게다가 대다수 기업에서 카펫 구입은 자본예산인 반면, 임대는 운영예산에서 나왔다. 그리고 두 예산은 보통 담당자가 서로 달랐다. 한마디로 지출항목을 대차대조표에서 손익계산서로 옮기는 작업을 선뜻 반길 회사는 없었다.

그러므로 서비스화가 언제나 수지맞는 일은 아니다. 그렇지만 환경적 피해를 줄이는 데 초점을 두고 제품 서비스화 방법을 고민하면 답이 나온다. 당신이 판매하는 아이템에서 소비자가 실제로 원하는 것은 무엇인가? 여기서 다시 한 번 일반적인 비즈니스 계명이 적용된다. 시장은 있는가? 고객들의 반응은 어떤가? 고객들이 제품을 소유할 만한 합당한 이유가 있는가? 그런 이유가 없을 경우 고객들을 설득할 수 있겠는가? 그 방법이 회사의 비용과 환경발자국을 줄여주는가?

명성을 중시하는 세상에서 브랜드는 중요하다. 정보화시대에는 제품의 옵션과 사양에 대한 정보가 넘쳐나므로, 고객에게 브랜드는 선호제품을 식별해주는 지름길이다. 그리고 인재에게는 회사를 고르는 기준이 된다. 명성유지와 브랜드 신뢰구축에 능숙한 기업일수록 경쟁차별화를 끌어내고 이를 유지할 수 있다.

'석유를 넘어서'기 위한 행보

2000년 영국의 석유대기업 BP는 2억 달러를 들여 대대적인 브랜드 쇄신 작업에 착수했다. 오래된 방패 로고를 버리고 '헬리오스helios(그리스 신화에 나오는 태양의 신-옮긴이)'라고 이름 붙인 부드러운 햇살 같은 새 로고를 고안했다. 이 메시지의 핵심은 BP가 환경문제에서 경쟁업체들보다 앞서겠다는 과감한 의지였다. 텔레비전과 인쇄광고물을 접한 사람이라면 회사명 BP를 '석유를 넘어Beyond Petroleum'로 선포한 사실을 눈치챘을 것이다.

그렇지만 모든 사람들이 이 선전에 호의적이지는 않았다. BP는 일부 환경보호주의자로부터 혹독한 비판을 받거나, 심지어 놀림을 받았다. 어느 NGO는 '속지 맙시다Don't Be Fooled 2005'라는 보고서를 통해 '무늬만 친환경'인 광고 캠페인 10순위를 발표했는데, BP는 포드에 이어 2위를 차지했다. 또 다른 단체는 BP의 캠페인을 '본말전도를 넘어서Beyond Preposterous'라고 표현했을 뿐 아니라, 허풍을 넘어서, 겉치레를 넘어서, 가식을 넘어서, 뻔뻔함을 넘어서, 선전활동을 넘어서라고 이름 붙였다.[26] 심지어 그린피스는 당시 CEO였던 존 브라운 경에게 '환경주의자 시늉을 가장 잘한 인물'이라며 '상'을 주기도 했다.

이는 정당한 비난이었을까? 단정하기 어렵다. BP는 자사의 온실가스 배출을 탄복할 만큼 감축하는 데 성공했다. 게다가 BP는 태양전지판 같은 재생 에너지 제품을 공급하는 세계적 대기업이다. 그렇지만 2007년 태양전지판 매출은 4,500만 달러로, BP 연간 매출의 99퍼센트 이상은 여전히 석유와 가스에서 나왔다.[27] 결론적으로 BP는 아직 석유를 넘어서지 못했다.

그렇다면 도대체 이 육중하고 오래된 석유회사가 이 광고로 얻으려는 바는 무엇이었을까? 이들의 캠페인은 경솔했을까? "그 브랜드는 정말 신중하게 고민해서 시장에 내놓은 겁니다." BP의 선임고문이자 브라운의 주요정책변화 연설문 작성에 핵심으로 가담했던 크리스 모터쉐드Chris Mottershead가 말했다. 그는 또 이렇게 덧붙였다. "오랜 시간 상당한 자원을 투자해 헬리오스 디자인을 탄생시켰습니다. 매우 의식적으로 고민한데다, 오랫동안 심오하고 고통스러운 절차를 거쳐 나왔습니다."[28] 캠페인의 취지는 BP의 지향점을 드러내면서 모든 이해관계자에게 회사의 전반적 방침을 소통하자는 것이었다.

모터쉐드는 다음과 같이 말했다.

"사람들에게 당신이 생각하는 미래와, 그 미래에서의 역할에 대해 말해주는 것이지요. 사람들이 엑슨보다 BP에 끌리는 이유는 뭘까요? 바로 회사의 미래에 대한 포부와 목표를 이야기하기 때문입니다. 자신들이 돈 주고산 연료가 더 뛰어나서가 아닙니다. 연료는 코카콜라나 펩시처럼 맛이 다른 상품이 아니잖습니까. 그보다는 모든 이들, 그러니까 직원, 정부, 시민사회, 일부 소비자에게 회사가 전달한 지향점과 관련이 있습니다."[29]

단기적으로 BP는 적지 않은 타격을 받았다. BP는 신중한 태도로 여러 광고를 통해 자사의 표어를 환기시켰다.[30] 그 문구는 '이제 시작입니다'라는 수세적인 표현이었다. 그렇지만 장기적으로 BP는 바라던 것 이상으로 모든 것을 움켜쥐었다. BP가 환경적 피해가 큰 사업을 하는데도 현재 친환경기업으로 간주된다. 실제로 우리가 선정한 녹색기업 순위(1장에서 논한 개괄적 순위)의 맨 꼭대기에 BP가 올라와 있다. 그리고 2005년 BP가 안전 및 운영 면에서 심각한 문제에 봉착하기 전, 브라운 경은 비즈니스 잡지 「매니지먼트 투데이」가 선정한 존경받는 CEO에 5년 연속 오르기도 했다.[31]

그렇지만 진짜 성과는 따로 있었다. 무형자산 가치평가 전문가에 따르면 BP의 브랜드 가치는 지난 10년 중 전반기에 비약적으로 상승했다. 최근 브랜드 경쟁력을 조사한 어느 연구에서, 2001년부터 2005년까지 브랜드 가치가 급상승한 10개 제품을 선별했다. 총 브랜드 가치에 따라 나열해보면 그 결과는 다음과 같다. 구글, BP, 서브웨이, 아이팟, 디월트(전동 공구 브랜드-옮긴이), 소니 사이버샷, 립프로그(교육용완구 브랜드-옮긴이), 거버(이유식브랜드-옮긴이), 시에라 미스트(레몬라임 소다 음료-옮긴이), 에고(냉동 와플 브랜드-옮긴이) 순이다. BP는 한 세대에 한 번 나오는 성공사례라는 구글에 이어서 2위를 차지했고, 역사상 최고의 소비자 제품으로 손꼽히는 아이팟을 앞질렀다. 이 연구에 따르면 BP의 브랜드 가치는 30억 달러를 넘어선다.[32]

또 다른 식으로도 캠페인의 성공을 가늠할 수 있다. BP는 대학 졸업 예정인 엔지니어들 사이에서 기업 선호도가 상승했다. 이는 모두 일화성 증거라서 정확한 측정이 불가능하지만, 모터쉐드는 다음과 같이 말했다. "우리 회사는 십 년 전과 달리 신입사원 모집에 어려움이 없습니다. 신입

사원 백 명에게 말을 걸어보면, 재생 에너지 분야에서 일해본 경력은 아무도 없어요. 그런데도 다들 녹색과 지속가능성에 대한 호기심만은 대단합니다."[33]

만약 모방을 진정한 찬사로 꼽는다면, BP는 역시나 성공적이다. 오래전부터 쉘 역시 자사의 환경에 대한 진정성을 광고하기 시작했다. 현재 석유가스 분야의 몇몇 후발주자들도 이러한 시류에 동참했다. 셰브런은 '손쉬운 석유시대는 끝났다the era of easy oil is over'는 솔직한 인쇄광고를 띄우며 녹색관행에 헌신하겠다고 선전했다. 심지어 엑슨 모빌도 친환경을 이야기하면서 재생 에너지 연구에 투자 중이다.

· · · · · ·

중요한 것은 진정성이다

친환경 브랜드 전략은 오직 진정성이 있어야 통한다. 이 간단한 핵심을 놓치는 회사들이 있다. 자사상품을 친환경제품으로 공략하기에 앞서 만반의 준비를 갖춰야 한다. 1980년대와 1990년대에 가짜 친환경 열풍이 한차례 불었다. 그중에는 정말 어처구니없는 제품도 있었다. 헤프티(Hefty) 사의 쓰레기봉투는 햇빛을 받으면 생분해된다고 선전한 제품이었는데, 정작 매립지에 묻어버리면 이런 일이 생길 수가 없었다.[34] 결국 쓸모없는 제품이었다.

· · · · · ·

에코매지네이션

2005년 GE는 인상적인 공약과 함께 '에코매지네이션' 캠페인을 시작했다. 친환경기술 연구개발투자를 15억 달러로 2배 높이기, 친환경제품 매출을 5년 이내에 100억 달러에서 200억 달러로 늘리기, 사업을 확장하면서도 온실가스 배출을 1퍼센트 줄이기가 그 내용이었다. 캠페인을 구체화한 단계에서도 CEO 제프 이멜트는 엄격한 목표를 피해가지 않았다. 에코매지네이션 업무를 전담하고 있는 본사 부사장 로레인 볼싱어Lorraine Bolsinger는 이렇게 말했다. "온실가스 배출감소 계획안이 다섯 종류였는데, 제프 회장은 가장 어려운 계획을 골랐습니다."[35]

그렇다면 에코매지네이션 제품은 정확히 뭘까? GE는 수천 가지의 판매제품 중 처음에 단 17개 제품만 선정했는데, 고객업무와 환경실적을 '동시에' 개선시킨다는 게 이들 제품의 선정이유였다. 일부 제품은 풍력 터빈이나 태양전지판처럼 다른 제품과 비교해 태생부터 친환경적이었다. 이외에도 시장에 이미 나온 것을 개선한 상품도 있었다. 예를 들어 새로운 보잉Boeing과 에어버스Airbus 제트기에 장착될 GEnx 제트엔진은, 연료를 15퍼센트 적게 태우고, 소음은 30퍼센트 적으며, 아산화질소를 30퍼센트 적게 배출하는데다 운송비용을 감소시켜주는 제품이었다.[36] GE는 고객들이 모든 에코매지네이션 제품으로 환경과 경제적 이득을 동시에 누리기를 소망했다.

2005년 중반부터 인쇄매체와 텔레비전 광고를 통해 이들 제품광고 및 에코매지네이션에 대한 홍보를 어디서나 접할 수 있었다. 탄광에서 '청정석탄'을 캐는 슈퍼모델들, '자연과 발맞추는 기술'을 선전하며 춤추는 코끼리가 GE를 녹색기업으로 인식시키는 데 일조했다.[37]

볼싱어는 말했다. "에코매지네이션은 세심하게 공들인 작품입니다. '에코'는 기본전제였고, '이매지네이션imagination'은 우리의 모토인 '상상을 현실로imagination at work'와 연관시켰지요. 상당한 연구조사 끝에 얻은 결과물입니다." 다소 과장스럽다고 느끼는 사람들에게 볼싱어는 말한다. "이 주제를 집중 조명한 것도 정책의 일환입니다. 의도적으로 과감하게 나온 것입니다."

GE는 자사 브랜드에 대한 신뢰를 쌓아 무형의 가치를 낳았고, 그 성과는 대단했다. GE는 환경문제 연루기업(허드슨 강을 오염시킨 것처럼)에서 매우 존경받는 녹색기업으로 브랜드 이미지를 바꾸었다. 마케팅 대행사들이 공동작업한 미국 소비자 연구조사에서 2007년과 2008년 녹색브랜드 10순위를 발표한 적이 있다.[38] 탄탄한 녹색기업인 홀푸드, 도요타, 아베다(천연성분 화장품 업체-옮긴이), 이케아와 더불어 GE는 2년 연속 상위에 이름을 올렸다.

GE는 과제를 완수했다. 그리고 세심한 점검을 위해 에코매지네이션이라는 기치로 홍보한 17개 제품에 대해 환경적 장단점을 평가한 '채점표'를 고안해냈다. 고객의 요구를 반영하기 위해 자료를 모은 것은 현명한 조치였다. 의욕만 앞섰다는 항간의 목소리마저 무마시켰기 때문이다.

특정제품에 주목한 에코매지네이션은 녹색기업으로 거듭나기 위한 노력이자 동시에 하나의 상품전략이었다. 즉 GE는 환경보호주의자로부터 칭송받는 것뿐만 아니라, 동시에 제트엔진을 '판매'하길 원했다. 여기서 캠페인의 효과가 눈길을 끈다. 제트엔진 바이어와 접촉하려면 딱 두 회사, 즉 보잉과 에어버스에게 좋은 인상을 심어주면 충분하다. 전국판 잡지에 광고를 실을 필요가 없다. 에코매지네이션은 분명 단순한 상품전략이 아니었다. 이미지 홍보 캠페인은 GE를 환경문제의 해법을 쥔 기업으로 부각하려는 의도 또한 있기 때문이었다.

• • • • • • •

유니레버의 '활력' 전략[39]

녹색 이미지 마케팅과 녹색제품 마케팅의 경계는 모호하다. 예를 들어 유니레버는 하나의 주요전략으로 '활력(vitality)'이라는 개념에 주목했다. 이는 생동감과 건강한 삶을 포괄하는 폭넓은 개념으로 주요전략은 전통적인 제품 마케팅이다. 신선하고 영양가 높을 때 수확한 식품으로 냉동식품을 만든다고 선전하는 것이다. 광활한 웹사이트(다국어로 된)를 포함한 여러 매체를 통해 유니레버는 생명력을 지속가능한 농업, 지속가능한 어장, 그리고 재활용과 다른 녹색활동 등 자사의 폭넓은 활동과 결부시킨다. 이는 기업차원의 녹색 브랜드 전략이지만 그 구분이 명확하지는 않다.

● ● ● ● ● ● ●

추구할 만한 가치가 있을까?

내세울 녹색정책이 많은 기업들도 대다수가 저자세로 일관한다. 섣불리 고개를 들었다가 제대로 못한다는 질책을 받기 때문이다.

지속가능 비즈니스 전문가 조엘 마코워Joel Makower가 다음과 같은 이야기를 들려주었다. 의류업체 리바이스Levis가 면 소재 중 2퍼센트를 유기농 농가에서 사들이고 있었다.[40] 마코워가 회사 측에 이 사실을 외부에 알리는 게 어떠냐고 묻자 임원들은 조심스러워하는 눈치였다. 그들은 나머지 98퍼센트의 면 소재에 대해 추궁받거나 위험한 살충제가 든 제품에 대해 해명해야 하는 상황을 우려했다. 이는 정확한 판단이었다. 마코워의 말에 따르면, 이런 우려를 보이는 기업이 많은데, "대개 미처 못 다룬 환경과제에 뜻하지 않은 주목을 받고 싶지 않아서."라고 한다.

몇 년 전 빌 포드Bill Ford가 겪은 사건이 보여주듯, 위험요소는 난처한 질문부터 활동가들이 벌이는 이미지 실추 캠페인까지 폭넓게 포진해 있다. 포드는 5년에 걸쳐 스포츠 유틸리티 차량SUV의 연비를 25퍼센트 개선하겠다고 약속했다.[41] 그렇지만 몇 년 후, 포드는 뜻하지 않게 이 목표 추진을 중단한다고 발표했다. 환경문제에 전념하겠다는 빌 포드의 의지는 확실하지 않았다. 그는 다양한 환경 이슈에 앞장섰고, 포드가 녹색황금을 캐도록 애쓰고 있었다. 그렇지만 기업의 환경적 책임을 더욱 높여야 한다며 단호하게 나오다가 정작 자기 회사가 내세운 목표는 달성하지 못했기에, 포드는 숱한 환경집단에게 비웃음을 샀다.

환경 NGO인 블루워터 네트워크는 「뉴욕 타임스」에 포드를 피노키오에 빗댄 전면광고를 실으며 '빌 포드의 친환경 약속을 믿지 마세요. 그가 만든 차도 사지 마세요'라는 메시지를 전했다. 뜻밖에도 포드는 2005년 다시 녹색기조로 돌아서고자 환경과 혁신을 선전하는 새로운 광고들을 제작했는데, 그 주연은 바로 빌 포드 자신이었다. 이 이미지 캠페인에서 그는 2010년까지 하이브리드 차량을 매해 25만대 파는 것을 포함해 일련의 새로운 약속을 했다. 그렇지만 공개약속을 한 지 단 일 년 만에, 포드는 약속에서 한발 물러났다. 그리고 환경단체로부터 또 다시 비난을 들어야 했다.

현실을 인정하자, 브랜드를 환경적 미덕과 같이 묶을 경우 위험해질 수도 있다. 실제 녹색기업에 다가설수록 더욱 큰 노력을 쏟아야 하고, 그만큼 초래되는 위험도 높아진다. 시제품 생산을 하기도 전에 전기자동차 셰비 볼트Chevy Volt를 '친휘발유에서 무휘발유로'라는 문구로 광고한 GM은 모험을 감행한 것일지도 모른다. 그렇지만 예측과 검증이 뒷받침된 제대로 된 녹색 캠페인이라면 그 혜택이 상당할 것이다. '신뢰의 둑'으로 뒷받침된 굳건한 브랜드는 값진 자산이기 때문이다.

위험요소가 있긴 하지만, 갖가지 환경요인에 주목하는 대단한 열기 속에서 그간 침묵했던 몇몇 회사가 자신의 브랜드 가치 지분을 탈환하고자 고개를 내밀고 있다. 그린리스트 프로그램을 가동해 모든 제품에서 독성을 제거한 SC 존슨은 '겸손한 기업' 기조에서 벗어나 CEO 피스크 존슨

Fisk Johnson을 등장시킨 녹색광고를 띄우고, 또 윈덱스와 다른 제품에 그 린리스트 마크를 붙이기 시작했다.

· · · · · · ·

무너지는 신뢰의 둑: 비행하려다 추락한 경우

무형의 가치를 강화해 환경우위를 추구하려는 기업은 동시에 비난에 노출되기 쉽다. 이들은 언제나 자신들이 내세운 가치에 따라 살아야 한다. 만약 녹색선전에 어긋나는 일이 생기면, 무늬만 녹색이라는 비난이 바로 터져 나온다. 때로는 의도치 않게 신뢰에 금이 가는 경우도 있다. 바디샵은 제품성분으로 동물실험을 하지 않는다고 선전했다가, 일부 공급업체에서 이 기준과 맞지 않는 회사로부터 원료를 구입한 사실을 알고는 기존 선전을 철수했다.[42] 바디샵 입장에서 볼 때 고의가 아닌 정당화할 수 있는 실수였다. 하지만 이는 가치사슬에 숨겨진 문제는 없는지 샅샅이 살피는 일이 매우 중요함을 보여준 사건이었다. 의도했든 아니든, 신뢰란 쌓는 과정은 더뎌도 무너지는 것은 한순간이다.

· · · · · · ·

환경관리로 쌓은 평판은 불의의 사고가 터졌을 때 기업에게 '백신' 역할을 한다. 예를 들어 BP는 2005년 텍사스 정유공장에서 여러 건의 폭발사고가 발생해 사망자가 발생하고, 알레스카에서 267,000갤런의 기름이 유출되는 등 대형사건이 연달아 터지면서 기업평판에 큰 위기가 닥쳤다. 그렇지만 생각만큼 평판이 크게 나빠지지는 않았다. BP의 긍정적인 친환경 명성 덕분인지, 사람들은 어느 정도 아량을 베풀었다. 어느 정통한 논평자는 이렇게 언급했다. "매우 흥미롭게도 환경단체들이 BP를 깎아내리는 데 주저했습니다. BP가 선량한 기업으로 보이려고 투자한 덕을 톡톡히 보는군요. 만약 엑슨 모빌이 똑같은 짓을 저질렀다면 혼쭐이 단단히 났을 겁니다."[43]

그리고 상승요인은 당연히 고수익을 안겨준다. 브랜드 가치가 높으면 시장을 장악하기 때문이다. 이 경우 기업은 가격을 올릴 수 있고, 판매량이 늘며, 고객 및 직원과도 밀접한 관계를 맺게 된다.

상승가치에 역량 쏟기: 듀폰의 지속가능한 성장

비용절감은 기업의 효율성을 높인다. 반면 수익증대는 기업의 성장과 관련이 있다. 두 가지 모두 녹색황금 전술로 의미가 있지만, 비용에 주목하는 것은 주로 전술적이며, 수익에 중점을 두는 것은 비전이나 전략과 더 가깝다.

10년 넘게 오염물 관리를 한 듀폰은 단순한 비용절감 중심의 내부논의에서 탈피하길 원했다. 듀폰이 언제나 확인한 사실은, 전망적인 목표를 세우고 총체적 방향을 제시한 다음 직원들에게 이를 뛰어넘도록 격려하기만 하면 효과를 본다는 점이었다. 그리하여 각 사업부서 책임자들이 모두 모인 자리에서 지속가능성을 논의하고 경쟁의 장에서 취할 듀폰의 전략을 고민하게 한 결과, 회사의 역량을 쏟을 새로운 주목대상을 찾았다. 다름 아닌 지속가능한 성장이었다. 이 새로운 비전 아래, 직원들은 신제품 개발이나 기존제품 개선과 더불어 지속가능성을 유지하며 성장을 이끌어낼 기회를 찾아 나설 것이다. 핵심은 새로운 전망적 목표를 회사의 모토로 삼아 혁신적 사고를 자극하는 것이었다.

환경우위의 핵심

제품의 부가가치를 높이고, 녹색소비자와 접촉하며, 신규시장을 개척하는 등 환경에

주목해 매출을 새로 올리면 큰 이득이 생긴다. 시장에서 기업의 입지를 재구축하는

방법과 환경전략으로 최고봉에 오르는 방법을 찾아내면, 환경우위의 첨단에 서게 된

다. 그렇지만 다음의 여섯 가지를 명심해야 한다.

1. 실제로 있는 고객의 수요를 충족시켜라.

2. 환경과 무관한 고객들의 요구를 등한시하지 마라.

3. 비용을 관리하라.

4. 친환경적 속성은 독자적으로 존재하는 경우가 드물다. 친환경은 두 번째나 세 번
   째 '카드'이다.

5. 서로 다른 틈새시장에는 서로 다른 상품으로 승부하라.

6. 가격 프리미엄을 기대하지 마라.

친환경 회사로 마케팅하는 작업은, 친환경 이미지 캠페인을 뒷받침할 만한 알맹이가

있는 경우에만 통한다. 하지만 이때 생기는 무형의 가치는 상당하다.

. . . .

3부

환경 렌즈로 보면
경영의 답이 보인다

녹색황금 전술을 이해하는 일은 중요하다. 그러나 본 게임에 들어가려면 전술만으로는 부족하다. 환경우위를 향한 성공적인 여정을 위해서는 우선 친환경사고가 기업전략에 뿌리박을 수 있도록 올바른 사고방식을 갖춘 후 역량을 집중해야 한다. 우리는 연구를 통해 기업이 경쟁우위 기회를 포착하는 데 도움이 되는 다섯 가지 사고방식을 확인했다. 우리는 본 장에서 환경우위 사고방식을 키우는 이 접근법을 다룰 것이다.

사고방식을 바로 갖추었어도 길잡이 없이 여행을 떠나는 것은 선원이나 해도海圖 없이 좋은 배만 타고 먼 항구로 항해하려는 것과 다를 바 없다. 그러므로 우리는 기업이 선의를 넘어서서 환경적 관심을 경쟁우위로 전환할 때 필요한 도구 역시 제시할 것이다.

7장에서는 환경실적을 도표화하는 방법을 보일 것이다. 올바른 정보가 주어지면 기업은 굵직한 환경 이슈가 자신의 가치사슬 및 경쟁의 장에 어떤 영향을 주는지 이해하게 된다. 우리는 이를 '에코 추적Eco-Tracking'이라고 부를 것이다.

비용과 위험을 낮추고, 수익과 무형의 가치를 올릴 수 있는 기회포착은 때로 제품 및 공정을 재설계하는 일과 맞닿아 있다. 이는 공급업체와 고객들이 기존 방침을 바꿔 그 환경적 피해를 낮추는 데에도 도움을 준다. 8장에서 우리는 기업이 가치사슬 전체를 '재설계Redesign'하는 도구에 대해 논할 것이다.

마지막으로 9장에서는 환경우위 문화를 기르고 경영자와 관리자, 직원을 그 비전에 끌어들이는 방법을 살필 것이다. 직원들에게 목표를 제시하고 공감대를 형성하며 인센티브를 제공해 친환경사고가 조직 곳곳에 스미도록 유도하면, 환경적 과제를 이윤창출기회로 전환하는 데 도움이 될 것이다.

Chapter6

환경우위 사고방식

: 환경 렌즈를 끼고 세상을 바라보기

1963년 오리곤 주에 살던 십대소년 딕 포스베리Dick Fosbury는 고등학교 육상경기팀에서 높이뛰기 선수로 두각을 나타냈다. 그러나 국제무대에서 경쟁할 만큼 준비된 선수는 아니었다. 그렇지만 5년 후, 포스베리는 세계 최고의 높이뛰기 선수로 등장한다.

수십 년 동안 높이뛰기 선수들이 가로대를 뛰어넘을 때 사용한 방법은 기본적으로 한 가지였다. 정면으로 뛰어가 한쪽 다리를 넘긴 다음, 다른 쪽 다리를 연달아 동작하는 방식이었다. 수천 명의 코치가 수백만 명의 어린 선수들에게 이를 점프의 '정석'으로 지도하던 시절이었다. 그러니 포스베리가 선보인 새로운 방법은 그저 차선책으로 취급받기에 충분했다. 포스베리는 종래의 '다리 벌려뛰기'나 '가위뛰기'가 아닌 새로운 기법으로 가로대를 뛰어넘었다. 막대에 다가가다가 등을 지고 돌아선 다음, 몸을 활

이케아 사람들은 왜 산으로 갔을까?

모양으로 만들어 두 다리를 나란히 모으는 방식이었다. 이 간단한 혁신 하나가 높이뛰기 역사에 영원한 변화를 몰고 왔다.

포스베리는 1968년 올림픽에서 미국 기록과 올림픽 기록을 둘 다 갈아치우며 금메달을 땄다. 그로부터 4년 후인 1972년 게임에서, 올림픽 높이뛰기 선수 40명 중 24명이 포스베리 방식으로 점프를 했다. 1968년 이후 단 2명을 제외한 모든 메달리스트가 '포스베리식 배면뛰기Fosbury Flop' 라고 이름 붙인 방법으로 가로대를 뛰어넘었다.[01]

스포츠 역사를 다시 쓴 잠재력은 갑자기 튀어나온 게 아니었다. 알고 보면 포스베리식 점프도 쉬운 원리였다. 그렇지만 이러한 전환의 가능성은 혁신적인 사색가나 미래의 엔지니어들 눈에만 보일 뿐이다. 포스베리는 「스포츠 일러스트레이티드」에서 이렇게 말했다. "전 관습에서 벗어나려 했던 적은 없습니다. 다만 다른 해법을 모색했을 뿐이지요. 전 해결책을 고민했습니다. 이는 엔지니어들이 하는 일이기도 합니다."

누구나 틀을 깬 사고와 패러다임의 전환을 말하지만, 아쉽게도 실제 비약적인 변화를 발견하는 경우는 매우 드물다. 포스베리는 해묵은 문제에 새롭게 접근한 결과 경쟁우위를 찾아냈다. 기업들도 마찬가지다. 소수의 기업만이 새로운 접근방식을 개발해 곤란한 문제를 해결한다. 여기서 말하는 곤란한 문제란 오염을 낮추고 천연자원을 보존하면서도 성장과 번영을 끌어내는 방법을 뜻한다.

녹색기업은 전 직원의 환경에 대한 시각을 교정하여 환경우위의 토대를 닦는다. 이 기업들에게 친환경사고란 전략의 종착지가 아닌 항시적 고려대상이다.

우리의 연구에 따르면, 이 새로운 사고방식은 환경위험을 다루고, 혁신을 이끌며, 환경적 압력을 경쟁우위로 전환하는 데 절대적이다. 이 장에서는 녹색기업들이 환경 렌즈를 활용해 사고방식을 바꾸고 비즈니스 전략을 가다듬는 방법을 조명한다. 시간이 흐르면 이 기업들은 대안적 관점을 찾으려고 의도적으로 애쓸 필요가 없게 된다. 친환경사고가 기업운영방식에 침투하기 때문이다. 깊숙이 스며든 '환경우위 사고방식'은 기회가 열릴 때마다 자연스럽게 떠오르기 마련이다.

그 과정에 다다르는 데에는 몇 가지 기본규칙이 있다.

- 나무가 아닌 숲을 보라: 녹색기업은 투자 및 전략 결정과 관련된 시기를 정하거나, 측정하기 힘든 무형의 이득을 포함해 투자에서 생기는 온갖 잠재적 수익을 고민할 때, 모든 생산망에 걸쳐 부가가치 창출 가능성 등을 타진할 때 폭넓게 사고한다.

- 윗선부터 시작하라: 환경우위를 지렛대로 삼는 기업들은 모두 조직의 최상부부터 환경적 사고에 길들여져 있었다.

- 아폴로 13호 원칙을 받아들여라: '안 된다'는 선택지에 없다. 선도적 기업의 경영진은 조직체에 대담한 환경적 목표와 불가능해 보이는 임무를 부여한다. 그리고 실패를 받아들이지 않는다.

- 정서도 객관적 사실로 인식하라: 뛰어난 기업은 NGO, 직원, 고객, 지역사회 등 이해관계자들이 회사의 환경실적을 어떻게 '느끼는지'를 알며, 평판이 실제모습보다 훨씬 중요하다는 점도 깨닫고 있다.

- 옳은 일을 해라: 녹색기업은 단기적으로 소득이 없더라도 환경관리를 비롯한 핵심가치를 토대로 의사결정을 내린다. 이런 모습을 우리는 여러 번 목격했다.

나무가 아닌 숲을 보라

만약 딕 포스베리가 전통적인 높이뛰기 기법에만 매달렸다면, 결코 올림픽 금메달을 목에 걸 수 없었을 것이다. 우선 포스베리는 커다란 문제(가로대 넘기)를 살핀 다음, 역추적을 통해 최선의 해법을 찾아냈다. 숲에 주목한 덕분에 전략적 우위를 발견한 것이다. 녹색기업들도 마찬가지다. 사실 수많은 비즈니스 서적이 폭넓은 사고를 강조하지만, 환경 렌즈를 통해 바라보는 일이야말로 전혀 새로운 분야로 관심의 폭을 넓히는 일이 필요하다. 무엇보다도 자연은 다방면에 영향을 미치기 때문이다.

환경요인을 전략적 사고에 반영하려면 녹색기업은 세 가지 주요 차원에서 시야를 확장해야 한다. 우선 이슈를 단기와 장기 양쪽으로 살펴야 한다. 그리고 수익을 다른 요인보다 폭넓게 계산하고 무형의 비용과 편익을 더 세심하게 조율해야 한다. 또 전통적인 비즈니스 범주에 시야를 가두지 말고, 가치사슬 전반에 걸쳐 실적 개선방법을 찾아야 한다.

시간을 전략적 기간으로 사고하라

녹색기업들도 단기적 재무영향을 고려하지만 중요한 결단을 내리기에 앞서 지난 분기별 재무실적을 검토한다. 이들은 주주가치 극대화가 곧 분기별 이윤극대화와 일치하지 않는다는 점을 잘 알고 있다. 게다가 많은 환경과제를 비롯해 특정 이슈의 경우 정확한 분석에 오랜 시간이 걸린다는 사실도 알고 있다.

회사는 언제나 장기적인 비즈니스를 감행한다. 장차 잠재적 이득이 불투명한 경우에도 연구개발에 수백만 달러를 지출한다. 이들은 중국이나 인도처럼 불확실한 신규시장에도 비즈니스가 번성할 것이라는 믿음을 안고 뛰어든다. 그리고 '벤치의 힘bench strength'(핵심인력을 대체할 잠재후보 군의 역량강화-옮긴이)을 키우고 미래의 임원을 확보하기 위해 리더십 양성 과정에도 투자한다. 환경우위 사고방식을 심으려는 기업은 환경전략에도 이러한 장기적 안목을 보여야 한다.

릭 폴슨Rick Paulson은 인텔이 수십억 달러를 투자해 애리조나 주 피닉스 근처에 세운 칩 제조공장의 관리자이다. 생산설비 '패브 22Fab 22'의 공장장인 그는 세계 첨단기술에 대량으로 쓰이는 인텔의 최신식 칩 제조를 책임진다. 그는 이 작업을 신속하고 안전하게, 그리고 저렴하면서도 수익성 있게 해내야 한다. 그렇지만 인텔의 모든 경영진과 마찬가지로 폴 역시 현재의 운영 이후를 고민해야 했다. 인텔의 생사는 '다음번' 칩 공장, 그리고 다음번 칩 제조에 달려 있고, 패브 22도 곧 시대에 뒤처질 것이기 때문이다. 그래서 폴슨은 인텔의 차후 생산수요를 눈여겨봤다. 그 과정에서 그는 지역단체, 활동가, 규제자를 만족시켜야 하는 이유 한 가지를 깨달았다. 바로 이들의 눈 밖에 나면 사업 확장에 차질을 빚거나 확장계획이 중단되기 십상이고, 이때 회사는 수백만 달러의 비용을 감당해야 한다는 단순한 사실이었다. 이런 이유로 폴슨은 의사결정을 내릴 때 단기간이 아닌 '전략적 기간'을 고려하게 되었다.[02]

전략적 기간이란 어느 정도를 말할까? 사업에 따라 다르다. 1, 2년일 수도 있고 더 길 수도 있다. 1960년대 후반, 정유회사 로열 더치 쉘Royal Dutch Shell의 경영진은 점차 불안정한 석유시장에 대비할 방법을 찾아 나섰다. 결론은 미래설계팀을 가동하는 것이었다. 여기서 미래설계란 앞으로 비즈니스가 어떤 모습을 띨지 예측해 회사의 고민을 덜어주는 시나리오를 뜻했다. 이 팀이 무엇보다 뛰어나게 예측한 것은 바로 석유수출국기구OPEC의 득세와 소비에트 연방Soviet Union의 해체였다.[03]

최근 쉘은 이러한 시나리오에 기반해 환경전략을 세웠다. 우리는 설계팀장 앨버트 브리샌드Albert Bressand를 비롯해 여러 명의 핵심간부와 대화할 기회를 얻었다. 네덜란드 헤이그에 위치한 본사에서 점심을 들며, 이들은 시나리오의 도움으로 더 나은 전략을 고안한 과정을 설명했다.

건강·안전·환경부 부사장인 렉스 홀스트Lex Holst가 말을 꺼냈다. "우선 시나리오는 예언이 '아니라' 일관된 미래상이라는 점을 인지하셔야 합니다." 이어 쉘 연간보고서를 작성하는 마크 웨인트라웁이 말했다. "모두들 자문해보는 겁니다. '2020년쯤이면 신종차량의 20퍼센트가 수소연료전지로 달리게 될 것인가?' 그 답은 모릅니다. 그렇지만 우리는 이에 걸맞은 전략을 세우고 묻는 겁니다. '이런 세상이 올 경우 우리 계획에 빈틈은 없는가?' 이런 식으로요."

앞으로 세상이 에너지 효율성을 원하고 재생 에너지 수요가 급증하는 쪽으로 이동하게 될까? 그렇다면 쉘은 회사를 뒤흔들, 아마도 큰 위협을 초래할 만한 도전과제에 직면하게 된다. 그러므로 장기전략을 고민하고 심각한 질문을 던지며 미래상을 설계하는 일은 의미 있는 작업이다. 이와 같은 시나리오가 있었기에 쉘은 수소 에너지 사업으로 이동한다는 결정을 누구보다 먼저 내릴 수 있었다.

다른 기업들도 비공식적 방법이긴 하나 각자 장기전략을 고민한다. 이케아 경영진은 어떻게 하면 화석연료 의존도를 대폭 낮추면서 사업을 지속할 수 있을지 고심한다. 현재의 인프라와 기술을 감안할 때, 가구사업이 석유나 가스를 '전혀' 소비하지 않는 일이 가능할까? 무리한 생각 같기도 하다. 그렇지만 이케아 경영진은 세상이 변한다는 점을 알기에 경쟁업체보다 한발 앞서 에너지의 미래에 진입할 채비를 하고 싶어 한다. 심지어 BP와 쉘 같은 현명한 화석연료 공급업체들도 화석연료 비중이 훨씬 줄어들 때를 대비해 계획을 짜고 있다.

당신의 비즈니스를 침몰시킬 수 있는 장기적 환경압력은 무엇인가? 이 중에 성장기회를 열어주는 압력도 존재하는가? 이런 질문을 심각하고 체계적으로 고민하지 않는다면, 당신은 미래를 지배하기는커녕 미래에 장악당할 것이다. 이는 매우 큰 차이이다.

· · · · · · ·

손주 테스트

듀크에너지의 CEO 짐 로저스에게 장기(long run)란 한 세대나 두 세대를 뜻한다. 석탄을 태워 돈을 버는 기업이 어째서 환경과 기후변화를 고민하느냐고 질문하자, 로저스는 답했다. "제가 손주 테스트(grandchildren test)라고 이름 붙인 원칙을 스스로 적용해보는 겁니다. 간단히 말해 제가 내린 판단을 제 나이가 된 손자들도 현명하다고 봐줄지 고민해보지요."[04]

· · · · · · ·

따라서 녹색기업은 시간의 폭을 넓혀 사고한다. 하지만 이런 반응이 나올지도 모르겠다. "다 좋다. 그렇지만 장기적 전망은 당장에 매우 힘겨운 선택을 낳지 않느냐. 게다가 시장은 단기적으로 가차 없는 곳 아닌가." 만약 당신이 재무비용만 고려한다면 이러한 상충관계 때문에 더욱더 망설이게 될 것이다. 생산공정을 바꾸거나 재정비하고 성공한 제품을 재설계하는 일은 당장에 엄청난 비용을 초래한다. 그렇지만 환경압력을 비롯해 변화하는 여건과 새로운 압력에 주목하지 않는다면, 비즈니스는 더욱 큰 타격을 받을 수 있다.

　모든 기업들은 다음번 투자와 관련해 끊임없는 결단을 내려야 한다. 연구개발비나 신규설비, 혹은 새로운 마케팅에 비용을 더 투입해야 할지 등을 놓고 고민한다. 기업마다 공식적이든 비공식적이든 이러한 비용편익을 계산하여 결론을 내리는 나름의 절차가 있다. 기업들은 대개 금전적인 비용과 재무수익을 놓고 결정을 내린다.

　녹색기업도 다른 모든 회사와 비슷하게 운영하지만, 이들의 사고방식은 다르다. 녹색기업은 의사결정을 내릴 때 눈에 보이는 편익만을 고려하지 않는다. 투자수익을 고려하면서 브랜드 이미지와 기업평판, 직원의 사기와 지역사회의 협조, 정부의 관료주의, 시장 진입속도, 경쟁차별화 같은 편익도 따진다. 이 무형의 가치들은 측정하기 힘들다는 난점이 있지만, 그래도 현명한 기업은 이들을 전략에 포함시킨다. 앞서가는 관리자들이 매순간 무형의 가치를 고려하는 이유도, 측정 불가능한 요인이 때로는 최고의 가치를 낳는다는 사실을 알기 때문이다.

　우리는 업계의 거물 3M을 통해 대단히 인상적인 이야기를 들었다. 3M은 그 어느 기업보다도 작은 것의 아름다움을 잘 아는 기업이다. 이 기업의 작은 노란색 접착식 메모지는 수십억 달러 규모의 제품으로 성장했다. 처음에 선보인 포스트잇은 우연한 발명의 산물로 유명하지만, 이 브랜드가 3M 대차대조표의 주요항목으로 성장한 과정은 저절로 일어나지 않았다. 3M은 제품확장기회를 예의 주시했다. 그렇지만 이는 단순한 제품확장 과정이 아니었다. 그보다는 수익포기, 가치고수, 기존공약 지키기, 그리고 의사결정에 따른 실제 편익을 따지는 폭넓은 사고를 보여준 과정이었다. 이것이 바로 환경우위 사고방식의 핵심이다

　3M 제품관리자들은 수요가 큰 포스트잇 신규시장을 발견했다.[5] 소비

자들은 컴퓨터 모니터 같은 수직면에 붙일 메모지가 필요했지만, 기존 포스트잇은 잘 떨어져서 불편했다. 해법은 간단했다. 강력한 접착제를 개발하면 그만이었다. 3M의 일류 과학자들은 재빨리 행동으로 옮겼다. 그러나 이는 내부적으로 큰 문제를 안고 있었다.

신규 접착제는 위험한 오염원을 배출하는 산업용 용매인 휘발성 유기화합물을 반드시 사용해야 했다. 이 독성 화학물질은 대기오염, 직원의 안전, 잠재적 법적책임 등 여러 문제를 일으켰다. 이 같은 문제를 예방하기 위해 3M의 CEO 리비오 드시몬Livio Desimone은 1990년대 초반, 휘발성 유기화합물을 발생시키는 기술에는 신규투자를 하지 않겠다고 이미 선언한 터였다. 여기에 예외는 없었다.

이러한 규정 때문에 브랜드 관리자들은 시장에 출시할 수 없는 대박상품을 놓고 고민했다. 이들은 연구자들에게 휘발성 유기화합물이 안 들어가는 접착제를 개발해달라고 주문했다. 6년이라는 긴 세월 끝에 3M은 2003년에 슈퍼 스티키 노트Super Sticky Notes를 출시했고, 이는 대단한 성공과 함께 수억 달러의 매출을 안겨주었다.

3M은 위험을 막기 위해 6년이라는 시간을 기회비용으로 삼았지만, 포스트잇 사업의 규모를 감안하면 3M이 유기화합물 용매배제 맹세를 지키기 위해 포기한 금액은 수천만 달러로 보인다. 그런데도 3M 경영진은 자신들의 선택이 그만큼 값진 것이었는지 묻는 질문에 지금도 물론이다고 답한다. 그 부분적 이유는 그들 눈에 비친 보상행렬이 다른 회사 경영자들의 것과 달랐기 때문이다.

이러한 결단을 내리기에 앞서 3M은 휘발성 유기화합물 용매사용에 따른 '총비용'이라 이름 붙인 항목을 계산했다. 여기에는 일부 측정하기 어렵지만 중요한 비용이 담겨 있었다. 3M은 휘발성 유기화합물 용매배제

원칙을 지킨 결과, 그리고 단기적 사고가 아닌 전략적 사고를 고수한 결과 대기오염 신규 규제에 대한 노출을 줄이고 감시 및 규제 준수비용을 낮추었으며, 환경부와 주정부로부터 벌금제재를 받을 위험도 낮추었다. 동시에 3M은 고객, 지역사회, 규제자, NGO에게 생태발자국을 줄이고자 고민하는 모습을 보여주었다. 이러한 결단은 직원들에게도 3M이 이윤보다는 안전을 앞세우며 헌신할 가치가 있는 기업이라고 각인시켰다.

3M의 부사장 캐시 리드의 말에 따르면 이 무형의 편익을 포함했을 경우, 휘발성 유기화합물 용매 감소방안을 택하지 '않았을 때'의 총비용이 오히려 매우 높았다고 한다. 물론 CEO 드시몬도 용매배제 원칙이 6년이나 매출을 지연시킨다고는 상상하지 못했겠지만, 그만큼 큰 보상이 따를 것으로 확신했다.

결국 용매장벽의 해법은 장기적인 재무결산에도 유익한 것으로 드러났다. 포스트잇 공장 책임자 발레리 영Valerie Young은 "용매절감기술이 비용을 절반으로 줄이고 가동속도도 두 배로 높였다."고 말했다.[06] 유독성 용매를 사용할 때 필요한 특수처리를 비껴간 덕분에 작업속도가 빨라지고 심각한 건강위험도 일정부분 줄인 셈이었다.

그렇지만 당시 3M에서는 그 누구도 용매절감기술이 결국 비용을 낮춘다고 장담하지 못했다는 점에 주목해야 한다. 용매배제 신기술 개발과 제조공정 변화작업은 주로 비용을 초래하는 일로만 보였다. CEO의 지시사항이긴 했어도, 비용은 비용이었다. 전적으로 손익계산만 따졌다면, 3M은 슈퍼 스티키 제품을 지체 없이 출시했을 것이다. 게다가 재무비용과 여타 솔깃한 성과를 뛰어넘는 사고가 아니었다면, 3M이 '더 나은 방법을 발견한 일도 결코 없었을 것'이다.

3M은 슈퍼 스티키 제품출시에 따른 당장의 매출과 수익이라는 '나무'

사이에서 방향을 상실할 수도 있었다. 반면 이들이 바라본 '숲'은 직원에게 안전하고 환경에 유익하며 수익도 더욱 높이는 튼튼한 비즈니스였다.

● ● ● ● ● ● ●

녹색 원가계산[07]

대부분의 기업에서 환경문제가 비즈니스에 어느 정도 비용을 초래할지, 또는 영업이 얼마나 변해야 손익계산에 도움이 될지 실제 파악하고 있는 사람은 아무도 없다. 관련비용이 다른 많은 부서에 분산돼 있거나 '일반 및 관리' 회계에 묻혀 있을지도 모른다. 보통 경영감사에서 숨겨왔던 이 비용들을 드러내기 위해 많은 기업이 노력해왔다. 환경지출을 별도로 분리할 경우, 제품이나 공정에서 초래되는 비용을 온전히 파악하는 데 도움이 되기 때문이다.

에너지 생산업체 노스이스트 유틸리티(Northeast Utilities) 환경팀은 한 발짝 더 나아갔다. 이들은 제품운용팀의 환경문제 처리를 도울 때마다 직접적인 비용절감액만이 아닌 절약한 관리시간, 줄어든 규제부담, 여타 절감한 간접비용도 계산한다. 연말이면 이들은 절감액을 표로 만들어 환경부서의 가치를 조명한 '수지 보고서(Earning Our Keep)'를 발간한다.

● ● ● ● ● ● ●

글자 그대로 숲을 바라보는 경우도 있다. 천연자원분야(산림, 석유, 채광)에 속한 현명한 기업들은 현재 회사의 영업활동이 자연보호구역과 그곳에 서식하는 동식물, 과학적 용어로 표현하자면 생물다양성에 미치는 영향을 고려한다. 채취산업은 그 속성상 생물다양성을 파괴할 수밖에 없다. 광물과 원유를 얻는 과정에서 나무를 베거나 토지를 쓸어버리면 현지 환경이 파괴되기 때문이다.

사실 채취산업에서 '녹색'이라는 단어를 떠올리기란 쉽지 않다. 그래서 인지 환경보호단체에게 생물다양성 문제를 모범적으로 다룬 기업을 문의 했을 때 채취기업들의 이름을 듣고 우리는 적잖이 놀랐다. 국제 NGO 단 체인 환경보존 인터내셔널 산하에 있는 환경 리더십 비즈니스센터 책임 자 글렌 프리켓Glenn Prickett은 광산대기업 리오 틴토의 활동을 강조했다. 프리켓은 말했다. "20년 전, 리오 틴토를 쫓아다니기 위한 NGO가 결성 됐을 때 이 기업이 고생을 좀 했을 겁니다. 그렇지만 현재 리오 틴토는 어 느 기업보다도 생물다양성 전략이 정교합니다."[08]

리오 틴토는 전 세계적으로 늘고 있는 구리, 알루미늄, 철 같은 광물 및 금속 수요를 꾸준히 충족시키려면 탐사를 위해 땅에 접근해야 한다. 그 러나 개방지가 사라지면서 채굴권을 따내기가 훨씬 어려워졌다. 마크 트 웨인Mark Twain은 이런 말을 남겼다. "땅을 사라, 땅은 더 이상 만들어지지 않는다." 현재 땅 소유주, 지역사회, 원주민, 지역정부는 아무리 경제적 이 득이 상당하다 해도 본인들의 땅이 조각조각 나뉘는 일에 그다지 흥미가 없다. 부를 장담하는 회사가 이들에게 보여야 할 것은 바로 선의이다.

땅을 관장하는 지역사회로부터 호감을 얻기 위해, 리오 틴토는 생물다 양성 관리에 필히 힘써야 했다. 그러나 이 헌신적 모습은 사리추구 그 이 상이었다. 리오 틴토는 내부 지침문서를 우리에게 보여주었다. '자연계 균 형유지Sustaining a Natural Balance'라 이름 붙인 이 문서에는 그들이 생물종 다양성에 신경 쓰는 이유, 실무담당자들이 이를 관리하는 방법 등이 적 혀 있었다. 이 인상적인 책자는 지역사회 및 NGO 단체와 함께 탐사지역 을 평가하는 방법, 채취과정에서 가급적 피해를 줄이는 방식 등을 다섯 단계로 나눠 설명해놓았다. 리오 틴토가 모든 비판을 피해갈 수는 없겠 지만, 또 채광에서 오는 피해를 완벽히 복원할 수도 없겠지만, 이들은 이해관계자들과 함께 작업하면서 경제성장과 환경보호 사이의 적절한 균형점을 찾아가고 있었다.

한때 환경계획과 지역사회 동참전략은 가지고 있으면 좋은 방안 정도로 여겨졌지만, 이제는 필수 아이템이 되었다. 리오 틴토의 환경문제 수석자문을 맡고 있는 데이브 리처즈Dave Richards는 말했다. "우리 영업권은 공장이 있는 지역사회뿐 아니라 사회 전체가 승인해주는 것입니다. 이들의 이해관계에 강경한 태도를 취하면 영업활동에 고생문이 열립니다. 따라서 이러한 헌신적 모습은 위기를 기회로 바꾸기 위한 의식적인 노력입니다."

공장문을 넘어선 경계

'카드뮴 사태'가 터지기 이전에 소니는 컨트롤 와이어를 공급하는 중국의 무명공급업체를 자기집단의 구성원으로 여기지 않았을 것이다. 하지만 1,300만 달러 가치의 게임기가 크리스마스를 한 달 앞두고 네덜란드 창고에 정박당하는 신세가 되면, 이 '가족'의 범주가 대폭 확장된다.

자신의 회사를 단순히 공장, 사무실을 비롯한 실물자산hard asset으로만 바라본다면, 이는 시대에 뒤떨어진 생각이다. 기업은 세계적인 생산 네트워크 안에서 운영되고, 공급업체는 이 과정의 다양한 단계에서 개입한다. 우리와 그들이라는 경계는 흐릿해졌다. 브랜드 가치와 직원들의 지식, 기술 같은 무형자산은 모든 기업의 가치를 구성한다. 이 무형자산은 녹색기업들이 친환경으로 변모하면서 얻는 황금이기도 하다. 그러므로 이러한 '소프트soft' 자산도 세심하게 관리할 필요가 있다.

코카콜라의 CEO 더그 대프트가 2001년에 새로 설립한 환경자문위원회 모임에 댄 에스티를 초빙하여, 신규 팀의 비전을 간략하게 설명했다. 코카콜라의 시가총액은 1천 150억 달러인데 장부가격은 150억 달러 정도이므로, 결국 무형가치가 1천억 달러에 달한다고 그는 말했다. 대프트는 그의 후임들인 네빌 이스델과 무타르 켄트와 마찬가지로, 세계적 가치의 브랜드를 지키는 책임자로서 환경적 과오가 수백만, 심지어 수십억 달러의 비용을 초래할 수 있다는 점을 이해하고 있었다.

이제 회사들은 '지구를 위해 우리의 본분을 다하고 있다'고 말하는 것만으로는 부족하다. 그건 지난 세기의 모습이며, 빈말에 불과한 경우도 적지 않았다. 현재 우리는 포괄적 생산자 책임의 세상에 살고 있다. 기업들은 멀리 떨어진 상류의 공급업체부터 하류의 고객에 이르기까지, 가치사슬 곳곳에 있는 환경문제에서 발뺌할 수 없다. 간단히 말해, 사방의 벽 '외부에서' 일어난 일은 때로는 가장 중요하게 여겨질 수 있다.

이러한 현실은 새로운 질문을 낳는다. 공급업체 공장직원이 독성물질에 노출되거나 여타 건강에 유해한 환경에 처해 있지는 않은가? 공급업체가 인근 강가에 유해폐기물을 내다버리지는 않는가? 고객이 제품을 처분하는 과정에서 쓰레기와 오염을 발생시키지는 않는가? 이러한 많은 질문이 논의 대상에 오르고 있다.

인터넷이 대단하면서도 한편으로 두려운 이유는 어디서나 정보를 접할 수 있다는 점 때문이다. 세계 어느 곳이든 아동노동 의혹이나 독성폐기물 배출 같은 혐의가 인터넷에 올라오면, 그 소식이 삽시간에 퍼져나가 브랜드에 먹칠을 하고 브랜드 가치도 떨어뜨린다. 본인 회사제품과 생산공정이 환경에 미치는 영향을 공장 문밖 넘어서까지 사고하는 일은 단순한 권장사항이 아닌 필수가 되었다.

저가형 가구업체의 일인자 이케아는 어마어마한 자원을 투자해 자사제품, 특히 목재의 출처를 추적하는 일에 노력을 아끼지 않는다. 이케아가 세운 목표는 적극적이다. 보호가치가 높은 지역에서 절대로 나무를 사들이지 않고, 불법 벌목한 목재도 받지 않으며, 지속가능한 목재로 인증받은 제품만 사들인다는 것이다.

이케아가 너무 지나친 책임감을 느끼는 걸까? 어쨌거나 이케아는 나무를 직접 구입하는 업체가 아니기 때문이다. 이들이 사들이는 것은 나무로 만든 가구이다. 그런데도 이케아 고위간부들의 생각은 다르다. 고객들이 적어도 이 정도는 기대하고 있다고 믿는다.

스위스의 작은 마을 겔터킨덴Gelterkinden에 있는 밝고 개방된 이케아 사무실에서, 산림담당자 구드몬드 볼브레히트Gudmond Vollbrecht가 앤드루에게 자기부서의 가치창출방법에 대해 설명해주었다. "우리 산림관들은 (총 18명) 가구와 목재공급업체를 직접 보기 위해 1년에 140일을 돌아다닙니다."09 비용도 많이 드는 이 광범위한 노력은 단지 바른 일을 하겠다는 신념 때문만은 아니라고 볼브레히트는 말했다. "비즈니스 가치를 발견해서 비즈니스 어젠다를 꿰뚫지 못하면 우리는 망할 겁니다. 공급사슬을 분석하는 것도 훌륭한 비즈니스였습니다. 우리의 업무에 대해 더 잘 알게 되었으니까요." 이케아는 이러한 추적 노력을 통해 효율성을 높일 새로운 방법과 중개업체를 없앨 방도를 찾는다. 고객이 열망하는 제품을 합리적 가격에 제공한다고 자부하는 이케아에게, 이 같은 영업개선은 비용이 들더라도 커다란 전략적 승리로 통한다.

이케아가 상류의 공급사슬이 단순한 위험요소가 아닌 기회의 장이라고 깨달은 것처럼, 다른 회사들도 하류에서 새로운 기회를 모색하고 있다. 예를 들어 HP는 고객들이 프린트의 토너 카트리지를 처분할 때 곤란을 겪는다는 점을 발견했다. 또 재생 카트리지를 파는 신규기업들이 줄줄이 생기면서 매출이 떨어지는 상황도 목격했다. HP는 고객들이 다 쓴 제품을 처분하도록 관망하지 않고, 직접 재활용 및 재제조 사업에 뛰어들어 큰 성공을 거두었다.

HP의 핵심사업은 프린터이며, 재제조 토너 카트리지는 현재 1억 달러짜리 고수익 사업이다. 이 정책이 시작된 이래 해마다 3천만 개의 카트리지를 재사용하며, 1억 개가 넘는 물량을 재활용한다.[10] 여기서 더욱 중요한 사실은 HP가 이 플래닛 파트너Planet Partners라는 재사용 사업에 손대지 않았더라도 다른 누군가가 그 역할을 대신했을 것이라는 점이다. 처음 제품의 생애주기 전반을 고민하는 일은 수세적인 행보처럼 보였지만, 결국 이러한 방어는 최선의 공격으로 통했다. 고수익을 낳는 성공신화로 마무리됐기 때문이었다.

이케아와 HP 등 현명한 기업들은 가치사슬 전반을 통틀어 기회를 모색하고 있다. 이렇게 생애주기 전반을 고려하면 제품과 생산공정에 귀중한 통찰을 안겨준다. 이는 또 관리자들이 자신들의 사업을 더 잘 이해하고, 가치사슬의 어느 지점에서든 가치를 발견하도록 도와준다.

윗선부터 시작하라

여러모로 볼 때, 환경우위를 찾아내려면 회사 구성원 모두가 참여하는 노력이 필요하다. 그렇지만 실질적인 환경 리더십은 윗선부터 시작해야 한다. 우리가 접한 모든 녹색기업의 경영자들은 최고위층의 헌신적 노력이 성공에 결정적이었다고 입을 모았다. 이는 중간관리층과 직원들을 친환경기업으로 전환하는 과제에 대대적으로 끌어들이는 유일한 방법이었다. BP의 CEO가 '요청'하지 않았다면 정유공장 관리자가 오염물 배출을 줄이려고 노력했을까? 조직 윗선에서 지시가 없었다면 3M의 제품관리자가 슈퍼 스티키 포스트잇의 매출수익을 몇 년 동안이나 기다릴 수 있었을까?

녹색기업은 CEO와 고위간부 등 모두가 지속가능성 문제에 개입했고, 때로는 몸소 뛰어들기도 했다. 듀폰의 채드 홀리데이Chad Holliday는 회장 겸 CEO일 뿐 아니라 안전 및 환경 총책임자로도 자임하고 나섰다. 이 직함은 회사 전체에 강력한 메시지를 전달했다. 홀리데이는 또한 지속가능발전 세계기업협의회의 회장직도 맡았다. 게다가 지속가능한 발전을 위한 비즈니스를 보여준 책 『말한 대로 실천하기Walking the Talk』도 공동저술했다.

• • • • • • •

도전에 다가서기

BP의 CEO 존 브라운이 '석유를 넘어서'라는 얼핏 무모해 보이는 정책을 내세웠지만, 이 공약을 20억 달러가 넘는 절감효과로 마무리한 과정을 앞서 살펴보았다.[11] 그는 이러한 맹세를 하기에 앞서, 기후변화가 실질적이고 긴급한 과제임을 용기 있게 공개적으로 인정했다. 다른 기업보다 훨씬 앞서간 행동이었다. 지구온난화에 대한 과학적 근거를 계속 의심의 눈초리로 바라보던 엑슨 모빌의 전 CEO 리 레이몬드(Lee Raymond)와는 대조적인 모습이다. BP는 브라운의 전략 덕분에 환경규제와 에너지 정책의 미래를 다루는 모든 중대회담에서 브라운이 말한 '한자리(a seat at the table)'를 차지할 수 있었다.

리 레이몬드의 은퇴시점이 다가오면서, 엑슨 모빌의 신임 CEO인 렉스 틸러슨은 회사정책에 변화를 주기 시작했다. 그러나 그 변화속도는, 엑슨 모빌의 대체 에너지 자원 탐사실패를 크게 비난한 엑슨 설립자 존 록펠러의 후손들을 비롯해 여러 이해관계자들을 만족시킬 만큼 신속하지는 못했다. 정부와 접촉하거나 대중적 인식에 다가서는 과정에서, 환경에 맞선 대가는 갈수록 커지고 있다.

· · · · · · ·

그루포누에바는 중미와 남미가 활동무대인 24억 달러 가치의 대기업이다. 이 복합기업의 CEO인 줄리오 모우라Julio Moura만큼 지속가능성에 열성적인 CEO도 없을 것이다. 이 회사는 특히 임업과 건설업계에서 쓰는 폴리염화비닐PVC 파이프를 전문적으로 제조한다. 환경과 정반대에 서 있는 기업인 셈이다. 그렇지만 그루포누에바는 녹색사고를 바탕으로 설립됐으며, 모우라의 고집 때문에 고위간부들은 초과근무까지 해가며 환경문제를 고민해야 했다.

그루포누에바의 최우선 과제 중 하나는 폴리염화비닐 생산에서 납 안정제를 사용하지 않는 일이었다.[12] 가치사슬 상류에서 이 문제가 불거지자 회사는 현장에서 해법 찾기에 나섰다. "우리 화학자들이 공급업체와 함께 1년 동안 매달린 결과 칼슘-아연계 안정제를 고안해냈습니다." 사회 및 환경 책임부서 부사장 마리아 에밀리아 코레아Maria Emilia Correa가 말했다. "우리는 생산비를 1퍼센트 이상 올리지 않겠다는 목표를 정했습니다. 그리고 결국 달성했습니다."

그렇지만 이 성공은 오래가지 못했다. 그루포누에바가 공급업체 생산에 변화를 줄 만큼 충분한 물량을 확보할 수 없었기 때문이었다. 이에 리더십팀은 기발한 해법을 내놓았다. 바로 경쟁업체와 이 사고를 공유하는 것이었다. 모우라가 선봉에 서서, 다른 폴리염화비닐 구입업체에게 납 성분이 노동자뿐 아니라 페루 공급업체 주변에 사는 아동들에게 미치는 영향을 설명하고 나섰다. 그는 다른 업체들에게 공급업체가 칼슘-아연계 기술로 전환할 수 있도록 충분한 물량을 다함께 확보해주자고 설득했다.

그 노력은 헛되지 않았다. 이보다 더 훌륭한 '말한 대로 실천'한 사례가
또 있을까 싶다.

아폴로 13호 원칙을 받아들여라
: 안 '된다'는 선택지에 없다

"휴스턴, 문제가 발생했다."

1970년 4월, 아폴로 13호의 달 탐사는 그다지 흥미 없는 사건이었다.[13]
인류는 이미 두 번이나 달에 다녀왔기 때문이었다. 그렇지만 지구에서
321,868킬로미터 떨어진 우주공간에서 산소탱크가 폭발하자, 우주비행
사 잭 스위거트Jack Swigert는 침착하게 이 조심스러운 메시지를 무선으로
알려왔다. 그러자 나사NASA의 관제본부장 진 크란츠Gene Kranz는 불가능
해 보인 지령을 내렸다. 바로 잭 스위거트와 사령관 짐 러벨, 조종사 프레
드 헤이즈를 무사귀환시키는 일이었다. 이산화탄소 필터가 부족한 상황
에서 2인용 달 착륙선을 나흘간 타야 하는 상황이었다.

톰 행크스가 주연한 영화 〈아폴로 13호〉를 본 사람이라면, 아마 크란
츠가 엔지니어팀에게 내린 명령을 기억할 것이다. 방법을 찾아라, 단 비행
사들이 활용 가능한 방법이어야 한다. 그런 방법이 아니라면 이들은 귀환
도 하기 전에 모두 죽고 만다. 크란츠의 말, "실패는 선택지에 없다."는 그
후 전설적인 명언이 되었다. 그리고 이는 효력을 발휘했다. 변경할 수 없는
제약조건에 맞서, 엔지니어들은 머리를 짜냈고, 전 세계가 초조하게 바라
보는 가운데 세 명의 비행사들은 안전하게 귀환했다.

산업계에서는 이처럼 도박 같은 상황은 드물지만, 환경친화적 기업들은 나사처럼 불가능을 해답으로 수용하지 않는다. 진 크란츠처럼 녹색기업들도 자기 조직과 직원들에게 매우 곤란하며 달성하기 힘들어 보이는 요구를 하고는 목적을 달성할 때까지 압력을 가한다.

1990년대 초, 듀폰은 새로 등장한 유해물질 배출량 조사제도가 듀폰을 미국에서, 그리고 아마도 세계적으로 으뜸가는 오염업체로 못을 박자, 친환경을 모토로 삼기 시작했다. 불명예스러운 분야의 '일등자리'를 내주기 위해, 채드 홀리데이의 전임 CEO였던 에드 울러드Ed Woolard는 각 부서에 분명한 메시지를 전했다. 유해폐기물을 줄여라![14] 울러드는 진지하게 '폐기물 제로'라는 광대한 목표를 정했다. 각 부서는 곧 그의 진지한 태도를 알아챘다.

텍사스 주 빅토리아에 있는 대형설비가 그 시범사례였다. 1951년에 문을 연 빅토리아 공장은 다른 제품생산에 들어가는 나일론 중간체를 전문적으로 만들었다. 이 중간체는 스테인마스터 카펫, 라이크라 스판덱스, 짐가방을 비롯해 안전벨트, 팬티스타킹에 이르기까지 모든 소재의 주요성분이다. 그런데 유감스럽게도 이 성분을 만드는 것은 고된 일이다. 1990년 빅토리아 공장은 1,600킬로그램에 가까운 독성폐기물을 쏟아냈다. 벤젠과 황산 같은 유해물질이었고, 이중 상당수를 깊은 우물에 묻곤 했다.

중간체는 가치사슬이 길었기 때문에 영업 마진이 빠듯했다. 이것이 첫 번째 문제였다. 두 번째 문제는 오염물 정화비용이 빠듯한 마진을 훨씬 초과할 정도로 높다는 점이었다. 제품 담당자가 울러드에게 와서 유해폐기물을 현저하게 줄이려면 5억 달러가 필요하다고 보고했다. 그러자 그는 간단히 답했다. "정답이 아닐세." 그래서 직원들은 다시 매달렸고 이번에는 2억 달러가 든다고 보고했다. 울러드의 답변은 똑같았다. "그것도 답이 아니네." 결국 빅토리아의 사업을 바꾸는 데 드는 순수비용은 제로에 근접했다. 엔지니어들이 독성물질 사용을 줄이기 위해 택한 방법은 공정 바꾸기였다. 이들은 지역사회와 손잡고 수질 자연정화를 위해 설비 인근에 습지대를 조성했다. 게다가 전에는 폐기물로 처리했던 부산물을 일부 판매하기도 했다. 2002년 무렵 빅토리아 공장이 배출한 유해물질은 450킬로그램 미만으로, 전보다 70퍼센트가 넘게 줄어들었다. 그런데도 제품 생산량은 오히려 늘어났다.[15]

현명한 기업가를 방안에 가둬놓고 이윤을 유지하면서 '동시에' 환경에도 유익한 답을 내놓기 전까지 빠져나갈 수 없다고 선포해보라. 그러면 바로 이런 일이 생긴다.

녹색기업은 공급업체를 비롯해 모두에게 까다롭게 군다.[16] 델이 처음에 재생종이에 제품 카탈로그를 찍겠다고 했을 때, 종이업체가 난색을 표했는데도 델은 입장을 굽히지 않았다. 현재 델은 카탈로그 중 10퍼센트를 재생용지에 찍는다. 페덱스 킨코스와 팀버랜드는 일부 설비에 재생 에너지를 도입하려 할 때, 재생 에너지 공급업체에게 적어도 초기 계약기간 동안 균형가격price parity을 유지해달라고 요구했고, 결국 동의를 받아냈다. 회사가 공급업체 측에 불가능해 보이는 요청을 하면 처음에는 안 된다는 반응을 보이기도 한다. 그래도 녹색기업은 해결책을 끈질기게 요구한다.

한편 아폴로 13호 정신을 받아들인 이후, 듀폰은 그 기조를 꾸준히 유지하고 있다. 듀폰의 에너지 관리자들은 회사전력 중 10퍼센트를 재생 에너지로 가동할 것과 동시에 800만 달러 '절감하기'를 목표로 삼고 있다.[17] 이들이 느끼는 심정은 나사 엔지니어들과 비슷할 것이다.

아폴로 13호 원칙

크게 사고하라. 주어진 기회를 이용해 환경적 이득을 얻어라. 기업에 야심찬 환경비전을 보여주는, 다소 불가능해 보이는 목표를 주어라. 그리고는 한걸음 물러나 회사의 혁신을 지켜보라. 연료를 줄이고 에너지도 줄이고 폐기물도 줄이지만, 이때 비용은 조금도 늘지 않는 생산방법을 직원들이 찾게 하라. 성공은 쉽사리 그리고 늘 이뤄지지는 않는다. 그러나 이러한 압박은 놀라운 진전을 끌어낸다.

· · · · · · ·

정서도 객관적 사실로 인식하라

쾌청한 날 애리조나 주 피닉스를 비행하는 일은 즐겁다. 이 지역은 붉은 갈색빛이 감도는 아름답고 건조한 사막이다. 그러나 스카이 하버 국제공항에 내려서면, 난데없이 짙은 녹색으로 시야가 불편해진다. 바로 골프장들 때문이다.

골퍼들은 5,000피트 상공에서도 유명 골프장을 귀신같이 알아본다. 스코츠데일 근처에 있는 트룬 노스 골프장은 「골프 매거진」 표현에 따르면 '드라마틱한 화강암 주변, 놀라운 융기현상이 벌어진 지역에 세운, 말라버린 사막의 강 너머로 호화로운 광경이 펼쳐진 곳'이다.[18] 그러나 이 지역에 흩어져 있는 다른 많은 골프장처럼 트룬 노스 골프장 역시 끊임없이 물을 요한다. 하지만 이런 요구를 채우기엔 이 지역은 너무 건조하다.

남서지방 골프장은 미국의 다른 어떤 지역보다 물이 더욱 필요하다. 골프장 한 곳당 일 년에 무려 8천 8백만 갤런 정도가 필요하다. 애리조나 골프장 단 한 곳에 필요한 물은 수영장 12,000곳을 채우거나 1,500명의 미국인(혹은 20,000명의 아프리카인)에게 필요한 물을 공급할 수 있다.[19]

이는 골프장에 대한 맹비난이 아니다. 요점은 물 사용을 줄일 방안을 찾는다면, 그 출발지로 골프장이 적합하다는 이야기다. 그러나 다른 모든 지역처럼 애리조나 주에서도 개인적 즐거움의 대상보다는 산업적인 이해관계에 손가락질을 한다. 애리조나 주 챈들러에 반도체 공장 두 곳과 더불어 초대형 설비를 보유한 인텔 역시 이러한 압력에서 예외가 아니었다. 공장관리자 릭 폴슨은 "이곳에서 가장 뜨거운 이슈는 물 사용이다."고 전했다.[20]

사실 칩을 제조하려면 물이 상당히 많이 필요하다. 전체 챈들러 부지가 매년 사용하는 물 소비량은 6억 갤런이 넘는다. 하지만 인근 골프장이 사용하는 80억 갤런에 비하면 새 발의 피다. 만약 지역 골프장들이 물 사용을 7퍼센트만 효율적으로 사용하면, 인텔의 '총' 물소비량이 나온다. 그렇지만 이러한 논리만으로는 부족하다.

애리조나 주에서 지역사회와 조화를 꾀한다는 것은 곧 물을 현명하게 소비한다는 뜻이다. 공장이 넓은 땅덩이를 차지하고, 「포춘」지가 선정한 전도유망한 100대 기업에 속한 회사라면 더욱 명심해야 할 사항이다. 만약 분기별 재무실적만 바라보는 업체라면 인텔이 챈들러에서 하듯 연간 수백만 달러를 투자해 물을 재활용하지는 않을 것이다. 인텔의 수자원 관리 방침은 법적 요구사항도 아니었다. 인텔 경영진은 단지 그리 하는 게 옳다고 생각했다. 그리고 이렇게 지역사회의 요구에 귀를 기울인 결과 영업권도 유지할 수 있었다.

최근 인텔은 새로운 칩 공장 건설허가를 단 몇 달 만에 받아냈다. 보통은 몇 년이 걸리는 일이다. 새로운 생산설비를 신속하게 승인받으면 어떤 이득이라도 있는 걸까? 물론이다. 정확한 계산은 불가능하겠지만, 수십억 달러짜리 공장건설을 빠르게 진행하면 상당한 비용이 절감된다.

인텔은 지역사회의 압력을 매우 현명하게 다루고 있다. 올바른 행동과 사업에 유익한 활동은 서로 배타적이지 않다. 대기오염 문제의 경우 대중과의 인식적 괴리가 더욱 크다. 인텔의 챈들러 부지가 배출하는 휘발성 유기화합물 양은 지역 주유소의 배출량과 비슷하다. 그렇지만 릭 폴슨은 이렇게 지적했다. "사실여부를 떠나 인텔이 대기오염에 일조한다는 인식 때문에 곤란을 겪고 있습니다. 이는 자료에 토대한 것이 아닌 '인식'의 산물입니다."[21] 엔지니어에게 실제 자료를 무시하고 이러한 정서를 다루라고 요구하기란 쉽지 않다.

인텔 이외에도 엔지니어의 분석과 대중적 인식 사이에서 격차를 느끼는 기업들이 많다. 쉘이 브렌트 스파 원유시설을 북해에 가라앉히기 위해 수행했던 세밀한 분석이 기억나는가? 이는 이상적 해법은 아니었어도 최선의 해결책이었다. 그렇지만 전 세계 항의자와 쉘 소비자 머릿속에는 객관적 사실보다 주관적 인상이 먼저 자리 잡았다. 혹은 허드슨 강에 버린 유독물질 PCB의 적절한 해법을 놓고 GE가 몇 년에 걸쳐 규제자와 싸웠던 사건을 떠올려보라. 물 전문가들 말에 따르면 기본적으로 GE가 옳았다고 한다. 화학물질을 원래 있던 자리에 두는 처리법이 이상적이지는 않지만, 적어도 인간에게 노출을 줄인다는 점에서 최선책이라는 뜻이다. 그러나 문제는 이러한 사실을 강 주변에 살고 있는 사람들에게 전달하는 일이었다.

몬산토의 지속가능성 십자군이 맞은 역풍

로버트 샤피로(Robert Shapiro)는 환경계에서 총애받는 인물이었다. 그는 1995년부터 2000년까지 몬산토의 CEO로 재직하는 동안 지속가능성을 기업전략의 핵심으로 삼았다.[22] 그는 생명과학, 유전공학, 생명공학에 혁신이 불면 살충제와 화학비료 없이도 작물이 잘 자라고, 물 없이도 잔디가 무성해지며, 쌀과 다른 식품에서 필수 비타민도 얻을 수 있다고 기대했다. 그는 이상주의자였다.

샤피로와 그가 이끄는 몬산토 과학팀은 본인들이 농업혁명을 일으킬 수 있다고 자신했다. 게다가 그 방법도 매우 안전하다고 확신했다. 어쨌거나 미국인은 유전자조작 콩과 기타 작물을 수년 동안 아무런 탈 없이 먹어왔다. 그러나 샤피로와 핵심 경영진은 유럽 소비자들이 유전자조작 식품을 절대 반기지 않는다는 사실을 미처 알지 못했다.

로버트 샤피로는 본인의 GMO 혁명을 유럽에 자신만만하게 전파하려다가 거센 항의만 촉발하고 말았다. '프랑켄슈타인 식품'이라는 외침에 맞서, 몬산토는 프랑스와 독일, 이탈리아 소비자들의 우려를 잠재우기 위해 이성적이고 과학적인 주장을 내세웠지만 모두 허사였다. 오래지 않아 몬산토는 유럽시장에서 철수했고, 회사 자체도 휘청거리기 일보직전이었다. 몬산토의 일류급 분석가들이 놓친 것은 바로 정서도 엄연한 사실이라는 점이었다.

• • • • • • •

아니면 가장 최근에 겪은 환경적 무지의 상징으로, 비닐봉지에 대한 대중의 반발을 살펴보자. 솔직히 말해 개인의 환경발자국에서 비닐봉지가 차지하는 양은 극미하다. 그렇지만 대다수 직원과 소비자들이 '뭔가' 실천해야 한다는 강한 의지를 보이자 기업과 정부가 나서서 비닐봉지를 없애고 있다(중국과 샌프란시스코는 비닐봉지 사용을 금지했고, 이케아는 봉지당 소비자에게 5센트를 부과한 결과 연간 비닐봉지 사용량을 92퍼센트 절감했다).

현명한 기업은 시장의 정서가 회사에 관한 객관적 사실처럼 사람들에게 다가간다는 사실을 깨닫고 있다. 인텔의 사례처럼, 대중의 인식을 다루고 지역사회의 환경적 우려에 진심으로 관심을 쏟는 기업은 순익에도 긍정적 효과를 얻었다. 이러한 현실이해는 환경우위 창출을 위한 올바른 사고의 핵심이다.

· · · · · · ·

브랜드와 함께 뒹구는 쓰레기

코카콜라나 맥도날드 같은 대형 일반 브랜드는 좋은 경우든 나쁜 경우든 대중의 주목을 필요 이상으로 받는다. '브랜드가 새겨진 쓰레기' 문제를 생각해보라. 사람들은 지나가다 금색 아치가 박힌 쓰레기를 보면 무의식적으로 '맥도날드가 여기저기 쓰레기를 버린다'고 여긴다. 이는 맥도날드의 소행이 아니지만 사람들의 인식은 다르다.

· · · · · · ·

옳은 일을 해라

이케아는 인색한 기업으로 유명하다. 설립자 잉그바르 캄프라드Ingvar Kamprad가 키운 습관 때문이다. 소문에 그는 세계 10대 부자라고 하지만 (이케아는 이를 강력하게 부인한다) 일반석 비행기를 타고, 저렴한 호텔에 머물며, 수년째 낡은 볼보를 그대로 끌고 다닌다.

　뉴저지 주 파라무스의 이케아 매장 관리자 밥 케이Bob Kay는 우리에게 캄프라드의 지독한 구두쇠정신을 보여주는 일화를 한 가지 소개했다. 한 번은 케이의 매장을 방문한 캄프라드가 바닥에서 먼지부스러기와 뒹굴던 몽당연필들을 보았다. 고객과 직원이 매장에서 사용하는 연필이었다. 케이는 말했다. "잉그바르 회장이 그러더군요. '이보게 밥, 저 연필들 내다 버리지 말게!' 그래서 전 마룻바닥에 엎드려서는 1센트도 안 되는 몽당연필을 주웠다니까요."[23]

　이렇게 푼돈도 아끼는 이케아가 수백만 달러를 들여 환경정책을 추진하는 모습은 뜻밖일 것이다. 예를 들어 케이의 매장 직원들은 재고물품을 받으면 포장재를 분류한다. 플라스틱, 나무, 금속 등을 종류별로 쌓은 다음 매장차원에서 비용을 들여 폐기물별로 재활용한다. 그 어느 것도 필수규정에 없다. 게다가 이 추가 작업 때문에 재고 보충속도가 느려지고, 폐기물 관리와 담당인력 관리에도 돈이 든다. 그런데도 이케아는 이러한 노력을 환경책임에 필수라고 본다.

　그렇다면 인색한 이케아가 환경에 추가로 돈을 들이는 이유는 뭘까? 사무실에 써 붙인 구호가 어느 정도 그 답을 보여주는 듯하다. '비용을 낮추라. 그러나 그 어떤 희생도 치러서는 안 된다.' 말뿐인 구호가 아니었다. 우리가 만난 이케아 직원들 모두가 이 슬로건을 진심으로 받아들였으며, 재활용 분리수거에도 여념 없는 회사의 모습은 이를 뒷받침하고 있었다.

녹색사고 내력이 필요한가?

환경보호가 바람직하다는 환경윤리가 기업설립의 토대일 필요는 없다. 물론 일부 녹색기업들은 수년 동안 환경윤리를 논해왔다. 허먼 밀러 설립자 D. J. 드프리는 세상에 대한 책임이 강한 독실한 사람으로, 1950년대 초 '환경을 모범적으로 관리해 선량한 기업이 되겠다'고 선포했다. 업계 최초로 환경책임을 언급한 경우는 아니라 해도 매우 선도적인 사례였다.[24]

물론 책임의식이 기업의 내력일수록 유익하다. 그렇지만 어떤 기업이라도 공약을 하고 혁신적 방법을 찾아낸다면 이런 노선을 취할 수 있다. 친환경과 동떨어진 과거경력을 뒤로 한 채 이러한 가치에 다가선 기업들도 있다. 바로 치키타가 그런 경우다. 치키타는 세계 기업사에 상당한 우여곡절을 겪은 기업으로 남아 있다. 그러나 현재 치키타 경영진은 환경 및 사회적 문제에 주목했던 것이 기업 성공의 핵심이었다고 입을 모은다.

● ● ● ● ● ● ●

기업의 환경보호는 어느 한 스웨덴 기업의 주장에서 그치지 않았다. 실패로 끝난 컴팩Compaq 인수에 대한 책임을 지고 HP의 CEO 자리에서 물러난 칼리 피오리나Carly Fiorina는 사퇴하기 전 어느 연설에서 기업의 환경 및 사회적 책임이 비즈니스의 중심이어야 하는 이유를 설명한 적이 있었다. 네 가지 논거 중 세 가지는 환경친화가 비즈니스에 이득이라는 점이었다. 그렇지만 맨 처음 제시한 이유는 싱겁게도 그것이 '올바른 행동'이기 때문이었다.[25]

나이키, 맥도날드, 알칸 같은 기업의 고위간부들도 공개적으로 입을 모아 말했다. 허먼 밀러의 CEO인 브라이언 워커Brian Walker는 환경의 가치에 대한 글을 온라인에 남겼다. "우리가 환경을 옹호하는 이유는 단순하다. 우리의 취약한 환경을 보호하는 일이 바른 행동이라고 믿기 때문이다."[26]

연구를 거듭하면서 우리는 이런 질문을 던졌다. "왜 이런 일을 하십니까? 왜 환경 혹은 무형의 가치에 유익한 일에 돈을 쓰십니까?" 그들은 때로는 약간 놀란 기색으로, "올바른 일이니까요."라는 대답을 되풀이해 들려주었다. 회의론자들은 기업 리더들이 단지 공허하고 진부한 말을 입에 올릴 뿐이라고 지적할지 모르겠지만, 우리 눈에는 진정한 헌신으로 비춰졌다. 게다가 이들 경영진은 약속을 지키기 위한 조치를 취했고, 때로는 단기적인 손실도 마다하지 않았다.

그 누구보다도 일선에서 뛰는 직원들이 환경을 이해하고 주목한다. 임원들이 신념과 수익이라는 두 마리 토끼를 잡기 위해 노력하고 기업의 맨 윗선부터 이러한 기풍을 드러내면, 직원들은 자신의 능력을 십분 발휘할 것이다. 바로 이것이 환경우위를 싹 틔우는 방법이다.

· · · · · · ·

환경우위의 핵심

올바른 사고방식은 녹색황금 세상에서 성공하는 데 필수이다. 환경 렌즈를 끼고 기업전략을 세울 때 다음의 사항에 주목하자.

- 나무가 아닌 숲을 보라. 시간, 수익, 경계를 뛰어넘어 폭넓게 사고하자.
- 윗선부터 시작하라. 고위간부, 특히 CEO가 비전을 갖추어야 한다.
- 아폴로 13호 원칙을 받아들여라. 달성하기 어려운 환경목표를 세우고 부정적인 답변은 수용하지 말자.

• 정서도 객관적 사실로 인식하라. 감정과 인식의 영향력은 상당하다. 그리고 고객
  은 틀리는 법이 없다.

• 옳은 일을 해라. 명확한 환경적 가치는 직원, 고객, 규제자, 그리고 잠재적인 적대
  세력까지도 자극한다.

• • • • • • •

기업의 환경발자국 파악하기
: 에코 추적으로 기업의 위치를 알고 경쟁력 갖추기

환경우위 사고는 환경 렌즈의 핵심이자 강력한 자극제로, 기업이 도전과제에 맞서 경쟁우위를 찾도록 도움을 준다. 그렇지만 이는 단지 시작에 불과하다. 그 노력을 지속하려면 기업은 도구를 갖추어야 한다. 이제 우리는 기업들의 현재 위치파악에 도움을 주는 도구들의 각 요소를 살펴볼 것이다.

형세파악을 위해 고민하고 분석하는 일은 수월하지 않다. 그렇지만 에코 추적Eco-Tracking은 근본적이면서도 생소한 질문들의 답을 얻는 데 도움을 준다.

- 회사가 끼치는 커다란 환경적 피해는 무엇인가?
- 그 피해는 언제 어디서 발생하는가? 제조과정인가? 선적과 배송과정인가? 가치

• 환경우위 도구 세트-에코 추적

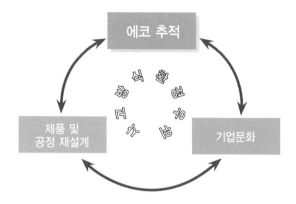

사슬의 상류인가, 아니면 소비자의 수중에 놓이는 하류인가?

• 당신 기업의 환경실적이 다른 이들 눈에는 어떻게 비치는가?

이 질문들에 답하기란 쉽지 않다. 그렇지만 선두기업은 에코 추적이라는 핵심도구를 써서 환경 자화상을 그려내고 환경우위 관리에 도움을 받는다. 이들의 선례에 따라 아래와 같이 해보도록 하자.

• 기업의 환경발자국을 추적한다.

• 자료를 모으고 평가기준을 잡는다.

• 환경경영 시스템을 세운다.

• 경쟁우위 확보를 위해 파트너 관계를 맺는다.

환경발자국을 추적하라

기업들은 저마다 상품을 제조하고 서비스를 제공하면서 세상에 발자취를 남긴다. 사용자원이 많고 오염도가 심할수록 발자국도 크게 남는다.

매우 간단하게 축약한 자동차산업의 가치사슬을 떠올려보자('단순화한 자동차산업의 가치사슬' 참고). 제조업체 입장에서 보면 엔진, 문짝, 앞유리, 안전벨트 등 수천 가지에 달하는 각종 부품이 공장 한쪽에 모인다. 그러면 공장직원들은 차량을 조립하고 도색한 다음 공장 밖으로 내보낸다. 공장문을 나선 완성차량은 트럭, 열차, 컨테이너에 실려 세계 곳곳으로 운반된다. 자동차 판매업체들은 이 차량들을 수백만 명의 고객에게 판매한다.

과거 몇 년 동안 자동차 회사에게 환경발자국을 추적하라고 하면 대개가 혼란스러운 표정을 지었다.[01] 회사임원들은 환경발자국이 뭐냐고 되묻기도 했다. 심지어 의식 있다는 경영자들도 제조단계에서 생기는 환경피해, 즉 공장에서 나오는 배기가스, 폐수, 도색과정에서 생기는 대기오염

• **단순화한 자동차산업의 가치사슬**

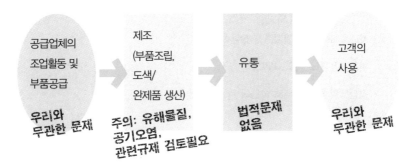

• 포괄적 생산자 책임을 반영한 자동차산업의 가치사슬

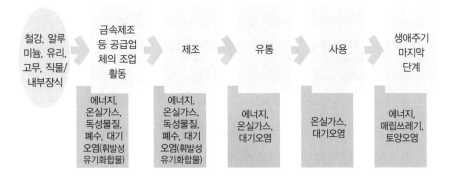

철강, 알루미늄, 유리, 고무, 직물/내부장식	금속제조 등 공급업체의 조업 활동	제조	유통	사용	생애주기 마지막 단계
	에너지, 온실가스, 독성물질, 폐수, 대기오염(휘발성 유기화합물)	에너지, 온실가스, 독성물질, 폐수, 대기오염(휘발성 유기화합물)	에너지, 온실가스, 대기오염	온실가스, 대기오염	에너지, 매립쓰레기, 토양오염

등에만 국한해 답변하기 일쑤였다. 가치사슬의 다른 요인들은 아예 고려 대상이 아니었다.

회사의 가치사슬과 발자국에 대한 새로운 시각은 그 폭이 매우 넓다('포괄적 생산자 책임을 반영한 자동차산업의 가치사슬' 참고). 여기에도 제조단계가 있지만 이제는 에너지 사용 같은 규제 밖 환경문제도 포함한다. 또한 고려대상은 가치사슬의 상류를 따라 공급업체까지, 그리고 하류로는 고객이용단계와 폐기처분단계까지 확장된다. 여러 차례 언급했듯이, 포괄적 생산자 책임 세계에서는 공장 문밖에서 벌어지는 일도 환경대차대조표상의 주요 항목이다.

자동차산업의 실제 환경발자국을 파헤치려면, 제조업체는 공급업체의 영업방식에 대해 질문을 해야 한다. 철강은 어디서 오며 어떤 방식으로 단조鍛造하는가? 금속제조 과정에서 어떤 유해물질을 배출하는가? 다음으로 하류를 살핀다. 제품의 '사용단계'에서 운전사가 배출하는 가스량은 어느 정도인가? 배기관에서 나오는 온실가스는 어떤가? 몇 년 후 차량을 고물상으로 보낼 때 어떤 일이 생기는가? 이 작업이 마무리되면 전반적인 환경발자국은 자동차의 생애주기 전반을 보여주게 된다.

기업의 발자국에는 긍정적인 면도 있다. 이를테면 소비자에게 봉사하고 직원에게 월급을 주며 지역사회를 후원한다. 그러나 환경적 맥락에서 본 발자국은 기업의 오염이 사회와 지구의 천연자원 소비에 얼마나 부담을 주는가를 뜻한다. 현재 사회에서는 지구의 자정능력을 떨어뜨리는 주체들이 환경피해를 최소화하고 그 비용도 부담해야 한다는 목소리가 점차 커지고 있다. 녹색기업의 경우 자신들의 발자국 크기를 진지하게 측정해서 그 부정적 효과를 줄이기 위해 뚜렷한 목표를 세운다.[02]

그렇지만 발자국 크기를 줄이기 전에, 그 윤곽을 알아야 한다. 발자국 측정에 매우 유용한 도구 중 하나로 제품 생애주기 평가, 즉 LCALife Cycle Assessment라는 것이 있다.

제품 생애주기 평가

제품 생애주기 평가는 원료상태부터 유용성이 사라지는 폐기단계까지 제품의 환경적 피해를 추적한다. 따라서 LCA는 환경 자화상을 그리고 그 피해를 최소화하는 방법을 찾아주는 중요한 도구이다. LCA를 제대로 수행하면 가치사슬 전반적으로 소모자원을 줄이고 비용을 낮추는 방법이 명확해진다.

자동차산업의 가치사슬을 한 번 더 살펴보자.

이제는 선형이 아닌 원형도표가 보인다. 자동차는 지구에서 캐낸 가공 안 한 천연자원 상태에서 출발한다. 철광석과 알루미늄부터 내부장식용 가죽에 쓰이는 가축까지 그 모두가 해당된다. 공급업체는 투입재를 받아서 다양한 자동차 부품들을 세밀하게 다듬는다. 그러면 자동차회사는 제

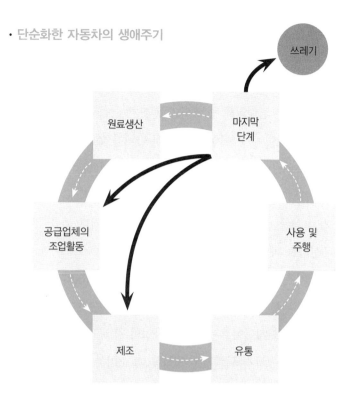

• 단순화한 자동차의 생애주기

쓰레기

원료생산

마지막 단계

공급업체의 조업활동

사용 및 주행

제조

유통

품을 조립해 전 세계로 유통시킨다. 자동차는 32만 킬로그램 이상을 달린 후에 생애주기 마지막 단계에 들어선다. 일부 부품은 고철로 팔려 원료 생산업체에 되돌아가기도 하고, 새로 손질된 후 다른 자동차에 다시 사용되기도 하며, 그냥 매립지로 직행하는 경우도 있다.

생애주기 평가는 하나의 완결된 주기 속에서 각 단계의 환경적 피해를 추적한다. 이는 회사가 다뤄야 하는 문제이해의 기본바탕이며, 환경 우위를 찾는 데 실마리를 제공한다. 수자원을 가장 많이 쓰거나 대기오염이 가장 심한 곳은 공정의 어느 단계인가? 제조과정의 부산물을 재사용하거나 재활용하는 일은 가능한가? 모든 제품을 재활용할 수 있는가? 각 이해관계자들이 우려할 만한 환경피해는 가치사슬의 어느 단계에서 발생하는가? 폐기물과 비효율이 발생하는 지점은 어디인가? 이 질문에 대한 답은 의외의 지점에서 나오기도 하고, 제품과 산업에 따라 매우 다양하다.

정치적 논란이 많은 환경피해 중 하나인 온실가스 배출을 예로 들어보자. 사전제조, 제조과정, 사용 이렇게 세 가지 단계만 있다고 가정해보자. 매우 단순하게 대응해본다면 이는 각각 공급업체, 당신 회사의 조업활동, 그리고 고객에 해당한다.

이제 세 가지 상품, 즉 스포츠유틸리티 차량과 은행거래, 가죽 부츠에 해당하는 온실가스 배출량을 대략적으로 살펴보자(259쪽 도표 참고). 이 세 상품의 온실가스 배출양상은 매우 다르다. 스포츠유틸리티 차량의 경우 온실가스는 대부분 제조단계가 아닌 주행 시 연료를 태울 때 나온다(사용단계). 은행계좌를 개설해주는 서비스 산업의 경우, 직접 남기는 발자국 중 가장 큰 비중을 차지하는 것은 영업할 때 소비하는 에너지다(조명과 냉난방). 그리고 가죽 부츠의 경우 온실가스 배출은 가치사슬의 상류에서 일어난다.[03]

각 제품이나 기업별로 상황이 다르기 때문에 여기 나온 수치들이 정확하지는 않다. 그렇지만 상당부분 현실을 반영한다. 실제로 팀버랜드는 가죽 부츠라는 단일제품에 국한해 생애주기 평가를 수행했다. 목축업(가죽을 제공받는다) 같은 하위공급업체를 포함해 가치사슬 전체에서 발생하는 온실가스 배출량을 계산했다. 그 결과 놀랍게도 온실가스 배출의 주범은 소였다. 소는 소화단계에서 강력한 온실가스인 메탄을 만든다. 소가죽은 소의 무게에서 극히 일부이므로, 팀버랜드는 부츠의 환경대차대조표에서 소의 가스 생산 비중을 7퍼센트로 잡았다. 그렇지만 그 비중이 작다 해도, 소는 부츠의 온실가스 중 80퍼센트에 책임이 있다.

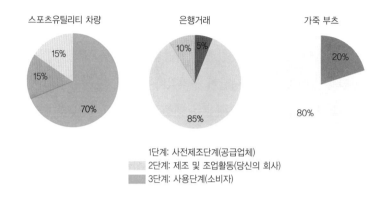

스포츠유틸리티 차량

15%
15%
70%

은행거래

10% 5%
85%

가죽 부츠

20%
80%

1단계: 사전제조단계(공급업체)
2단계: 제조 및 조업활동(당신의 회사)
3단계: 사용단계(소비자)

이런 평가가 왜 중요할까? 이론상 부츠가 미치는 다양한 환경적 양상의 규모와 속성을 꿰뚫으면, 팀버랜드는 적절한 곳에 역량을 모을 수 있다. 아니면 적어도 경영진은 자신들이 겪을 상충관계를 더 잘 이해하게 된다. 회사에서 부츠의 가죽 제거를 심각하게 고민하는 이가 아무도 없다면, 소가 메탄가스를 대량생산하는 일을 아무도 막지 못한다. 하지만 팀버랜드는 생애주기 평가를 통해, 조립공장이나 유통 센터에서 에너지 소비량을 줄이는 것보다 부츠당 가죽소비량을 줄일 때 기후변화 발자국이 훨씬 줄어든다는 사실을 깨달았다.

생애주기 평가는 제품개발의 지침이 되기도 한다. 3M은 자사의 생애주기 평가 프로그램을 빠르게 확대해왔다. 그리하여 이제 신제품 계획서에는 공급업체, 3M, 고객에게 미치는 환경·건강·안전문제까지 포함해야 한다. 이렇게 자사제품의 환경적 영향을 체계적으로 빈틈없이 파악해두면, 3M은 환경우위 전략을 세우는 든든한 토대를 마련하게 된다. 3M의 선호수단인 에코 효율성을 보아라. 시스템의 취약점을 알고 피해가 큰 지점을 파악하면, 전략은 한층 상승한다. 또한 오염물질과 폐기물을 전기톱이 아닌 외과용 메스로 드러낼 수 있다.

제품의 생애주기를 이해한 기업은 고객의 삶을 개선하는 방법을 찾아내 매출을 올리기도 한다. 3M은 생애주기 평가를 토대로 학교와 병원을 위해 독성이 약하고 사용이 간편한 산업용 소독제를 개발했다. 고객의 환경부담을 줄이자 매출도 덩달아 올라갔다.

한 가지 명심할 점이 있다. 때로는 생애주기 평가가 쉽지 않다는 점이다. 이 분석은 특정제품과 각 사업부서, 혹은 회사 전체를 포함할 수 있다. 어떤 작업은 비교적 간단하지만, 세심한 분석이나 과감한 가정이 필요한 경우도 있다. 한 가지 쟁점은 가치사슬의 상류 또는 하류가 어디까지인가 하는 점이다. 팀버랜드는 목축지에서 나오는 배출량을 평가했다. 그렇다면 이들은 운전사가 목장주인에게 사료를 배송할 때 연료에서 생기는 배출량도 포함해야 했을까? 소 먹이용 옥수수를 기를 때 농장설비들이 사용하는 연료도 다뤄야 했을까?

심화분석과 비용 간의 상충관계를 고려해보자. 때로는 단순분석으로도 상당한 통찰력을 얻는다. 따라서 심층적인 생애주기 평가를 하기 전에 작업의 80퍼센트는 20퍼센트의 이슈에서 나온다는 80 대 20 규칙을 기억해야 한다. 합당한 가정을 세우기 어려우면, 논리적으로 한계선을 긋고 분석의 한계를 인정해야 생애주기 평가가 훨씬 수월하게 풀린다.[04] 우스울 정도로 철저한 어느 생애주기 평가는 제조업 종사자들이 먹는 식품생산에 드는 에너지까지 포함하였다.

결국 아는 게 힘이다. 가치사슬을 따라 생기는 발자국을 이해하면 회사는 오염방지 활동에 도움을 얻고 고객에게 봉사할 새로운 기회를 발견하며, 이해관계자와 얽힌 문제를 피할 수 있을 뿐 아니라 경쟁에서도 유리해진다. 이것이 바로 환경우위이다.

목적지는 어디인가?

지속가능성 분야의 난제 중 하나는 단순하게도 기업이 원하는 바를 파악하는 일이다. 내추럴 스텝(Natural Step)이라는 단체는 네 가지 원칙이 담긴 유용한 틀을 제시해 기업이 지속가능성을 이해하도록 돕는다(내추럴 스텝의 '시스템 상태' 항목은 각주를 참고).[05] 종착점을 분명히 하고 나면, 기업은 목적지 도달에 필요한 각 단계를 배치할 수 있다. 이 작업이 바로 내추럴 스텝의 설립자 칼 헨릭 로버트(Karl-Henrik Robert)가 이름 붙인 '원칙을 통한 재구성'이다.[06]

맥도날드, 스타벅스, 인터페이스 등 다수의 녹색기업이 로버트의 방식을 통해 지속가능성에 대한 사고를 신장시켰다고 평가한다. 일례로 이케아 경영진은 비용이 낮고 환경에 안전한 조명장치라는 구체적 미래상을 그리고 있었다. 당시 에너지 효율적인 램프는 비싸고 유독성 수은을 함유하고 있었는데, 이는 로버트의 시스템 조건에 부합하지 않았다. 그래서 이케아 직원들은 다른 선택지를 찾아 나섰고, 그 결과 수은을 75퍼센트 줄인 청정한 생산공정을 탄생시켰다. '목적지는 어디인가?'라는 질문을 통해 오랫동안 풀리지 않은 문제에 주목한 결과 혁신을 끌어낸 것이다.

• • • • • • •

자료를 모으고 평가기준을 잡아라

'평가를 해야 관리가 이뤄진다.' 이는 매우 널리 알려진 주장이지만 평가기준은 특히 보상과 관련해 주목을 끈다. 어떤 사업성과든 관리하기 전에 정보가 있어야 한다.[07] 환경영역에서는 의사결정과 전략, 정책과 관련해 데이터를 항상 중심에 두는 분위기는 아니다. 그러나 데이터가 핵심이어야 한다. 무엇보다도 데이터는 십중팔구 환경개선을 실질적으로 증명할 수 있는 주요지표이기 때문이다.

유해물질 배출량 조사정책 같은 단 하나의 데이터 추적법이 다수의 기업을 환경 리더의 길로 들어서게 했다. 수많은 독성물질을 의무적으로 평가·보고하도록 한 결과 기업은 자신의 발자국이 얼마나 컸던가를 알게 되었다. 그리고 이용가치 있는 화학물질을 굴뚝 위로 날려보내고 있었다는 사실도 깨달았다.

추적대상

모든 기업은 몇 가지 기본적인 환경 결과를 추적해야 한다. 즉 어떤 자원을 사용하는지, 또 무엇을 배출하고 허비하는지 파악해야 한다. 선두기업은 다양한 항목에 걸쳐 그 실적을 추적한다(263쪽 도표 참고).

환경결과를 추출해 단일한 평가기준을 얻는다면 참 좋겠지만, 이는 가능하지 않다. 허먼 밀러의 CEO도 '균형성과표'의 핵심항목으로 삼을 만한 환경평가기준이 없다며 난색을 표했다.[08] 그렇지만 사실 환경보호는 불가피하게도 다차원적 과제이다.

환경지표는 금융지표와 흡사하다. 모든 회사는 수입, 대차대조표, 현금흐름표 등 재무상태를 측정하는 기본적인 재무측정도구를 산출한다. 그렇지만 회사마다 순익, 부채비율, 잉여현금 등 특정지표를 선별해 주시한다. 모든 측정지표들이 필요하기는 하지만, 상황에 따라 다른 것보다 더욱 필수적인 지표들이 있기 때문이다.

업무 관리를 위해 균형성과표를 활용하려는 이들에게, 우리가 제시한 평가기준 목록이 환경장부 항목으로 무난할 것이다. 세 가지 축으로 실적을 평가하려는 업체들은 사회적 지표도 포함해야 한다.

환경적 결과	기본적인 평가기준
에너지	· 에너지 소비량. · 재생 에너지 사용량 혹은 구입량.
물	· 총 물소비량. · 수질오염.
공기	· 온실가스 배출. · 중금속과 독성물질 배출. · 휘발성 유기화학물, 유황산화물, 질소산화물, 미립자 배출.
폐기물	· 유해폐기물. · 고형폐기물. · 재활용물질.
규제준수	· 규제인지도. · 벌금납부 및 제재 상황.

기업마다 수집한 자료를 자사의 핵심 이슈에 맞게 조정하고, 기업별 혹은 산업별 지표도 개발해야 한다. 스타벅스의 경우 재활용 비율이나 무표백 포장비중 등 여러 가지 종이사용지표를 면밀히 추적한다. 수백만 개의 종이컵도 이에 포함된다. 코카콜라는 사업에 압박을 주는 사안에 주목하기 위해 최종생산물 1리터를 만드는 데 드는 물 소비량이 어느 정도인지 추적한다.[09]

환경 데이터와 평가기준에 지침이 될 만한 일반적인 사항 세 가지를 제시하면 다음과 같다.

1 상대지표와 절대지표를 동시에 추적하라: 예를 들어 온실가스는 매출당 배출량과 총배출량 모두를 측정해야 한다. 상대지수로 진전된 상황을 보이고 싶겠지만, 어떤 환경문제는 절대수치로 따져야 한다. 물론 매출대비 온실가스 배출을 줄이는 것도 유익한 일이다. 그렇지만 매출이 현저하게 증가한다면 사태는 계속 악화되는

셈이다. 이 경우 상대적 실적향상을 주장한다 해도 핵심적인 이해관계자들에게 깊은 인상을 주지 못할 것이다.

2 사내 다양한 영역에서 자료를 수집하라: 국가별, 지역별, 부서별, 현장별, 여기에 더해 제품별로 세부자료를 확보한다면, 문제영역을 골라내고 뛰어난 성과나 모범관행을 찾아내는 데 도움이 된다.

3 가치사슬 전체에 대해서도 동일한 자료를 모으라: 되풀이되는 말처럼 들리겠지만, 공급업체부터 유통업체, 고객에 이르기까지 공장 밖에서 벌어지는 일이 치명적인 경우도 있다.

이 모든 작업에 드는 비용이 상당해 보이지만, 반드시 그렇지는 않다. 우수한 평가작업은 보통 엄격한 영업관리와 함께 가기 때문이다. 우리가 인터뷰한 소규모 업체 중 하나인 로너 텍스틸도 1993년 이후 십여 가지가 넘는 환경지표를 활용해왔다. 이제 곧 우리는 GE가 정교한 환경 데이터 추적 시스템을 활용해 상대적 입지를 정확히 파악하고 비용절감도 이룬 사례를 살펴보도록 하겠다.

공급사슬 측정기준과 소재 데이터베이스

지금까지 특정 제품의 비즈니스와 관련해 가장 적합한 평가기준을 논했다. 서비스 산업은 에너지를 소모하고 폐기물을 만들지라도 폐수배출을 추적할 필요는 없다. 그렇지만 서비스 산업도 제품을 사용하며, 이 제품 공급업체가 부딪치는 다른 이슈가 있기 마련이다. 그러므로 관련 공급업체의 실적을 추적하는 것이 바람직하다. 그렇다면 현금자동지급기 제조사가 초래한 환경문제도 은행의 책임일까? 황당하게 들리겠지만 NGO와 미디어가 쫓는 대상이 무명의 제조업체인지 아니면 대형고객을 상대하는 수십억 달러 가치의 브랜드인지 생각해보길 바란다.

맥도날드는 공급업체에게 핵심 평가지표를 추적해달라고 요구하기 시작했다. 맥도날드의 자체적인 환경발자국은 에너지 사용과 폐기물단계에서 끝난다. 그렇지만 버거와 감자튀김은 환경적 부담을 낳는다. 소 사육과 산업농업도 거대한 발자국을 남긴다. 맥도날드가 이 같은 사실을 통감한 계기도, 열대 산림을 없애고 세운 목초지에서 육류를 공급받지는 않는지 NGO단체들이 이런저런 질문을 해오면서부터였다. 그때 이후로 맥도날드는 이러한 피해 역시 다뤄야 할 책임이라고 느꼈다.

공급업체에게 기본적인 평가지표를 넘어 내부정보를 요구하는 녹색기업도 있다. 허먼 밀러는 친환경 의자인 미라Mirra의 생산에 참고하기 위해 소재 데이터베이스를 구축했다. 이를 주도한 관리자 두 명이 각 공급업체에게 모든 재료의 정확한 제품성분을 보내달라고 요청했다. 정보공유를 망설인 기업도 있었지만, 허먼 밀러는 요청에 응한 업체하고만 거래할 생각이었다.

허먼 밀러는 모든 화학물질과 소재마다 유독성 및 기타 환경적 속성에 따라 적색, 노란색, 녹색으로 점수를 매겼다.[10] 관리자들은 디자이너에게 녹색점수를 받은 것은 거리낌 없이 사용해도 좋지만, 노란 등급소재는 최소화하고 폴리염화비닐 플라스틱 같은 적색 소재는 피해달라고 주문했다. 800가지 소재—의자 하나에 이렇게 많은 재료가 들어간다는 사실을 누가 알았을까?—정보가 담긴 데이터베이스 덕분에, 허먼 밀러는 모든 의자에 쓰이는 각 소재의 양을 정확히 계산할 수 있다. 또 이 자료는 제품 전반에 1부터 100까지 점수를 부여하므로, 디자이너들은 차세대 제품마다 목표점수를 정하게 된다.

데이터 관리는 위험, 비용, 수익, 무형가치 등 모든 항목에서 환경우위 창출에 결정적 수단이다. 환경피해가 적고 실내 공기를 우려할 필요가 없는 가구를 찾는 고객에게 미라 제품은 만족스러운 선택이다. 또 깨끗한 제품을 생산할수록 브랜드도 강화된다. 마지막으로 자사제품에 대해 정확히 알면 위험을 대폭 줄이면서 수백만 달러를 절감할 수 있다.

소니의 카드뮴 사태는 전자산업 전반에 경종을 울렸다. 일례로 델은 소재 데이터베이스를 강화하기 위해 수백만 달러를 지출한다. 델의 환경담당 임원인 돈 브라운Don Brown은 이렇게 말했다. "만일 유럽연합 부두에 도착했는데 문제가 발생했다면, 우리 회사는 '데이터'를 토대로 어떤 질문이든 막힘없이 답변할 수 있습니다. 세관에서 만여 개의 제품에 발목 잡히는 일은 피해갈 수 있습니다."[11]

원자료에서 창의적 평가지표 세우기

시작은 양질의 자료 확보이다. 이 정보를 활용해 환경피해를 솔깃하고 적절한 방법으로 전달하면 올바른 행동에 직원들을 동참시킬 수 있다. 일례로 직원 한 명당 에너지 소비량을 보여주면 총소비량을 제시할 때보다 개인차원의 과제를 제시하면서 모두의 주목을 끌게 된다.

듀폰은 오해를 살 정도로 솔직한 평가지표에 주목했다. 바로 제품 무게 당 주주 부가가치Shareholder Value Added, SVA였다.[12] 이는 말 그대로 회사가 생산하는 모든 제품의 무게를 측정한 것으로, 관계자 말에 따르면 한때 그 무게가 200'억' 파운드에 달했다고 한다. 이를 통해 듀폰은 심오한 사실을 깨달았다. 아무리 의욕적인 목표를 잡아 폐기물과 에너지를 줄이더라도 제품생산량이 늘어나면 환경피해도 커진다는 사실이었다. 그래서 듀폰은 핵심에 접근하기 위해 제품용량을 측정했다. 그리고 90개 사업부서의 무게당 주주 부가가치 자료 6년치를 확보했다. 듀폰의 비공식적 목표는 이 자원생산성 측정지표를 회사 전체로 4배 확대하는 것이다.

2004년 듀폰은 코크 인더스트리Koch Industries에 나일론 사업을 매각하면서 라이크라Lycra와 스판덱스Spandex를 비롯해 대표 브랜드 몇 가지를 넘겼다. 이 매각이 제품의 무게지표와 어떤 관련이 있는 걸까? 듀폰의 폴 테보는 이를 시장가치라는 용어로 설명했다. 그는 기업 혹은 산업별 주가수익률Price/Earnings ratio과 무게당 주주 부가가치SVA/pound를 비교하는 이론적 도표를 그렸다.[13] 한쪽 끝에는 마이크로소프트처럼 주가수익률과 무게당 주주 부가가치가 둘 다 높은 기업이 있다. 다른 쪽 끝에는 주가수익률과 무게당 주주 부가가치가 모두 낮은 나일론 산업 등 대형 중공업이 있다. 듀폰은 두 축이 서로 연관이 있다고 보면서 성장률과 가치평가가 모두 높은, 반대편 끝 고부가가치 쪽으로 이동하길 원했다.

우리는 제품과 소재가 항상 필요할 것이다. 하지만 시장은 이에 부과된 서비스나 지식을 더 높이 평가한다. 정보기반경제로 이동할수록, 바이트가 비트를 대체한다. 따라서 무게당 주주 부가가치 지표는 어떤 면에서 보자면 탈물질화dematerialization라는 광범위한 세계적 추세를 반영한다. 작은 지표 하나에 과도한 해석을 담은 것처럼 보이나 실제 이러한 흐름을 보여준다.

데이터와 경쟁심리

서열화와 순위공개는 논란을 낳는다. 「유에스 뉴스U.S.News」의 연도별 대학순위를 둘러싼 소동을 보라. 아니면 대학 미식축구 주요경기 진출팀을 가리는 감독투표와 컴퓨터 집계순위 때문에 매해 벌어지는 소란을 보라. 심지어는 무미건조한 환경 데이터에도 사람들은 난리를 피운다.

댄의 예일 대학 연구팀은 컬럼비아 대학 지구연구소Earth Institute와 공동 작업하여 지속가능성 지표를 토대로 국가별 순위를 매겼다.[14] 그리고 세계경제포럼World Economic Forum 연례회의에서 그 결과를 발표하자, 많은 나라에 회오리가 몰아쳤다. 멕시코 대통령인 에르네스토 세디요Ernesto Zedillo는 환경부장관에게 예일대를 방문해 이의를 제기하라고 지시했다. 벨기에 총리는 국회질의에 시달렸고, 싱가포르 환경부는 자국이 하위권을 맴돈다는 건 절대 있을 수 없는 일이며 이는 비입헌적 행위라고 주장했다.

녹색기업들은 데이터가 경쟁심에 불을 붙인다는 점을 알고 있다. 이들은 사업장, 지역, 사업부서별로 환경실적을 비교한다. 남미의 대기업 그루포누에바는 매달 설비별 지표를 내부적으로 발표한다. 그러면 공장관리자들은 환경실적을 비롯한 광범위한 이슈에서 자신들의 위치를 알게 된다. 이케아 매장 관리자들의 내부보고서에는 각 나라와 대륙에서 매긴 환경평가지표 순위가 들어간다. 경쟁은 인간의 본성이다. 꼴찌를 원하는 사람은 아무도 없다.

> 환경평가지표는 기업의 위치를 보여준다. 데이터와 지표는 사실에 근거한 의사결정과 건전한 환경경영에 필수이다. 이 지표는 끊임없는 개선을 이끌고, 오염관리와 자원생산성 목표를 향한 관리자들의 진척정도를 표시해준다. 지속가능성은 최종목표가 아닌 하나의 여정이지만, 각자 서 있는 위치를 파악하는 것은 여러모로 유익하다.

올바른 환경경영 시스템 갖추기

세금납부 시기가 다가오면 사람들은 두 부류로 나뉜다. 온갖 영수증과 은행 및 증권 거래내역, 모기지 명세서를 분류해 나갈 준비를 하는 사람, 그리고 나머지 우리 같은 사람이다. 낡은 구두상자와 책상서랍 밑에 온갖 정보가 흩어져 있지만, 우리는 아직 이를 모아줄 정확한 시스템을 갖추지 못했다.

비즈니스에는 그런 선택의 여지가 없다. 재무제표는 회계일반원칙 Generally Accepted Accounting Principles에 따라야 하고, 주식회사는 회사실적을 보고할 의무가 있다. 미국의 사베인스-옥슬리 법은 재무제표 작성원칙을 지키지 않은 최고경영자와 재무총책임자를 감옥으로 보내기도 한다. 환경문제는 이제 어떤 회계원칙에서든 기업들이 포함해야 할 책임의 일부가 되었다.

그러므로 환경경영 시스템environmental management system, EMS은 기업규모를 막론하고 필수적으로 시행해야 한다. 이를 구축하려면 시간과 노력이 들지만 시스템이 제대로 자리만 잡으면 관리자들은 비즈니스에 대한 이해가 깊어지고 폐기물 감축 방안이 보이며 공정도 더욱 효율적으로 가동하게 될 뿐 아니라 심각한 문제도 예방하게 된다. GE의 사례를 살펴보자. 데이터 지향적 사내문화를 갖춘 GE가 환경실적을 추적하기 위해 정교한 시스템을 세운 것은 당연했다. 수석부사장 스티브 램지는 우리에게 GE의 파워스위트Power Suite를 선보였다. 이는 필수 규제준수를 위해 관리자들이 언제 무엇을 해야 할지 일러주는 규제일정 등 상세정보를 담은 인트라넷 프로그램이다.

실시간 '디지털 조종실digital cockpit'에는 개별 생산공정부터 회사 전체에 이르기까지 환경실적, 사용자원, 안전, 규제준수 등에 관한 평가지표가 담겨 있다. 어느 지점에서든 문제가 발생하면, 공장관리자를 비롯한 간부들은 이 프로그램을 통해 사태를 파악하고 행동을 취할 수 있다.

GE는 이러한 추적 시스템 개발에 1천만 달러를 투자했다. 그렇지만 이런 데이터 중심전략은 GE의 그 유명한 6시그마 경영혁신과 결합해 놀라운 환경경영성과를 이뤄냈다. GE는 규제허용치를 초과했던 폐수배출횟수를 10년 만에 80퍼센트 이상 줄였다. 또한 환경과 안전을 고려한 생산성 개선으로 수천만 달러를 절감했다. 새 시스템은 제 몫을 톡톡히 해내면서 비용을 단숨에 거둬들였다.

∙ ∙ ∙ ∙ ∙ ∙ ∙

환경경영 시스템

환경경영 시스템 설계가 고독한 작업일 필요는 없다. 이미 표준화된 환경경영 시스템이 개발돼 있기 때문이다. 도움을 찾는 이들에게 특히 유용한 도구로 환경경영국제표준기구(ISO)의 ISO 14000이 있다.[15] 유명한 품질경영 지침인 ISO 9000처럼 ISO 14000도 환경경영 시스템 설계에 필요한 템플릿을 제공한다. 양질의 데이터와 제대로 된 시스템을 갖춘 회사 모두에게 ISO 14000이 필요한 것은 아니나, 현재 대형고객의 '요청'에 따라 이러한 인증을 받으려는 기업들이 많다.

ISO 14000에 관한 도움은 다양한 경로를 통해 구할 수 있다.[16] 세계지속가능발전기업협의회와 국제환경경영협회(Global Environmental Management Initiative)도 지침을 제공한다. ISO 14000의 대체수단도 있다. 일부 유럽 설비들은 유럽연합의 환경관리 및 감사제도(Eco-Management and Audit Scheme)를 채택했다.[17] 우리가 연구한 기업 중에 자체 시스템을 개발한 곳도 많았고, 공정 중심인 ISO의 요구조건보다 더욱 개선된 실적에 주목하는 경우도 있었다.

세부적인 관리 시스템 구축작업에 그다지 끌리지 않거나 그 비용이 고민될지 모르겠다. 그러나 우리의 연구결과에 따르면, 이 시스템을 '일부'라도 갖출 경우 매우 유익할 뿐 아니라 최적의 성과를 끌어낼 수 있다.

● ● ● ● ● ● ●

문제가 생긴 경우

엑슨 발데즈 기름유출 사고 후 우왕좌왕하던 엑슨 경영진의 모습을 기억하는가? 결국 엑슨이 프린스 윌리엄 사운드의 원유제거작업에 쏟아부은 돈은 30억 달러였다. 지금까지 추가된 처벌과 벌금, 법적 판결을 모두 고려하면 총 비용은 120억 달러를 넘어선다.[18] 1989년에 터진 이 사고는 아직도 매듭을 짓지 못했다.

각별히 주목해야 할 구체적인 시스템이 하나 더 있다. 바로 위험평가와 위기관리이다. 회사설비 한 곳에서 사고가 터졌다고 해보자. 독성물질 유출, 아니면 부상이나 사망처럼 더욱 심각한 사고가 발생한 경우를 떠올려보자. 이때 회사는 어떻게 대처해야 할까? 누가 문제를 해결할 것인가? 언론 담당자는 누구인가? 직원들에게는 누가 통보할 것인가? 이러한 질문을 사전 고민 없이 즉석에서 처리해서는 '안 된다.' 위기 순간에 시간은 금쪽이다. 사고가 터졌을 때, 회사는 명확한 절차를 밟아야 한다. 비상대책과 관련된 인물 모두가 각자의 역할을 꿰뚫고 있어야 한다. IBM의 경우 책임선이 분명한 기업위기관리팀이 있으며 특정 관리자들이 홍보책임을 맡는다.[19]

사고가 닥치기 전에 기업은 환경위험 가능성을 파악하고 있어야 한다. 2장에서 간략히 설명한 오디오 분석은 좋은 출발점이다. 이 방법은 가치사슬의 어느 지점에서 사고가 터질지 파악하는 데 유용하다.

일상영업 측면에서 사고와 초점을 명확히 해주는 수단들이 많이 있다. 우리는 노스이스트 유틸리티 같은 회사들과 함께 환경위험에 관한 간단한 설문작업을 수행한 적이 있다. 설문을 통해 주요 중간관리자들이 회사의 과제와 취약점이 무엇인지 생각하도록 유도했다. 자신들이 다뤄야 할 위기상황을 제대로 파악하고 있는가? 사고에 대응할 필요장비는 잘 갖춰져 있는가? 필요 인력은 제대로 훈련된 상태인가? 이러한 설문문항은 시스템의 허점을 파악하는 갭 분석gap analysis에 유용하다.

녹색기업은 환경위험이 실제 문제로 다가오기 전에 미리 고민을 한다. 이케아의 위험소재대책위원회는 주기적으로 만나 화학물질에 대한 최신 견해를 검토한다. 이를 통해 매우 위험해 보이는 물질들을 블랙리스트에 올리고 이들 공급사슬에서 하나씩 제거해나간다.

기업은 특히 새로운 자산이 늘어날 때 사고위험이 높아진다. 상당건의 인수합병을 추진하는 GE는 모든 거래에서 엄격한 환경 및 위험평가를 실시한다. GE는 새로운 자산의 잠재가격을 1)신규사업이 규제를 완벽히 따르도록 하는 데 드는 비용 2)GE의 환경·건강·안전 시스템을 가동하는 데 드는 비용 3)잔존부채 처리비용으로 구분한다. 그리고 환경검토팀의 핵심 구성원들은 다달이 만나 진행 중인 거래를 놓고 경영진과 함께 토론을 벌인다.

사전에 위험파악을 하면 계약을 취소하거나 강제적인 개선조치를 내릴 수 있다. GE팀이 몇 년 전 매입한 브라질 기업과 관련해서 가슴을 쓸어내릴 뻔한 사건을 들려준 적이 있다. 거래를 검토하던 GE 환경팀은 화학물질 보관소 근처에 탁아소가 있다는 사실을 발견했다.[20] GE는 회사 측에 아동들을 다른 곳으로 보내라고 요청했다. 그로부터 석 달 후 화학물질 화재가 발생했고 그 건물 일부가 무너져 내렸다. GE 경영진은 이런 조

이케아 사람들은 왜 산으로 갔을까?

272

치가 없었다면 분명 유아 사망자가 속출했을 것이라 했다. GE의 환경팀은 "이런 사례를 보면 기업거래를 체계적으로 다뤄야 할 이유가 보인다."고 말했다. 재정적 측면만 검토한 거래였다면 이런 위험요소를 밝혀내지 못했을 것이다.

환경우위를 위한 파트너십

환경위험 추적 도구와 시스템을 갖추면 굵직한 환경문제는 처리할 수 있겠다고 생각할지 모른다. 그러나 NGO와 지역사회는 보통 기업과 전혀 다른 견해를 보인다. 정서도 하나의 사실이라는 점을 기억하자. 당신 회사에 대한 외부견해를 '정서적' 맥락에서 파악하려면, 외부 조직과 협력해 그들의 목소리에 진심으로 귀 기울이는 것이 최선이다.

사실 파트너십은 환경우위를 낳는 핵심도구이다. 모든 책마다 파트너십을 이야기하며, 이를 주제로 한 회담이나 학회도 수없이 많다.[21] 여기서 우리는 유명 사례를 짤막히 검토하고, 비즈니스와 이해관계자의 관계를 수십 차례 분석하면서 얻은 핵심적인 교훈을 제시하고자 한다.

이론상 기업은 3장의 원형도표에 나온 20개의 환경우위 이해관계자 중 거의 모든 대상과 제휴하거나 이들로부터 배움의 기회를 얻을 수 있을 것이다. 이들 모두와 연계할 가능성을 고려하는 것도 의미가 있다. 그렇지만 큰 결실을 안겨줄 다섯 개의 핵심적인 파트너 대상이 있다. 바로 NGO 단체, 환경전문가, 정부, 지역사회, 그리고 다른 기업들이다.

NGO와 제휴하기

만약 기업의 사회적 책임 역사에서 최악의 기업을 뽑는 대회가 있다면, 그 우승자는 두말할 나위 없이 치키타(구 유나이티드 프루트United Fruit)다. 1950년대에 치키타는 과테말라에서 민주적으로 선출한 정부를 뒤엎은 CIA 주도 쿠데타에 자금을 댔다. 새로 선출한 지도자의 농업정책이 못마땅했기 때문이었다. '바나나 공화국banana republic'이라는 표현도 그래서 생겨났다. 이런 쓰라린 역사 때문에 치키타의 변신, 즉 환경 및 사회적 책임에 선도적인 모습은 그만큼 인상적이다.

경영진 말에 따르면 치키타가 변모한 시점은 1990년대 초반으로, 당시 뉴욕에 소재한 NGO인 열대우림동맹과 예상 밖의 돈독하고 지속적인 파트너십을 맺었다고 한다.[22] 이 제휴의 핵심주체들은 지금도 그 자리에 있었다. 우리는 치키타의 데이브 맥로플린, 열대우림동맹의 크리스 윌Chris Wille과 만나 대화를 나누었다. 둘 다 코스타리카에서 일하며 세계의 바나나를 생산하기 위해 상당 시간을 농장에서 보낸다.

현재 제휴관계는 다방면에 걸쳐 깊이 뿌리내려 있다. 다른 회사나 소규모 농장 등 여러 다양한 이해관계자와 협업하면서, 치키타와 열대우림동맹은 환경과 사회에 유익한 바나나 재배 및 가공 지침을 마련했다. 이후 2년 동안 강도 높고 폭넓은 절차를 밟은 끝에, 새로운 영업방식이 탄생했다. 현재 열대우림동맹은 매해 농장을 감사하고 더 나은 바나나 프로그램 Better Banana Program 기준에 맞는 농장을 인증한다. 그러면 치키타는 그 결과를 보고서로 대중들과 공유하는데, 이 보고서는 사소한 실수도 언급하고 넘어갈 만큼 매우 솔직하다. 이를테면 이런 식이다. "콜롬비아 터보에 있는 한 회사의 자동설비에서 기름이 흘러나왔다. 인근 개울로 흘러들어갈 뻔 했던 사고였다."

이토록 놀라운 투명성 덕분에 치키타는 뛰어난 환경보고사례로 상을 받았고, 주의 깊은 유럽고객의 마음도 얻었다. 이 보고서는 공급업체의 실적장부를 공개한 갭 등 여타 회사보다 몇 년 앞선 사례이기도 했다.

치키타와 열대우림동맹의 제휴관계는 세계적으로 가장 전략적이고 효과적인 사례로 손꼽힌다. 그리고 적어도 외부의 시각에서 보면 뜻밖의 경우이기도 한다. 1990년대 초반 열대우림동맹은 바나나 산업을, 그중에서도 특히 치키타를 가장 강도 높게 비난하던 단체였다. 만약 치키타가 로마제국이라면, 경영진 눈에 비친 NGO는 로마를 공격해오던 야만인 무리였다.

● ● ● ● ● ● ●

적과의 동침[23]

자연보존 인터내셔널의 글렌 프리켓은 이렇게 말했다.

"한때 이 진영 사이에는 분명한 선이 있었다. 이제는 과거의 적과 불편하고 논란의 여지가 있어도 매우 효과적인 협력관계를 맺는다. …… 속내를 살펴보면, 대다수 환경 NGO 지도자들은 아마 업계와의 제휴보다는 공공정책이라는 해법을 선호할 것이다. 대다수 경영자들도 환경적 역할보다는 비즈니스에 초점을 두고 싶을 것이다. 그렇지만 현재 우리가 사는 곳은 적과의 동침 시대가 아니던가."

● ● ● ● ● ● ●

1991년 열대우림동맹은 바람직한 바나나 재배법에 관한 시안을 내놓았다. 그러나 치키타가 이에 퇴짜를 놓았다. 맥로플린 말에 따르면 치키타는 이를 제 무덤 파는 일로 여겼다고 한다. 경영진은 회사가 눈에 띌수록 비난을 자초한다고 믿었다. NGO 리더들도 이것이 근거 없는 불안은 아니었다고 인정한다. 크리스 윌은 수긍하며 말했다. "대다수 NGO가 부당하거나 일반화하는 분위기였습니다. 코스타리카에서 일어난 온갖 불미스러운 사건은 모조리 어느 한 업계, 어느 한 회사 탓으로 몰아붙였거든요." 한마디로 관계라고 할 만한 게 존재하지 않았다. 그렇지만 여러 세력들이 치키타를 협상자리로 끌어냈다. 유럽의 바이어들이 바나나 농장에 대해 까다로운 문의를 해왔고 치키타도 개선을 위한 성실한 노력이 필요하다고 절감했다. 열대우림동맹과 협력하는 일은 확실한 보증수표였다. 간단한 모임을 거치면서 유대관계가 서서히 싹트기 시작했다. 맥로플린과 윌은 농장을 함께 거닐며 문제를 타진했다. 신뢰가 차츰 쌓이자 치키타는, 농장 두 곳에서 시범 프로그램을 도입해 새로운 재배기준을 시험해보고, 현장에 실제 효력 있는 방식을 찾아보자는 데 동의했다. 그렇지만 여전히 둘의 관계는 아슬아슬하고 때로는 살얼음판 같았다. 전에도 언급했듯이, 환경잡지 「환경감시원 릭Ranger Rick」이 아이들과 함께 치키타 CEO에게 편지쓰기 캠페인을 벌인 적이 있었다. 그때 배후에 열대우림동맹이 있었고, 캠페인을 벌인 시점도 둘이 협력을 시작한 '이후'였다.

그렇지만 신뢰가 점차 쌓여갔다. 수년에 걸친 파트너십 덕분에 현장의 경험 및 운영방식에 탄탄한 과학적 지식까지 겸비하게 되었다. 더 나은 바나나 프로그램은 세부적인 운영지침서이다. 치키타는 처음 10년 동안 대륙 전반에 변화를 낳기 위해 2천만 달러를 지출했지만, 동시에 1억 달러의 운영비를 절감했다. 농장생산성이 27퍼센트 올랐고 바나나 한 상자당 생산비도 12퍼센트 내려갔다.[24] 치키타 관리자들은 더 나은 농장 운영에 확신을 품게 되었다.

환경실적도 인상적이었다. 치키타 농장은 살충제 사용을 눈에 띄게 줄였고, 일부 농약은 아예 사용하지도 않았다.[25] 농장들은 아무렇게나 내던

졌던 비닐과 불량 바나나를 이제는 세심하게 관리한다. 월이 우리에게 말했다. "전에는 비닐 쓰레기가 무릎까지 넘치고 강가를 뒤덮었습니다. 지금은 더 나은 바나나 프로그램을 전혀 모르는 관광객들도 인증받은 농장을 한눈에 알아볼 정도입니다. 더 깨끗하고 훌륭하게 관리하는 농장이니까요."

직원들의 사기도 눈에 띄게 높아졌다. 바나나 업체 경영자들은 월에게 직원들의 달라진 태도 하나만으로도 이 프로그램을 시행할 만한 가치가 있었다며 소감을 전했다.

● ● ● ● ● ● ●

치키타의 변화

달라진 치키타 농장 운영방식은 하나같이 중요하다. 그렇지만 치키타 경영진은 회사 내부의 변화에 대해 특히 칭찬을 아끼지 않는다. 데이브 맥로플린은 말했다.

"결국 내 관심을 끈 것은 인증이라는 결과가 아니었습니다. 실제 가장 의미 있던 것은 그 과정이었습니다. 사람들을 과정에 동참시켜 사고의 틀을 깨고 새로운 아이디어를 발산하도록 한 것을 말합니다. 이 모든 과정이 열 배는 더 중요했습니다. 우리 회사 간부들이 NGO 단체와 친구가 된 과정도 빠뜨릴 수 없습니다. 경영진들 마음도 전보다 훨씬 여유로워졌습니다. 우리 기업의 사회적 책임 첫 보고서에서 CEO가 보낸 편지를 보면, 열대우림동맹과 맺은 인연 덕분에 전혀 새로운 길로 들어섰다는 구절이 나옵니다. 우리는 적에게 손을 내밀고 함께 춤을 추었습니다. 그 덕분에 전보다 한결 나은 기업이 되었습니다."[26]

● ● ● ● ● ● ●

NGO 파트너십의 또 다른 모범사례로 맥도날드를 손꼽는다. 맥도날드는 15년에 걸쳐 세계적으로 온갖 유명한 NGO와 협력을 꾀했다.[27] 처음 포문을 연 것은 제품포장 문제로 NGO 단체 환경보호와 협력한 일이었다. 스티로폼에 담은 버거 '클램쉘'을 없애버린 이 단 한 가지 변화는 국제적인 뉴스거리였다. 또 최근에 맥도날드는 자연보존 인터내셔널과 함께 자사의 가치사슬이 환경에 미치는 피해도 조사하고 있다.

두 조직은 함께 머리를 맞대고 체계적 접근, 장기적 안목, 과학적 토대 등 시험 프로그램의 원칙을 세워나갔다. 친숙한 환경우위 사고방식 요소들로 무장한 이들은, 맥도날드 가치사슬의 상류가 수질오염, 토양침식, 특히 가축의 폐기물관리에 미치는 영향을 파악하려 애썼다. 제휴과정에서 시범적으로 일부 공급업체에게 새로운 평가기준과 목표를 제시했다. 우리는 맥도날드에 쇠고기와 베이컨을 납품하는 최대공급업체와 대화를 나누며, 이 시범 프로그램이 쉽지는 않았지만 풍성한 결과를 낳았음을 확인했다.

냉소주의자들은 맥도날드가 단지 이들 NGO의 어젠다를 취사선택했을 뿐이라고 주장할지도 모른다. 이에 대해 우리는 그래서 뭐가 문제라는 것인지 되묻고 싶다. 어떤 회사가 NGO의 도움으로 환경에 유익한 관행을 따랐다고 했을 때, 이는 마키아벨리식 권모술수와는 차원이 다르다. 맥도날드는 이 조직들과 선의를 바탕으로 함께 일하고 있다. 사실 NGO와 협력한 기업의 경우 공개적 비난이 줄어든다. 그렇지만 이것 역시 그리 문제될 일이 아니다. 그리고 NGO 입장에서도 자신들과 제휴관계에 있는 기업의 정책을 공격하기란 훨씬 어렵다. 제휴관계는 기업에게 NGO의 공격을 막아낼 강력한 방패지만, 실상 방어의 힘은 대개 진정으로 진전된 모습을 보이는 데서 나온다.

우리는 이를 '브랜드 면역효과'라 칭한다. 이는 또 다른 형태의 환경우위라 할 수 있다.

> 진정한 파트너로서의 NGO는 장차 회사에 닥칠 일이 무엇인지 그리고
> 해당 브랜드의 인지도가 어떠한지 추적하도록 도울 수 있다. 이들의 지혜
> 를 빌리고 그 이야기를 귀담아 들은 기업은, 시장의 주요세력인 NGO의
> 이야기를 무시하는 경쟁업체와 달리 환경우위를 얻는다.

전문가와 제휴하기

녹색기업은 환경우위를 찾기 위해 지식생산자와도 협력한다. 학계와 여
타 환경전문가들은 떠오르는 현안에 대한 귀중한 시각을 던져준다. 전문
가와 교류하거나 이들에게 영업활동을 공개하면 전문가 검토나 경쟁우위
유지법을 제공받을 수 있다.

과거 자메이카에서 알루미늄 사업을 했던 알칸은 이를 연구해보겠다
는 대학연구자들의 요청을 조심스럽게 수락했다. 알칸의 댄 가그니어는
말했다. "연구진은 우리 사업을 샅샅이 살폈습니다. 전 초조하게 결과보
고서를 기다렸지요."[28] 사업 전반을 살핀 연구자들을 다행히도 보크사이
트 사업장이 '세계 으뜸'이라고 발표했다. 그렇지만 모든 부문이 완벽한 것
은 아니었다. 보고서는 알칸이 채광 후 현장복구 같은 문제를 개선하도
록 조언했다. 알칸이 사업을 공개한 대신 전문가들은 심도 깊은 LCA 평
가를 해준 셈이었다.

듀폰은 정기적으로 전문가들을 초빙해 자사의 지속가능한 성장 시상
식Sustainable Growth Excellence Awards의 심사를 부탁한다. 이는 지속가능
성에 기여한 직원이나 프로젝트를 치하하는 자리다. 그렇지만 듀폰은 심

기업의 환경발자국 파악하기

사과정을 영업검토의 기회로도 삼는다. 그래서 다방면의 학자와 연구자, NGO뿐 아니라 호의적이지 않은 인물들도 초대한다. 시상식에서 토론자들은 까다로운 질문을 던지며 듀폰의 잘못된 궤도를 지적해준다.

영업검토를 더욱 직접적으로 하는 회사들도 있다. 다우, 유니레버, 코카콜라, 그리고 크고 작은 많은 기업들이 환경 및 지속가능성 자문단과 회사 임원들이 만나는 자리를 정기적으로 마련하고 있다. 이러한 전문가 검토를 통해 기업은 환경정책 및 그 성과에 대한 독자적 견해를 피드백 받는다. 게다가 이들은 떠오르는 이슈와 환경계의 우선과제와 관련해 최고의 NGO 리더, 학계인사, 환경경영 전문가의 견해를 경청할 기회도 얻는다. 이렇게 면밀히 살피는 과정을 통해 기업들은 떠오르는 화두의 주요 실마리를 찾게 된다.

마지막으로 여기서 한 걸음 더 나아가 환경과학 전문가를 회사에 앉히는 녹색기업도 극소수 있다. 클리프 바는 예일대 출신 생태학자를 전임직원으로 고용해 자사의 지속가능성 노력에 동참시켰다. 그녀는 모든 부서와 협력하면서 클리프 바가 유기농 성분을 사용하고 지구온난화에 주목한 마케팅에 더욱 힘쓰도록 도왔다. 클리프 바는 스포츠 행사 후원방식도 환경문제에 주목하는 쪽으로 일부 바꾸었다. 이를 테면 '탄소 제로' 자전거 경주 개최를 후원하는 식이다. 내부에 전문가를 앉힌 덕분에 클리프 바는 건강을 중시하고 야외활동을 즐기는 고객들과 새로운 인연을 맺게 되었다.

정부와 제휴하기

수년 동안 환경문제에서 정부의 역할은 분명했다. 의회에서 법이 통과되면 규제기관이 이를 공표하고 실시했다. 이러한 '명령과 통제'식 규율은 아직 여전하다. 그렇지만 현재 미 연방 환경부와 주정부는 환경보호를 위해 때로는 비즈니스와 협력하는 방법을 모색하기도 한다. 환경부는 수십 가지 자발성 정책과 산업계 파트너십을 추진했다. 이를테면 컴퓨터와 가전제품에 에너지 스타 등급을 부여한 정책 등은 정부의 승인 마크를 활용해 환경기준을 마련한 예이다. 이외에도 서로에게 유익한 정책들이 많이 있다(더 자세한 정부정책은 우리 웹사이트 www.eco-advantage.com에서 확인할 수 있다).

환경부는 '우수성과 리더십'을 겸비하고 법적 기준을 훨씬 상회해 오염관리를 하는 기업에게 규제적 유연성을 적용하는 XL 프로젝트를 진행했는데, 인텔도 그 수혜기업 중 하나였다. 인텔은 이해관계자 집단의 조언을 수용해 엄격한 환경적 목표를 세웠고, 이를 주기적으로 검토하면서 분기별 평가지표를 발표했다. 대신 인텔은 공장확장을 꾀할 때 여러 부지에서 허가를 따냈고 규제검토도 초고속으로 받았다. 인텔 관계자들은 이러한 정부정책을 '대박huge win'이라고 불렀다.[29]

유럽연합이 환경규제 도입에 적극적인 상황에서, 이 지역의 환경분야 제휴는 더욱 특별해질 것이다. 새로 도입된 통합 제품정책Integrated Product Policy, IPP에 따라 유럽연합 관계자들과 함께 시범 프로젝트를 주도한 기업이 두 곳인데, 그중 하나가 노키아Nokia이다(또 다른 기업은 까르푸Carrefour이다). IPP는 제품의 생애주기의 영향에 주목한 정책이다.[30] 이 시범 프로그램은 노키아의 경쟁업체부터 재활용업체, 고객에 이르기까지 다양한 이해관계자를 한 자리에 모아놓고 휴대전화의 환경적 피해를 줄일 방법을 고안하도록 했다.

지역사회와 제휴하기

지역사회는 더 이상 기업활동을 방관하지 않는다. 도시, 교외, 농촌지역 등 미국 전역에서 팽창계획과 새로운 설비도입에 맞선 난개발 반대 캠페인과 '님비NIMBY, not in my backyard' 현상이 매일같이 벌어진다.

다른 자원집약적 산업과 마찬가지로 쉘도 정부나 땅 소유주와 논의하면서 주요 프로젝트를 진행시키곤 했다. 그러나 이 방법은 더 이상은 통하지 않는다. 앞서 언급한 것처럼 캐나다 앨버타 주에서 아타바스카 오일샌드 인근의 지역사회와 협력해온 쉘의 모습은 프로젝트 추진과 관련해 새로운 모델을 보여주고 있다.

화석연료를 찾는 이들은 타르샌드Tar Sands 원유에 대한 기대가 크다.[31] 원유매장량이 사우디아라비아에 버금간다고 본다. 그렇지만 원유추출작업은 엄청난 환경적 과제를 낳는다. 인력, 땅, 에너지, 화학물질, 수자원, 돈, 시간 등 '모든 것'을 집약적으로 이용하기 때문이다.

당연히 현지 지역사회는 다음과 같은 의문을 품는다. 우리 지역의 대기상태는 어떻게 될까? 지하수면과 강, 개울에는 어떤 일이 벌어질까? 캐나다의 포트 맥머레이는 1960년대에 인구 1,000명의 작은 마을에서 2008년 6만 4,000명이 붐비는 도시로 성장했다.[32] 만약 오일샌드 프로젝트가 예정대로 진행된다면 거주자 수는 10만 명을 넘어서며, 초고속 성장이 몰고 올 추가적인 환경압력도 상당해질 것이다.

이러한 우려를 잠재우고 미래에 대비하기 위해, 쉘은 지역사회와 긴밀하게 협력했다. 프로젝트에 유익한 사업을 추진하도록 도왔고, 묘지를 훼손하지 않고 어업권을 보장했으며 구인이 활발한 때를 대비한 구직특강도 했다. 쉘은 NGO, 지역사회, 경쟁업체와 함께 지역 인프라 구축계획도 마련했다. 쉘의 마크 웨인트라웁은 말했다. "우리가 한 일은 법적의무도,

당시 쉘의 건강·안전·환경부에서 지시한 일도 아니었습니다. 그렇지만 이 모든 활동 덕분에 사업승인과 사업확장에 도움을 받았고, 이 지역의 '선택받은 파트너'가 되었습니다." 그동안 쉘이 투자한 시간과 비용은 엄청나지만, 웨인트라웁은 시간이 돈과 직결되는 업종속성상 승인절차가 적어도 일 년 단축된 것은 상당한 비용절감효과가 있다고 진단했다.

다른 기업과 제휴하기

환경문제 중에는 어느 한 기업이 독자적으로 다룰 수 없는 영역도 있다. 이 경우 업계 전체가 문제를 떠안거나 이해관계가 비슷한 기업끼리 공동으로 해결책을 모색하는 것이 바람직하다. 기업 간 제휴에는 여러 가지 형태가 있다.

- 지식공유 협정: 맥도날드, 코카콜라, 유니레버는 냉장고와 냉동고에 쓰이는 화학물질이 오존층파괴와 기후온난화를 일으키자, 국제연합환경계획과 그린피스의 지원을 받아 대체냉각제인 내처럴리 이니시에이티브를 개발했다. 미 환경보호국은 2005년 기후변화방지 노력시상식(Climate Change Award)에서 이들의 공로를 인정했다.
- 폐회로 형성: 앨버트슨스(Albertsons) 슈퍼마켓은 미국 슈퍼마켓 재활용 시상식에서 상을 받았다. 나무 팔렛과 식용유를 비롯한 여러 소재의 재사용에 주목해 혁신적인 공급사슬 파트너십을 이끈 앨버트슨스의 노력이 인정받은 것이었다.
- 시장판도 변화추진: 마이크로소프트, 건강보험전문업체인 카이저 퍼머넌트, 목욕용품 브랜드인 크랩트리 앤 에블린은 제품과 포장에서 폴리염화비닐 플라스틱을 단계적으로 없애기 위해 60여 개의 회사들과 협력했다.

시장재편 같은 야심찬 목표를 노린 제휴관계는 실질적인 노력이 필요하고, 누군가 선두에 나서서 박차를 가해야 한다. 스테이플, 타임사, 스타벅스, 페덱스 킨코스, 나이키, 도요타 등 다양한 기업이 한데 뭉쳐 NGO 단체 메타포어와 협력해 친환경 제지 실무그룹Paper Working Group을 구성했다. 자체적으로 친환경 제지를 규정하고 이를 공급해줄 업체를 찾기 위해, 고군분투한 회사들은 함께 모여 구입 제지 평가방식을 조율했다. 전세계 제지 수요의 1퍼센트 이상을 차지하는 이들의 총 구매력이 모이면, 친환경 종이의 공급 및 접근가능성도 신장될 것이다.

HP, 델, IBM 등 선도적인 전자제품 생산업체들도 업계 전반의 제품공급기준을 맞추기 위해 전자산업 행동규범을 제정했다. 공동으로 행동규범을 마련하면 집행과정에서 규모의 경제를 낳고, 공급업체에게도 상당한 시간과 비용을 절감해준다. 다른 업체들도 전자업체의 행보를 눈여겨보고 있다. 제약업계부터 자동차제조업계까지, 공급사슬 관리를 위한 공동정책을 조용히 마련 중에 있다.

· · · · · · ·

세계지속가능발전 기업협의회

거의 15년 동안 세계지속가능발전 기업협의회는 회사 및 업계 간 파트너십을 발전시켜왔다. 협회 의장인 비욘 스티그손은 다양한 기업들이 함께 뭉쳐서 에코 효율성 면에서 훌륭한 관행을 공유하고, 지속가능한 발전전략을 개발할 수 있도록 힘써왔다.

· · · · · ·

때로, 어느 한 기업만 기준을 높이면 불이익을 당할 수 있다. 여기에 파트너십은 해결책을 마련해준다. 최전방에 있는 듯한 불안감, 그리고 다른 기업들이 회피하는 환경비용에 대한 부담감은 비용격차가 조금만 생겨도 사업이 휘청거릴 만큼 경쟁이 극심한 업계라면 더욱 클 것이다. 이런 경우 현명한 기업은 업계 전반의 파트너십에 주목한다. 더욱 까다로운 요건도 감당할 채비가 된 선두기업들은 정부 측에 좀 더 엄격한 규제를 조용히 로비하는 것이 최선의 방안이라고 판단한다.

공공연하게 로비하는 경우도 있다. 미국의 기후행동연대는 알코아, 캐터필러Caterpillar, 듀크 에너지, 듀폰, 다우, GE, 존슨 앤 존슨, PG&E, 제록스 등 미국의 대기업들이 모인 단체이다.[33] 에너지 사용도가 높은 이들 기업의 리더들은 2007년 워싱턴 D.C.로 달려가 연방 차원의 탄소배출 상한선을 요구했다. 50개 주마다 서로 규제가 달라 골머리를 앓던 상황에서 전국적 규제는 매우 끌리는 일이었다. 그렇지만 이들은 동시에 엄격한 규제조치에 대한 발언권도 원했다. 듀크 에너지 CEO 짐 로저스는 「월스트리트 저널」에서 이렇게 말했다. "논의석상에 나서지 않으면 논의대상으로 전락합니다."

업계연대는 경쟁우위 포착기회를 차단한다. 따라서 이때 최선의 전략은 공정한 경쟁무대를 마련하거나, 협력을 통해 모두의 비용을 절감하면서 업계가 전진하도록 이끄는 일일 것이다. 반면 독자행동이 환경우위의 토대가 되는 경우 이와 같은 파트너십은 적합하지 않다.

제휴관계에서 얻는 여덟 가지 교훈

수십 가지 파트너십 사례를 분석해보니, 성공사례와 그다지 성공하지 못한 사례들이 뒤섞여 있었다. 여기에서 우리는 다음과 같은 중요한 교훈을 얻었다.

1 적절한 제휴대상을 고르기 전에 자신의 입지를 제대로 파악하라: 다른 이들과 본격적으로 일을 추진할 때 본인 회사의 환경문제를 훤히 꿰뚫고 있어야 한다. 오디오 분석은 그 시작으로 삼기에 안성맞춤이다. 그런 다음 핵심적인 비즈니스 문제를 철저히 공부하고 그 문제에 정통한 단체를 알아낸다.

2 제휴상대의 성향을 파악하라: 모든 제휴대상들, 그중에서도 특히 NGO는 성향이 동질하지 않다. 지속가능성 전문가 존 엘킹턴은 NGO를 재밌고도 유익한 잣대로 구분했다.[34] 그는 이 단체들을 상어, 범고래, 바다사자, 돌고래로 나눴다. 수 킬로미터 밖에서도 피 냄새를 맡는 상어는 상대의 허점을 알아내 늘 공격을 해댄다. 범고래는 두려움을 이용해 괴롭힌다. 바다사자는 신중을 기해 잘 아는 문제에만 접근한다. 지능이 있고 창의적인 돌고래는 상어를 물리치는 데 도움이 된다. 요점은 다른 단체보다 수월하게 제휴할 수 있는 NGO가 있다는 사실이다. 상어는 피해야 한다.

3 인내심을 길러라: 단 하나의 교훈만 일러줘야 한다면 바로 이 점을 말하고 싶다. 신뢰는 시간이 흘러야 쌓인다. 기업 내부에서도 신뢰를 쌓자고 설득하는 데 수년이 걸릴 수 있다. 치키타의 데이브 맥로플린은 말했다. "지금 우린 탱(오렌지 분말주스 제품–옮긴이)을 만들려는 게 아닙니다. 제휴는 그냥 '물에 타서 흔들면 끝나는' 일이 아니니까요." 장기적인 관계를 키우도록 하라.

4 서로의 문화와 가치관을 배워라: 이케아는 세계야생생물기금과 제휴하기 전에 서로의 가치관을 논하는 데만 6개월을 보냈다. 이윤을 지향하는 조직과 그렇지 않은 조직의 격차는 크겠지만, 그렇다고 서로 다른 가치관과 문화를 극복하지 못하는 것은 아니다. 각자의 언어를 배우고 익히려면 노력이 필요하다.

5 실행 가능한 목표를 세워라: 제휴목표를 신중하게 세우고 구체화해야 한다. 모든 파트너가 흡족할 만한 환경적 진전도 이뤄야 하지만, 동시에 핵심적인 비즈니스 목표와 관련 있으면서 이에 도움이 되어야 한다. 무난한 단기목표를 세

우고 이를 넘어서야 한다. 절대로 무리한 약속을 공개적으로 내세우지 마라.

6 책임자를 세워라: 각 파트너들은 프로젝트와 제휴관계를 관장할 분명한 집행책임자를 세워야 한다. 간부급 지원도 필수이다. 이케아는 CEO에게 세계야생생물기금과의 제휴관계에 대해 정기적으로 보고를 한다. 덧붙여 핵심적인 제품관리자를 움직이는 일도 필요하다. 맥도날드의 제휴가 본 궤도에 오른 것은 기업 내 사회적 책임 담당자뿐 아니라 공급사슬 관리자들도 과정에 개입한 이후였다.

7 원대하게 사고하되 작은 일부터 시작하라: 녹색공급사슬 공약은 가치 있는 목표지만, 하루아침에 이뤄지지 않는다. 시범정책은 가정을 점검하고 신뢰를 쌓을 뿐 아니라, 더 크고 포괄적인 파트너십 정책의 토대가 된다.

8 의사소통을 조율하라: 훌륭한 제휴관계도 어느 한쪽이 성급하게 승리를 선포하면 관계가 단숨에 틀어지기 쉽다. NGO는 상대기업이 겉만 친환경인 기업은 아닌지, 기업은 상대방 혼자 득의양양해하지는 않은지 서로를 살핀다. 특정 문제에서 상대방도 나와 같은 이야기를 하고 있다고 속단해서는 안 된다. 마찬가지로 진전을 보여주는 믿을 만한 증거를 확보하기 전까지는 환경적으로 약진했다고 성급하게 발표해서도 안 된다.

● ● ● ● ● ● ●

NGO를 위한 기업과 생산적으로 협력하는 방법

진보적인 NGO들이 칼을 내려놓고 기업과 생산적으로 협력하는 방법을 모색한다면 더 빠른 시간 안에 목표달성도 하고 환경정화도 이뤄낼 수 있을 것이다. 더 큰 성공을 이룰 수 있는 몇 가지 지침을 열거해본다.

• 비난만 일삼지 마라: 기업들은 격려를 해줄 때 더욱 귀를 기울인다.

- 건설적인 자세를 보여라: 지속가능한 기업은 없으므로 기업을 무너뜨리기란 쉽다. 그러나 기업들을 다시 일으켜 세울 수는 있는가?
- 모든 비즈니스를 악의적으로 대하면 성공하지 못한다: 시장을 거부하거나 반자본주의 태도를 취하면 기업참여를 이끄는 건실한 토대가 생겨나지 않는다.
- 비즈니스가 처한 압력을 이해하라: 기업경영에 도움이 될 수용가능하며 실용적인 계획을 세워 회사 관계자에게 가림막이 되어주도록 하라.
- 이해관계자들을 파악하자: 그리고 뒤를 조심해야 한다. 기업과 협력한 NGO는 변절했다는 비난을 듣기도 한다. 열대우림동맹도 바나나 프로그램을 개발할 때 동료 NGO보다는 업계에서 더 큰 지원을 받았다.
- 포기할 건 포기하자: 타협은 파트너십에서 필수이다. '지나친 완벽주의는 독'이라는 말을 기억하자.
- 실수를 인정하자: 견해나 입장, 심지어 장기적 관점까지도 수정하는 일에 주저할 필요는 없다.

● ● ● ● ● ● ●

이 모두를 통틀어 파트너십에서 취할 분명한 메시지가 하나 있다면 바로 매서운 비난세력과 대화를 시작하는 일에 주저함이 없어야 한다는 점이다. 각종 비난에 귀를 열기란 곤욕스러운 일이지만, 이 모든 비난이 웹으로 옮겨가는 상황보다는 낫다. 그리고 비난에 귀를 열면 적어도 교훈을 얻을 것이다. 다른 이들 사이에서 자신의 위치를 아는 것이야말로 에코 추적의 핵심이며, 경쟁력 있는 환경우위를 세우는 첫걸음이다.

환경우위의 핵심

최고의 에코 추적 수단은 다음과 같다.

- 오디오 분석.

- 생애주기 평가.

- 환경성과지표.

- 소재 데이터베이스.

- 경쟁심을 자극하는 상대평가지표.

- 환경경영 시스템.

- 위기대처절차.

- 제휴관계.

Chapter8

기업 재설계

: 환경을 위한 설계와 가치사슬의 녹색화

친환경 건축가 빌 맥도너Bill McDonough는 인간은 겸손해야 한다는 말을 자주 한다. 우리 인간은 짐가방에 바퀴 하나 다는 데 5000년 이나 걸리지 않았는가.

맥도너는 환경문제를 새롭게 바라보자고 주장한다. 그의 말에 따르면 에코 효율성만으로는 부족하다.[01] 단순히 잘못된 부분의 효율성 개선에 그치는 경우가 빈번하기 때문이다. 맥도너는 제품을 재설계하고 제품 사용법과 사용하는 이유에 대해 고민하며 수많은 가능성을 발견한다. 그가 꿈꾸는 세상은 소비를 다한 제품이 음식물 쓰레기나 먼지처럼 생태계로 안전하게 분해돼 돌아가거나, 기술부품으로 산업 시스템에 재투입되어 새로운 제품으로 변신하는 세상이다. 이러한 비전을 뒷받침해주는 설계만이 우리를 본질적으로 지속가능한 세계로 인도한다고 그는 강조한다.

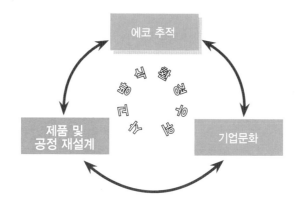

제품과 공정, 심지어 가치사슬까지 재설계하는 작업은 환경우위 도구 세트의 두 번째 항목에 해당한다. 실제로 환경적 이득을 보고 폐기물 감소와 자원생산성 향상으로 편익을 누리려면 기업은 고객, 공급업체들이 하는 행동에 근본적인 변화를 줘야 한다.

설계가 결정적인 이유는 제품의 환경적 피해가 상당부분 설계단계에서 판가름 나기 때문이다. 팀버랜드의 테리 켈로그는 이렇게 말했다. "일단 제품설계가 이뤄지면 에너지, 물, 화학물질, 유해폐기물 등 그 무엇이 됐든 환경발자국의 90퍼센트가 결정됩니다."

오염방지 피라미드

맥도너와 그의 파트너 마이클 브라운가르트Michael Braungart는 자신들의 이상적인 접근방식을 '요람에서 요람으로cradle to cradle'라고 부른다. 최근 대다수 기업에서 친환경사고가 어느 정도 다듬어졌다. 이는 '줄이고 재사용하고 재활용하라Reduce, Reuse, Recycle'는 슬로건으로 요약할 수 있다. 이 간단한 지침이 암시하듯, 최선의 오염방지책은 자원사용을 '줄여

• 오염방지 피라미드

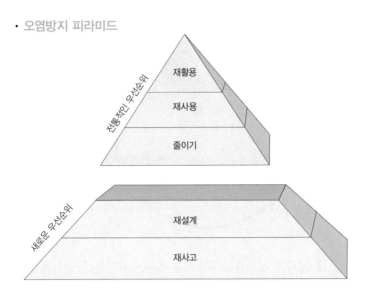

서' 폐기물을 없애는 것이다. 차선책은 새로 손보거나 '재사용'하는 것이다. 그리고도 남는 것은 '재활용'한다. 최후의 수단은 그냥 버리는 것이다. 많은 기업들이 이 세 가지 R을 반영해 생산공정을 돌리기 위해 작업 중이다. 그렇지만 여기서 안주할 이유는 없지 않을까?

이제 오염방지 피라미드에 두 단계가 더 생겼다(위의 그림 참고). 기업은 줄이기에 앞서 영업방식을 '재설계'할 방도를 찾아야 한다. 그리고 그 이전에 제품과 공정을 '재사고'하도록 힘써야 한다. 혁신은 21세기형 경쟁우위를 결정짓는다. 환경 렌즈는 창의적 사고를 끌어내고, 기업이 제품과 서비스에서 부가가치를 창출하거나 고객만족을 실현할 수 있게 해줄 수 있다. 기업들이 재사용이나 재활용, 그냥 버리기보다 폐기물 줄이기가 비용이 더 적게 든다는 사실을 깨달았듯이, 이제는 재설계와 재사고가 수익성이 더 높다는 점을 알아가고 있다.

친환경 설계

스위스계 섬유회사 로너 텍스틸은 10년 전부터 지속가능성 시장에서 선두가 될 채비를 했다. 로너는 환경에 안전한 직물 수요가 높아질 것으로 전망했다. 기존회사로는 친환경제품을 선보인 허먼 밀러가, 신생회사로는 뉴욕에서 지속가능한 가정용 가구를 제작하는 큐 콜렉션Q collection이 있기 때문이었다. 이러한 시장의 요구에 맞추기 위해 로너 관리자들은 공정을 개선하고 제품을 보완할 방법을 찾아야겠다고 느꼈다.

로너 관리자들은 매도너와 브라운가르트와 함께 우선 어떤 소재를 사용할지 검토했다. 이들은 울과 모시, 천연섬유를 선택하여 면과 관련된 여러 환경문제, 그중에서도 살충제 문제를 피해갔다. 그런 후 진짜 도전에 눈을 돌렸다. 바로 장식에 필요한 각종 색상을 내주는 화학염료 사용문제였다.

로너는 엄격한 환경기준에 맞는 염료만 사용하고 싶었다. 즉 암을 유발하지 않고, 잔류기간이 긴 유독성분이나 중금속이 없는 염료를 원했다. 로너는 화학회사 60곳에 연락해 염료성분에 대한 정보를 보내달라고 요청했다. 오직 시바-가이기Ciba-Geigy 한 곳만 구체적인 답변을 들려줬다. 시바-가이기가 사용하는 1,600가지 화학물질 중 단 1퍼센트인 16가지만 로너의 기준에 부합했다. 지금까지도 로너는 이 성분으로 된 염료들만 사용한다. 로너의 이런 노력에 힘입어 탄생한 것이 바로 생분해가 가능한 친환경 소재 클리매텍스Climatex 제품이다.[02] 다 쓴 제품은 멀치mulch(작물이나 화단의 토양을 덮는 소재-옮긴이)로도 쓸 수 있다. 일반 천 조각으로는 불가능한 일이다.

그렇지만 모든 일이 그러하듯, 회사가 포기해야 할 부분도 있었다. 로너의 제품은 모든 제품기준을 만족시켰지만 단 하나 예외가 있다. 친환경 염료 성분으로는 순수한 검은색을 만들지 못한다. 우리는 스위스에서 CEO 앨빈 캘린과 마주 앉아 견본 천 조각을 살펴보았지만, '진짜' 검은색과 로너가 만든 검은색을 구분할 수 없었다. 물론 인테리어 디자이너 중에는 감별하는 사람들이 있다.

친환경 설계Design for the Environment, 즉 관계자들 용어로 DfE는 로너 같은 기업의 정책을 모조리 포괄하는 개념이다. 이는 처음부터 친환경사고를 발휘해 제품과 공정을 설계하는 체계적인 방법이다. 재료투입과 생산단계, 사용과정에서 환경피해를 최소화하려는 노력이 바로 친환경 설계이다.

일단 가치사슬의 어느 지점에서 환경문제가 발생하는지 알아내면 회사는 이 문제를 피하기 위한 재설계작업에 착수할 수 있다. 예를 들어 폐제품처리가 문제라면, 재활용이 쉽고 간편한 제품으로 재설계하면 된다. 허먼 밀러의 신제품인 미라 의자는 엄격한 환경설계 정책의 산물로, 단 15분 만에 재활용도가 96퍼센트에 이르는 작은 부품들로 분해가 가능하다. 또 다른 설계혁명은 미라 의자의 등받이 부분이다. 등받이를 독특한 벌집모양으로 설계해 화학 가소제 없이도 유연성을 부여했기 때문이다. 이러한 타개책 덕분에 허먼 밀러는 이 화학물질을 전혀 사용하지 않고도 의자를 설계할 수 있었다.

전자제품업체 히타치Hitachi도 자사의 세탁기 사업부에 환경설계 전략을 도입하여 일본의 재활용법보다 앞서갔다.[03] 분해가 쉽도록 제품을 재설계하는 과정에서, 히다찌는 단 여섯 개의 나사를 이용한 공법을 개발했다. 이 새로운 설계로 재활용이 쉬워졌을 뿐 아니라, 6개 나사 구조 덕분에 제조시간이 33퍼센트 줄고 재고용 부품수도 현저히 줄어들었다. 또 이 세탁기는 제품 서비스가 기존만큼 필요치 않아 고객들의 신뢰를 샀으며 수리비용 또한 줄어들었다. 히타치의 노력은 결국 환경에 유익할 뿐 아니라, 고객만족도를 높이고 생산비용과 폐기처분 비용을 낮춘 고부가가치 세탁기를 탄생시켰다.

폐회로와 산업계의 공생관계

지속가능성을 꿈꾸는 애모리 로빈스는 "폐기물은 음식과 같아야 한다."고 힘주어 말한다. 이 말은 바로 자연계의 폐회로를 뜻한다. 나무는 시들면 흙으로 분해되어 새로운 묘목의 자영분이 된다. 마찬가지로 폐기물도 차세대의 자양분이 된다.

비즈니스 환경에서 폐기물은 비용이다. 보통 금속, 화학물질, 에너지 같은 귀중한 투입재를 낭비한다는 의미이다. 이는 녹색기업에게 교훈으로 다가왔다. 그래서 이들은 폐수를 재활용하고 재료를 다시 사용하며 배기가스에서 쓸모 있는 가스를 분리하는 식으로 자원을 다시 이용하려 애쓴다. 이 모든 과정에서 녹색기업들은 탄소발자국을 줄이고 자원생산성을 높이며 비용을 절약하게 된다.

예를 들면 다우 케미컬은 염소계 유기화학물에 쓰이는 염산의 세정공정을 재설계했다.[04] 공정 재설계로 염산을 재활용한 결과, 부식성 폐기물이 일 년에 6,000톤 정도 줄었다. 다우 케미컬은 겨우 25만 달러를 투자해 투입재를 절약하고 폐기물 처분비용이 줄면서 연간 절감액으로 240만 달러를 회수했다.

허먼 밀러는 자사 설비 중 한 곳에 폐기물 에너지waste-to-energy 공장을 세웠다.[05] 허먼 밀러는 폐직물을 태워 이 설비에 필요한 에너지 중 10퍼센트 이상을 생산하고 난방도 모두 이로 해결한다. 아이러니하게도, 허먼 밀러가 효율성을 높일수록 공장가동을 위해 경쟁업체에게서 폐기물을 가져와야 했다. 폐기물 부족은 흔치 않은 문제지만, 이 경우 유해한 문제는 아니었다.

공정 재설계는 재활용을 훨씬 뛰어넘을 수 있다. 네덜란드 화초업계는 인근 강과 개울을 오염시키는 화학비료와 살충제를 줄이라는 압력에 처하자, 새로운 수경재배방식과 암면rock wool이라고 부르는 물질을 개발했다.[06] 이 폐회로 시스템은 물속에서 화학비료와 살충제를 순환시켜, 그 필요량을 줄이고 지하수 노출을 없앤다. 새로운 기법은 또 화초의 질병위험을 낮추고 발육상태의 편차를 좁혀, 화초의 품질을 고르게 향상시킨다. 손질 및 관리비용도 줄인다. 이러한 재설계 덕분에 네덜란드 화초 재배자들은 상품가치를 높였고 투입재 비용을 낮췄다. 게다가 폐기물도 줄이고 자원생산성은 높였다. 이 모든 성과는 곧 경쟁력 향상으로 통했고, 일조량이 불안정하고 극심한 경쟁에 놓인 나라에게 세계적인 시장입지를 다져주었다.

이런 종류의 산업생태학의 전형적인 사례는 덴마크의 칼룬보르 단지이다. 이곳에 위치한 회사들은 자원과 폐기물을 꼬리에 꼬리를 물고 연결해 사용하는데, 일각에서는 이를 '산업 공생industrial symbiosis'이라 부른다.[07] 이 시스템 중앙부에는 증기, 열, 석탄재 그리고 집진기에서 생기는 찌꺼기를 쏟아내는 발전소가 있다. 이 모든 부산물은 다른 산업의 투입재로 쓰인다. 벽판공장은 슬러지를 가져가고, 노보 노디스크 제약공장과 원유공장은 증기를 사용하며, 단지 전체가 남은 열을 공급받는다. 한편 스타토일Statoil 정유공장은 전력공장에 폐수와 가스를 보낸다. 이 연결망에는 지역농장, 생명공학설비, 시멘트 제조업체도 포함돼 있다. 관계자들 모두가 자원, 시간, 비용을 절감하고 있다.

환경을 생각하는 녹색건축

친환경 설계 건물은 녹색물결에서 큰 영역을 차지한다. 지속가능한 설계원칙에 따르면 에너지 효율과 조명, 통풍이 개선된 건물을 지을 수 있다. 1970년대에 예일 대학의 유명 건축역사가였던 빈스 스컬리는 태양열난방을 건축에 설계하려는 노력은 건축이 아닌 '배관공사'라며 비꼬았다. 그러나 이제 시대가 바뀌었다. 현재 디자이너들은 녹색건축을 매우 진지하게 받아들인다.

미국 친환경건축위원회는 친환경건물 설계 및 건축에 대한 자체기준을 바탕으로 재활용소재 사용, 에너지 효율적 설계, 기타 환경적 이득 등을 따져 점수를 산출한다. 이 위원회가 시행하는 친환경인증제도인 리드 LEED, Leadership in Energy and Environmental Design 는 총점을 토대로 건물마다 실버, 골드, 플래티넘 등급을 부여한다.[08] 각 도시와 주에서는 신규 정부 청사를 모두 리드 기준에 맞춰 짓도록 하는 법안 통과 작업에 착수하고 있다. 이렇게 리드로부터 인증받은 공간이 빠르게 확산 중이다. 2002년 1억 평방 피트 정도였던 총면적이 현재 수십억 평방 피트에 달한다.

녹색기업은 이 흐름의 최선두에 있다. 우리가 연구를 시작하던 즈음, 그 선봉은 당연히 허먼 밀러였다. 허먼 밀러는 미국에서 골드 등급을 받은, 불과 11개밖에 안 되는 건물 중 두 채를 소유하고 있었다. 이 건물들은

기업 재설계

297

밝고 외관이 뛰어나며 통풍도 잘 된다. 게다가 이 건물들이 직원의 생산성을 향상시키면서 환경우위가 생겨났다. 인증받은 건물들은 에너지 효율성이 높아서 운영비가 저렴하다. 허먼 밀러의 건물 중 하나는 일반 건축물에 비해 1평방 피트당 전기, 수도, 가스 등 공공요금이 41퍼센트나 낮다.[09]

녹색설계는 주류에 진입했다. 새로 지은 세계무역센터는 리드 기준에 따라 건축설계를 했다. 뉴욕시티에 있는 뱅크 오브 아메리카의 신규본사는 아마 세계에서 가장 친환경적인 사무실용 대형 빌딩일 것이다. 리드의 최고등급인 플래티넘 인증을 받기 위해 이 새 건물은 최신식 설계를 활용해 에너지와 물 사용을 절반으로 낮췄다. 이 분야의 또 다른 선두주자인 노키아도 본사건물에 재활용 자재와 태양열 자연난방 및 조명을 갖추어, 친환경 가치를 추구한다는 자사의 공약 실현에 박차를 가하고 있다.

친환경 건축에 대한 관심이 전 세계로 뻗어가고 있다. 아부 다비의 마스다르, 중국 상하이 인근의 동탄 두 곳에서는 온실가스 배출이 전혀 없고 온갖 종류의 오염을 최소화한 녹색도시 건설을 목표로 초대형 프로젝트를 추진 중이다. 이 고결한 목표가 달성가능할지는 두고 봐야 하겠지만, 혁신적인 녹색설계에 지원자금이 대거 몰리면 세계 어디서든 건축방식에 변화가 일 것으로 보인다.

공급사슬 재설계 및 녹색화

캐시 리 지포드에게는 매우 유감스러운 사건이 하나 있다. 1996년, 텔레비전 유명인사였던 그녀에게는 자기이름을 빌려준 의류업체가 하나 있었다. 그렇지만 그녀는 이 업체가 아동노동에 반대하는 NGO 활동으로 악명을 떨치게 되리라고는 전혀 예상치 못했다. 아직도 이 꼬리표는 따라다닌다. 인터넷에서 '캐시 리'를 검색해보면, 레지스 필빈(캐시 리와 토크쇼를 공동 진행했던 인물-옮긴이) 아니면 노동착취공장 관련 사이트가 뜬다. 안타까운 일이다.

지포드 사건, 그리고 큰 주목을 받았던 나이키의 노동착취문제는 공급사슬이라는 거센 폭풍우가 공통분모였다.[10] 당신 회사 제품은 어디에서 오는가? 그 제품은 누가 만드는가? 그들은 어떤 방식으로 제조하는가? 이를 비롯한 수많은 질문들이 특히 대형 브랜드를 공략한다. 더 이상 기업들은 "글쎄, 그것은 우리 소관이 아니다."는 답을 내놓을 수 없다. 자사의 공급업체 제품성분이 무엇인지 몰랐다는 항변은 이제 통하지 않기 때문이다.

녹색기업들은 대규모의 공급업체 감사 프로그램을 마련하여 이들의 제품 재설계를 돕고 있다. 그리고 공급업체를 '속속들이' 알기 위해 노력 중이다. 오늘날처럼 네크워크가 형성되고 블로그가 넘쳐나는 세상에서 공급업체에 어떤 문제라도 생기면, 아무리 사소한 문제라도 순식간에 대형 브랜드 이미지에 먹칠을 한다. 이 말이 의심스럽다면, 완구업체 마텔Mattel의 CEO 밥 에커트Bob Eckert에게 한번 물어보라. 그는 2007년 중국의 공급업체가 납 페인트칠 제품을 생산하는 바람에 거의 1천만 개의 제품을 회수해야 하는 난감한 상황을 겪었다.[11]

그렇지만 공급업체 감사는 대외 이미지 관리 이상의 역할을 한다. 공급업체의 환경 및 사회적 성과가 미흡하다는 것은 보통 장차 더 큰 문제의 발생을 알리는 신호이다. IBM의 경험에 따르면, 자체 감사에서 형편없던

공급업체의 경우, 배송시간이나 품질 같은 다른 영역에서도 이후 불합격할 가능성이 높았다.[12]

이케아의 공급사슬 재설계와 계단형 모델

환경계의 진정한 선구자이자 사회적 책임기업인 이케아도 1990년대에 공급사슬 스캔들로 몇 번의 홍역을 치른 적이 있다. 스웨덴의 한 다큐멘터리에서 파키스탄의 아동노동현장이 나왔는데, 그들이 다름 아닌 이케아 제품을 만들고 있었다. 또 환경진영에서도 멸종위기 열대우림에서 생산된 목재를 사용한다는 이유로 이케아를 비난했다. 이렇게 대외여론이 나빠지면 수백만 달러의 손실이 생길 수 있다. 이케아 제품인 빌리 책장의 경우, 제품 단 한 개에서만 포름알데히드가 법적 허용치를 넘겼는데 덴마크 매출만 25퍼센트가 떨어졌다. 이 사건으로 이케아의 품질관리팀은 심한 타격을 입었다. 깊이 반성한 이들은 세계적으로 매우 인상 깊은 공급업체 감사 시스템을 만들었다. 바로 '가정용 가구제품 구입에 관한 이케아 원칙The IKEA Way on Purchasing Home Furnishing Products', 줄여서 이웨이IWAY라는 감사제도였다.[13] 이 프로그램은 포괄적이고 심도 깊으며 철저할 뿐 아니라, 매우 심사숙고한 결과물이다.

그 규모만으로도 입이 벌어진다. '거래담당부서'(구매사업부)에 근무하는 전 세계 80명의 직원이 공급업체를 방문해 사회 및 환경 실적을 평가한다. 또 다른 18명의 직원들은 산림전공 전문가들로 이케아 제품의 목재가 전부 어디서 오는지 파악하는 업무를 전담한다. 이 산림전문가들은 일부 '국가'의 산림부보다도 규모가 크다. 이렇게 감사담당자들이 한데 모여 수천 개의 공급업체를 점검했다.

이케아가 우리에게 이웨이 평가목록을 공개했다. 놀랍게도 목록에는 규제준수, 오염물배출, 폐기물, 화학물질, 안전, 아동노동, 노동조건, 목재조달방식 외 10가지 항목에 대한 질문이 적혀 있었다. 이 '점검목록'은 발로 뛰는 감사담당자들이 임무완수에 며칠씩 걸리는 15쪽짜리 양식을 뜻하는 아주 절제된 표현이다. 목록 전반에 있는 '감사자 주의사항' 중 유해폐기물 관련 도움말을 살펴보자. "실제 절차대로 행하는지 점검하시오. 내용물을 비운 컨테이너와 배럴은 어떻게 다루는지 점검하시오."

다음은 또 다른 감사자 주의사항이다. "이케아의 철학을 설명하고 …… 공급업체가 주요 환경피해를 이해했는지, 환경평가와 후속조치에 착수했는지 점검하시오." 이 구절들은 이케아 감사절차의 주요 특징을 보여준다. 즉 무작정 들이닥쳐서 평가하고 자리를 뜨는 게 아니라, 공급업체와 긴밀히 협력하여 빈틈없이 영업하도록 이끄는 것이다.

멕시코부터 방글라데시까지 이케아의 공급업체들은 폐수처리 시설 등 신규 설비에 수백만 달러를 투자해 깨끗한 공장으로 거듭났다.[14] 하지만 이케아는 공급업체들이 환경피해를 줄일 수 있도록 직접 개입하기도 한다. 이케아가 자금을 빌려준 루마니아의 한 가구공급업체는 신규 보일러, 통풍장치, 공기정화기를 비롯한 현대식 설비에 투자했고, 폐기물을 에너지로 바꾸는 조개탄 기계를 설치해 이득을 보았다.

이웨이의 핵심에는 이케아가 '계단형 모델staircase model'이라 이름 붙인 네 가지 성취단계가 있다. 1단계는 기본적으로 용인이 안 되는 단계로, 1단계 공급업체는 이케아가 정한 최소기준인 2단계에 도달하기 위해 특정 조치를 취해야 한다. 그리고 모든 신규공급업체는 선적물량을 첫 발송하기 '이전에' 감사절차를 거쳐야 한다. 3단계도 아직 높은 수준이 아니며, 4단계 공급업체도 가장 까다로운 지속가능 산림기준인 국제산림관리협의회 인증 등 더욱 엄격한 제삼자 인증까지 받아야 한다.

이러한 계단형 모델 덕분에 이케아의 공급사슬 감사는 대다수 유사한 프로그램과 차별성을 띤다. 대개는 공급업체 점검목록이 있다 해도 규제를 준수하는지 등에 관한 기본적인 질문만 하고 끝낸다. 기껏해야 '겉치레용' 관행일 뿐이다. 반면 이케아는 끊임없는 개선을 적극적으로 요구하므로 보통 감사와는 차원이 다르다. 이케아는 공급업체의 영업방식, 목재 조달처, 직원임금 등 기타 많은 사항을 개선하도록 압력을 넣는다. 이렇게 세밀한 감사야말로 가치사슬을 진정 재설계하는 일이다.

그렇다면 이 모든 작업에 드는 비용은 얼마나 될까? 이 좋은 질문에 대한 답은 놀랍기만 하다. "아무도 모릅니다. 우리는 다 같이 모여 예산을 짜거나 비용을 계산해본 적이 없습니다." 이케아의 댄 브란스트롬Dan Brannstrom은 말했다. "상당히 굉장합니다." 오해 없길 바란다. 이케아는 비용에 매우 신경 쓰는 기업으로 비용에 깐깐하기로 유명하다. 혹자는 구두쇠라고도 한다. 그러나 가치사슬의 위험을 낮출 때 얻는 가치가 매우 높기에, 직원 월급에 드는 수백만 달러와 시간비용은 상대적으로 소홀하게 다룰 뿐이다. 이케아의 CSR 총책임자인 토마스 베르그마르크가 우리에게 말했다. "이웨이에는 최저목표 수익률이 '거의' 없다고 보면 됩니다. '안 하면' 위험이 있을 뿐이지요. 선택대상이 아닙니다. 우리 브랜드의 실질가치가 달려 있기 때문입니다."

이러한 브랜드 가치를 보호하기 위해 이케아는 심지어 감사담당자를 감사한다. 이케아의 규제준수 담당자인 브란스트롬은 소매사업부에서 엄격한 매장검토를 했던 인물로, 지금은 이케아의 공급사슬이 높은 기준을 달성하도록 하는 업무를 보고 있다. 내부감사 외에도 이케아는 제3의 검증인을 초빙해 전 과정을 주기적으로 검토한다. 이러한 삼중점검 시스템 덕분에 이케아는 공급사슬의 위험을 그 누구보다도 현저하게 줄여나간다.

마지막으로 이케아의 공급사슬 관리방식에 의구심을 품는 사람이 있다면, 이 모든 업무를 관장하는 이웨이 위원회에 연락해 위원회 의장이 누구인지 문의해보기 바란다. 다름 아닌 이케아의 CEO 앤더스 달빅 Anders Dahlvig이다.

● ● ● ● ● ● ●

환경우위의 핵심

녹색기업은 단순한 환경문제 추적을 넘어 제품과 공정, 작업장 그리고 공급사슬까지 개선한다. 이러한 재설계 과정에서 이들이 다양하게 활용하는 수단은 다음과 같다.

* 친환경 설계.

* 폐회로 시스템.

* 산업생태학.

* 녹색건축과 리드 인증.

* 공급사슬 감사제도.

● ● ● ● ● ● ●

Chapter9

환경우위 기업문화
: 환경의식에 주목하는 기업 만들기

1997년 루이지애나 주 레이크찰스 부근에서 정유회사인 코노코Conoco 유조선과 예인선이 충돌해, 유조선에 30미터 길이의 금이 생겼다.[01] 오늘날 이 사고를 기억하는 사람은 거의 없는데, 그 이유는 단 한 가지다. 기름이 단 한 방울도 유출되지 않았기 때문이다. 당시 듀폰 산하에 있었던 코노코는 '이중선체' 유조선에 투자를 했다. 규제보다 수년 앞선 투자였다. 이 덕분에 하나의 철판이 열리더라도 다른 철판은 닫힌 상태이므로 안전을 보장할 수 있었다. "이중선체가 아니었다면 엑슨 발데즈 사고 때보다 더 많은 원유가 유출되고 코노코는 망했을 것이다."고 듀폰의 환경담당 부사장 폴 테보가 말했다.

이것이 환경을 중시하는 기업문화 창출과 관련이 있을까? 꽤 밀접하다. 1989년 환경문제가 아직 대다수 기업의 이목을 끌지 못했을 때, 선견지

명이 있던 듀폰의 CEO 에드 울러드는 이사회 차원에서 환경정책위원회를 세우고, 간부들로 구성된 환경 리더십 회의자리를 마련해 매달 모이게 했다. 울러드의 친환경 논리는 듀폰의 다양한 사업부서에 신선한 사고를 불어넣었다.

당시 환경 리더십 회의에 참석했던 코노코 회장 아치 던햄은 테보의 자랑 섞인 표현에 따르면 일종의 '개종자'였다. 신참 개종자의 열정으로, 던햄을 비롯한 듀폰의 경영진은 1990년 오로지 이중선체 유조선 제작에 매달렸다. 이들은 위험을 줄이면 회사와 환경 양쪽에 유익하다고 믿었고, 그 믿음은 옳지 않았는가.

혁신적인 문화를 논하거나 '고객이 먼저'라고 주장하는 기업이 많다. 그렇다면 그 정확한 뜻은 뭘까? 별 뜻 없는 경우가 보통이다. 상당수는 기업의 병리현상에 대한 즉효약 내지 만병통치약처럼 제시하는 슬로건이다. 특정조치와 성과로 뒷받침하지 않는 한 이는 공허한 문구일 뿐이다.

오래전부터 혁신을 내세운 3M은 수십 년 동안 회사의 성장을 견인한 첨단제품을 끊임없이 선보이며 이를 증명해왔다. 이러한 혁신적 모습은 우연이 아니었다. 3M은 특정한 조직적 도구를 활용해 새롭고 신선한 사고를 끌어낸다. 이를 테면 3M의 유명한 '15퍼센트 룰'은 엔지니어들이 업무시간 중 15퍼센트를 아무리 뜬금없어 보여도 자신이 손수 고른 프로젝트에 쏟도록 한다.

기업문화는 단순히 고결한 선언이나 CEO가 '모두에게' 보내는 이메일로 생기지는 않는다. 이는 일상에서 의식적인 노력과 동기부여로 행동이 변해야 생겨난다. 기업들은 '구체적인' 규율이나 평가지표를 통해, 창의성처럼 측정하기 어려운 '무형의' 기술을 장려할 수도 있다. 『좋은 기업을 넘어 위대한 기업으로』에서 짐 콜린스는 플라이휠flywheel(차축의 회전속도

• 환경우위 도구 세트−기업문화 창출

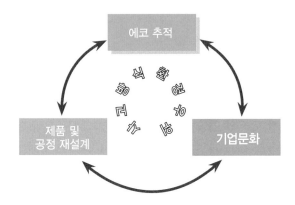

를 고르게 하는 자동차의 핵심부품−옮긴이)에 관한 유명한 비유를 든다. "플
라이휠이 느릴지라도 정방향으로 끈질기게 조금씩 움직이다 보면 속도와
추진력이 생긴다. 환경친화적 사고를 활성화하는 기업문화도 플라이휠 밀
기와 다를 바 없다."

적절한 도구를 쓰면 플라이휠을 움직일 뿐 아니라 환경우위 쪽으로 급
회전시킬 수 있다. 녹색황금 전술구사부터 친환경사고 배양, 에코 추적
및 재설계 도구 활용에 이르기까지 이 모든 것에 추진력을 불어넣는다.
그렇지만 본 장에서는 전략적 우위를 촉진하는 문화형성에 초점을 맞추
도록 하겠다.

우리와 담화를 나눈 녹색기업들은 네 가지 기본적인 문화형성 도구를
사용했다.

1 도전적 목표로 강화하는 비전.

2 친환경사고를 모든 전략적 의사결정에 심는 관행.

3 환경 어젠다에 동참을 유도하고 책임감을 불어넣는 인센티브.

4 내부인과 외부인 모두를 대상으로 한 의사소통.

불가능을 꿈꾸다

2005년 도요타의 회장직을 넘겨받은 와타나베 가츠아키Watanabe Katsuaki는 친환경 기술개발이 최우선 과제임을, 심지어 안전, 품질, 비용보다도 앞선 과제임을 분명히 했다. 이어 그는 이 정도 충격으로는 부족하다고 생각했는지, 머지않아 본사 엔지니어들이 '가득 찬 연료탱크 하나만으로 미 대륙을 횡단'할 자동차를 개발할 것이라고 호언장담했다.[02] 이것이 바로 도전적 목표다!

조직의 목표는 도요타처럼 거창하거나 매우 구체적인 형태를 띤다. 예를 들어 유니레버는 인도의 76개 공장설비에서 액체유출물을 제로로 만들겠다는, 구미가 크게 당기지 않는 목표를 제시했다.[03] 와타나베도 하이브리드 자동차 연매출 100만 대라는 판매목표를 비롯해 갤런당 200마일 등 야심찬 청사진 등을 현실적으로 제시했다. 과감하든 현실적이든, 도전적 목표는 신선한 사고를 자극하고 혁신을 촉진하며 환경우위를 형성해주는 필수도구이다.

하버드 경영대학원의 마이클 포터가 주장한대로 까다로운 환경문제를 다루는 일은 안전지대를 벗어나 혁신적인 방법을 찾는 기업에게 기폭제가 된다.[04] 도전적 목표는 불가능에 가까운 일을 요구하거나 기존 전제를 재검토하게 하는 식으로 창의성을 끌어올리기 때문이다. 이러한 목표는 전

직원을 자극해 기존 수요를 새로운 방법으로 충족하도록 만든다.

지금 우리는 '업계의 환경 리더 되기' 같은 고상한 목표를 말하는 게 아니다. 이러한 비전은 기조와 선결관제를 제시해주지만 구체적인 목표와 방향을 보여주지는 않는다. 또 우리가 말하는 것은 '내년 에너지 사용량 5퍼센트 줄이기' 같은 점진적 목표도 아니다. 우리가 주목하는 것은 거의 불가능해 보이던 도전과제에서 커다란 진척을 이룬 경우이다. 우리가 목격한 바에 따르면 기업에 활력을 불어넣는 도전적 목표가 '불가능은 없다'는 원칙적 자세에도 숨을 불어넣었다.

연구결과 도전적 목표의 유효범위에 들려면 명확하고 구체적이면서도 거대한 목표가 있어야 했다. 이중에는 휘발성 유기화합물 배출을 90퍼센트까지 줄이겠다는 3M과 나이키처럼, 기술적으로는 가능해도 매우 도전적인 내용이 있었다(두 기업 모두 이를 달성했다). 또 순전히 상징적으로 보였지만 실제 실행으로 옮긴 도전적 목표도 있었다. 수년 동안 듀폰은 폐기물에 관한 한 '목표는 제로'라는 입장을 표명해왔다. 물론 희망사항이겠지만, 제로라는 목표는 사람을 추동하는 힘이 있다. 구체적이고 시각화가 쉽기 때문이다. 배관에서 흘러나가거나 쓰레기더미로 향하는 물질이 보이면, 목표에서 벗어났음을 바로 알아채기 때문이다. 가구제조업체 허먼 밀러는 최근 2020년 목표를 잡았다. 여기에는 폐기물 제로와 유해물질이 전혀 없는 발자국이란 내용이 담겨 있었다. 그리고 이들은 이같은 목표를 '완벽한 비전'이라고 칭했다.[05]

도전적 목표는 회사의 장기적 방향을 뚜렷이 해주고, 직원들이 그 노선에 따라 도전과제에 다가서도록 힘을 불어넣는다. 1999년, 알칸은 2004년까지 온실가스를 50만 톤 감축하겠다는 야심찬 목표를 세웠다. 일단 일을 추진하고 보니, 알칸의 엔지니어들은 첫 2년 이내에 220만 톤 감축도 무난하다는 사실을 깨달았다. 알칸의 댄 가그니어는 우리에게 경영자들이 시기를 제대로 예측하지 못한 이유를 설명했다. "기획자들은 아무리 좋은 계획을 세우더라도 실무자들보다 뒤처지더군요. 이런 이슈에서 회사의 역량발휘 시점을 제대로 파악하는 사람은 실무자들이니까요."[06]

그러나 바로 여기에 아이러니가 있다. 보통 실무자들이 실제 달성가능한 일에 더 정통하다 해도, 이들로부터 도전적 목표 제시를 기대하지는 못한다. 듀폰의 폴 테보는 이렇게 말했다. "어떤 목표를 세울지 조직에서 건의를 받게 되면, 그 어떤 목표도 세우지 못합니다. 다만 직원들이 할 수 있는 선 정도를 파악할 뿐입니다."[07]

어떤 녹색기업들은 자신들의 사업영역을 넘어 가치사슬 위아래에서 환경피해를 줄게 하는 목표를 잡기도 한다. 알루미늄 제조에 막대한 에너지를 소비하는 알칸은 '제로를 넘어서'라는 목표에 착수했다.[08] 논의배경은 이렇다. 알루미늄 1톤을 생산할 때마다 온실가스 12톤이 생겨난다. 만약 이동수단에 알루미늄을 더 많이 장착하면, 차량이 가벼워져 연료를 적게 태우므로 온실가스 배출도 줄어든다. 알칸의 계산에 따르면 자동차 한 대에 알루미늄 1톤이 추가될 때마다 폐차 전까지 온실가스를 약 12톤 줄일 수 있다.

알칸이 단지 탄소배출 감축에서 발뺌하기 위한 시도라거나, 더 심한 경우 이러한 논리를 내세워 알루미늄 판매를 늘리려는 수작이 아니냐며 비판하는 사람들도 있을 것이다. 둘 다 맞는 소리일지 모른다. 거시적 사고와 문제회피는 종이 한 장 차이일 때도 있기 때문이다. 그렇지만 전체 가치사슬 안에서 자사제품의 위치를 고민한 것은 올바른 방식이다. 종종 이것이 경쟁업체들이 놓친 기회를 찾아내는 최선의 방법, 한마디로 환경우위가 되기도 한다.

제로를 넘어서는 일은 사내 모든 구성원이 새로운 해법을 찾거나 한때 불가능해 보였던 일을 넘보도록 자극할 수 있다. 시간이 흐를수록 상징적이던 목표가 달성가능한 대상이 된다. 허먼 밀러는 현재 매립쓰레기 제로와 100퍼센트 재생 에너지라는 목표를 달성할 것으로 보인다. 우리가 연구에서 발견한 일관된 결론은 때로는 완고한 기준이 혁신에 불을 당긴다는 것이다.

> 녹색기업은 조직의 역량을 파악하고 이를 넘어선 도전적 목표를 세운다. 이를 통해 창의성을 자극하고 혁신을 끌어내 환경우위를 차지한다.

우리가 어디에 가든 되풀이해 듣던 말이 있다. "목표에 어떻게 도달해야 할지 암담합니다." 미지의 세계에 뛰어드는 일은 두렵기 마련이다. 그렇지만 바로 그런 이유로 제로 달성 혹은 제로 뛰어넘기 같은 불가능해 보이는 목표가 낡은 사고를 깨는 데 매우 중요한 것이다. 듀폰의 지속가능한 발전 부책임자 돈 리튼하우스Dawn Rittenhouse는 이렇게 말했다. "우리가 추구하는 것은 끊임없는 개선이 아닙니다. 우리는 전략적 사고와 변화를 추구합니다."[09]

• • • • • • •

목표 공개

목표설정을 새로운 차원에서 하고 싶은가? 환경목표를 대중적으로 선포하면 사람들의 이목을 끌 수 있으므로 조심해야 한다. 공개적으로 목표를 잡았다가 이에 못 미친 경우 곤란해질 수 있다. 듀폰의 폴 테보는 이를 간단명료하게 표현했다. "일단 공개하면 더 이상 임의적으로 행동할 수 없습니다."[10]

• • • • • • •

환경우위 의사결정

어떤 기업은 핵심 경영진이 거의 모든 사안을 결정한다. 또 다른 기업은 고도로 분권화된 구조여서 각 직급의 사원들에게 어느 정도 여지를 준다. 서로 문화는 달라도, 우리가 연구한 녹색기업들은 힘겨운 환경적 결단을 돕는 공통된 의사결정 방식이 있었다.

환경문제는 골치 아프고 복잡한 경향이 있다. 종래의 비용-편익 분석은 보이지 않거나 측정이 곤란한 상승가치를 계산과정에 포괄하지 못한다. 그렇지만 녹색기업은 무형의 편익도 소홀히 대하지 '않는다.' 이들은 장차 수익이 발생한다는 점, 그리고 종래의 회계로는 미리 방지한 사고, 신경을 덜 쓰게 된 규제, 소비자와 지역사회에서 얻은 호감 등을 포착하는 데 한계가 있다는 점을 안다. 환경이 낳는 비용과 편익은 보통 분산돼 있거나 당장 드러나지 않지만, 결코 현실과 동떨어진 대상이 아니다.

최저목표수익률을 다시 생각하다

신규정책, 신제품출시, 마케팅 등 기업의 여러 투자항목은 관심과 비용을 놓고 경쟁한다. 대다수 기업은 투자대상을 선별할 때 어떤 프로젝트든 최소한 달성해야 하는 수익률인 '허들 레이트hurdle rate(최저목표수익률)'를 필수적으로 요구한다. 구체적 수치로 투자적합성을 살피는 과정에서 허들레이트는 투자대안을 검토하고 부족한 투자자금을 엉뚱하게 할당하는 일이 없도록 하는 평가지표로 기능한다. 그렇지만 환경분야는 무형의 편익이 저평가를 받고 구체적 수치 산출이 어렵기 때문에, 고정된 최저목표수익률은 잘못된 판단을 낳기도 한다.

3M은 종종 오염방지정책(3P 정책)의 최저목표수익률을 30퍼센트에서

10퍼센트 수준으로 과감히 낮춘다.[11] 이케아도 환경투자에 대해서는 특별히 여지를 둔다. 이를테면, 매장에 태양전지판 설치를 결정내릴 때 투자 회수기한을 10년에서 15년으로 늘리는 식이다.[12] 다른 투자에 비해 훨씬 긴 회수기한이다.

최저목표수익률을 사실상 제로로 낮추는 녹색기업들도 있다. 3M의 제조설비 책임자 짐 옴랜드는 심지어 최저목표수익률을 따지지도 않고 수백만 달러짜리 프로젝트 두 건을 승인한 적이 있다고 앤드루에게 말했다. 서로 다른 두 공장에서 각각 추진한 것으로, 대기오염원 배출 절감 프로젝트 그리고 아칸소 주 리틀록에 있는 연못으로 유입되는 폐수 정화 프로젝트였다고 한다. 그 어느 것도 법적 요구사항이 아니었지만, 이러한 변화조치로 3M은 이해관계자들의 기대를 앞서갔다. "'가능할 때 추진해야 하는' 문제들이 많습니다. 내가 당장 이 문제들을 다루지 않으면, 장차 지역사회와 부딪치거나 규제문제에 휘말릴 수 있기 때문입니다." 옴랜드는 말했다.[13]

여기서 한 가지 짚고 넘어갈 점이 있다. 만약 어떤 프로젝트가 일반적인 영리 면에서 원금회수가 바로 가능하다면, 그것은 에코 효율적 전략이므로 최저목표수익률을 낮출 필요가 없다. 유연한 최저목표수익률은 구체적 수치로 볼 때 당장 이득이 '없는' 프로젝트에 해당한다. 이런 프로젝트를 승인받으려면 경영자는 약간의 유연성과 확신에 찬 용기가 필요하다. 3M을 비롯한 다른 기업들은 위험감소, 규제선행대응, 지역사회와의 원만한 관계, 직원들의 사기 고조 등 이러한 프로젝트가 안겨주는 무형의 편익들이 측정은 곤란해도 혜택이 상당하다는 점을 인식하고 있다.

어떤 기업들은 공식절차를 이용해 목표수익률이 낮은 프로젝트를 식별해낸다. 유니레버는 자본투자를 할 때 필히 환경분석을 하는데, 이것이 목표수익률을 낮추는 역할을 한다. 비공식적 과정을 선호하는 기업들도 있다. 맥도날드의 경영자 밥 랭거트는 이렇게 말했다. "어떤 투자의 경우, 일반적인 최저목표수익률을 제시하지 않아도 됩니다. 비공식적 사안이어서 문서에도 흔적이 없습니다. 그렇지만 직감대로 추진해보라며 승낙을 얻습니다."[14]

　비공식적 과정을 넘어선 회사들도 있다. 엄밀히 말해 이들은 최저목표수익률을 낮추는 게 아니라, 비용-편익 계산을 하지 않은 채 전략적 변화를 밀어붙인다. 유정油井에서 가스 태우는 일을 살펴보자. BP 등 정유회사들은 원유매장지에서 나온 잉여가스 연소를 이해관계자들이 갈수록 용납하지 않는다는 사실을 알았다. 이러한 관행은 경제적 혜택이 전혀 없이 지구온난화에 일조하기 때문이었다. 그래서 BP의 경영진은 단순하게 '가스 소각 금지no flaring' 정책을 세웠다.[15] BP의 수석경제학자 피터 데이비스Peter Davies는 이러한 정책변화에서 무형의 가치를 측정하는 일은 무의미하다고 말했다. 데이비스의 말은 무형자산이 가치가 없다는 뜻이 아니다. 그보다는 무형자산이 정확한 측정이 불가능한 대상이라는 점을 경제학자 입장에서 인정한 것이다. 이 경우 실제 중요한 점은 전략적인 가스 소각 금지결정이 회사 브랜드와 회사자체를 놓고 볼 때 장기적으로 옳았다는 사실이다.

　　앞서 다룬 모든 비즈니스 결정에서 녹색기업은 위험감소, 브랜드 확립, 명성유지 같은 무형의 편익을 투자평가 때 고려한다. 이들이 선택한 비즈니스 논리는 타당하다. 사실 전통적인 비즈니스 도구는 이러한 무형의 편익을 무시한다.

환경우위 기업문화 ·

313

팀버랜드는 최근 신발상자를 재설계하면서 마분지를 15퍼센트 줄이고 원료비용도 비슷한 수준으로 낮추었다.[16] 이는 분명 에코 효율적인 성과였다. 그렇지만 환경담장자들은 새로운 설계를 추가해 100퍼센트 재활용 마분지를 사용하고 싶었다. 그렇지만 재생폐지는 무게당 비용이 더 많이 들었다. 다행히 원료량이 줄면서 더 비싼 재고용지로 전환할 때 드는 비용이 상쇄된다. 그렇지만 팀버랜드가 비용이 더 드는 종이로 바꾸지 않았더라면 절감액은 더 컸을 것이다.

비슷한 시기에 팀버랜드는 유통센터 두 곳의 에너지 절감형 조명 교체 작업을 놓고 고민에 빠졌다.[17] 총 교체비용은 60만 달러였다. 캘리포니아에 있는 시설의 경우, 주정부의 보조금이 있어서 2년 안에 자금회수가 가능했다. 고심할 필요가 없었다. 반면 켄터키에 있는 유통센터를 재단장하면 원금회수에만 6년 이상 걸려, 회사의 최저목표수익률을 밑돌게 된다. 이 상황에서 팀버랜드는 캘리포니아 설비교체만 추진할 수도 있었을 것이다.

두 가지 사업계획에서, 관리자들은 그리 바람직하지 않은 프로젝트를 고민할 필요 없는 프로젝트와 '짝지어' 하나의 제안으로 제시했다. 신발상자 재설계를 재생용지 전환과 짝지어보니 비용-절감액은 얼마 되지 않았다. 상자재설계만 했을 때의 절감액 15퍼센트를 훨씬 밑돌았다. 두 곳 모두 재단장하는 사업도 3년 만에 원금을 회수해 목표수익률을 넘길 수는 있었지만, 최상의 프로젝트 하나만 추진할 때보다 기간이 길었을 것이다. 그렇다면 왜 이런 선택을 감행했을까? 팀버랜드는 숲을 바라보며 기업의 명성과 장기적 가치에 주목했기 때문이었다.

이와 유사한 '비논리적' 행동을 다른 많은 기업들도 보여주었다. GE는 최근 팀버랜드와 동일한 경로를 밟았다.[18] 60군데 설비를 한데 묶어 재단장할 때 생기는 전체 수익률을 계산한 것이다. 일부 시설은 2년 내 자금 회수라는 GE의 방침에 적합하지 않았지만, 전체 시설을 바꾸기 원한 경영진은 재단장을 '묶어서' 추진한 덕분에 쉽게 동의를 끌어낼 수 있었다. 비슷한 사례로 허먼 밀러는 26가지 폐기물을 분류한 다음 재활용 장소로 보낸다. 이 폐기물 중 절반은 분류 및 수거 시 비용보다 편익이 높으므로 회사에 이득이다. 반면 나머지 절반은 비용 면에서 손해를 본다. 그런데도 허먼 밀러는 모든 폐기물을 대상으로 분류작업을 하므로 재활용 프로그램 전체를 보면 본전치기 사업이다.[19] 그리고 허먼 밀러는 수익성 있는 소재로 이익을 높이는 방법을 찾아내면, 손해 보는 프로젝트와 추가로 묶어 추진한다.

인터페이스, 맥도날드, 이케아 같은 녹색기업도 재생 에너지 비중을 늘리기 위해 이와 유사하게 사업묶기Pairing 방식을 취했다. 특히 이들은 에너지 절감 프로젝트에서 얻은 절감액을 고가의 친환경 에너지 구입에 투자해, 전체 에너지 비용을 균일하게 유지하면서도 환경적 혜택을 폭넓게 누렸다.

사업묶기는 훌륭한 장기적 의사결정이 단기적인 고려 때문에 폐기되는 일이 없도록 해주는 장치이다. '녹색 차양green eyeshades'이라는 회계적 도피수단이다. 전체 수지를 맞추면 경영자들은 순비용을 한 푼 늘리지 않고도 무형의 이득을 얻는다. 다시 말해 이해관계자에게 체면이 서고, 브랜드 가치와 무형의 가치를 늘리며, 직원 만족도를 높인다.

보이지 않는 손 활용하기

BP의 수석경제학자 피터는 앤드루에게 그가 생각하는 환경적 책임은 간단하다고 말했다. 바로 회사가 훌륭하고 합리적인 판단을 내리도록 하는 것이다. 경제학자 입장에서 시장에 의지하는 것만큼 탁월한 의사결정 장치는 없다. 경제학자들은 애덤 스미스Adam Smith의 '보이지 않는 손' 논리를 신봉한다. 그래서인지 사내에 탄소거래시장을 만든 BP의 실험을 열성적으로 설명하던 데이비스의 모습은 결코 낯설지 않았다.

이 프로그램은 12개 사업부문 각각의 온실가스를 대상으로 시작했다. 최우선 목표는 기업의 탄소배출을 1퍼센트 이상 줄이는 것이었다. 이 목표달성을 위해 BP는 각 사업들이 배출권을 사고파는 내부거래 시스템을 설계했다.[20] 만약 어느 한 사업부에서 온실가스를 목표치 이상 줄였다면, 이 사업부는 초과한 탄소감축량을 다른 부서에 판매할 수 있었다. BP의 사업부서들은 2백만 톤의 탄소를 톤당 5달러의 잠재가격(shadow price, 시장가격이 존재하지 않거나, 존재해도 신뢰할 수 없는 경우 주관적으로 부여한 가격-옮긴이)에 거래했다.

쉘도 이와 유사한 탄소거래시장을 내부적으로 만들어, 유럽의 교토 의정서 의무를 다하기 위해 박차를 가했다. BP와 쉘 모두 사내 탄소거래의 한계를 잘 알고 있다. 이들은 탄소가격을 적절하게 책정했는지는 신경 쓰지 않는다. 탄소거래제 운영팀은 내부거래시장을 단지 탄소배출에 이목을 집중시키고 탄소배출 절감기회를 조명하는 도구 정도로 바라본다. 쉘에서 친환경제품을 담당하고 있는 가스 에드워드Garth Edward는 가상이 아닌 현실의 글로벌 시장에서 상품을 사고판다. 그는 내부거래시장에 대해 현실이 아니어도 "예행연습으로 유용하다."고 말했다.[21]

BP도 이 정책의 목표가, 비즈니스 리더들이 탄소배출문제에 주목하게 하는 것이라고 인정한다. BP의 크리스 모터쉐드는 말했다. "비즈니스에서 만 가지 사안 모두에 주목할 수는 없어도 세 가지 정도는 능히 해낼 수 있습니다. 이 제도를 갖춘 덕분에, 우리의 영업활동이 기후변화에 미치는 피해 줄이기도 그 셋 중 하나가 되었습니다."[22]

오염비용에 주목해 환경피해에 내부 '세금'을 부과한다는 아이디어는 여러 가지 형태가 있다. 로너 텍스틸의 CEO 앨빈 캘린은 단언했다. "전통적인 회계 시스템은 진실을 보여주지 않는다." 로너 텍스틸은 자체적으로 탄소배출에 세금을 매긴다.[23] 비슷한 방식으로 허먼 밀러도, 탄소제약 세상이 초래할 에너지 비용증가라는 여파에 관리자들의 이목을 집중시키기 위하여, '그린 택green tags'—청정에너지 개발을 지원하는 재생 에너지 크레디트—를 사들인다.[24]

어떤 녹색기업은 이사회가 관리하는 특별기금 중 일부를 가장 미래지향적 환경관련 업무에 지원했다. 이 자금은 친환경 설계나 여타 색다른 프로젝트 등 시범 프로그램을 지원하는 데 쓰인다. 사실상 이사회는 이같은 사업을 보조하고, 이런 성격의 투자비용을 낮추어 환경적 이득과 창의적 사고에 박차를 가하며, 동시에 이 과정에서 발생하는 일종의 위험부담을 나누는 셈이다.

환경부담금을 활용해 소비자와 직원들이 일상생활에서 더 나은 판단을 내리도록 유도하는 기업들도 있다. 이케아는 비닐봉지에 소액의 세금을 붙여, 고객들이 비닐봉지를 사용할 경우 '환경비용'이 제로가 아니라는 점을 인식하도록 했다(참고로 이 수익금은 자선단체에 기부한다). 그 결과 미국에서 이케아의 비닐봉지 사용량은 실행 첫해에 놀랍게도 92퍼센트나 줄어들었다.[25] 하이페리온 소프트웨어Hyperion Software와 팀버랜드도 직원들이 하이브리드 자동차를 구입하도록 유도하는 프로그램을 실시했는데 하이페리온의 경우 무려 5,000달러를 환급해주었다.[26]

결국 내부거래시장이나 세금부과정책은 가격신호를 바꾼다. 온실가스 배출은 세상에 어느 정도 비용을 부담시키지만, 현재 배출자들이 부담하는 가격은 없다. 시장기제는 회사들이 '외부효과를 내부화'하도록 하고, 그 비용이 사회에 미치는 환경피해 비용에 근접하도록 한다. 게다가 규제장치가 효력을 발휘하면 자발적으로 행동한 기업들은 새로운 경쟁여건에서 유리한 위치를 점할 것이다.

직원들의 폭넓은 참여

CEO가 새로운 정책을 도입한다. 모든 직원들이 우왕좌왕한다. CEO가 회사를 떠났거나 다른 우선과제에 밀려 정책이 제 갈피를 잡지 못했다. 결국 정책은 흐지부지되다가 끝내 폐기된다. 이러한 '반짝 유행식' 경영스타일이 남 이야기 같지 않은가?

환경우위 정책도 이와 다르지 않다. 환경을 최우선 과제로 삼으려면 CEO의 리더십은 필수다. 만약 CEO '혼자만' 참여한다면 그 노력은 오래가지 못한다. 모든 직급의 관리자, 그중에서도 특히 중간관리자들이 이 문제를 자신의 책임으로 받아들여야 한다.

일례로 쉘의 모든 사업부는 회사의 지속가능성 우선정책을 준수하겠다는 '서약서'에 서명한다(사베인스-옥슬리 법이 최고경영자와 재무총책임자에게 재무제표에 대한 확인서명을 요구한 것과 비슷하다).

녹색기업은 환경문제에 실질적인 동참을 끌어내기 위해 다음과 같은 행동을 취한다.

- 실무자들이 환경전략에 공감하게 만든다.
- 제품운영부와 환경담당부서끼리 인사교류를 한다.
- 명확한 평가기준을 바탕으로 환경실적에 대한 인센티브를 마련한다.

• • • • • • •

환경문제 책임자

많은 회사에서 용맹스러운 환경 해결사가 환경정책을 추진한다. CEO의 지원을 받는 회사도 있다. 그렇지만 환경부서 사람들만 환경업무에 뛰어들어서는 곤란하다. 신선한 사고를 토대로 환경우위를 창출하려면, 환경 렌즈를 끼고 의사결정 하는 관행이 조직전반에 뿌리내려야 한다. 해결사 한 명에게'만' 의존하면 그 전략은 소멸한다. 진정한 성공을 일구려면 조직의 우두머리부터 말단사원까지 모두가 참여해야 한다.

• • • • • • •

책임감 부여

어떤 위원회에 직원 6,000명 중 400명이 속해 있다면 이 덩굴 같은 조직은 그다지 효율적으로 보이지 않을 것이다. 그러나 가구제조업체 허먼밀러의 환경품질관리팀은 예상을 깨고 매우 원활하게 돌아간다.[27] 이는 모든 직급의 직원이 환경의식을 발휘해 환경우위 창출에 동참하도록 하는 수단으로 우리가 본 것 중 최고였다.

1989년, 제조부서의 환경피해 감축 책임자 몇몇이 모여 출발한 환경품질관리팀은 시간이 흐르면서 조직적으로 성장했다. 위원회는 현재 설계, 운송, 녹색 마케팅 등 다양한 주제를 다루는 9개의 분과위원회로 구성된 느슨한 조직체이다. 환경품질관리팀은 최소한의 위계질서만 있을 뿐, 환경담당자들이 비공식적으로 조직 전반을 조율하며 소수의 관리자들이 핵심

팀을 구성한다. 이 핵심팀은 권위 없이 팀을 통솔하며, 그 하부팀에서 도전적 목표를 설정하고 성과를 측정한다. 참으로 강력한 참여수단이다. 어떤 팀에 물품매입이 필요하면 조직 내 핵심인물을 초빙해 업무를 같이 추진한다.

허먼 밀러가 친환경 설계정책을 추진하면서 환경품질관리팀은 구매담당 수석부사장 드류 쉬람Drew Schramm에게 팀에 동참해달라고 요청했다. 친환경제품에 쓰이는 자재구매 담당자가 함께하지 않으면, 팀원들은 환경적 고민이 담긴 제품설계를 할 수 없기 때문이었다.

쉬람은 곧 환경적으로 중대하지만, 내리기 쉽지 않은 결정과 직면했다. 그해 그의 재정목표는 여유가 없었다. 2,500만 달러를 절감해야 하는 상황이었다. 쉬람의 소속팀은 흔히 쓰는 부품의 다소 저렴한 대체품을 찾아냈다. 그러나 이 새로운 선택을 할 경우 회사는 100만 달러를 절감할 수 있지만, 부품에 든 폴리염화비닐이 문제로 남았다. 게다가 애석하게도 환경품질관리팀의 친환경 설계팀은 폴리염화비닐 사용금지를 목표로 정한 상태였다. 장기적으로 규제수준이 높아지고 소비자가 해로운 물질을 선호하지 않는다면, 회사 입장에서도 폴리염화비닐을 피해가는 게 나은 선택이었다. 따라서 쉬람은 100만 달러 절감을 '단념'하고 회장에게 자신의 판단을 알렸다. 두 사람 모두 이것이 최선의 방안이라는 점에 동의했다. 쉬람은 다른 분야에서 절감할 방안을 찾아야 했고, 결국 이 문제도 해결했다.

만일 쉬람이 폴리염화비닐 금지를 목표로 정한 설계팀의 구성원이 아니라고 했을 때, 동일한 상황 전개를 생각해보자. 아마 다음과 같은 대화가 오가지 않았을까.

환경품질관리팀 구성원: "드류 씨, 100만 달러 비용절감을 포기하는 게 어떨까요? 그래야 우리의 목표인 폴리염화비닐 사용금지를 달성할 수 있습니다."

드류: "네, 그러죠, 그렇게 하겠습니다."

이는 다소 부당하다. 쉬람이 동일한 결정을 내렸다고 해도 마찬가지다. 그렇지만 분명한 건 그가 환경품질관리팀 구성원이었기에 이 요구를 더욱 쉽게 수용하고 그 결과를 회장에게 알렸다는 점이다. 그는 누구보다도 환경적 목표에 공감했기 때문이다.

환경품질관리팀은 별난 조직이지만 그 규모나 영향력은 매우 분명하다. 보고절차는 매우 느슨해도 팀의 권한은 막강하다. 팀에서 필요하다고 판단하면 문제를 확대시켜, 100만 달러짜리 결정도 비공식적으로 끌어낸다. 그런데도 정기보고절차가 없다. 허먼 밀러의 회장 겸 CEO인 브라이언 워커는 환경품질관리팀의 소식을 접하는 게 반갑다고 했다. 그렇지만 그는 이어 말했다. "잘 굴러가는 일에 굳이 손댈 필요는 없지 않겠습니까?"

환경이나 지속가능성에 주목하는 간부급 위원회가 점차 보편화되는 추세이다. 스타벅스는 수송, 구매, 매장관리 같은 주요부서뿐 아니라 인적자원, 홍보업무, 법률업무 담당자로 구성된 환경발자국 팀을 꾸렸다. 이 팀은 분기별로 만나 목표성취도를 논의한다. 최고위급 팀도 꾸려지고 있다. 유럽계 화학기업인 바스프BASF는 이사회 위원과 일곱 개의 부서 책임자로 구성된 지속가능성 위원회를 신설했다.

모든 경영자들이 알다시피 위원회는 만병통치약이 아니다. 때로는 바쁜 사람들에게 회의자리만 하나 더 늘릴 뿐이다. 구성원의 무관심으로 실패할 수도 있다. 그러나 위원회는 강력한 출발점이다. 더 바람직한 상황은 환경적 사고가 사내문화에 정착될수록 간부급 위원회의 존재를 낮추는 것이다. 듀폰은 다달이 갖던 환경 리더십 위원회 모임 대신 현재는 회장이 통솔하는 지속가능한 성장 위원회를 연다. 이 모임은 1년에 단 세 차례만 모인다. 헌신도가 떨어진 것으로 비칠지도 모르겠다. 그러나 이는 친환경사고가 듀폰에 깊숙이 자리 잡아 이제는 상명하달식 운영이 필요 없어졌다는 뜻이다.

회사들은 또 장차 경영진 후보에게 회사 전반적 상호교류 프로그램의 실질 책임을 맡겨 더욱 분발하도록 자극한다. 칩 제조사 AMD의 CEO인 헥터 루이즈는 경영진을 환경 및 사회적 문제에 동참시키고 싶었다. 그래서 그는 각각의 상급관리자와 하급관리자에게 조직의 지속가능성 문제에 앞장서도록 당부했다.

이러한 경영자 책임의식 정책은 환경·건강·안전 담당자들을 활용하므로, 주요 프로젝트를 맡은 인재들의 능력을 시험하는 과정에서 '벤치의 힘'도 강화된다.[28] 더 중요한 점은 협조가 없을 경우 좌초했을지 모를 주요정책에 추진력을 불어넣는다는 점이다. 책임의식으로 무장한 경영자들은 간부들의 협조를 끌어내고 조직의 장벽을 제거하며, 루이즈에게 직접 보고할 책임도 있다. 회사의 간부급 임원으로서 이들은 환경 어젠다에 막강한 영향력을 행사한다. 또 루이즈는 이들에게 집행책임을 맡겨 사안에 깊이 관여하도록 한다.

환경 및 사회적 문제에 주목하는 경영이 커지고 있다. 팀버랜드는 기업의 사회적 책임CSR 담당팀을 만들어 세 명의 고위급 임원에게 역할을 부여하고 운영총책임자에게 보고하도록 했다. 팀버랜드의 테리 켈로그는 이렇게 말했다. "아직 CSR 부서를 책임지는 사람은 우리 회사 CEO지만, 그 목소리를 전하는 역할은 현재 핵심간부 7명 중 3명이 맡고 있습니다."[29]

・・・・・・・

가혹한 사랑: GE의 세션 E[30]

GE에는 전 세계 모든 지역의 공장관리자 및 사업 운영책임자들이 거쳐야 하는 자리가 있다. 자기 공장의 환경과 건강, 안전실적을 EHS(환경·건강·안전) 담당자 및 각 사업 총책임자에게 회의실을 가득 메운 동료들 앞에서 설명하는 자리다. 이러한 '세션 E(Session E)'라고 하는 연례행사에서 앞에 나가 보고하는 사람은 각 공장 환경관리자들이 아닌 일반 관리자들이다.

유능한 인재를 식별하는, GE의 유명한 세션 C에서 파생한 세션E를 통해 관리자는 뛰어난 실적을 칭찬받고 동료들과 탁월한 관행을 교류한다. 그렇지만 이들은 실패에 대한 평가도 직접 전달받는다. "비즈니스에 몸담은 지 30년이지만 이렇게 창피당한 경우는 처음이다." 세션 E에서 형편없는 발표를 마친 어느 베테랑 공장관리자는 이렇게 말했다.

전년도 이월과제인 환경 및 안전 이슈에서 성취도가 78퍼센트인 관리자가 있었다. 처음에는 세션 E에서 그를 공개적으로 질책했다. 게다가 며칠 후에는 세션 E 참석자 전원에게 보낸 서신에서 회의상황을 보고하며 '다시금' 그 관리자의 부족한 면을 꼬집었다. 동료의 눈총이 느껴지는 최악의 상황이지만, 이는 최선의 방법이기도 하다. 만인 앞에서 굴욕을 당하는 것처럼 '당신 책임'이라는 것을 느끼게 하는 것은 없다.

GE의 모진 사랑은 가혹하긴 해도 효과가 있다. GE는 관리자가 좌초하거나 자력갱생하도록 방치하지 않는다. GE의 EHS팀은 관리자가 실적향상을 꾀할 수 있도록 각종 수단을 제공한다. 실제로 동료들 앞에서 창피당한 공장관리자는 이후 몇 년에 걸쳐 자신의 공장을 세계적인 EHS 시설로 변모시켰다.

・・・・・・・

인사교류

토마스 베르그마르크는 이케아의 지속가능성 핵심임원직을 넘겨받기 전, 주방 및 서재가구 부서를 운영한 경력이 있다. 캐시 리드도 3M의 환경사업 총책임자를 맡기 전에 제품영업부에서 20년을 보냈다. 듀폰의 폴 테보도 석유화학제품업무를 보다가 환경관리직에 선출되었다. 어떤 공통된 흐름을 감지했는가?

녹색기업은 으레 현장전문가를 주요 환경직에 영입한다. 역량 있는 환경전문가는 조직에 필수이다. 그렇지만 환경담당자들이 어떤 요청을 해오면 제품관리자들은 "우리가 처한 재정압박을 모르시는군요."라고 말하며 단박에 거절하는 경향이 있다. 이러한 반박이 베르그마르크나 리드, 테보에게는 통하지 않는다. 이미 사정을 훤히 아는 사람들이기 때문이다.

> 주의사항 하나: 핵심 간부에게 은퇴 전 마지막 직책으로 환경업무를 맡기면 문제가 있다. 환경경영 어젠다는 연금수령 날짜를 세는 사람이 다루기에는 너무 복잡하고 또 많은 노력이 필요하기 때문이다.

현장업무를 거친 실무자들은 인맥과 신뢰로 환경 어젠다를 밀어붙인다. 이들은 비즈니스의 긴박한 문제에 정통하므로 환경우위를 찾아낼 수 있는 적임자들이다.

인사교류는 모든 면에서 강력한 수단이다. 베르그마르크는 매장운영의 중간다리 역할을 할 환경관리자가 필요하자, 독일 최대의 이케아 매장 중 한 곳에서 장기간 영업 관리자로 일한 니콜 슈나이더Nicole Schneider를 데

려왔다. 왜 환경전문가가 아닌 인물을 데려왔을까? 슈나이더가 그 답을 알려주었다. "환경문제를 비즈니스와 접목해 '녹색' 모퉁이greeny corner에서 벗어나는 게 핵심입니다. 저는 제가 비즈니스 분야에 있을 때 어떤 생각을 했는지 압니다."[31]

인사교류는 보통 같은 사무실을 써도 서로 교류하지 않는 사람들을 한자리에 끌어모으는 방법이다. 도요타가 기존 틀을 깨고 차세대 자동차, 다시 말해 놀라운 성공을 거둔 프리우스를 개발하려 했을 때, 수석관리자는 온갖 분야의 직원을 회의 자리에 모아놓고 아이디어를 짜내도록 했다.[32] 허먼 밀러도 매립쓰레기 제로라는 만만치 않은 목표달성을 위해, 엔지니어와 더불어 청소관리인을 모아놓고 회사 폐기물이 어디서 발생하는지 논의하도록 했다.[33]

올바른 문화가 정착한 기업에서 인사교류의 궁극적 목적은 친환경사고가 '대다수' 직책에 깊게 뿌리내리도록 하는 것이다. 그렇게 하면 서로 다른 관점을 융합하느라 특별한 회의 자리를 만들 필요가 없어진다. 나이키는 아마도 이 분야에서 가장 선두일 것이다. 직원 30,000명 중 지속가능성 문제에 일정 책임이 있는 사람이 수천 명, 이 중 해당직함이 있는 사람만 수십 명이다.[34] 이를테면 나이키 디자이너들은 '하나의 힘Power of One'이라는 원칙에 따라 제품 시즌 때마다 지속가능성을 앞세운 디자인 요소 한 가지를 반드시 찾아내야 한다. 나이키는 이러한 사고의 확산이 가능했던 이유가 전통적인 순응형 실무자가 필요한 제조영업 부문을 사내에 두지 않고 디자인과 마케팅 회사로 출발했기 때문으로 본다. 나이키는 가치사슬에 대해서도 지속가능성과 책임의식을 요구하며, 모든 조직 구성원이 동참할 방법을 찾아냈다. 그러자 친환경 분위기는 유기적으로 생겨났다.

인사교류와 공감의식은 융합을 목적으로 한다. 기업의 구성원 '모두'가 환경 렌즈를 끼고 업무를 고민해야 경쟁업체를 앞서갈 기회가 생긴다. 녹색기업은 직원 모두에게 환경우위를 찾아내도록 요구한다.

인센티브: 포상, 승진, 칭찬

평가를 해야 관리가 이뤄진다면, 사람들도 '보상을 해줘야'(혹은 승진을 시켜줘야) 관리가 훨씬 잘된다. 터놓고 말해, 대다수 관리자들은 '녹색'이란 단어를 들으면, 환경이 아닌 달러(그린백green back 지폐를 연상하므로-옮긴이)를 떠올린다. 그러니 녹색기업들이 환경실적을 임원 보너스와 포상에 반영하는 것도 무리는 아니다. 사실 모든 기업은 아닐지라도 그렇게 하는 기업들이 있다.

물론 녹색기업은 모든 업무에서 환경이 양보할 수 없는 요인이 되어야 한다고 본다. 이는 마치 1980년대와 1990년대에 안전과 품질을 중시했던 분위기와도 같다. 그렇지만 각 회사마다 서로 다른 방식으로 이러한 믿음을 보여준다. 현재 많은 기업에서 환경실적이 임원평가와 관련한 핵심적인 성과지표의 하나로 자리 잡았다. 또 환경성과를 보너스 산정에 반영하는 기업들도 있다. 게다가 환경요소가 사내문화에 정착한 기업에서는 누가 승진할지, 심지어는 누가 기업에서 살아남을지 영향을 미치기도 한다.

1999년 오염방지법 위반 사실을 여러 차례 인정한 에너지 생산업체 노스이스트 유틸리티는 이 일로 회사가 휘청거릴 정도였다. 그래서 노스이스트는 모든 임원의 실적평가와 보너스 산정에 환경실적을 20퍼센트 반영하는 방법으로 사람들의 주의를 환기시켰다. 이 단 하나의 조치가 이들에게 필요했던 경종 역할을 했다.

모든 기업이 이처럼 막다른 상황 때문에 녹색 보너스를 도입하는 것은 아니다. 대다수 기업은 단지 환경이 우선과제로 타당하다는 생각에 도입한다. 쉘에서는 온실가스 배출, 원유유출, 상해, 다양성 등 핵심적인 CSR 지표가 임원 보너스의 25퍼센트를 결정짓는다. SC 존슨도 관리자들의 보너스를 결정할 때, 제품 유독성과 환경피해를 다루는 그린리스트 점수를 반영한다. 치키타 또한 농장관리자에게 보너스를 지급할 때, 열대우림동맹의 바나나 인증 프로그램을 준수하는지를 따진다.

우리와 대화를 나눈 녹색기업 중에는, 보상과 환경실적 사이의 '가시적' 관계를 찾아보기 힘든 곳도 더러 있었다. 친환경이 기업의 사명감으로 깊숙이 자리 잡으면, 금전적 보상은 불필요하기 때문이었다. 다른 노선의 기업운영은 용납되지 않으므로, 이에 수긍하지 않으면 일자리가 위협받는다. 3M의 핵심관리자들은 환경적 고려가 기본의무라는 점을 잘 알고 있었다. "환경적 가치를 받아들이지 않으면 임원자리에 오를 수 없습니다. 그러니 경력을 쌓으려면 환경문제를 고민해야 합니다. 인센티브를 받는다고 일자리가 보장되지는 않습니다."[35] 캐시 리드가 우리에게 전한 말이었다.

돈과 관련짓지 않더라도, 환경을 핵심적인 실적검토 대상으로 다루면 뚜렷한 메시지가 전달된다. 델 컴퓨터에서 제조 및 유통을 담당하는 본사 부사장 딕 헌터Dick Hunter는 회장 마이클 델과 함께 두 시간에 걸쳐 영업검토를 했다. 이 대화는 안전과 환경을 주제로 시작했다. 이것이 사내문화로 정착하면서 헌터는 자신이 맡은 인사고과를 단행할 때도 마찬가지 방식으로 시작했다.[36]

이러한 파장이 대단히 현실적인 기업도 있다. 이케아가 이웨이라는 공급업체 감사 프로그램을 만든 후에도 일부 관리자들은 공급업체의 실적을 치밀하게 관리하지 않는 듯 보였다.[37] 그러자 이케아는 몇몇 입찰 관리자를 교체하는 완곡한 조치를 단행했다. 환경에 소홀한 직원을 가려낼 때 굳이 이 이상의 조치를 할 필요는 없다.

영예

마지막으로 우리는 사내문화 형성과 행동변화에 매우 뚜렷한 효과를 주는 요인에 대해 몇 마디 덧붙이고자 한다. 바로 표창제도이다. 대다수 기업들이 비용절감이나 신제품 개발 아이디어를 낸 직원에게 상패부터 만찬, 현금까지 각종 표창제도를 실시하고 있다.

녹색기업은 정확히 환경 이슈를 겨냥한 표창제도를 개발한다. 3M에는 다양한 시상식이 있는데, 대개 자사의 오염방지정책3P과 관련이 있다. 이를 오스카 시상식과 견주지는 못하겠지만, '가장 유독한 폐기물 방지에 기여한 인물'이라는 영예와 함께 동료들과 특별한 점심만찬을 즐기는 일은 분명 영광일 것이다. 매해 3P 수상자는 수백 명이다. 이들 중 특별 선정자 몇 명이 환경 리더십 체어맨 상을 수상하며, 수상자는 본사가 있는 미니애폴리스로 날아가 고위간부들과 대형만찬이라는 이벤트를 갖는다.

페덱스 킨코스는 올해의 친환경매장Environmental Branch of the Year 정책을 통해, 환경실적을 기준으로 우수매장을 뽑는다. 팀버랜드는 재생 에너지로 전환한 네덜란드 유통센터 사례처럼 대규모 개선정책에 대해 상당액의 현금포상을 하기 시작했다. 존경받던 전직 임원의 이름을 딴 이 카든 웰쉬 상Carden Welsh Award은 개인에게 수여하는 상이다. 수상자는 현금 1천 달러와 함께 선호하는 자선단체에 기부할 돈 1천 달러를 받는다.

스타벅스 직원들의 임무[38]

어떻게 하면 회사영업이 경영자의 바람대로 진척 중이라고 확신할 수 있을까? 직원들에게 당신을 감시할 권한을 부여하라. 스타벅스는 자사의 여섯 가지 방침을 위반하는 사례가 엿보이면, '어떤' 직원이든 회사 측에 설명을 요청할 수 있다. 한 가지 사례로, 어떤 커피배전공장에서 오는 선적물량 중 공간을 가득 채우지 않은 상자가 섞여 있는 것을 몇몇 직원들이 발견했다. 직원들은 이것이 종이와 연료 낭비라고 생각하고, 절반 정도 채운 상자가 회사의 환경책임원칙에 부합하는 것인지 회사에 문의했다. 해당 공장은 공장컴퓨터 시스템을 개선해 물량을 가득 채워 보내도록 조치했다. 직원에게 뭐든 문제 삼을 권한을 주는 것은 강력한 참여수단이다.

· · · · · · ·

설득력 있는 소통

몇 년 전, 어느 영어교사가 퍽 인상적인 이야기를 앤드루에게 들려주었다. 세상에는 오직 여덟 가지 원형적인 이야기가 있다고 한다. 구약성서가 딱 여기에 들어맞는다. 남자가 여자를 만나고(아담과 이브), 경쟁심을 느끼며(카인과 아벨), 권위에 도전(이브가 사과를 따먹은 일)하는 것 등이 그 예이다.

기업들도 이야기들을 퍼뜨리는데 대개 친숙한 주제다. '남성들이여, 우리 회사 맥주를 마셔라, 그러면 섹시한 여성의 사랑을 받게 된다.' 그렇지만 기업의 환경에 관한 이야기라면 한결 복잡해진다. 이해관계자들은 녹색선전을 유심히 듣고 만약 사실과 다르거나 문제 있는 주장이 엿보이면 언제나 이를 공개할 것인데, 때로는 매우 떠들썩한 방법을 취하기도 한다. 그러므로 투명성을 유지하고 진실을 말하는 일은 전통적인 마케팅 속성과 맞지 않을지라도, 에코 마케팅에서라면 투명하고 또 바람직하게 보여야 한다.[39]

우리는 이러한 의사소통을 마케팅과 무형자산에 관한 녹색황금 전술을 다루면서 일부 살펴보았다. 여기서는 '실제적nuts-and bolts' 이슈에 주목해 다룰 것이다. 이때 청중을 두 개의 핵심집단으로 나눠 살피는데, 바로 외부집단(특히 지역사회와 규제자, NGO)과 내부집단(직원들)이다.

외부 청중과 신뢰 쌓기

기업은 의사소통을 창과 방패 모두로 쓸 수 있다. 비즈니스의 녹색속성을 부각하면 NGO, 규제자, 미디어, 그리고 궁극적으로는 대중에게 책임감 있는 기업시민이라는 인상을 심어준다. 그리고 고객들에게 특정제품의 친환경속성을 설파하면 주장대로 실제 혜택이 있는 한 시장에서 남다른 위치를 차지하게 된다.

3M은 의사소통 문제를 해결하기 위해 간단한 절차를 마련했다. 바로 대외업무부터 EHS(환경·건강·안전), 제품관리, 법률업무 등 다양한 팀이 상호작용하는 3M의 환경 마케팅 위원회였다. 이 위원회는 광고부터 포장까지 온갖 마케팅 민원을 점검하고, 어떻게 해야 특정 선전문구가 시장에 전달될지를 고민한다. 위원회는, 법적 문제는 일부에 불과하며 주로 기업평판에 관한 업무를 본다고 말했다. '말한 대로 실천하는 기업으로 알려지는 게 목표'이기 때문이라고 한다.

기업의 환경적 속성을 더욱 일반적으로 전달하는 방법에는 여러 형태가 있다. 현재 연간 환경보고서나 지속가능성 혹은 CSR 보고서를 발간

해서 환경 및 사회적 문제를 다루는 기업들이 많아졌다.[40] 단순히 회사 웹사이트에 관련정보를 공개하는 기업도 있다. 어떤 방식이 가장 효과가 있을까? 어느 것이든 상관없다. 중요한 것은 그 안에 담긴 내용이다.

> 훌륭한 환경 보고서는 기업의 환경발자국과 관련해 주요측면을 다뤄야 한다. 양적지표를 활용하고 대기오염물질배출, 수질오염, 유해폐기물 처리, 에너지소비, 온실가스 배출, 규제위반사항 같은 핵심 이슈도 다루어야 한다.

대개 공적정보와 관련 있는 기업의 환경발자국을 모든 측면에서 검토하지 않으면, 이해관계자에게 뭔가 숨기는 듯한 인상을 심어준다. 기업은 화학물질 유출, 법적 처벌, 줄기는커녕 높아만 가는 오염추세 등 불리한 소식도 솔직하게 다뤄야 한다. 결점을 밝히는 기업은 해명을 통해 그 해결책도 설명하기 마련이다. 1990년대에 법적 문제에 얽힌 노스이스트 유틸리티는, 당시 CEO였던 마이크 모리스의 진솔한 편지와 심각한 실책을 솔직히 인정한 글귀를 표지에 담아 환경보고서를 발간했다.[41] 당시 모리스(현재 아메리칸 일렉트릭 파워American Electric Power의 CEO)는 노스이스트 유틸리티의 환경실적을 개선하겠다고 공약했다. 결국 10년이라는 세월에 걸쳐 회사는 장족의 발전을 보여주었다.

더불어 기억할 점은 현재 모든 비즈니스가 고도로 투명한 세상에서 펼쳐진다는 점이다. 회사의 환경적 결함을 숨기려다가 NGO나 미디어에게 발각되면, 그들이 사태를 호의적으로 전달하리라 기대하지 마라. 특히 다국적 기업은 그 규모와 노출정도 때문에 공격받기 쉽다. 규모가 작은 기업이라도 지역 NGO와 날로 커져가는 감시단체 앞에서는 불리한 소식을 숨길 수 없다. 블로거를 비롯한 자칭 공익파수꾼들도 세상에 오래 가는 비밀은 없다고 자신한다.

환경보고서에는 좋은 소식도 담겨야 한다. 직원들의 바다 및 강 정화작업, 환경보호단체와 맺은 제휴관계, 지역단체에 자원봉사한 직원들의 인적사항 등이 그런 이야기들이다. 주의할 점은 이렇게 기분 좋은 소식에 치우친 나머지 기업의 환경실적이라는 엄연한 사실에 소홀해서는 안 된다는 점이다. 좋은 소식만 전하고 행복한 표정의 동물사진이 가득하던 기업보고서는 이미 오래전에 사라졌다.

좋은 보고서에 어떤 내용이 담겨야 하고 환경정보를 어떻게 전달해야 할지 일러주는 뚜렷한 모델은 없다. 다만 세계보고서지침Global Reporting Initiative, GRI이 지속가능성 보고서를 위한 하나의 템플릿을 개발했고, 이것이 대다수 기업에게 실상 기준으로 자리 잡았다.[42] 이 템플릿이 다루기 힘들고 일반대중과 소통하는 데 제약이 있다는 불평도 있지만, GRI는 이를 간소화하기 위해 노력 중이다. 보고서 내용을 구성할 때 GRI 가이드라인을 참고하지 않더라도, 요즘은 좋은 차트와 그래프가 모든 보고서의 핵심이라는 점을 잊지 말자. 과거 몇 년간의 실적 등 특정추세를 제시하거나, 지난 성과를 훑고 미래의 목표를 제시하면 대다수 기업에게 유용할 것이다. 보고서 내용이 불분명한 경우를 대비해 모든 보고사항과 최근 자료는 기업 웹사이트에서 이용 가능하도록 해야 한다.

· · · · · ·

성공적인 환경보고

진실을 말해야 한다. 그리고 나쁜 소식도 솔직하게 전달하도록 하자. 투명성은 녹색물결의 배후에 있는 강력한 힘이며, 그 기대치는 날로 높아만 간다. 평가기준 중 회사가 추적한 것과 추적 못한 것을 명확히 밝히고, 상대지표와 절대지표를 모두 제시하자. 단위 매출당 온실가스 배출을 보고하는 것은 상관없지만, 분모를 조작해 진지한 독자들을 속일 생각은 하지 말아야 한다. 그리고 총수치가 전반적으로 빠르게 증가해도 독자들을 자극할 수 있다 환경보고서는 모든 이해관계자의 신뢰를 사는 강력한 도구이다. 기회를 낭비하지 않도록 하자.

· · · · · · ·

마지막 핵심사항은, 환경 보고서, 특히 웹에 올린 보고서는 발언기회뿐 아니라 '청취'기회도 열어준다는 점이다. 의사소통은 쌍방향이어야 한다. 당신 기업의 실적과 정책선택에 대한 다른 이들의 견해파악은 매우 큰 의미가 있다. 일례로 쉘의 '텔 쉘 프로그램'은 광범위한 의견을 끌어내 기업이미지와 우선과제를 재구성하는 데 도움을 준다. 쉘은 현재 텔 쉘을 통해 전해들은 비판과 호평을 보고서로 공개한다. 마찬가지로 SC 존슨도 지속가능성에 초점을 맞춘 이메일 소통정책을 통해 전 세계 전문가와 고객들을 동참시킨다.

투자자 집단에게 환경정책에 대한 이야기를 전하려면 특별한 기술이 필요하다. 월스트리트와 소통하는 전형적 수단인 연간보고서와 분석가들의 분기별 견해는 오로지 한 가지 사항에만 주목하는 경향이 있다. 바로 분기별 수익성장률이다. 장기적인 지속가능성은 단기적 이득에만 골몰하는 곳에서는 인정받기 어렵다. "제가 이해관계자에게 비용이나 폐기물 감축 방안 말고 다른 얘기를 꺼내는 데만 7년이 걸렸습니다."[43] 인터페이스의 레이 앤더슨 회장의 말이다. 듀폰의 재무총책임자 게리 파이퍼는 지속가능성을 말하고 싶은 기업은 월스트리트의 언어로도 말해야 한다고 역

환경우위 기업문화 ·

333

설했다. "월스트리트에서 '백년 안에는 우리에게 만족하실 겁니다'는 말 따위는 절대 안 통합니다. 그들에게는 정확한 달성방법을 제시해야 합니다."[44]

분석가들이 만족해하고 솔깃하게 만들려면, 지속가능성 정책을 간단명 료하게 구분해 전략적 용어로 설명해야 한다. GE의 제프리 이멜트는 에 코매지네이션을, GE를 친환경기업처럼 보이게 하는 캠페인으로 선전하지 않았다. 이 캠페인에서 그가 말한 것은 연료 절감형 제트기 엔진과 더 나 은 수질처리기술 등 환경제품과 서비스 시장이 급성장한다는 내용이었 다. 이렇게 매출증대라는 메시지를 던져야 월스트리트는 수월하게 받아 들인다.

내부 청중: 직원과 소통하기

직원들의 정체성은 기업평판에 크게 좌우된다. 거의 모든 이들이 호감 가는 회사에서 일하고 싶어 한다. 게다가 지식기반 경제에서 가장 소중한 인재들은 이직률이 매우 높고 회사의 환경실적에도 상당히 민감하다.

우리는 여러 차례에 걸쳐, 회사의 CSR 보고서에 대한 직원들의 반응 을 확인했다. "이게 다 우리가 한 일이라니, 참 뿌듯합니다." 배출량 감소, 에너지 절감, 지역사회 협조 같은 이야기를 들으면 마음이 훈훈해지고 진 정한 충성심이 우러나온다. 실패담도 중요하다. 직원들은 그 내막을 상당 부분 알고 있지만, 자신의 경영자들이 결점마저 인정하는 모습에 신뢰를 보낸다.

호감이라는 측면 외에도 환경보고는 상당한 무형적 이득을 안겨준다. 우선, 공개보고는 직원들에게 주요 이슈를 알리는 첫 단계이다. 쉘의 마 크 웨인트라웁은 쉘 보고서Shell Report가 직원들에게 일종의 영향력을 행사해, 회사의 '기본적인 실적 관리'에 도움을 준다고 말했다.[45] 이 보고서는 12만 직원을 포함해 200만 명에게 발송되므로, 실무자들은 자신의 업무가 언급되었는지 알게 된다. 보고서는 지속가능한 발전에 대한 헌신도도 공개적으로 평가한다. 때문에 여기서 좋지 않은 인상을 주고 싶은 직원은 아무도 없을 것이다.

둘째, 훌륭한 보고서는 직원들이 환경적 관심이나 지속가능한 발전이 기업의 우선순위인 이유와 이것이 비즈니스에 유익한 까닭을 이해하도록 돕는다. 웨인트라웁은 쉘이 "고래를 보호했다는 멋지고 행복한 이야기를 넘어 비즈니스와 접목하려고 노력한다."고 말했다. 환경우위 기회를 창출하려면 직원 모두가 환경적 사고를 일상적 전략으로 전환하는 일의 가치를 이해하고 있어야 한다.

마지막으로 보고서는 관련지식을 조직전반과 공유할 수 있는 매우 탁월한 방법이다. 자료를 모으는 과정에서 모범시설과 문제시설이 드러나며 그 '이유'도 파악된다. 회사는 또 전에 놓쳤던 전략과 환경실적을 발견해서 이를 더욱 폭넓게 공유할 수 있다. 쉘은 자사보고서를 조직에 유용한 전략인지 비춰보는 거울처럼 활용한다고 웨인트라웁은 전했다.

보고를 넘어서

뛰어난 관행 공유는 진부해 보여도, 다른 사람들이 이를 본받도록 자극할 수 있다. 솔깃한 이야기에는 기꺼이 귀를 기울이기 때문이다. 그루포 누에바의 자회사 중 하나인 아만코Amanco는 에코 효율성 정책에 역량을 모아 폐기물과 자원사용을 줄일 새로운 방법을 찾아낸 결과, 600만 달러라는 어마어마한 액수를 절감했다. 환경 및 사회적 책임 부서 부사장인 마리아 에밀리아 코레아의 판단대로, 이러한 성과를 다른 사업부와 공유하는 일은 강력한 방아쇠로 작용했다. 그녀는 말했다. "사람들은 성공사례에 관심을 보입니다. 아만코에게 600만 달러 절감은 기적 같은 일이거든요. 눈이 번쩍 뜨이는 이야기지요."[46]

환경 메시지를 전달하려는 기업은 여러 가지 다양한 도구가 필요하다. 멀티미디어 프레젠테이션이나 매우 가시적인 환경보너스, 직원들의 노고를 조명하는 연말 시상식, 인트라넷 등 이 외에도 활용수단이 많다. 허먼 밀러와 페덱스 킨코스는 각 기업들이 환경전선에서 무엇을 하고 있는지 보여주기 위해 회사 전반적으로 비디오를 활용한다. 듀폰은 사업부서를 불시에 방문하는 역동적 에너지 리더십팀을 만들어 모범적인 에너지관리 관행을 빠르게 공유시킨다. BP도 인트라넷을 통해 정보를 공유하는데, 여기에는 원유설비에서 탄산가스 배출을 줄인 사례연구 및 일화, 가스소각 줄이는 방법 등을 소개한다. 정해진 답은 없다. 뭐든 직원에게 영향을 주고 개선된 운영방식을 보여주는 것이 최선이다.

환경교육

친환경사고방식 키우기, 녹색황금 기회 발견하기, 환경우위를 낳는 도구를 개발해 활용하기 등등 그 어느 것도 쉽지는 않다. 다른 기술습득과 마찬가지로, 이러한 전략에 숙달되려면 모든 직급의 직원들을 교육시켜야 한다. 여기서 우리는 녹색기업들이 환경우위 문화를 창출할 때 활용하는 세 가지 교육 프로그램에 주목하고자 한다.

1 규제준수나 에코 효율성 등 특정 화제에 초점을 맞춘 교육활동.

2 환경문제에 대한 전반적 지식수준을 높이고 직원이 일상생활에서도 지속가능성을 실천하도록 하는 교육.

3 지속가능성에 대한 간부 차원의 전체 조망 프로그램.

첫 번째 항목으로, 녹색기업들은 특정 환경주제에 관한 주요 트레이닝 모듈을 개발했다. 알칸은 EHS 퍼스트EHS First라는 프로그램을 고안했는데, 이는 그 중요성을 뒷받침해주는 교육활동과 더불어 회사의 핵심비전을 보여준다.[47] 이 정책개발을 이끈 사이먼 레디척Simon Laddychuk은 우리에게 주요목표는 이러한 철학을 핵심사업에 심는 것이라고 밝혔다. "모든 직원과 핵심관리자 800명, 게다가 CEO인 트래비스까지도 환경·건강·안전문제에 관한 트레이닝 모듈을 나흘간 이수합니다." 알칸은 또 다른 대형 제조업체 페치니Pechiney를 사들일 때, EHS(환경·건강·안전)에 대한 두 기업의 접근법을 조율하고 모두가 알칸의 EHS 기준에 맞출 수 있도록 2천만 달러의 예산을 책정했다.

직원들이 환경문제에 대한 관심을 높이고 지식을 쌓게 하는 두 번째 항목은 방대하고 조직적인 형태 혹은 훨씬 비공식적이고 흥미로운 모습을 띨 수 있다. 세상에서 가장 큰 규모의 지속가능성 직원교육 프로그램은 아마도 월마트의 개인별 지속가능성 프로젝트Personal Sustainability Project, PSP일 것이다. 이 PSP 정책은 풀뿌리 행동주의 정신을 담은 내부 광고 캠페인과 함께 모든 직원들을 월마트의 지속가능성 프로젝트에 끌어들인다(그 핵심 컨설턴트 중 하나가 시에라 클럽의 회장을 지낸 아담 워바크였다). 모든 직원들은 일상생활에서 지속가능성을 앞당기기 위해 무엇을 실천할 것인지 개인적인 서약을 한다. 월마트 제휴사들의 반응도 뜨거웠다. 제휴사 중 50만 곳 이상이 자발적으로 나서서 자동차 함께 타기부터 지역학교의 재활용 프로그램까지 각종 아이디어를 냈다.

이렇게 개인적 차원에서 지속가능성을 실천하면 직장 내 참여율도 올라간다. 집에서 쓰레기를 줄이겠다고 맹세한 어느 직원은 통상 환경 어젠다와 무관해 보이는 재무담당자였다. 이 문제에 빠져든 그는 폐기물에 주목하는 사내 지속가능성 네트워크에도 참여했다. 그의 목표는 폐기물 감축노력에서 생기는 실질적인 이득을 회사가 이해할 수 있도록 재정적 도구를 설계하는 것이었다. 직원들의 헌신적 참여는 혁신을 낳고 직원과 회사 모두의 복지수준을 높이는 선순환을 그렸다.

소규모 회사의 참여도 늘고 있다. 로너 텍스틸 직원들은 자사의 지속가능성 노력에 아낌없는 찬사를 보내며 더 높은 수준을 요구했다. 일례로, 회사가 지붕에 태양전지판을 사용 않는 이유를 궁금해 한 직원들이 있었다. CEO 앨빈 캘린이 확인한 결과, 로너에게 태양 에너지는 실용적인 대안이 아니었다. 스위스는 연간 일조량에 제약이 많기 때문이었다. 그렇다고 안타까운 소식을 그대로 전해야 할까? 대신 캘린은 연례행사인 여름 바비큐 파티에서 한 가지 일을 계획했다.[48] 바로 태양전지판으로 작동하는 냉장장치였다. 행사는 순조롭게 진행됐다. 단, 밤이 찾아와 맥주와 와인이 미지근해져버렸다. 메시지는 분명했다. 또한 캘린은 에너지를 전혀 안 쓰고 물도 거의 사용하지 않는 세미나를 이틀간 연 적이 있었다. 그는 모든 참석자에게 나무로 요리를 하도록 지시해, 자원의 희소성을 각인시켰다. 두 경우 모두 캘린이 전달한 충고는 작가에게 보내는 충고와 동일했다. 바로 말하지 말고 보여주라Show, don't tell는 것이다.

로너 텍스틸은 환경의식 심기에서 분명 선도적인 위치를 점하고 있다. 그렇지만 회보나 여타 비공식적인 방법을 통해 정보를 교류하고 모든 직원의 환경지식을 높이는 회사들도 많다. 클리프 바는 '지속가능성을 지향한다Moving Toward Sustainability'는 회보를 제작해 직원들에게 유기농업의 중요성 등 주요 비즈니스 이슈를 알린다. 클리프 바는 또 '클리프 바 생태학자가 보내는 짧은 편지Notes from Your Company Ecologist'처럼 더욱 비공식적인 이메일 시리즈를 통해, 드라이클리닝 화학물질이 환경에 미치는 영향 등 모든 이들이 일상에서 느낄 법한 문제를 다룬다.[49]

간부급 인사에게 교육을 실시하고 새로운 지식을 계속 보급하는 일은 훨씬 중요하다. 점차 많은 기업들이 차세대 리더들에게 지속가능성의 의미, 그리고 이 화두가 회사에 중요한 이유를 파악하도록 지시하고 있다. 1990년대 후반, 유니레버의 공동 CEO인 니알 피츠제럴드와 안토니 버그만즈는 회사의 핵심 관리자 200명을 데리고 코스타리카 정글로 들어갔다. 그 표면적 목적은 단합대회였지만, 갑자기 바뀐 환경은 직원들이 냉철한 사고로 회사의 미래를 구상하는 데 제격이었다.

레이디척은 알칸의 간부교육에 대해 이렇게 전했다. "전문적 이슈와 일상적인 이슈가 조화를 이루고 있습니다. 일상습관에 그 가치를 불어넣자는 것이지요. 한마디로 사고방식을 길러주는 내용들입니다."[50] 비슷한 식으로 노스이스트 유틸리티도 중간관리자들을 위해 '고민스런 선택'에 초점을 둔 혁신적인 교육 프로그램을 개발했다. 회사는 환경목표를 부차적으로 만드는 경쟁압력을 피하지 않고, 제품관리자들이 이 문제를 직접 다루면서 조율할 수 있도록 이 프로그램을 마련했다.

• • • • • • •

환경우위의 핵심

환경우위 문화를 세우기 위해 선두기업은 다양한 방식으로 접근한다.

• 도전적 목표를 세운다.

• 특별히 환경문제를 수용하기 위한 의사결정을 내린다.

• 환경 관련 프로젝트를 '서로 묶거나' 저평가된 무형가치의 편익을 반영해 최저목

표수익률을 조정한다.

- 내부시장을 만들어 숨겨진 환경비용을 밝힌다.

- 담당위원회를 설치해 실천적인 참여를 끌어낸다.

- 운영관리자들에게 환경의식을 심는다.

- 환경성과를 검토하고 그 결과에 대한 명백한 책임을 묻는다.

- 환경담당자와 제품 담당자가 서로 교류할 수 있도록 한다.

- 환경성과를 토대로 보너스를 지급하고 시상식을 연다.

- 핵심적인 성과지표에 환경요인을 포함한다.

- 환경 혹은 지속가능성에 대해 보고를 한다.

- 환경정보를 실시간으로 웹사이트에서 알린다.

- 친환경 노력에 벗어난 행동에 대해 직원이 의문을 제기할 수 있게 한다.

- 환경교육을 실시하고 직원이 진정으로 동참하도록 이끈다.

● ● ● ● ● ● ●

4부

현명한 기업은 어떻게 비즈니스의 승자가 되는가?

지금까지 우리는 성공적인 환경전략 요인들을 모두 다루었다. 일단 어느 회사가 기본적인 환경전략 수단을 개발해 환경우위 사고방식을 주입하기 시작했다고 하자. 그렇다면 만사가 순탄하게 굴러갈까? 글쎄, 꼭 그렇지만은 않다. 전에 말했듯이, 환경정책은 다른 방향으로 굴러가는 경우도 종종 있기 때문이다.

10장에서 우리는 피해가야 할 핵심문제들을 검토할 것이다. 우리가 조사해본 결과, 무엇보다도 조직 자체에 문제가 있거나 환경과제의 본질을 오인한 경우 기업은 실책을 범했다. 그렇지만 우리는 몇 가지 해법도 발견하였으므로 이것 역시 검토할 것이다.

수많은 비즈니스 베스트셀러의 주장대로 성공의 관건은 실천이다. 마찬가지로 환경우위를 얻으려면 사고력 훈련만으로는 부족하다. 그렇지만 생각을 실천으로 옮기는 일 역시 만만치 않은 작업이다. 11장에서는 단기, 중기, 장기 행동에 대한 구체적인 지침과 함께 공략계획을 선보일 것이다.

마지막으로 12장에서는 녹색황금을 캐기 위한 환경전략을 전체적으로 살핀다. 책 전체를 꼼꼼하게 읽은 독자들이라면 이 장은 복습에 해당하므로 빠르게 훑어도 좋다. 시간이 없어 지금까지 대강 읽은 독자들은 이 장부터 여유 있게 읽으면 된다. 12장에서 우리는 모든 핵심개념을 간결하게 제시할 것이다.

Chapter10

환경정책이 실패하는 이유
: 환경전략에서 피해야 할 13가지 함정

미시간 주 디어본의 루즈 강에 위치한 포드 공장에는 유명한 역사가 서려 있다.[01] 대공황기 이전에 세워진 이 공장은 전성기 때 노동자 10만 명이 일하던 곳이었지만, 최근 수십 년 사이에 쇠락해버렸다. 회사의 재기를 알리기 위해 포드 회장 빌 포드 주니어Bill Ford Jr.는 증조부의 이 웅대한 공장을 개조하기로 했다. 이 재설계작업은 '20세기 산업의 아이콘을 21세기형 지속가능한 제조 모델로 전환'한다는 포드의 친환경 공약을 선보이는 것이기도 했다.

포드는 스타급 환경 디자이너 빌 맥도너를 고용해 광활한 공장 전체를 다시 고민하게 했다. 20억 달러를 들인 정밀작업 끝에 빗물을 이용해 건물의 필요 에너지를 줄여 10에이커 크기의 풀밭인 '살아 있는 지붕'을 만드는 등 공장은 효율성과 친환경을 고려한 디자인으로 재탄생했다. 이곳

이케아 사람들은 왜 산으로 갔을까?

에는 태양전지판과 연료전지뿐 아니라 새로 조성한 습지도 있었다. 이만하면 정말 대단한 성과가 아닐까?

글쎄, 꼭 그렇다고 볼 수도 없다. 녹색공장은 실로 경이로울지 모른다. 그러나 포드는 정작 자사의 환경문제에는 손을 대지 않았다. 그것은 바로 연료 소모가 커서 기후변화와 지역의 공기오염에 일조하는 차량들이었다. 생애주기 관점에서 볼 때, 포드의 발자국은 제품사용단계에서 가장 크다. 환경보호론자들은 자동차의 연료효율과 온실가스 배출을 실제로 꾸준히 개선하는 노력이 있어야 포드를 녹색기업으로 인정할 것이다.

그렇다면 공장재설계는 실패작인가? 꼭 그렇지도 않다. 그러나 이 작업의 성취도는 빌 포드가 기대했던 것보다 훨씬 낮았다. 여기서 얻는 교훈은 회사가 가치사슬에 있는 굵직한 문제를 무시한 채 '자체적인 문제'로 시야를 좁혀서는 안 된다는 점이다. 포드의 경우는 제조공장이라는 자사문제에만 주목한 것이 문제였다. 우리의 연구결과, 포괄적 생산자 책임 추세를 제대로 수용하지 않은 것이 환경정책에 실패하는 근본적 이유 일순위였다.

지난 10년에서 15년간 나온 그린 비즈니스 문헌을 간략히 검토해보면, 인생이 마치 만사형통인 듯 착각하게 된다. 출간된 책과 논문, 사례연구마다 거의 예외 없이 성과를 본 환경정책을 다뤘다. 일반 독자들이 기업 환경전략의 결과는 언제나 윈윈이라고 오해할지도 모르겠다.

그렇지만 현실은 각양각색이다. 물론 에코 효율성 노력과 다른 환경투자에서 성과를 본 경우도 많다. 그렇지만 실패한 정책도 적지 않다. 어떤 기업은 공약과 달리 환경적 혜택을 주지 못했다. 또 다른 기업은 경제적 면에서 성과가 없었다. 두 가지 측면 모두 실패한 사례도 있었다.

물론 이는 새삼스럽지 않다. 날이 갈수록 신제품 출시주기는 짧아진다.

마케팅 캠페인이 판매촉진을 못하는 경우도 있다. 연구개발 투자는 때로 허무하게 끝난다. 이러한 통상적 실패사례와 마찬가지로, 환경정책의 실패에서도 끌어낼 교훈이 많다.

환경우위 기회가 폭넓은 만큼, 이를 성공적으로 찾아내기란 쉽지 않다. 성공하기 쉬운 듯 포장하는 것은 현명치 못하다. 따라서 우리는 이 장에서 환경정책이 실패하는 일반적 이유인 13가지 장애물과 함께 이 함정을 피해가는 전략을 자세히 살피도록 하겠다.

1. 숲이 아닌 나무를 본 경우

포드는 상당한 비용을 투자해 루즈 강 공장을 친환경적으로 바꾸었지만, 자동차산업의 핵심 환경문제는 제조분야가 아니었다. 포드는 공장개조에 앞서 자신의 환경발자국을 연구하고 자사제품을 예리하게 뜯어봐야 했다. 포드가 루즈 강 공장 지붕의 풀 심기에 주목했다면, 도요타는 가스-전기 하이브리드 기술을 선보이며 전 세계를 하이브리드 자동차로 매료시켰다. 이제 포드는 흐름을 주도하려기보다 남을 따라잡는 노력이 필요하다. 포드는 도요타의 하이브리드 기술을 일부 전수받았지만, 2010년까지 가스-전기 차량을 매해 25만 대 생산하겠다는 공약에서 한 발짝 물러났다.

우리는 지금 포드 자동차회사나 빌 포드를 비난하려는 게 아니다. 우리가 지적하고 싶은 것은 기업이 환경전략을 펼칠 때 정작 중요한 문제를 놓치는 일이 흔히 생긴다는 점이다. 빌 포드의 환경에 대한 열정은 칭송할 만하다. 만약 모든 CEO가 그와 같은 헌신을 보여준다면 세상은 아마 더욱 살기 좋은 곳이 될 것이다. 하지만 열정만으로는 부족하다. 신중한 선택이 뒷받침돼야 기업에게 환경우위를 주는 의미 있는 행동이 나온다.

자연보존 인터내셔널이 환경 리더십 비즈니스 센터Center for Environmental Leadership in Business를 세울 수 있도록 포드가 지원한 2,500만 달러를 생각해보자. 이는 매우 숭고한 자세다. 그렇지만 이 NGO의 어젠다는 주로 생물다양성, 그중에서도 특히 열대우림에 있는 종과 관련이 있었다. 생물다양성은 절박한 환경문제이긴 하나, 포드의 환경문제에서 중심은 아니다. 포드와 그 새로운 파트너는 기후변화 등 포드의 환경과제와 더불어 여러 가지 주제에 착수할 방법을 공동모색했지만 그 접목은 쉽지 않았다. 그 돈의 '수혜자'는 분명 있겠지만 정작 그 비용을 댄 회사가 최대 수혜자는 아닐 것이다.

해법: 너 자신을 알라

엉뚱한 일에 주목하는 일을 피하려면, 회사는 자신의 환경적 취약점을 파악해야 한다. 생애주기 평가와 오디오 분석 같은 도구가 나무가 아닌 숲을 보도록 안내해줄 것이다. NGO나 전문가와 협력하여 대중이 회사를 어떻게 바라보는지 외부시각을 접하는 것도 매우 중요하다. 기본원리는 간단하다. 한정된 자원을 회사의 환경발자국과 명성에 가장 중요한 이슈로 끌어모으는 것이다.

자연보존 인터내셔널이라는 엉뚱한 선택을 한 포드와 최근 국립 어류 및 야생동물 보호재단National Fish and Wildlife Foundation, NFWF과 협력한 월마트의 행보를 한 번 비교해보자. 이 거물급 소매업체는 야생동물 서식지 보존에 수천만 달러를 헌납하겠다고 약속했다. 월마트는 NFWF와 제휴하여 거의 40만 에이커에 달하는 땅을 보존했는데, 이는 자사의 매장, 주차장, 유통센터가 차지하는 토지면적의 3배에 달했다.[02] 이 프로젝트는 월마트를 비난한 사람들이 주목하던 밀집과 난개발 문제의 핵심을 강타한다. 매우 적절한 선택이었다.

동시에 가치사슬 전반을 무시해서도 안 된다. 어류 구입업체에 불과한 유니레버가 해양관리협회 창설을 돕고, 상당한 시간과 비용을 들여 지속가능한 어장을 조성한 사례를 떠올려보라. 코카콜라 역시 병제조업체와 자사가 전혀 별개의 회사인데도 이들의 행적에 대한 책임에서 발뺌할 수 없음을 알았다. 그래서 코카콜라는 애틀랜타에 환경 및 수자원담당 부사장을 두고 전 세계 공장의 수자원 정책을 조율하도록 지시한다.

2. 시장에 대한 오해

남들보다 한발 앞서가는 것과 시장상황을 오해하는 것, 사이에는 미묘한 차이가 있다. 인터페이스 플로어링은 바닥재 사업을 '서비스화'하고 고객에게 카펫을 대여하는 식으로 지속가능성을 추진하려 했었다. 일리 있는 생각이었다. 카펫을 깔아주고 제품수명이 다하면 이를 회수하는 식으로 재활용을 촉진한다는 발상이었다. 그렇지만 앞서 설명한 대로, 이 환경친화적 신종사업은 실패하고 말았다. 시장은 카펫 대여에 적합한 구조가 아니었다. 인터페이스는 이러한 노력으로 시장의 호감은 얻었을지 모르나, 고객들은 바닥재 비용을 자본예산으로 일괄 지불하는 대신 운영예산으로 해마다 지급하는 일에 시큰둥한 반응을 보였다.

시장이 녹색제품이나 서비스를 받아들일 것으로 오판한 회사는 인터페이스만이 아니었다. 성공가도를 달리던 대다수 대기업들도 이와 비슷한 이유로 발을 헛디뎠다. 유니레버는 피시스틱fish stick(가늘고 긴 생선토막에 빵가루를 묻혀 튀긴 제품-옮긴이)에 쓸 재료로 대구 대신 어획량이 풍부한 흰살 생선 호키hoki를 지속가능한 어장을 통해 공급받으려 했다. 그러나 일부 소비자들이 이러한 회사의 시도에 반대하면서 계획에 제동이 걸렸다. 냉동식품 마케팅 담당자 디어크 피터스Dierk Peters는 말했다. "일부 사람들은 영국을 '대구의 본고장'이라고 부릅니다. 그만큼 대구가 하나의 금본위제여서 호키 구입을 꺼리는 소비자들이 있었습니다."03

1990년대에 대기업 몬산토가 미국과 유럽시장의 차이를 제대로 이해하지 못한 채 생명공학기술을 도입하려다 무릎 꿇은 사건을 기억해보라. 몬산토에는 뛰어난 유전자조작 기술이 있었고, CEO 로버트 샤피로는 지속가능성을 비즈니스 전략의 핵심으로 삼았다. 그러나 결과는 참패였다. 패인은 시장의 기본현실을 이해하지 못했던 몬산토에 있었다. 유럽 소비자들은 유전자조작 식품을 매우 거북스러워했기 때문이었다.

해법: 가로막고 태클 걸기

새로운 친환경구상이 나오면 흥분하기 쉽다. 친환경제품이 세상을 한층 발전시키면서 신규시장을 안겨주는 보증수표라 여기기 때문이다. 그러나 녹색구상이 비즈니스에서 통할지 여부는 다른 신상품과 동일한 과정을 거쳐 결정된다. 우리가 메우려는 시장수요는 무엇인가? 고객층은 존재하는가? 회사의 비용구조는 어떠한가? 다른 기업이 이 틈새를 벌써 장악하고 있지는 않은가? 우리의 환경우위가 특허권이나 다른 독점정보를 통해 보호받는가? 또는 새로운 경쟁업체가 쉽게 시장에 진입할 수 있는가?

한마디로 친환경 색채를 띤 계획이더라도, 통상적인 가로막고 태클 걸기 전략은 지속되어야 한다.

단기뿐 아니라 장기적으로도 사고해야 한다. 이를테면 기업 이미지와 평판, 규제부담 완화(혹은 강화), 고객충성도 등 무형적 요소를 고려해야 한다. 가급적이면 무형의 가치에 구체적 숫자를 부여하라. 고객충성도가 얼마나 될까? 고객확보 비용으로 출발하라. 직원들의 사기는 어떠한가? 이는 직원이직에 따른 비용으로 접근하라. 위험과 보상평가에 대한 기본 절차를, 수치화하기 어려운 편익이 일부 있다고 해서 생략하는 일이 없도록 하라.

3. 가격 프리미엄을 기대하는 경우

5장에서 분명히 밝힌 것처럼, 친환경에만 의존한 제품판매는 성공하는 경우가 드물었다. 대다수 고객에게는 품질, 가격, 서비스가 결정적 요소다. 파타고니아는 유기농면과 재활용이 가능한 소재로 만든 친환경제품을 판다. 그러나 만약 제품품질이 수준 이하였다면 고객 충성도를 확보하지 못했을 것이다.

친환경속성이나 녹색 이미지에 프리미엄을 지불하는 고객도 더러 있다. 파타고니아는 상품을 고가에 팔았고 도요타도 프리우스를 동급차량보다 최고 5천 달러 높은 가격에 판매했다.[04] 그렇지만 이런 예외들이 원칙을 논박하지는 못한다. 현재 시장에 나온 녹색제품은 보통 높은 가격에 팔지 못한다. 쉘이 네덜란드에서 친환경 가솔린 푸라에 걸었던 기대부터, 절약형 형광등을 기존 형광등의 10배 가격에 내놓고 시장을 사로잡으려 했던 여러 업체의 시도까지, 녹색 프리미엄은 만만한 대상이 아니었다.

에너지 절감형 기구처럼 시간이 흐를수록 고객의 비용을 '절감'해주는 제품도, 때로는 거점확보를 위해 분투해야 한다. 이들이 성공을 거둔 제품이라면, 그것은 환경적 속성이 아니라 장기적 비용절감이나 내구성 때문에 팔린 것이다. 사람들은 당장 돈을 더 내는 일을 달가워하지 않는다. 경제학자들이 즐겨 쓰는 말로, 제품구매에서 고객의 '할인율'은 대단히 높다. 이들은 장차 미래에 절약할 돈보다 당장 주머니에 있는 돈을 더 귀하게 여기기 때문이다.

이러한 고객들의 현실 때문에 친환경제품 판매는 쉽지 않다. 예를 들면 팀버랜드는 제조비용이 25퍼센트 더 드는 유기농면 티셔츠 판매로 수익을 보기 힘들었다. 이 셔츠는 고객에게 실질적인 기능개선을 전혀 안겨주지 못한다. 선전문구도 온통 감정에 호소한 내용이다. 그러니 고객에게 환경보호라는 순간적인 만족감에 프리미엄을 지불하라고 설득하기란 쉽지 않다. 파타고니아의 경우, 환경 리더십을 기반으로 막강한 브랜드 가치를 키운 덕분에 가격을 다소 올려 받는 데 성공했다. 그러나 솔직히 말하면 파타고니아는 주식회사가 아니므로 모든 제품에서 수익을 올려야 한다는 부담이 다소 덜하다.

해법: 환경은 세 번째 카드다

제품의 친환경속성만 선전해서는 안 된다. 도요타의 프리우스 광고를 유심히 보면 두 가지 메시지가 보인다. 일단 프리우스는 수상경력이 있는 동력전달장치가 장착돼 있어 속도감을 주며 기술적 특성이 뛰어나다. '게다가' 이 차량은 지구 살리기에도 일조한다. 환경은 세 번째 '카드'인 것이다. 파타고니아처럼 최고의 녹색기업도 제품의 환경적 속성만 부각하지 않는다. 이들은 먼저 품질을 말한다. 게다가 파타고니아는 몇 년에 걸쳐 품질개선을 확실히 하고 나서야 '친환경' 속성을 제품선전에 포함시켰다.

4. 고객을 오해하는 경우

맥도날드 매장의 방대한 쓰레기 배출량은 뉴스감이 아니다. 그러나 이 쓰레기 중 30퍼센트 이상이 액체라는 사실을 아는 사람은 드물다. 매립쓰레기 비용을 무게로 산정하는 상황에서, 액체쓰레기는 골칫거리다. 그래서 스웨덴의 맥도날드는 고객에게 얼음과 음료를 다른 쓰레기와 별도로 분리된 통에 담아달라고 부탁했다. 이는 크게 성공했다. 고객 중 75퍼센트가 자발적으로 자신이 먹은 음료를 분리수거했다. 쓰레기 무게가 25퍼센트 줄면서 맥도날드는 수백만 크로나krona(스웨덴의 화폐단위-옮긴이)를 절감했다. 그러나 맥도날드가 똑같은 시도를 미국에서 했을 때, 고객들은 호응해주지 않았다. 미국인과 스웨덴인은 서로 달랐다.

소비자의 행동변화에 기댄 환경정책을 추진할 때는 신중해야 한다. 그 변화로 소비자의 시간이나 비용을 절약하지 못할 경우, 그리고 때로는 절약해준다 하더라도 소비자들은 저항하는 경우가 있다.

해법: 고객의 한계를 파악하고 인정하라

커피를 이동하면서 마실 때 모두가 공감하는 문제가 한 가지 있다. 바로 손을 데이지 않으려면 컵 하나로는 어림없다는 것이다. 그렇다고 모두에게 컵을 두 개씩 지급하자니 낭비 같다. 그래서 스타벅스는 이 문제를 해결하기 위해 손가락 보호용 단열층을 겉면에 장착한 새 종이컵을 고안했다. 이 컵은 비용이 더 들었지만 소재 재활용도가 높았고, 고객들도 컵 하나만 있으면 충분했다. 실로 환경과 손익 양쪽에 이로운 전략이었다. 그러나 테스트를 해본 결과 고객들은 여전히 컵 두 개를 원했다.

경영자들이 수치로 따져보니, 만약 10퍼센트가 넘는 고객들이 컵 두 개를 가져갈 경우(그리고 스타벅스가 이러한 고객들의 요구를 거부하지 않는다면), 환경적 피해가 현재보다 더 심각해진다는 결론이 나왔다. 그렇지만 고객의 행동변화 시도는 무리였다. 그래서 스타벅스는 타협안을 찾기 시작했고, 그 결과 탄생한 것이 현재 어디서나 볼 수 있는 커피컵 종이 홀더이다.[05] 이 컵을 감싸는 마분지 조각을 활용하면 고객들은 화상 위험이 없었고 더불어 컵 두 개를 사용할 때보다 종이를 40퍼센트 적게 사용했다.

환경보호주의자 중에는 이를 실패작으로 보는 사람도 있지만, 실상은 그렇지 않다. 환경면에서 더 유익한 컵을 선보였더라도, 고객들이 컵 두 개를 가져가면 재정적으로 '그리고' 환경적으로도 실패작이었을 것이다. 스타벅스는 혁신적 해법을 단념한다는 힘든 결정을 내리고 타협안을 찾아내 실패를 피해갔다. 스타벅스의 사업운영부 부사장 수 메클렌부르크 Sue Mecklenburg는 고객들이 올바른 환경적 선택을 해주리라는 기대감이 종종 실패작을 만든다고 말했다.

. . . .

경험에서 배워라, 그러나 이를 남용하지 마라

시장의 신호에 귀를 기울이는 것은 합리적이다. 고객들을 '친환경 삶'으로 이끌기란 어렵다. 그래도 가능한 일이다. 호텔업계는 새 리넨과 타월을 매일 기대하는 대다수 투숙객의 기대를 바꾸는 데에 성공했다. 이는 상당한 환경적 이득과 비용절감을 가져왔다. 그러므로 시험을 거쳐 통하면 수위를 높이고 그렇지 않으면 철수하라.

그러나 환경영역은 역동적이라는 사실을 잊어서는 안 된다. 어제의 실패작이 내일의 성공작이 되기도 한다. 예를 들어 유니레버는 1990년대 초에 농축세탁세제를 선보였다. 이는 포장재를 줄여 선적에 따른 에너지 소모를 줄여주었지만 실패작이었다. 비싼 돈 주고 작은 세제 상자를 구입한다고 소비자들은 생각했기 때문이었다. 그러나 최근 유니레버는 올 스몰 앤 마이티라는 소용량 고농축 세제상품을 출시해 큰 성공을 거두었다.

뭐가 달라진 걸까? 고객들은 농축액의 친환경원리를 인식하기 시작한 것이다. 게다가 월마트(유니레버의 최대고객)가 쇼핑객들을 재교육한 것도 이 같은 행동변화를 낳았다.

. . . .

5. 중간관리자가 압박받는 경우

환경우위를 추진할 때 조직에서 가장 예민한 층은 아마 중간관리자일 것이다. 때로는 중간관리층에서 친환경 노력이 꺾이기도 한다. CEO가 간부급 경영자에게 환경에 주목하라고 지시를 내리면, 제품 생산자들은 회사가 친환경으로 거듭날 기회에 반가움을 표한다. 그러나 중간관리자들은 이때부터 여러모로 시달린다. 중대한 상충관계와 대면하는 이들은 날마다 힘든 결정을 내린다. 매출과 업무처리량을 늘리고 비용을 절감하면서 이윤폭을 높이라는 주문도 받는다. 게다가 이제는 친환경이라는 요인까지 감당해야 한다.

인센티브가 환경목표와 비례하지 않는 경우도 있다. 연말 실적을 검토할 때 대개 회사의 핵심 관심사에만 주목할 뿐 환경목표는 그다지 신경쓰지 않는다. BP의 수석자문위원인 크리스 모터쉐드는 이 문제를 '업무실적과 환경목표 사이의 갈등관계'라고 표현했다.[06]

모터쉐드의 상관인 CEO 존 브라운은 BP의 기후발자국을 줄이라고 지시했다. 이는 곧 BP의 정유공장들이 온실가스 배출을 줄여야 한다는 뜻이었다. 이 목적을 달성하는 가장 쉬운 방법은 작업처리량을 줄이는 것이었다. 그러나 공장관리자들에게는 이 온실가스 절감노력과 상충되는 생산목표량이란 것 또한 있었다. "정유공장에게 처리량을 준수하면서 청정연료를 생산하고 게다가 온실가스도 낮추라고 주문한 게 실수였습니다." 모터쉐드는 이어 말했다. "이 세 가지 목표는 별개가 아닙니다. 하나를 추구하다 보면 나머지도 실질적으로 영향을 받습니다."

우리는 이 문제를 중간관리층 압박Middle-Management Squeeze이라고 부른다. 이는 매우 흔한 문제인데, 특히 환경공약을 과감하게 내세운 기업일수록 그렇다. CEO의 리더십과 도전적 목표는 성공을 일구는 요소는 맞지만, 이는 중간에 끼인 사람들에게 양립할 수 없는 갈등을 낳기도 한다. 회사 운영을 실제로 담당하는 이들은 매출목표를 달성하고 비용을 절감하며 이윤목표를 완수하기 위해 애써야 하기 때문이다. 환경적 관심에 이것저것 뒤섞으면 과부하가 걸릴 수 있다.

해법: 인센티브를 주고 지속적 교육을 해라

중간관리층 압박문제에 소홀하면 문제의 싹이 튼다. 그러므로 중간관리자들이 겪는 다양한 압박을 직접 다뤄야 한다.

중간층 경영자들은 거의 예외 없이 인센티브에 반응한다. 만약 환경적 성공이 자기업무의 일부라는 신호가 없으면, 이들은 환경을 우선순위로 삼으려 하지 않는다. 업무내용에 환경적 목표를 담는 것도 관심을 집중시킨다. 현금지급도 나쁘지 않다. 그러니 사내문화가 무르익지 않았다면 환경목표를 보너스에 넣어라. 환경적인 평가기준을 개발해 기업의 주요 실적지표로 삼는 것도 도움이 된다. 그리고 직원들에게 소속부서의 실적을 직접 공개된 자리에서 설명하도록 하라. GE의 세션 E를 떠올리면 된다.

앞서 말한 지침을 따라야 한다. 동시에 BP에서 정유생산이 줄어들지는 않을 것이다. 그래서 BP의 리더들은 가능한 일 한 가지만 추진하기로 했다. 그래서 정유공장에게 가급적 효율적으로 운영하라고 당부하고, 대신 온실가스 배출 '총량'은 신경 쓰지 말라고 지시했다. 정유공장의 임무는 가장 경제적으로 생산하면서 '단위생산당' 온실가스 배출을 낮추는 일이었다. 경영자들은 절감은 시스템 내 다른 영역에서 와야 함을 깨달았다.

교육 또한 대단히 중요하다. 3M은 17일간 이어지는 리더십 개발 프로그램의 일환으로, 환경담당자들이 관리자들에게 이들이 직면할 상충요인을 설명하면서 몇 가지 질문을 던진다. 최저가 공급업체가 환경의식이 전혀 없어 보인다면 어떻게 해야 할까? 제품개발과 환경문제 개선 둘 중 하나에 투자가 가능하다면 어떻게 하겠는가? 다른 모든 중간관리자들과 마찬가지로 3M의 공장관리자들도 이러한 갈등해결에 최선을 다해야 한다. 그리고 비용과 품질을 어느 정도 충족하면서 동시에 환경목표를 달성해야 한다는 점도 수용해야 한다.

6. 근시안적으로 사고하는 경우

고대신화에 보면 헤라클레스가 머리가 여럿 달린 괴물 히드라를 죽이는 장면이 나온다. 헤라클레스가 곤봉으로 머리 하나를 내려칠 때마다 그 자리에 새로운 머리가 두 개씩 자란다.

오염문제와 다른 환경문제를 해결해야 하는 환경담당자들은 때로 측은한 헤라클레스 신세 같다고 느낄지도 모른다. 공기오염을 줄이려고 집진기에 투자했더니 이제는 설비에 모인 찌꺼기 때문에 폐기물 처리를 고심해야 한다. 찌꺼기를 외부에 모으면 수질오염을 또 고민해야 한다.

인텔의 팀 모힌Tim Mohin은 이어 말했다. "실책은 보통 감축방안이 잘못된 길을 밟을 때 생깁니다. 폐기물처리로 문제 하나가 풀리면 다른 문제 네 가지가 생깁니다." 수년 동안 모든 반도체 회사들은 과불화탄소perfluorocarbons,PFCs 사용을 줄이기 위해 다각도로 고심했다. 칩 생산 때 식각단계etching step에서 쓰는 PFC 가스는, 온실가스인 이산화탄소보다 1만 배나 강력하다.[07] PFC 가스를 줄이려는 초기시도는 사용한 가스를 수거하는 데 초점을 맞추었다. 그러나 인텔의 대규모 감축 시스템은 에너지 사용량뿐 아니라 온실가스 배출도 사실상 증가시켰고, 그 재활용 시스템은 또 다른 공해물질도 만들어냈다. "부작용이 더 컸다."고 모힌은 말했다.

헤라클레스나 인텔의 관리자 모두 우리가 사일로식 사고silo thinking(근시안적이고 편협한 사고를 뜻함-옮긴이)라고 칭한 상황에 빠진 셈이다. 이들은 해법을 찾기 위해 샅샅이 고민하기보다 한 가지 편협한 부위에 초점을 맞추었다. 이러한 해결책은 주요문제를 완전히 해결하지 못한 채 새로운 문제만 낳을 뿐이다.

사일로식 사고로 도약기회를 놓치는 경우도 있다. 후지포토필름의 일회용 카메라가 그 예이다.[08] 재즈포토라는 또 다른 회사가 후지의 다 쓴 일회용 카메라를 새로 손본 재생 카메라로 수익을 올리고 있었다. 후지가 특허위반소송 문제를 제기하기 전까지, 재즈포토는 재활용 후지 카메라를 수천만 개 팔아치웠다. 바로 여기서 친환경전략에 대한 의문이 생긴다. 왜 후지는 수억 달러에 손도 못 대보고 시장의 기회를 날려버렸을까? 그 답은 일부 사일로식 사고에 있었다. 후지는 훌륭한 일회용 카메라를 만들었다. 그렇지만 다 쓴 카메라를 재활용 일회용 카메라의 투입재가 아닌 폐기제품으로 취급한 것이 바로 문제였다.

해법: 친환경 설계와 가치사슬적 사고

헤라클레스는 다른 각도로 접근해 히드라 딜레마를 풀었다. 매번 잘릴 때마다 두 배로 생겨나는 대가리를 베어내는 대신, 조카를 시켜 머리가 새로 생기기 전 잘린 목에 불을 지지도록 했다.

인텔의 해법은 이 정도로 극적이지는 않았다. 인텔은 환경설계 부서를 설치했다. 그 결과 현재 환경전문가 20명이 제품 및 공정 디자이너뿐 아니라, 6년 이상 생산방식을 고민해온 과학자들과 함께 일한다.[09] 이들은 서로 협력해 사전에 환경문제를 체계적으로 파악하고 설계하는 작업을 한다. 독성물질 배출은 여전히 큰 부담이다. 그렇지만 그 부담이 많이 줄었고 다른 환경문제들도 생애주기식 사고 덕분에 피해갈 수 있었다.

> 만약 오염이 지구에 암적 존재라면, 경감대책은 암 발견 이후에 하는 항암치료에 해당한다. 친환경 설계는 담배를 끊고 올바로 섭생하는 일과 같다. 이는 환경문제의 예방책이다. 이 방식이 모든 위험을 제거하지는 못한다 해도, 환경을 고려한 제품설계는 분명 큰 효과가 있다.

7. 환경부서가 고립된 경우

환경우위를 비즈니스 전략의 일상요소로 만들려면, 회사에 열정적이고 박식한 해결사가 있어야 한다. 그렇지만 환경부서에만 전적으로 의존하면 결국 문제가 생긴다. 어느 관계자는 "환경담당자에게 맡기라는 말만 해서는 해결되지 않는다."고 지적했다. 우리는 이 고립무원에서 생기는 서로 연관된 문제 세 가지를 알아냈다.

우선 의미 있는 계획들이 결실도 맺지 못한 채 사라진다. 페덱스 킨코스(현 페덱스 오피스)에 래리 로제로라는 진정한 해결사가 있었다.[10] 수년 동안 그는 복사기 전문 대기업에서 '사람들을 설득하고 동참시키며 회계 업무도 보고 때로는 몸소 뛰기도 하는' 등 온갖 환경관련 업무를 도맡았다. 오랫동안 그는 일인 악단이었다. 실제로 페덱스 킨코스는 재생 에너지를 상당량 구입하고 재생용지도 대규모로 사용하는 등 상당한 성과를 거두었다. 그렇지만 페덱스 킨코스는 이제 겨우 친환경사고를 비즈니스의 핵심에 접목시켰을 뿐이다.

고객들이 100퍼센트 재생용지에 직접 복사할 수 있는 셀프 '녹색 복사기'는 흥미로운 정책이었다. 그렇지만 로제로의 부서 외에는 그다지 협조를 보이지 않아 시들해졌다. 시험홍보기간이 끝나자 제품추천은 각 지점 관리자들의 몫이었다. 직원 및 고객충성도에 실질적인 이득이 있다고 본 관리자들은 이 정책을 계속 밀고나갔다. 그렇지만 대개는 이 정책에 동참하지 않았다.

어째서 의미 있는 친환경 구상이 단기적인 홍보행사로 그치고 마는 걸까? 그 이유는 일부 환경이 고립무원 상태이기 때문이다. 가치 있는 정책이라도 외떨어진 환경부서에서 흘러나왔기 때문에 조직은 전폭적인 지원을 보내지 않았고, 따라서 평판, 매출, 고객충성도 등 녹색제품이 안겨주는 영구적 이득도 놓쳐버렸다. 최종선택을 일선의 관리자에게 개별적으로 맡긴 것도 문제였다. 솔깃한 인센티브나 목표가 없다면, 당장 비용이 많이 들지도 모르는 선택지를 어떤 관리자가 택하려 할까? 바로 이러한 갈등이 우리가 앞서 논한 중간관리층 압박의 핵심이다.

환경분야 고립의 두 번째 측면은 매우 부족한 예산이다. 개중에는 환경담당자가 어떤 일에도 손대지 못할 만큼 인색한 예산을 책정한 대기업들이 있었다. 기업들은 환경 이슈를 제대로 다루기 위해 필요한 비용을 낮추어 견적하기 쉽다. 그렇지만 환경우위는 무에서 나오지 않는다. 환경전략도 다른 전략과 마찬가지로 훌륭한 자료수집과 분석이 필요하다. 환경문제를 어설프게 다루면 기업은 비용, 평판, 고객, 직원의 사기 등 큰 대가를 치른다는 점을 잊지 말자. 환경부서에 인력이나 자금이 부족하면 환경우위를 만들어낼 수 없다. 사실 저렴한 비용으로 일을 추진했다가 절감액보다 더 큰 비용을 초래하는 경우도 있다.

마지막으로 환경분야 고립은 '한쪽 손이 하는 일을 다른 손이 모르는' 전형적인 문제를 낳는다. 예를 들어 도요타는 다른 자동차 회사들과 함께 연료효율 기준을 높인 규제에 맞섰고, 심지어 이 새로운 법안을 문제 삼아 캘리포니아 주에 소송도 걸었다. 우리는 도요타의 경영진이 이 같은 행동을 사전에 알았으리라 본다. 그렇다면 도요타의 정부관계 담당자들도 이러한 로비 행각이 환경 리더로 이끌어준 모범적 성과를 훼손한다는 점을 '정말로' 알고 있었을까? 솔직히 연료효율성 분야에서 도요타의 시장주도적 입지를 감안할 때, 어째서 도요타가 더 엄격한 기준을 요구하지 않았는지 모를 일이다.

회사들이 서로 모순된 방향을 취하는 경우가 종종 있다. 어떤 때는 고의적으로 서로 어긋나는 말을 퍼뜨린다. 그렇지만 때로는 서로 교류가 없는 집단끼리 내린 결정인 경우도 있다. 아니면 아직 모든 전략을 모두에게 공개 안 한 것일지도 모른다. 친환경제품 설계팀과 마케팅 직원들은 보통 정부 및 규제업무 담당자들과 서로 다른 공간에 있기 때문이다. 이러한 단절상태는 값비싼 대가를 부를 수 있다.

해법: 간부급 인사의 참여와 통합

환경투사 홀로 일하면 십중팔구 실패를 부른다. 성공적인 환경전략은 직원 모두가 고민한 산물이어야 한다. 관심사와 요구 그리고 영업 최전방 사람들에 대한 인센티브를 기업 전술에 포괄하는 작업이 반드시 있어야 한다. 환경담당자가 환경전략 지침을 마련할 수는 있어도 이 계획에 공감하고 따르는 것은 제품관리자들의 역할이다. 최상의 환경우위 전략도, CEO가 이를 지원하지 않거나 이를 직접 수행하는 관리자 및 직원들과 연결고리가 없다면 결국 실패로 향한다.

페덱스 킨코스는 자사의 환경비전을 경영과 더욱 밀접하게 접목하려고 노력한다. CEO의 지원 아래 로제로는 고위간부들이 지속가능성 교육을 받도록 했다. 그는 또한 '식스 플래그 온 어 힐Six Flags on a Hill'이라고 하는 환경관련 임무수행도 시작했다.[11] 어떤 경영자가 그에게 물었다. "이것이 단지 재활용 차원이 아니라 했고, 그 논리도 여러 차례 들었습니다만, 도대체 우리가 뭘 '해야' 하는 겁니까?" 답은 바로 일을 추진하는 참여와 열정이다.

페덱스 킨코스는 에너지 문제와 지역사회 참여 등 핵심 문제에 주목하기 위해 팀을 구성했고 다양한 경영자에게 리더 역할을 맡겼다. 어떤 팀은 상업적 고객들의 지속가능성을 높이기 위해 회사가 할 수 있는 방안을 연구했다. 연구결과 고객들은 자신들의 문서관리 업무에 더 개입해 비용을 절감하고 종이사용을 줄여주길 원했다. 고객가치와 매출증대 가능성을 발견한 '식스 플래그' 팀은 이후 친환경정책 추진에 더욱 깊이 관여하게 되었다.

경영진에게 환경 렌즈를 통해 이슈를 바라보는 법을 보여주면 신선한 사고를 자극할 수 있지만, 목표가 거대할수록 환경전략과 비즈니스 전략 사이의 장벽이 제거되어야 한다. 앞서 살펴본 이케아와 3M, 듀폰의 사례처럼 인사교류와 교차업무cross-cutting 정책은 그 효과가 상당하다. 이 모두를 통해 조직은 환경이 비즈니스 전략에서 핵심요소라는 점을 깨달아 간다.

8. 말이 행동보다 앞서는 경우

친환경기업이 되겠다는 열의가 앞선 나머지, 어떤 행동을 취하기도 전에 공약을 먼저 해버리는 기업들이 간혹 있다. 그러면 NGO 단체는 재빨리 끼어들어 '그린워시greenwash'(마케팅이나 홍보를 이용해 조직의 환경성과와 관련된 인상을 좋게 하기 위해 친환경 이미지를 내세우는 행위)라고 소리치겠지만 이는 지나친 단순화다. 진짜 그린워시는 친환경이 아님을 뻔히 알면서도 녹색활동을 한다고 주장하는 기업이다. 우리가 말하려는 실패사례는 의지가 아닌 실천에 대한 문제다.

어떤 제품이 나오기도 전에 그 환경피해를 줄이겠다고 공약하는 경우가 여기에 해당한다. GM이 셰비 볼트 출시 3년 전에 띄운 홍보물 '친휘발유에서 무휘발유로'를 떠올려보라. 기대치를 높일수록 공격받기 쉬운 법이다. 보통 이런 종류의 문제는 고립된 환경정책의 또 다른 실패사례로, 마케팅 인력이 현실보다 앞서가고 이를 통제해줄 환경담당자가 주변에 없는 경우 발생한다. 통상 실천이 계획보다 뒤처지기 마련이지만, 환경과 관련한 주장에서는 그 위험성이 특히 높다.

해법 : 말한 대로 실천하고 말한 내용을 기억하라

말이 앞서가지 않게 하는 가장 확실한 방법은 말한 내용들을 사실로 만드는 것이다. 공약은 실제적 개선과 환경적 결과를 낳는 설계 및 공정 변화에 토대해야 한다. 환경피해에 무지하면 도약할 수 없다. 게다가 회사들은 갈수록 자신의 주장을 뒷받침할 면밀한 자료제시를 요구받는다.

이렇게 행동하자. 약속은 덜 하고 실천은 그 이상으로 하라. 3M의 마케팅 위원회처럼 녹색공약을 점검할 수 있는 수단도 제대로 갖추자. 그렇다고 사고의 폭을 좁히거나 목표를 너무 낮추어 잡으라는 뜻은 아니다. 이는 최전방에서 패배를 인정하는 꼴이다. 시장을 재편하는 제품 및 공정 혁신은 환경우위를 창출하는 기본수단이다. 그리고 도전적 목표를 부단히 세우면서 아폴로 13호 원칙에 따르자. 이러한 중요한 이슈에서 회사는 '안 된다'를 답으로 수용해서는 안 된다. 그렇지만 대중 앞에 나설 때는 자신이 무슨 말을 하고 있는지 정확히 알아야 한다.

9. 뜻밖의 일: 말벌과 예기치 못한 결과

세계에서 가장 환경친화적인 제조시설 중 하나는 미시간 주 홀란드에 있는 허먼 밀러 설비다. 그린하우스Greenhouse라 부르는 이 건물은 효율적이고 생산적이며 아름답다. 조용하고 아늑한 공장을 상상하지 못하겠지만, 그린하우스는 그런 곳이다. 외곽도 환경적 감수성을 살려 습지를 그대로 두었고, 현지의 웨스턴 미시건 공장과 초원에도 손을 대지 않았다.

그러나 자연이 문제였다. 녹색 제조시설이 문을 연 지 얼마 후, 직원들은 주차장에 있는 말벌 때문에 불만이 쌓여갔다.[12] 알고 보니 건물을 둘러싸고 있는 들꽃이 핀 벌판이 이 골칫거리를 끌어들이고 있었다. 이 사소한 이야기에도 교훈이 있다. 환경적 선택이 뜻밖의 결과를 초래할 수 있다는 점이다. 그린하우스의 경우 건물 주변의 자연경관을 그대로 보존했다가 말벌이 꼬이고 말았다. 그렇지만 이 사례는 더욱 친환경적이고 행복한 결말을 맺었다. 허먼 밀러는 꿀벌을 끌어들여 꽃을 수분시키면 벌판의 외형이 좋아지고, 말벌이 밀려나 그 수가 줄어든다는 사실을 깨달았다.

가치사슬과 생애주기는 때때로 예상하지 못한 결과를 낳는다. 물을 절약하는 새로운 시스템이 오히려 에너지를 더 많이 소모한다. 유해한 화학물질을 줄이려고 재설계한 제품이 예기치 않게 제품의 성능을 변화시킨다. 당황할 필요는 없다. 예상 밖의 일을 예측하라. 의도치 않은 결과와 부딪히면, 이를 기회로 삼을 수 있을지 살펴보도록 하라.

해법: 기본기부터 다져라

비록 친환경사고가 지속적이고 광범위한 경쟁우위로 이끈다 해도 적당한 기대치로 출발하는 게 좋다. 환경전략을 실천하면서 성공가능성을 극대화하려면 몇 가지 핵심사항을 염두에 두도록 하자.

첫째, 뛰기 전에 걷기부터 배워라. 시범정책부터 시작해야 한다. 유니레버는 지속가능한 농업 공약을 실천하기 위해 몇몇 작물에 일 년간 물과 살충제를 적게 쓴 농장운영을 시범적으로 도입했다.

둘째, 체계적인 시각을 갖춰라. 신규 정책의 전반적인 결과를 먼저 분석해야 한다. 이 지점에서 한 행동이 가치사슬의 다른 곳에서 어떤 파장을 낳을지 파악하라. 우리 회사에서 에너지를 절감한다 해도 고객의 에너지 소모량이 높아지지는 않는지 살피도록 한다.

셋째, 잠재적 이득 예측은 신중하게 하라. 유니레버의 친환경 농장은 좋은 결과를 낳았다. 그렇지만 작물과 지역마다 편차가 있었다. 그래서 유니레버는 전 세계 모든 작물에서 그러한 편익을 쉽게 얻을 수 있다고 공언하지 않는다.

10. 완벽주의가 독이 되는 경우

바디샵과 맥도날드, 두 회사에 대한 이야기부터 해보자. 바디샵은 설립부터 그 기반이 달랐다. 웹사이트가 자랑스럽게 전하듯 바디샵은 동물실험에 반대하는 회사다. 지역사회와의 교역을 지원하고, '자아존중을 추구'하며, 인권을 옹호할 뿐 아니라 지구를 보호하고자 한다. 바디샵은 1992년, 기업세계에서 환경문제에 열정적이고 공개적인 약속이 매우 생소하던 시기에 환경관을 담은 첫 번째 책 『그린북The Green Book』을 펴냈다. 그리고 다른 경쟁업체보다 몇 년 앞서 자사제품에서 PVC 플라스틱을 줄여나갔다.

바디샵이 녹색기업이라는 사실에는 의심의 여지가 없다. 그러나 최근까지도 바디샵은 황금알을 낳는 기업이 아니었다. 경제적 현실을 등한시한 채 환경 및 사회적 임무를 추구한 탓에 이익창출과 계속 거리를 유지했다. 그러나 이제는 바뀌고 있다. 특히 2006년 로레알이 바디샵을 인수한 후부터 변화가 두드러졌다. 그러나 여기에 오기까지 그 길은 멀고도 험난했다.

> 매우 근본적으로 볼 때 지속가능성은 장기적 경제적 성공에 달려 있다. 기업이 어떤 환경공약을 선택했든 그 비용을 부담하는 유일한 방법은 경제적 성공이기 때문이다.

맥도날드도 녹색사업의 뿌리가 깊다고 할 수 있다. 맥도날드는 지난 15년 동안 포장지의 피해를 줄이기 위해 노력해왔고, 환경발자국을 줄이기 위한 방법도 끊임없이 찾아냈다. 그러나 맥도날드는 경제적 현실을 정확히 의식하고 있는 기업 중 하나이다.

한 가지 주목할 사례가 있다. 몇 년 전 유럽에서 맥도날드는 맥너겟 포장으로 세 가지 안을 시도했다.[13] 폴리스티렌 용기, 판지상자, 그리고 종이봉투였다. 맥도날드는 비용과 환경피해, 그리고 기능·외관·감촉 등을 아우르는 사용자 경험 등의 세 가지 주요기준을 고려해 후보안을 만들었다. 폴리스티렌은 사용자가 쓰기에 견고했고(치킨 온도 유지에도 효과적) 상대적으로 저렴했지만 환경적으로 최악의 선택이었으므로 대다수 지역의 맥도날드 고객들이 이를 거부했다. 종이봉투는 환경적으로 최상이었지만 고객들이 사용하기 꺼려했다. 맥너겟이 빨리 식어버렸고 종이도 너무 얇기 때문이었다. 중간안인 상자는 고객들의 요구를 만족시켰지만 소재가 많이 들어갔고 환경적 대가도 높았다.

완벽한 답이 없는 상황에서, 맥도날드는 비용은 낮고 기능은 뛰어난 친환경 포장이라는 성배를 찾아 계속 연구를 진행할 수도 있었다. 그러나 맥도날드 포장연구팀은 완벽성은 조금 떨어져도 기존 것보다는 나은 안에 안주하기로 했다. 맥도날드는 종이로 만든 클램쉘을 채택했는데, 이는 상자 기능을 갖췄을 뿐 아니라 재료사용량도 30퍼센트나 적었다(369쪽 도표 참고).

이것이 완벽한 해법일까? 그렇지는 않다. 클램쉘은 종이봉투보다 재료 소모가 많고 비용도 더 든다. 똑같은 선택지를 받았을 때 예전의 바디샵이었다면 아마 계속 방법을 찾았거나 가장 친환경적 해법인 종이봉투를

• 맥너겟 포장방식 : 핵심기준별 결과표

포장방식	기준		
	사용자경험	비용	환경
종이봉투	좋음	매우 좋음	매우 좋음
판지상자	매우 좋음	좋음	나쁨
폴리스티렌	매우 좋음	매우 좋음	매우 나쁨
새 클램쉘	좋음	좋음	좋음

매우 좋음 ● 　좋음 ◔ 　보통 ◑ 　나쁨 ◕ 　매우 나쁨 ○

골랐을지도 모른다. 그러나 때로는 근접한 것만으로도 충분히 의미가 있다. 만약 비즈니스 결과를 고려하지 않고 환경적 순수성만 추구한다면 그 어떤 기업도 지속되기 힘들 것이다.

해법: 상충관계에 대비하고 이를 받아들여라

완전무결한 해법은 흔치 않다. 녹색기업은 이 사실을 잘 안다. 이들은 완벽성을 추구하다 아무런 조치도 못하는 일이 매우 자주 벌어진다는 점을 알기 때문에 전적으로 원원 해법을 추구하지는 않는다. 맥도날드처럼, 성공한 기업은 보통 환경성과를 차츰 높여주는 점진적 해법을 찾으면서 동시에 다른 영역의 부담을 최소화한다. 어느 정도 전진하는 것이 제자리걸음보다 한결 낫기 때문이다.

"다루기 힘든 상충관계는 '어디에나' 있는 법입니다." 허면 밀러 관계자가 우리에게 말했다. 이는 상충관계는 예외가 아니라 일반적인 상황이라는 뜻이다. 그 어떤 기업도 모든 가능성을 다룰 수 없다. 때로는 친환경으로 전환하는 데 드는 비용이 상당하다. 그렇지만 부분적 성과는 가능하다. 그러므로 어떤 전략을 취하든 그 비용과 편익을 폭넓은 시각에서 바라봐야 한다. 즉 상류와 하류에 미치는 영향, 장·단기적 의미, 구체적 이득과 손실, 보이지 않는 영향 등을 살펴야 한다. 때로는 새로운 선택지가 나타나기도 한다. 팀버랜드의 테리 켈로그는 말했다. "종종 상충관계는 비즈니스적 승리 대 비즈니스 외적 승리라는 구도가 아닌, 단기적 승리 대 장기적 승리라는 구도를 취합니다."

이러한 '가능한 해법 찾기' 전략은 우리가 앞서 말한 아폴로 13호 원칙('안 된다'는 선택지에 없다)과 어긋나는 듯 보인다. 그러나 실은 그렇지 않다. 맥도날드는 환경에 유익한 포장방식이 비용부담이 훨씬 높다거나 소비자

경험이 부족하다고 인정한 것이 아니었다. 이런 맥락에서, 맥도날드 리더
십팀은 아폴로 13호 원칙을 '고수'한 것이다. 이들은 브랜드 가치를 유지
하고 환경적 목표를 달성하기 위해 다소 비용이 드는 전략을 수용했으며,
이는 완벽하지 않더라도 괜찮은 결과를 가져왔다.

• • • • • • •

로너는 실패한 사례인가?

우리가 연구한 바에 따르면 스위스의 섬유 제조회사 로너 텍스틸은 지속가능한 회
사 명단 어디에나 상위권이었다. 로너 텍스틸의 제품은 무독성에 생분해가 가능하
고, 제조방식도 최첨단일 뿐 아니라 물, 공기, 심지어 소음까지 모든 면에서 오염도
가 낮다. 그렇지만 로너는 지속가능성면에서 가장 뛰어난 섬유를 세상에 도입한 이
후 수년 동안 큰 성공을 거두지는 못했다. 섬유시장을 장악하지 못했기 때문이다.
섬유업계에서는 아직도 유독성 염료가 지배적이다. 사실 로너는 높은 가격을 받는
탓에 대다수 시장에서 밀려났고, 이 때문에 계속 소수자 위치에 머물 듯하다. 그렇
다면 로너는 실패사례인가?

그 답은 바라보는 시각에 따라 다르다. 로너는 새로운 지평을 열었지만, 친환경 직
물시장은 매우 제한적이었던 관계로 눈에 띄는 성장이 힘들었다. 그렇지만 로너는
수익을 '내고 있는' 회사이며, 고객과 직원, 지역사회, 그리고 지구에 훌륭한 공급자
역할을 하고 있다.

• • • • • • •

11. 관성에 빠진 경우

　기업문화와 업무관행은 제품의 일관성과 우수성, 품질 유지 등 여러 가지 장점이 있다. 그렇지만 이 긍정적 속성이 관성으로 흘러서 환경적 관심을 전략에 반영하기 어렵게 할 때가 있다.

　그루포누에바의 설립자이자 세계지속가능발전 기업협의회 전임 회장이었던 스테판 쉬미드하이니는 이렇게 말했다.

> "1992년 지구정상회담 이후 제 새로운 대기업을 지속가능하고 에코 효율적으로 운영하는 일에 흥미가 생겼습니다. 그래서 중역들과 만날 때마다 이에 대한 설명을 했었지요. 사람들은 협조적이었고 흥미를 보이더군요. 나중에 저에게 와서 그렇게 말해주었거든요. 물론 바뀐 건 아무것도 없었습니다. 지구에서 가장 강력한 힘은 관성이라는 힘입니다. 일부 냉소가들이 정의했듯 물리학적 용어가 아닌 '변화에 저항하는 사람들'이란 뜻으로 말입니다."[14]

　환경정책은 보통 사람들에게 안전지대를 벗어나길 요구한다. 비용관리가 아닌 환경피해를 최소화하라는 요구를 들어본 디자이너, 혹은 폐기물 감소에 최대한 신경 쓰라는 요구를 받아본 엔지니어는 거의 없을 것이다. 상당한 추진력이 없으면 사람들을 새로운 사고방식에 끌어들일 수 없다.

해법: 크고 작은 비전을 세워라

　관성극복의 방법은 두 단계로 나뉜다. 쉬미드하이니의 말을 계속 들어보자. "이는 우리 직원들 잘못이 아닙니다. 제가 리더로서 변화를 위해 필요한 비전을 제시한 것 말고는 전혀 한 일이 없습니다. 비전 제시야말로 첫걸음입니다. 그 후 리더는 비전을 목표, 행동지침, 측정 가능한 결과 등 '먹기 좋은 크기bite-sized chunks'로 나눠야 합니다."

비전은 결정적 요소다. 1년 후 어떤 기업이 되길 원하는가? 10년 후는 어떤가? 기업은 어떤 환경목표를 지향해야 할까? 그렇지만 모든 광범위한 비전은 실천가능한 단계로 나뉘어야 한다. 만약 온실가스 배출을 30퍼센트 줄이는 게 목표라면, 그 첫 단추는 무엇이 되어야 할까? 아마도 핵심 제품에 대한 생애주기 평가나 공정분석을 통해 온실가스가 어디서 배출되는지 알아내는 작업일 것이다. 11장에서 우리는 포괄적이고 효과적인 환경전략 개발을 위한 단기, 중기, 장기 공략계획을 제시할 것이다.

12. 이해관계자를 무시한 경우

1968년 지질학자들은 위스콘신 주 플램보 지역에서 금광을 발견했다 (은과 구리도 매장된 그야말로 금광이었다). 리오 틴토의 자회사는 이 기회를 놓치지 않고 달려들어 귀금속 채굴작업에 착수했으나, 그 시점은 그로부터 한참 후인 1993년이었다. 잃어버린 4반세기 동안 무슨 일이 있었던 걸까? 리오 틴토 자회사는 채굴허락을 얻지 못했다. 규제자, 지역사회, 다른 이해관계자들과 관계를 다지는 데 매우 서툴렀기 때문이었다.

1970년대 추진한 본래 계획안은 개방형 채굴로, 채굴로 생긴 구덩이에 독성폐기물(광미鑛尾라고 부른다)을 남겼다. 이 방식에 착수한 리오 틴토는 뚫린 구멍에 물을 채워 호수를 만들 계획이었다. 리오 틴토의 관계자

데이브 리어즈는 당시를 회상했다. "지역사회의 반응은 거의 모든 면에서 부정적이었습니다."[15] 반대자들이 제동을 걸면서 프로젝트는 이렇게 오랫동안 지연되었다. 마침내 회사는 계획을 수정해 좀 더 세심하게 행동하기로 했다. 채굴면적을 줄이고, 광산을 휴양지로 바꾸며, 40년 동안 초목과 지하수를 모니터하기로 했다. 1990년대에 시작한 이 채굴계획은 현재 순조롭게 진행 중이다.

이제 매우 당연하게 들리겠지만, 거듭 강조하건대 이해관계자는 중요하다. 리오 틴토의 발목을 잡은 것도 이 익숙한 문제였다. 앞서 말한 대로, 알칸도 원거주자와 환경단체의 반대의사를 제대로 읽지 못하면서 반쯤 짓다 만 터널에 5억 달러라는 매몰비용을 쏟아야 했다. 쉘의 브렌트 스파 원유채굴시설 처리 경험도 매우 유명한 융통성 없는 사례에 속한다.

기업들, 특히 다국적 기업은 사회, 직원, 규제자를 비롯한 많은 사람들의 허락이 있어야 성장, 경우에 따라서는 존속이 가능하다. 우리가 '영구 영업권'이라 부른 낙찰에 실패하면 다양한 이해관계자 집단과 마찰을 빚는다. 스타벅스는 커피농장 보존을 장려하는 '우선 공급업체preferred supplier' 정책을 제시했다가 갈등을 빚었다.[16] 처음 시도한 지침이 모호한데다 소규모 농장 문제를 제대로 다루지 않았기 때문이었다. 다양한 이해관계자들로부터 유익한 조언을 들은 스타벅스는 융통성 있는 지침과 모범관행을 발굴했고, 100쪽에 달하는 안내서에 그 모든 내용을 담았다.

기업은 모든 가치사슬이나 외부사회에서 인정받지 못하면, 사업을 진척할 수도 새로운 정책을 추진할 수도 없다. 연결된 그물망처럼 서로 의존하는 세상이기 때문이다. 홀로 가는 전략은 실패하기 마련이다.

이해관계자 파악은 필수이다. 우리가 3장에서 논한 것처럼 어떤 집단이 어떤 이슈에 관심을 두는지 점검하는 일부터 시작하라. 그런 다음 NGO를 비롯한 집단과 사전에 관계를 다져서, 위기가 닥치고 나서야 대화를 모색하려고 애쓰는 경우가 없도록 하라. 혹독한 비판자들과 마주하는 일에도 주저하지 말라. 이들과 관계를 쌓고 이들의 관심사와 우선과제를 이해하는 작업은 장차 이득이 되어 돌아온다.

결론은 간단하다. 외부인의 의견에 귀를 기울여라. 이때 두 가지 주의사항이 있다. 첫째, 모든 이해관계자들의 이해에 맞추려고 하지 마라. 때로는 NGO의 관심사에 문제가 있는 경우도 있다. 그러니 이의제기에 주저할 필요는 없다. 그린피스가 폴리염화비닐 사용을 줄이기 위해 신발제조업체에 주목하자, 팀버랜드는 그 압력의 수위에 의구심을 표했다. 신발제조업체는 폴리염화비닐 문제에서 차지하는 비중이 매우 적을 뿐 아니라, 팀버랜드는 이미 자사제품에서 폴리염화비닐을 차츰 줄여가던 참이었다. 그래서 팀버랜드는 저자세로 나오지 않았다. 팀버랜드 관계자가 그린피스에게 물었다. "폴리염화비닐을 눈에 띄게 많이 사용하는 곳은 건설업계인데, 왜 당신들은 에너지를 신발회사에 쏟고 있습니까? 당신들 캠페인 중 적어도 일부는 그곳에 주목해야 하지 않나요?"

그린피스의 입장에서 볼 때, 신발업체는 고객과 직접 접하는 대형 브랜드인 반면, 건설업체는 그렇지 않았다. 팀버랜드의 테리 켈로그는 이렇게 회상했다. "그린피스가 우리 업계에 주목한 것은 이 문제에 관심을 끌어모으기 위해서였고, 그 전략은 결국 통했습니다."[17] 그러나 회사는 충분한 이유가 있다면 뒤로 물러나서는 안 된다. 물론 NGO는 상당한 지식을 갖고 있지만, 만약 회사가 그들보다 생애주기 문제에 더 훤하다면(그래야 마땅하겠지만), NGO는 회사 이야기에 귀를 기울일 것이다. '실질적' 환경 문제를 다루면, NGO도 이를 받아들이고, 전폭적 지지를 공개적으로 보낼 것이다.

두 번째 주의사항은 정작 중요한 문제가 무엇인지 잊을 정도로 이해관계자의 정서에 지나치게 신경 써서는 안 된다는 것이다. 인정받기나 의사소통이 전부는 아니다. 쉘은 이해관계자와의 관계 쌓기에 지나치게 몰두한 나머지 이러한 문제에 걸려들었다. 남아프리카 공화국에 있는 쉘의 원유공장SAPREF은 대기오염 배출량을 '눈에 띄게' 낮춰 보고하고는 지역사회와 의사소통 실패에 주목했다.[18] 이해관계자의 정서도 현실적이고 중요하지만 정작 살필 문제는 실제 배출현황이었다. 정서도 중요하지만 때로는 객관적 사실에 중점을 두어야 한다.

• • • • • • •

엎친 데 덮친 격

1980년대 존슨 앤 존슨 타이레놀 사건의 유명한 교훈을 잊어버린 기업들이 있는 듯하다. 타이레놀 알약 복용 후 7명이 사망하자, 존슨 앤 존슨은 즉시 수백만 통을 회수조치해 책임 있는 모습을 보였고, 제품안전을 보장하는 포장을 개발할 때까지 타이레놀 제품을 매장선반 위에 올려놓지 못하도록 했다. 이와 달리 엑슨모빌은 발데즈 호 기름유출 사고 후 거의 20년 동안 그 손해액을 놓고 법정에서 싸움을 벌였다. 마찬가지로 프랑스의 석유회사 토탈(Total)도 1999년 원유운반선이 가라앉자 여론대처에 매우 미숙한 모습을 보였다. 한 무역잡지는 이렇게 전했다. "여파가 생겨도 토탈은 자사 책임으로 느끼지 않는 듯했다. 사건이 터진 지 6개월 후, 토탈은 본인들이 어떤 일을 추진 중인지 사람들에게 알리려고 텔레비전 광고를 선보였다. 신통치 않았다. 프랑스 내 여론은 이미 좋지 않은 상태였다." 책임소재가 불분명하다 해도

잘못을 뒤늦게 시인하면 결과만 더 나빠질 뿐이다.[19]

· · · · · · ·

13. 의사소통에 실패하는 경우

최근 어느 유명 회사에서 새로운 환경정책을 대대적으로 홍보했다. 앞으로 전 직원이 전과 다르게 의사결정을 한다는 과감한 주장이 담겨 있었다. 그러나 우리가 그 회사에 있는 한 친구에게 이메일을 보내 업무에 어떤 변화가 있는지 물어보니, 금시초문이라는 답이 돌아왔다. 황당한 경우였다.

내부 의사소통을 놓치면 실패인 걸까? 당연하다. 회사의 선행을 대대적으로 알릴 기회를 놓친 일은 어떨까? 작은 실수이긴 해도 이것 역시 기회를 놓친 격이다. 울창한 숲에서 쓰러진 나무는 티도 안 난다는 말이 있듯이, 아무도 모르는 상태에서 추진한 정책이 상당한 성과를 이룰 수 있겠는가? 환경우위는 실천으로 옮기고 그 성과를 인정받는 데서 생긴다.

해법: 대내외 의사소통을 중시하고 때론 녹색 마케팅을 과감히 펼쳐라

기업은 직원에게 현재 추진 중인 사업을 전달해야 한다. 교육받은 직원은 환경우위 기회를 더욱 많이 발견하며, 고객들을 자극하는 역할도 한다. 바깥 세계를 향한 녹색 마케팅도 입지를 다져주는 필수무기로 작용한다. 중요한 행동이고 그 환경적 이득이 정당하다면, 대내외 사람들에게 알려야 한다.

홍보로 지나치게 많은 질문을 받을까봐 알리기가 꺼려진다는 기업들이 많았다. 의류업체 리바이스가 아무런 마케팅 없이 제품 중 2퍼센트를 유기농면으로 대체했던 일을 기억하는가? 회사는 사람들이 나머지 98 퍼센트에 대해 문의할까봐 걱정했다. 이런 우려가 타당한 사례도 있었고, 우리 역시 감당하지 못할 공론화는 피하라고 조언한 경우가 많았다. 그렇지만 성공이 명백하면 마케팅을 적극적으로 이용해야 마땅하다. 이것이 사기를 키우고 추진력을 낳아 환경우위를 끌어들이기 때문이다.

환경우위의 핵심

그 어떤 전략도 성공을 장담하지 못한다. 아무리 제대로 계획하고 역량을 투입해도 실패하는 환경정책이 많다. 그렇지만 여기서 살핀 함정에 주의한다면 성공가능성은 극대화된다. 아래에 정리한 내용은 13가지 실패사례와 환경우위, 그에 따른 권장해법이다.

	실패사례	해법과 도구
1	숲이 아닌 나무를 보는 경우	· 너 자신을 알라(오디오 분석, 생애주기 평가) · 자료와 평가지표 · 파트너십과 외부의 시각
2	시장에 대한 오해	· 가로막고 태클 걸기
3	가격 프리미엄을 기대하는 경우	· 환경은 세 번째 미끼
4	고객을 오해하는 경우	· 고객의 한계와 동력 파악하기
5	중간관리자가 압박받는 경우	· CEO의 헌신과 지침 · 인센티브 · 참여와 교육
6	근시안적인 사고	· 가치사슬에 대한 사고 · 생애주기 평가 · 친환경 설계
7	환경부서가 고립된 경우	· 경영자들의 광범위한 참여 · 실무담당자들의 공감 · 환경관리자와 제품관리자 사이의 인적교류
8	말이 행동보다 앞서는 경우	· 자료수집과 검증 · 내부 및 외부 목표
9	뜻밖의 일 : 말벌과 예기치 못한 결과	· 가치사슬 사고 · 시범 프로그램 가동 · 성공가능성에 대한 조심스러운 예측 · 유머 감각
10	완벽주의가 독이 되는 경우	· 상충관계에 대비하고 이를 수용하기 · 시야의 확장
11	관성에 빠진 경우	· 비전 제시 · 가능한 만큼 실천하기
12	이해관계자를 무시한 경우	· 이해관계자 파악 · 파트너십 · 정서와 사실관계 파악
13	의사소통에 실패하는 경우	· 대내외 의사소통 · 효과적인 녹색 마케팅

Chapter11

지속적 경쟁우위를 위한 실천전략
: 행동으로 옮기기

전략, 사고방식, 환경우위 개발도구를 갖췄다 해도 행동으로 옮기기 전에는 큰 의미가 없다. 환경전략을 적절히 세운 회사들은 많아도 친환경사고를 비즈니스와 체계적으로 접목한 회사는 극히 드물다.

그 어떤 비즈니스도 동일한 경우는 없기 때문에 회사들은 저마다 환경우위를 구상해야 한다. 그렇지만 우리가 살펴본 결과 특정 작업을 먼저 해주면 진전속도가 빨랐다. 이 장에서는 실행계획을 설명하고 실천 프로그램을 제안한다. 대략적으로 말해 그 어젠다는 다음과 같다.

• 단기: 회사 입지를 확인하고 시범 프로젝트를 띄운다.
• 중기: 실적을 추적하고 환경우위 문화를 세운다.
• 장기: 친환경사고를 비즈니스 전략에 깊숙이 끌어들인다.

단기 실행: 어떤 공들이 공중에 떠 있는가?

환경전략을 더 높은 차원으로 끌어올리려면, 기업의 위치와 필요한 작업을 명확히 파악하는 일부터 시작해야 한다.

굵직한 문제

오늘날 비즈니스 관계자들은 경쟁 관련 사안을 폭넓게 다뤄야 한다. 세계화, 인터넷의 확산, 아웃소싱, 비용압박, 도처에서 벌어지는 경쟁 등 그 목록은 갈수록 길지만 경영자들의 임기는 갈수록 짧아진다. 환경영역 하나만 살펴봐도, 공중에 떠 있는 저글링 공이 날마다 늘어난다. 2~3장에서 우리는 10가지 굵직한 환경문제와 기업의 운명을 좌우하는 20종류의 행위주체를 개괄했다. 두 목록 모두 줄어들기는커녕 늘어나는 추세이다. 이러한 이슈와 행위주체를 파악해두지 않으면 관리자들은 이내 부담감에 짓눌릴 수 있다. 이들은 여러 물체를 저글링하고 있지만, 어떤 게 단순한 공이고 어떤 게 활활 타는 전기톱인지 분간하지 못하는 상황을 맞는다.

단기 어젠다는 주목대상을 파악하는 작업이어야 한다. 그 시작을 위해, 우리는 다음 세 가지 사항을 중심에 두고 세 가지 종류의 분석을 수행하길 권장한다.

1 환경문제가 비즈니스에 어떤 작용을 하는가?

2 이해관계자들은 기업의 환경실적을 어떻게 생각하는가?

3 회사는 자사의 환경과제를 다루는 데 필요한 역량을 갖추었는가?

1. 오디오 분석: 환경문제가 비즈니스에 어떤 작용을 하는가?

어떤 문제에 초점을 맞출지 파악하려면 본인의 위치를 파악해야 한다. 2장에서 논의했던 오디오 분석으로 돌아가보자. 표의 한 축에는 주요 환경문제가, 다른 축에는 양상, 상류, 하류, 이슈, 기회라는 다섯 가지 항목이 적혀 있다. 오디오 분석은 회사가 비즈니스에 '귀를 열도록' 돕고 가치사슬 상류와 하류에서 다뤄야 할 문제들을 파악하도록 해준다. 전통적인 'SWOT' 분석[Strength(강점), Weaknesses(약점), Opportunities(기회), Threats(위험)]처럼 오디오 분석도 침체위험과 도약기회를 잡아내는 도구이다. 그렇지만 여기에 가치사슬에 대한 시각이 추가되면서 이 기본도구를 눈게 띄

• 오디오 분석 틀

도전과제	A (양상)	U (상류)	D (하류)	I (이슈)	O (기회)
1. 기후변화					
2. 에너지					
3. 물					
4. 생물다양성					
5. 화학물질, 독성 물질, 중금속					
6. 공기오염					
7. 폐기물관리					
8. 오존층감소					
9. 해양과 어장					
10. 산림벌채					
11. 기타 과제 (산업별)					

게 개선하였다.

이 분석을 할 때는 신속하고 간단하게 시작하라. 기업 전체에서 소그룹을 한데 불러 모아 회사의 환경문제 포트폴리오에 대한 밑그림을 그리는 것부터 출발한다. 내부 환경책임자와 시작하되 영업, 디자인, 마케팅, 구매, 소비자 서비스 담당자들도 참석시켜야 한다. 단 몇 시간 만에 오디오 분석칸을 채우도록 하자. 세부사항 작성이나 제대로 해야 한다는 생각은 접어두자. 경험에 근거한 추측으로도 충분하다.

첫째, 기업은 이 도전과제의 어떤 '양상'이 사업에 영향을 미치는지 자문해야 한다. 우리는 온실가스를 만들어내는가? 에너지 사용량이 많은가? 공기와 물을 오염시키는가? 우리 제품에 멸종위기 동식물이 들어가는가? 막대한 양의 토지를 사용하는가? 이제 좀 더 상세하게 파고들어가보자. 독성성분이 있는 제품군은 무엇인가? 피해정도가 다른 곳보다 심한 사업부서는 어디인가? 이런 식으로 계속 자문해본다.

다음으로 영업활동의 '상류'를 보면서 환경문제에 대해 똑같은 질문을 한다. 물 소비량이 많은 공급업체인가? 상위 공급업체에서 조달받는 주요 소재는 무엇이며, 이 업체들을 압박해오는 이슈는 무엇인가? 가급적이면 멀리 있는 상류까지 짚어본다. 다음으로 '하류'를 살펴보면서 소비자 사용단계와 제품의 마지막 단계에 대해 질문을 던진다. 회사 제품이 엄청난 에너지를 소모하는가? 환경을 오염시키는가? 소비자들이 다 쓰고 나면 제품은 어떻게 되는가?

다음은 당신이 다뤄야 할 취약점을 찾는 단계이다. 양상, 상류, 하류 항목 아래 적은 내용들을 다시 훑으면서 어떤 요인이 회사에 특정한 '이슈' 혹은 도전을 만들어내는지 질문한다. 물 공급이 안정적이어야 하는 설비나 제품은 무엇인가? 가뭄이 생기면 이 사업 혹은 공급업체의 사업에 어떤 영향을 미치는가? 에너지 의존도가 높은 사업이 있는가? 미국에서 온실가스 배출에 법적 상한을 긋고 정부가 탄소세금을 부과하거나 탄소거래 시스템을 가동하면 비용 면에서 어떤 일이 벌어질까? 제품이나 생산공정에서 사용하는 유해물질은 없는가? 주정부나 연방정부에서 이 물질의 사용을 금한다면 어떤 일이 생길까? 이런 유형의 질문을 던지면 예기치 못한 상황을 막을 수 있다. 미리 대비해야 우환이 없다.

마지막으로 이러한 압력이 가져올 '기회'에 대해 머리를 맞대본다. 우리회사는 시장에서 가장 에너지 효율적인 생산자인가? 온실가스 배출을 통제할 경우 회사에 기회가 열릴까? '고객들'이 직면한 문제를 다루도록 도울 수 있는가? 온갖 문제나 도전과제가 다른 누군가에게는 기회로 작용한다는 사실을 기억하라. 듀폰은 프레온가스가 오존층에 해롭다는 이유로 금지되자 그 대체물질을 팔아 돈을 벌었다.[01] 얼룩올빼미 보호를 자처하고 나섰던 챔피언 페이퍼는 경쟁업체들보다 벌목생산지에서 퇴출압박을 현저히 적게 받았다.[02]

오디오 분석은 일회성 도구가 아니다. 기업은 정기적으로 환경 저글링 공을 점검해야 한다. 환경 이슈는 계속 바뀌므로, 변화 분위기가 감지되면 자기사업에 주는 함의를 다시 고민해야 한다. 이 작업을 거칠 때마다 새로운 이슈를 잡아내거나 낡은 방식을 새롭게 고민할 가능성이 있다. 어떤 항목에서는 오디오 분석을 거치면 해답보다는 질문이 더 쏟아질 것이다. 그럴 때는 생애주기 평가 같은 구체적인 도구를 도입하라. 가치사슬을 따라 핵심제품을 살펴보면 새로운 관심사가 드러나거나, 오디오 분석에서 얻은 핵심적 통찰을 확인하게 된다. 어떤 방식이든 사안에 더욱 정통하게 될 것이다.

핵심은 오디오 분석과 제품 생애주기 평가 그리고 모든 '지형파악' 도구를 통해 환경우위 사고방식을 확립하는 것이다. 이 수단들은 관리자들이 환경 렌즈를 통해 자신들의 업무를 바라보고, 도전과제와 기회 양쪽에 촉각을 곤두세우게 한다. 포괄적인 생산자 책임이 강조되는 세상에서 기존 틀과 다른 시각으로 진단해주는 이 도구들을 활용하면 가치사슬 상류와 하류에도 주목할 수 있게 되는데, 바로 이 지점에서 환경문제와 기회는 시작된다. 이 도구들을 활용해 시간과 경계구분, 그리고 통상적인 경제적 보상을 넘어 사고를 확장해보자.

2. 이해관계자 파악: 외부인의 생각이 비즈니스의 핵심 환경 이슈인가?
   사실파악도 중요하지만, 앞서 밝힌 대로 정서를 놓쳐서도 안 된다. 오디오 분석과 생애주기 평가를 모두 했어도 이해관계자의 관심사와 맞닿아 있지 않으면 허점은 여전히 존재한다.
   환경과제 우선순위는 환경오염피해 또는 당신 회사나 소속업계가 사용하는 천연자원이 좌우하기도 하지만 사회의 이해관계나 관심사에 따라 결정되기도 한다. 이를테면, 당신 기업이 온실가스를 대량 배출하는 업체가 아니라 해도, 기후변화는 전 사회의 관심사이기 때문에 어느 정도 관심을 두어야 한다.
   회사가 직면한 핵심 행위자들은 누구인가? 이를 알아내는 것이 첫 단계에서 가장 중요하다. 따라서 우리는 이해관계자 도표를 그리면서 관계 맺기가 필요한 청중을 파악하고 이들의 이해관계나 관심사가 무엇인지 알아보기를 권장한다.

   • 규제자와 감시단체: NGO 단체, 원고전문 변호사, 규제자, 정치인.
   • 아이디어 생산자와 여론주도층: 미디어와 싱크탱크, 학술기관.

지속적 경쟁우위를 위한 실천방법

- 비즈니스 파트너와 경쟁업체: 산업연합, B2B 구매업체, 경쟁업체, 공급업체.
- 소비자와 지역사회: CEO와 동료 경영자들, 소비자, '미래세대'(아이들), 지역사회, 직원.
- 투자자와 자산평가사: 이해관계자, 분석가와 자본시장, 보험업체, 금융권.

회사가 현재 상대하고 있거나 혹은 장차 관련 맺고 싶은 모든 행위주체 중 이 항목에 해당하는 부류를 나열하는 작업부터 시작해보자. 그렇지만 당신의 레이더 바깥에 있는 단체나 개인들도 깊게 고민해야 한다. 다음으로 관계의 우선순위를 잡는다. 어떤 집단이 현재 가장 영향력이 큰가? 장차 어떤 집단이 출현할까? 몇 가지 핵심적 질문을 던지면서 답을 해보자. 이 우선순위 집단을 이해하려면 얼마나 노력해야 할까? 우리가 알아둬야 할 핵심인물들은 누구인가? 이들의 관심사에 우리는 대비한 상태인가?

긴급한 일과 중요한 일의 구분이라는 고전적 문제도 유념하자. 아무래도 요란한 바퀴에 신경이 쓰이기 쉽다. 그렇지만 다급한 일에 신경 쓰다가 중요한 이해관계자들을 놓치면 불시에 이들로부터 공격받을 수 있다. 예를 들어 금융권은 그리 중요하지 않았으나, 현재 환경적 관심사나 책임을 이유로 프로젝트 자금을 줄이면서 전과 입지가 달라졌다. 또한 관성에 빠지지 않도록 주의하자. 특정 환경단체와 관련을 맺었다고 해서 이들이 적절한 협력대상이라는 뜻은 아니다.

이와 같은 문제를 예방하기 위해 우리는 이해관계자에게 우선순위를 부여하는 도구를 개발했다(387쪽 도표 참고). 이 예시에서 우리는 가상의 비즈니스에 해당하는 행위자들을 구분했다. 우선 행위자를 그들이 회사와 업계에 미치는 힘과 영향력의 강약에 따라, 그들을 이해하고 관계를

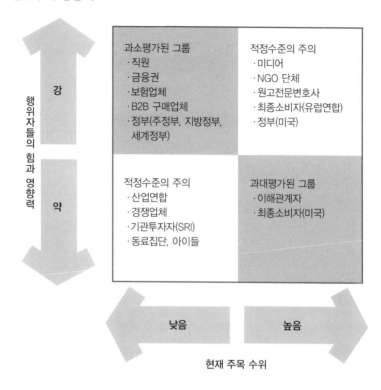

다지는 데 당신이 어느 정도 투자하고 있는지 주목정도에 따라 낮은 수위부터 높은 수위까지 배열한다.

그런 다음 행위자들을 네 가지 범주로 구분한다. 오른쪽 상단에는 주목할 만한 행위자를 배치한다. 왼쪽 하단에는 그 반대위치에 있는 행위자를 넣는다. 즉 이들은 그다지 영향력이 없고 그리 큰 주목을 못 받는 집단이다. 이 두 그룹은 회사가 제대로 다루는 대상들이다. 나머지 두 그룹이 중요하다. 4분면의 왼쪽 상단은 영향력이 커졌거나 과거에 그리 주목하지 않았던 집단이다. 이들에게는 지금보다 더욱 주목해야 한다. 오른쪽 하단은 과대평가를 받은 집단으로 이들 때문에 더 중요한 관계에 필요한 시간과 자원을 빼앗긴지도 모른다.

이러한 도표가 모든 기업의 행위자 영역을 완벽히 묘사하지는 못해도 가장 절실한 행위자, 중요한 행위자, 당장은 부차적인 행위자 등을 보여주는 밑그림 작성에 도움이 될 것이다.

> 단기적인 주목대상은 체계적 분석에 따라 잡아내야 한다. 환경영역에서 누구에게 무엇을 해야 할지 명확히 하라. 모르는 대상을 파악하는 갭 분석은 힘찬 첫걸음이다.

3. 회사는 환경과제를 다루는 데 필요한 역량을 갖추었는가?

다양한 환경 이슈가 주목받으려고 경합하는 상황에서, 기업이 옴짝달싹하지 못하는 상황을 피하려면 어떻게 해야 할까? 가장 중요한 이슈에 주목해 회사가 감당할 수 있는 역량을 파악해야 한다. 예를 들면 도요타는 기술적 강점을 살려 연료효율성을 높인 자동차 설계에 집중했다. 그리고 도요타는 세계 제일의 린 생산방식을 정착하는 데 우선순위를 두었다. 이렇게 탁월한 '도요타 방식'을 추구하는 과정에서 특별한 친환경 공정 없이도 자연스럽게 에코 효율성이 생겨났다.

지금 우리는 기업의 수준을 넘어선 환경과제는 다루지 말라고 이야기한 게 아니다. 문제는 다루되 자신의 재능을 살려 현명하게 하라는 뜻이다. 만약 어떤 문제와 관계는 없지만 여전히 중요하다면 파트너를 찾아야한다. 친환경 제지실무 그룹에는 종이를 대량 구매하는 구성원들이 모였다. 타임사, 스테이플사 같은 일부 기업에게 제지정책은 실제 비즈니스 위험과 직결된다. 이들은 다른 기업과 협력하면서 시장판도 변화를 꾀했다.

반면 뱅크 오브 아메리카나 HP 같은 구성원에게, 제지문제는 중요하나 핵심사업에 비해 부차적이다. 이들 기업에게 다른 기업과의 제휴란 시간과 자원을 상당히 절감시켜주는 일이다.

결론은 다음과 같다. 자신을 알아야 한다. 즉 변화를 위해 강점과 약점, 자원 등을 파악해야 한다. 그런 다음 자신에 대한 평가와 사업에 가장 압박을 주는 환경과제를 서로 맞추어본다. 이런 과정을 거쳐야 성취도를 가장 높일 수 있는 지점이 파악된다.

첫 번째 행동전략

기본 분석을 마쳤으면, 곧바로 가시적인 행동이 뒤따라야 한다. 추진력을 높이기 위해 게시판에다 급선무를 적어두는 것이 중요하다. 우리는 세 가지 단계를 밟아 전 직원을 성공적인 실천에 동참시킬 것을 권한다.

1. CEO의 선언

친환경 경력이 전무한 회사 또는 과거 경력이 어느 정도 있는 회사라도 환경적 가치와 목표를 다짐하는 우두머리의 선서가 필요하다. 솔직한 공약은 환경우위 문화라는 씨앗을 뿌리며, 중기와 장기 실천을 거쳐 이를 수확하게 된다.

회사 전반에 메시지를 심는 것 역시 중요하다. 이 과정은 보통 CEO가 핵심관리자들과 담화를 나누면서 시작된다. 성공적으로 운을 떼웠으면 환경비전과 구체적 목표가 전 직원에게 전달되도록 폭넓게 의사를 전달해야 한다. 공개선언은 실질적 행동이 중장기적으로 진행될 때까지 유보해야 한다. 이 순서를 바꾸는 회사는 매우 어리석다는 인상을 심어준다.

2. 실천계획의 우선순위

지금까지 우리의 실천계획을 따라왔다면, 당신은 회사에 가장 영향을 미치는 환경과제, 회사의 환경 프로필에 대한 외부인의 생각, 회사 내부의 장단점을 파악했을 것이다. 이제 단기적 실천계획을 짜서 가장 절박한 문제를 다루고, 회사 환경역량의 치명적인 허점을 보완할 단계이다. 이 단계에서 길어도 6개월을 넘지 않게 명확하고 빠듯한 계획서를 짜야 기업 전반에 활기를 불어넣을 수 있다.

3. 시범 프로젝트

2005년 시티그룹과 NGO 단체 환경보호는 서로 협력해 새로운 몇 가지 제지정책을 5주간 테스트했다.[03] 일부 사무실에서 프린터 용지 중 30퍼센트를 재생용지로 구입해 쓰고, 양면인쇄를 기준안으로 정하는 정책이었다. 이 테스트 하나로 종이 10톤과 비용 10만 달러를 절감했으며, 종이제작에 드는 에너지가 줄어들어 온실가스도 28톤 감축했다. 이러한 수치적 성과가 있으면 조직 전반에 환경정책을 선전하기가 수월해진다.

시범 프로젝트는 서비스 사업을 환경이라는 경쟁의 장에 이끄는 좋은 방법이기도 하다. 대다수 서비스 사업체에게 오염관리와 천연자원 관리는 자사와 동떨어진 영역으로 보였다. 그렇지만 '직접 발을 담그는' 제대로 된 실습을 해보면, 자사와 환경과제의 연결고리가 파악되면서 환경우위 사고방식이 생겨난다.

우리는 회사들이 크고 작은 시범 프로젝트를 추진하는 모습을 봤다. 시티그룹의 재생용지 프로젝트 등 작은 정책은 초기에 성공을 거둘 수 있다. 중기 프로젝트는 재무투자가 큰 아이디어 점검에 유용하다. 예를 들면 이케아와 월마트는 에너지 절감 기술을 시험하기 위해 시범 환경매장을 선정했다. 수년이 걸리는 시범 프로젝트도 있다. 유니레버는 완두콩, 야자유, 토마토 등 주요 작물을 심은 시범농장을 전 세계에서 운영한다. 유니레버가 시험 중인 것은 환경피해는 적으면서 수확량은 높은 농법이다.[04] 일부 농장에서는 수확량이 두 배로 늘면서도 살충제와 물 소비량이 기존보다 각각 90퍼센트, 70퍼센트 줄어든 결과를 낳았다. 현장경험으로 무장한 유니레버는 필요투자액과 예상수익을 가늠하면서 투자의 폭을 넓힐 수 있을 것으로 보인다.

중기적 실천: 환경우위 사고방식 심기

단기 실행에서 환경적 위험과 그 기회를 파악하는 일에 주목했다면, 중기 실행에서는 그동안 배우고 실천하면서 얻은 내용을 활용하는 일에 중점을 두어야 한다. 이 단계에서 회사는 친환경사고가 전 부문에 뿌리내리도록 해야 한다. 에코 추적 도구를 개선하고 환경우위 문화를 기르는 시기이다. 기업이 차츰 관심을 쏟으며 일을 진행하고 추진력을 얻는 것이 바로 이 단계에서다. 환경문제 해결을 위한 전략적인 접근법을 개발하기도 하는데, 이 경우 환경우위를 위한 기회포착이 한결 자연스러운 비즈니스의 일부가 된다.

이처럼 중대한 중기단계에서는 다섯 가지 영역에 중심을 두고 실천해야 한다. 그 다섯 가지 영역이란 에코 추적 및 환경경영 시스템, 직원들의 공감의식, 외부세계와의 의사소통, 내부교육, 전망적 탐색이다.

1. 에코 추적과 경영 시스템

일단 환경을 비즈니스의 주안점으로 삼았다면, 에코 추적과 진척상황 평가는 필수이며, 훌륭한 환경경영 시스템도 개발해야 한다. 각종 관련법을 준수하는지 점검하는 일부터 시작하자. GE의 파워스위트를 떠올려보라. 이는 기업 전체뿐 아니라 지역별, 나라별, 부서별, 설비별, 심지어 제품별로 온갖 이슈에 주목하는 도구이다. 필수규제 추적은 반드시 해야 한다. 그런 다음 규제준수를 넘어 온실가스 배출이나 대기오염, 물 소비, 폐기물 같은 결과지표를 추적한다. 마지막으로 기업문화에 맞는 환경지표를 추가해 기준을 제시하고 성과를 끌어올린다. 듀폰의 '전략적인 제품무게 당 부가가치'는 재료는 적게 쓰면서 그 가치는 높이도록 직원들의 관심을 유도했다.

중기 실행단계는 또한 공급업체의 실적 정보를 모으고 핵심 제품의 소재 데이터베이스를 구성하기에 적합한 시기이다. 대다수 기업이 알고 있듯이, 효과적인 대규모 데이터베이스 프로젝트는 몇 달이 아닌 몇 년씩 걸리며, 비용도 예산을 초과하는 게 보통이다. 그러므로 가급적 서둘러 시작하는 게 낫다.

차츰 데이터 중심 환경경영이 표준으로 자리 잡고 있다. 환경지표와 정보기술을 전략적으로 활용하는 기업이 경쟁에서 한발 앞서 나간다. 이들은 제품의 생애주기가 미치는 영향, 자사의 장점과 약점, 그리고 고객에게 유익한 기회 등을 알아냈다. 훌륭한 자료 확보는 환경우위를 창출하는 토대이다.

2. 참여와 공감의식

우리는 기업에서 환경우위 사고의 진전을 평가할 때 제일 먼저 책임감을 살핀다. 위아래를 막론하고 관계자들이 환경목표에 공감하는지, 환경 실적이 보상에 영향을 미치는지를 점검한다.

보너스와 실적검토는 어떤 식으로든 환경적 사고를 반영해야 한다. 전에 언급한 것처럼 녹색기업은 대부분 환경분야의 주요성과지표를 보상과 연결 짓는다. 관리자 보너스 중 25퍼센트까지 이 주요성과지표에 따라 지급한다. 정확한 수치가 핵심은 아니며, 이런 항목이 눈에 띄도록 하는 일이 중요하다. 어떤 선두기업들은 환경 이슈에 대한 자사의 문화가 탄탄하므로 이를 금전적 보상으로 넣을 필요가 없다고 말한다. 그렇지만 그런 기업들도, 업무검토나 경력전망에 기업의 가치에 대한 헌신도를 반영해야 한다. 즉 '이를 받아들여야'만 승진대상인 것이다.

> 녹색기업은 환경전략을 진척시키기 위해 인센티브를 활용한다. 이들은 업무내용, 정기적인 실적평가, 보너스, 사내표창 등에 환경적 요소를 가미한다.

3. 외부와의 의사소통

외부 자문단이나 비판자들과 정기적으로 의사소통하면 환경문제에 뒤처지는 일을 피할 수 있다. 전문가들은 떠오르는 이슈를 알려주고 오디오 분석과정에서 좀 더 유념해야 할 문제를 지적해준다. 안전지대를 벗어나 사람들과 접촉하면, 험악한 반대시위나 적대적인 웹사이트 캠페인이 터지기 전에 그 불만사항을 직접 전해들을 수 있다.

NGO와 교류해 독자적인 시각을 확보하면 위험관리 이상의 것을 얻는다. 이들은 기업이 실적을 벤치마킹하여 환경우위 기회를 찾고 창조적인 해법을 개발하도록 도움을 준다. 환경자문단이나 지속가능성자문단, 혹은 기업의 사회적 책임자문단 등도 한번 구성해보라. 코카콜라가 인도지역에서의 물 소비문제와 올림픽 경기 때 냉각제 사용으로 첨예한 환경문제에 봉착하자, 당시 CEO였던 더그 대프트는 댄의 도움을 받아 환경자문단을 신설했다. 자문단에는 에너지 권위자 애모리 로빈스, 녹색 디자인 전문가 빌 맥도너를 비롯해 거의 모든 대륙에서 건너온 전문가들이 포진해 있었다. 자문위원들은 일 년에 두 차례 만나 코카콜라의 환경 실적을 검토하고, 떠오르는 이슈나 관심사를 검토할 수 있도록 회사에 조언한다.

회사는 외부인의 도움으로 기업 내부의 아이디어를 풍부히 하는 한편, 외부를 향한 메시지에도 신경 써야 한다. 환경보고서나 CSR 보고서가 한 가지 조치이다. 이러한 보고절차는 대기업에 필수지만, 중소규모 기업들도 보고서를 만들면 관심을 끌어모으고 이슈를 조명하며 환경우위를 부각하는 데 도움이 된다. 보고서는 시간흐름에 따른 핵심적인 측정지표를 절대수치와 상대수치 양측으로 다루어야 한다. 온라인으로 관련자료를 원활히 제공하고 지속적으로 업데이트한다면 인쇄본은 불필요하다.

마지막으로 특정한 이해관계자 집단과 정기적인 교류를 가져야 한다. 델은 현재 사회적 책임투자의 핵심 행위자들과 분기별로 모임을 갖는다. 회장 마이클 델이나 다른 핵심간부들도 적어도 1년에 한 번씩 자리에 직접 참석한다. 이 모임들은 상장사의 분기별 실적보고라는 오랜 관행을 반영한 것이기도 하다. 마찬가지로 노스이스트 유틸리티 경영진도 매년

NGO의 날을 열어, 환경분야 및 지역사회의 유명단체들을 초빙해 점심을 들며 대화를 나눈다.

4. 내부 의사소통과 직원교육

행위자 도표에 있는 20종류의 이해관계자 중 가장 중요한 대상은 아마도 직원일 것이다. 이들은 환경구상뿐 아니라 기업의 미래 전반을 좌우한다. 성공을 바란다면 직원들에게 영감과 정보, 적절한 도구를 제공해야한다. 대다수 녹색기업은 '지식경영'을 십분 활용한다. 이들은 전 세계 설비의 에코 효율성 사례를 담은 인트라넷이나 여러 날에 걸친 사내연수를 통해 뛰어난 관행을 전파한다. 3M과 노스이스트 유틸리티 같은 기업은 중간관리층이 몸소 겪는 압박에 대처할 수 있도록 '고민스러운 선택'에 관한 특별교육도 실시한다.

제한된 내부 청중에게 맞춤식 의사소통을 하는 일도 매우 값지다. 이해관계자 때문에 난처한 상황을 겪었던 델은 몇 년간 타격을 받은 이후 이해관계자를 포용하는 노력을 세계적 수준으로 끌어올렸다. 델의 경영진은 회사의 도전과제 중 일부가 외부 청중에 대한 회사 내부의 전반적 인식부족에서 나온다는 점을 깨달았다. 델은 이를 해결하기 위해 외부 이해관계자뿐 아니라 내부 부서에 보내는 분기별 회보를 통해 회사의 목적과 활동, 서로 다른 이해관계자 집단의 행동을 알렸다. 델은 이러한 정보가 널리 퍼지면 직원들이 이해관계자의 요구를 고려해 더 나은 의사결정을 할 것으로 판단했다.

직원들이 회사의 환경 및 CSR 보고서를 읽도록 유도하는 일도 잊지 말아야 한다. 직원들은 바르게 행동하거나 잘못된 사안을 솔직히 평가하는 회사의 모습을 반긴다. 아니면 월마트가 제휴업체와 하는 것처럼 직원들이 개별적인 지속가능성 목표를 잡아 동참시키는 방법도 고민해보라. 직장에서 열정과 사기를 북돋아줄 여러 가지 기분 좋은 방법을 제시하자.

5. 전망적 탐색

쉘의 시나리오 그룹Scenarios group은 기업의 장기적 사고를 고민하는 가장 유명한 사례일 것이다. 이들은 폭넓은 사고로 대안적 미래를 바라본다. 또 수소경제가 현실로 다가오거나 기존의 지정학 질서가 틀어지면 세상이 어떻게 전개될지 고심한다. 이러한 규모와 시야를 지닌 그룹은 극소수에 불과하다. 그렇지만 대다수 기업들도 몇 가지 공식적인 전망 탐색과정을 통해 동일한 혜택을 얻을 수 있다.

기업은 적어도 조직 전체 인력이 정기적으로 모여 커다란 밑그림을 고민하는 자리를 마련해야 한다. 해외에서 근무하는 관리자는 글로벌 시장에 변화를 불어넣는 규제 및 기타 추세에 특히 정통한 사람들이다. 마케팅 담당자는 소비자의 선호도 변화를 포착할 수 있다. 구매 관리자는 공급업체 상황에 대한 안목이 있다. 이들이 서로 합심하도록 누군가가 책임지고 나서지 않는다면 이 모든 핵심 정보통들을 낭비하는 셈이다.

탐색작업은 오디오 분석에서 조명한 모든 환경과제를 다루면서 동시에 장기적 압력과 역동적인 시장상황도 고려해야 한다. 오디오 분석이 기업과 가치사슬에 미치는 직접적 피해에 특별히 주목한다면, 전망적 탐색은 비즈니스 동력, 흐름, 그리고 업계 전반을 뒤흔들고 시장을 재편성하는 여러 국면들을 모색한다.

이 작업의 목표는 새로운 이슈 및 변수가 기업의 시장, 재무상태, 자산에 미치는 영향을 대략적으로 평가하는 것이다. 기후변화가 우리 회사의 경쟁력에 어떤 영향을 미치는가? 우리는 그 문제를 조장하고 있는가, 아니면 해법모색에 동참하고 있는가?

1996년 광산대기업 리오 틴토는 첫 번째 사내 기획회의에서 비즈니스 동력을 화두로 삼았다.[05] 데이브 리처즈의 말에 따르면 이는 "소홀히 다루면 적이 되고 제대로 대하면 동지가 되는" 안건이었다. 회의 참석자들은 물, 인권, 생물다양성을 비롯해 기업성장에 제약을 거는 현안들을 파악했다. 그리고 광산업이 땅에 주는 피해를 줄이기 위해 팔을 걷어붙였다.

탐색은 기업이 예기치 못한 상황을 점검하는 계기이기도 하다. 맥도날드와 수은 버튼 건전지 사건을 떠올려보라. 빅맥으로 유명한 회사의 첫 탐색회의에서 누군가 수은 건전지를 잠재적 문제로 지적했다면 다소 뜬금없어 보였을 것이다. 그렇지만 맥도날드는 장기적 사고를 통해 대중관계 악화라는 사태를 피해갔다. 전자 폐기물에 반대하는 NGO의 공격적 캠페인 때문에 곤욕을 치른 델도 마찬가지였다. 델의 핵심관리자들은 재발방지를 약속했고 자사제품에 쓰이는 중금속에 주목했다. 그리고는 채굴과정에서 생기는 환경피해 등 부차적으로 보이는 이슈에 대해 조사하기 시작했다.[06]

전망적 탐색을 통해 우리 회사 비즈니스와 그다지 관련 없어 보일지라도 차츰 관심이 커지는 공공 어젠다를 찾아내라. 이차적, 삼차적 관계를 추적하면 떠오르는 비즈니스 동력을 포착하는 데 도움이 된다. 이러한 추세에 어떻게 대응할지 아이디어를 짜내면 비용절감, 위험감소, 신제품 및 서비스 출시에 관한 혁신적 사고를 자극해 무형의 가치를 늘릴 수 있다.

장기적 실천: 환경을 기업전략의 핵심요소로 삼기

환경우위 사고방식이 정착한 경우, 그 사고를 새로운 차원으로 끌어주는 방법이 몇 가지 더 있다. (1)공급사슬 감사 (2)제품 및 시장 재검토 (3)핵심적인 외부 이해관계자와 제휴하기가 바로 그것이다. 이 세 가지는 친환경사고가 비즈니스 전략에 깊숙이 자리 잡고 환경우위가 오랫동안 유지되도록 이끌어주는 방법들이다.

1. 공급사슬 감사

대다수 대기업이 환경 및 사회적 이슈를 이유로 공급사슬을 점검한다. 혹은 그렇다고들 주장한다. 그렇지만 대다수 '감사'는 공급업체에 대한 형식적 문서업무에 지나지 않는다. 감사 담당자는 보통 공급업체의 규제준수 등 매우 제한적이고 기본적인 질문 몇 가지만 던지고는 마무리한다. 물론 가치사슬에 압력을 넣어 모두가 규제를 따르도록 하는 일도 바람직하다. 그렇지만 이제 규제준수에 주목하는 것만으로는 부족하다. 게다가 규제준수로는 환경우위를 차지하지도 못한다.

7장에서 설명했다시피, 이케아는 세계적으로 엄격한 공급업체 감사 프로그램을 실시한다. 이케아는 수십 명의 인력과 수백만 달러의 자금을 들여, 환경 및 사회적 성과에 관한 상세한 질문을 하면서 공급사슬을 관리한다. 이케아에게 이웨이 프로그램은 브랜드의 위협요인을 알려주는 신호일 뿐 아니라, 관리자들이 비즈니스를 더 잘 이해하도록 해주는 수단이다.

공급사슬 감사는 하나의 도전과제이다. 시장장악력이 없는 회사는 원하는 정보를 모두 얻기가 쉽지 않기 때문이다. 그렇지만 감사노력이 증대할수록, 작은 기업들도 대형 브랜드가 이뤄놓은 성과를 덩달아 누릴 수 있다. 예를 들어 이웨이를 준수하는 공급업체로부터 제품을 구매하는 기업은 해당업체가 제대로 검증된 업체라고 확신해도 좋다.

2. 제품 및 시장 재검토

장기적으로 볼 때, 가급적 에코 효율적인 경영을 해야 비용제약적 세상에서 살아남을 수 있다. 에코 효율성에 총력을 기울이다 보면 필히 시장, 제품, 서비스에 대한 근본적인 질문을 던지게 된다. 달라진 환경이나 규제를 이용해 우리 회사가 시장에 돌풍을 몰고 올 수 있을까? 고객들의 환경 부담을 줄이거나 새로운 녹색고객을 사로잡을 만한 획기적 제품을 개발할 수 있을까? 아니면 자원생산성을 개선하고 비용을 삭감하기 위해 영업방식을 전반적으로 재검토해야 할까? 이 질문에 대한 답들이 바로 환경우위의 토대가 된다.

현실을 인정하자. CEO와 주주들은 매출이 늘어야 흥이 나는 법이다. 에코 지향 신제품도 고객의 이목을 사로잡고 주력제품으로 올라설 수 있다. 녹색기업들이 깨달은 사실 하나는 환경적 자각을 훌륭한 설계와 접목하면 녹색황금이 나온다는 사실이었다.

이런 의도에서 인텔은 디자이너와 환경전문가를 혁신전략팀에 배치했다. 이케아가 취한 방법은 이보다는 평범했다. 바로 네 가지 생애주기인 원료, 제조, 사용, 처분단계를 보여주는 간단한 그래픽, e-휠e-Wheel을 개발한 것이다.[07] 이케아의 제품 디자이너들은 이 네 가지 단계에 초점을 맞춘 25가지 핵심 질문을 활용한다. 이를테면 다음과 같다. 우리는 접착제와 페인트 같은 화학물질을 최소한으로 사용했는가? 이 제품은 이웨이 공급업체 프로그램에서 우수한 점수를 받은 업체와 제작이 가능한가?

분해하기 쉬운 제품인가? 유사한 방식으로 허먼 밀러도 간단한 '적색, 노란색, 녹색' 제도를 통해 디자이너들이 친환경 성과물을 내도록 유도한다. 각자 선택한 소재에 따라 제품마다 총점이 부여되는데, 녹색소재일수록 점수가 높다. 디자이너들에게 이는 일종의 목표가 된다.

재설계를 넘어 상상력을 다시 발휘하는 일은 더욱 큰 흥미를 유발하기도 한다. 3M의 유명한 업무지침인 '업무시간 중 15퍼센트는 원하는 일 하기'가 바로 여기에 해당한다. 구글도 이러한 방침을 채택해 '무관한 프로젝트'나 유쾌하고 엉뚱한 아이디어에 10퍼센트를 쏟도록 한다. 이는 확실히 효과가 있다. 직원들에게 회사, 산업, 혹은 세상의 흐름을 다시 고민하도록 열린 공간을 마련하는 것은 경계를 넘어 영감을 자극하도록 하는 뛰어난 방법이다. 혁신에 박차를 가하는 문화를 세우려면 다소 시간이 걸리긴 해도 십중팔구 의미 있는 성과를 낳는다.

3. 핵심적인 이해관계자와 제휴하기

우리에게 처음에 NGO와 다른 외부단체를 무시하거나 방어적 태도로 대했다고 털어놓은 녹색기업은 한둘이 아니었다. 그렇지만 이들은 이해관계자와 교류하면서 외부와 접촉해 다른 이들 눈에 비친 회사의 모습을 파악하는 게 중요하다는 것을 깨달았다. NGO, 지역사회, 여타 조직과 파트너십을 맺으면 이해의 폭이 넓어지고, 피드백과 지식을 얻는 유용한 메커니즘을 확보할 수 있다.

녹색물결 세상에서 행위자들이 다양해졌다 해도, 정부는 여전히 시장과 규율을 결정짓는 막강한 세력이다. 그렇지만 정부관계자들의 역할은 계속 바뀌므로, 현명한 기업은 새로운 개입기회를 찾아 이들을 예의 주시해야 한다.

학술계, 싱크탱크, 연구센터 등 아이디어 생산주체와 관계를 맺어두면 큰 혜택을 얻을 수 있다. 온갖 형태의 행위자와 제휴한 녹색기업은, 이를 통해 새로운 아이디어나 기술흐름에 대한 통찰을 얻고, 최첨단 사고를 향한 이들의 노력을 벤치마킹하고 있다.

문제가 거대하고 장기적이며 인프라 구축에 상당한 투자가 필요하면 업계 차원의 파트너십이 가장 합리적일 것이다. 힘을 모아 지식을 공유하는 일도 효력을 발휘한다. 예를 들어 독일 기업들은 공동의 노력으로 녹색 점수제green point system를 개발했다. 이 민간 차원의 폐기물 집하시설은 독일의 엄격한 제품회수법을 지키기 위해 필요했다. 회사별로 처리하면 업계 전반에 부담을 주는 이슈는 다 같이 협력해야 실마리가 보인다. 서로 뭉쳐야 살아남는 경우가 있음을 기억하자.

더욱 완벽한 이해관계자 전략 세우기[08]

앞서 제시한 도표화 작업은 흥미롭지만 만만치 않다. 그렇지만 이것만이 바로 이해관계자와 포괄적인 관계를 맺는 첫걸음이다. 우리의 2×2 도표는 관련 집단과 개별주체를 파악하는 데 도움이 된다. 이를 통해 20개의 범주를 체계적으로 검토하고 차이점도 찾아낼 수 있다.

완벽한 이해관계자 접근은 여기서 한걸음 더 나아간다. 그 첫 시작은 당신의 사업에 영향을 미치는 각종 집단과 행위자에게 관심을 기울이는 것이다. 그런 다음 좀 더 세심하게 파악하거나 더 깊이 관련 맺어야 할 핵심주체에 주목한다. 이어 제휴대상을 찾아내고 이들을 평가한다. 그리고 폭넓게 시작해서 구체적으로 사고하도록 한다.

1 아이디어 짜내기: 우리가 단기 실천에서 말한 대로, 회사가 직면한 이슈를 어떤

집단과 협력해 풀어나갈지 선정하는 작업은 매우 중요하다. 회사는 우호적 이해관계자뿐 아니라 비협조적 대상도 파악하고 싶을 것이다. 다소 우습게 들리겠지만, 검색창에 회사이름을 넣어보면 여러 형태의 이해관계자가 나온다. 웹사이트에서 당신의 회사이름을 검색하면 무엇이 뜨는가? 누가 띄운 내용이고 불만사항은 무엇인지 알아보자. 주요 NGO가 당신 회사나 소속업계에 대해 어떤 발언을 했는가? 그 내용도 파악해보도록 하자.

2 핵심 이해관계자를 등급화하고 점수매기기: 주목할 만한 주체나 집단을 판단하기 위해 이해관계자, 그중에서도 NGO를 세 가지 차원으로 등급화해보자.[09]

- 힘과 영향력

- 신뢰도와 정통성

- 회사와 이해관계자가 느끼는 이슈의 절박성

3 이해관계자 연계방식 평가: 두세 가지 항목에서 높은 점수를 받은 주요 이해관계자를 더욱 눈여겨봐야 한다. 이 주체를 다루는 최선의 방법을 정할 때, 또 다른 간단한 2×2 도표가 도움이 될 것이다(403쪽 도표 참고). 이 도표는 다음 사항에 따라 이해관계자를 분류한다.[10] 첫째, 이 집단은 얼마나 협조적인 집단인가? 둘째, 그들이 다루는 이슈에 대해 우리 회사는 얼마나 관심이 있는가? 이 도표는 각 그룹에 해당하는 최상의 연계방식을 보여준다. 그들의 행동을 단순히 모니터하는 게 나은가? 이들과 연계를 맺어야 하나? 방어전선을 쳐야 하는가? 아니면 위험을 무릅쓰고 협력해야 하는가? 이에 대한 평가를 내린다.

4 공존가능성 평가: 오른쪽 위에 속하는 조직과 인물은 어떤 프로젝트에서 긴밀하게 협력하거나 제휴할 대상을 고민할 때 참고하면 좋다. 그렇지만 온갖 요소에 두루 맞는 제휴대상을 고민하기에 앞서, 이 그룹과 실제 조화를 꾀할 수 있는지를 엄밀히 따져야 한다. 그들이 중시하는 비전은 무엇인가? 그들은 어떤 이슈에 주목하는가? 갈등이나 협력 등 전반적인 활동방침은 무엇인가? 그들의 스타일과 조직문화가 회

- 이해관계자 연계방식 평가

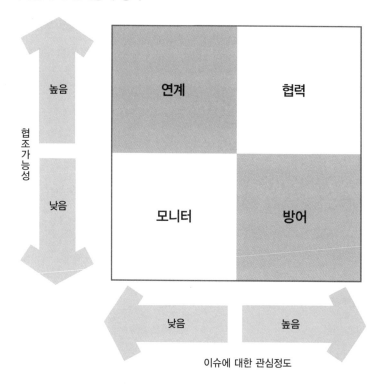

사와 맞는가? 그들의 강점이 회사에 힘을 실어주는가? 이런 질문을 던져본다.

5 파트너 후보 조사작업: 일단 뜻이 맞는 파트너를 선별했으면, 더 깊이 파악해야 한다. 그들의 리더십은 강한 편인가? 재정상태는 안정적인가? 누가 자금을 지원하는가? 자금조달과 지배구조는 투명한가? 목적달성을 효율적으로 해내는가? 괜찮은 협력대상인가?

6 파트너십 전략 결정: 파트너십을 맺기 전에 성공을 위한 전략을 짜야 한다. 공동사업의 목적은 무엇인가? 파트너십에서 누가 어떤 역할을 맡을 것인가? 책임선은 명확한가? 필요한 자원은 모두 투입하기로 구체화했는가? 성공의 밑그림은 어떠한가?

이는 다소 머리 아픈 이야기로 들릴지도 모르겠다. 그렇지만 다른 현실적 대안이 없다. 간단히 말해 우리는 투명성은 높아지고 이해관계자들은 담대해진 세상에 살고 있다. 기업의 성공을 원한다면 이제 다양한 관계에 세심한 주의를 기울여야 한다.

• • • • • •

환경우위의 핵심

환경우위를 활성화하는 실천계획을 단기(0~6개월), 중기(6~18개월), 장기(18개월 이상)로 나누면 좋다. 단기 실천은 환경전략 개발을 위한 기초분석과 그 첫 번째 단계에 초점을 둔다.

- 오디오 분석-이슈 잡기.
- 이해관계자 도표 그리기.
- 핵심역량평가.
- CEO의 공약.
- 실천계획 우선순위.
- 시범 프로젝트.

중기 실천은 기업문화에 환경우위 사고를 심는 단계이다.

- 에코 추적과 환경경영 시스템 정착.
- 참여와 공감의식 활성화.
- 외부와 의사소통하고 접촉하기.
- 내부소통과 교육노력 강화.
- 전망적 탐색작업.
- 직원들의 지속가능성 프로젝트 수행.

장기실천은 환경을 전략의 핵심요소로 삼는 데 중점을 둔다. 여기서는 환경우위 심화도구와 그 활용이 필요하다.

- 공급사슬 감사.
- 제품 및 시장 재검토.
- 이해관계자 관리와 파트너십.

● ● ● ● ● ●

환경전략으로 독보적 기업 만들기

: 핵심 환경우위 전략

높은 평가를 받는 마이클 포터의 전략 모델에 따르면, 기업은 비용을 낮추고 제품을 차별화해야 경쟁우위를 얻는다.[01] 그러나 종래의 차별화를 통한 경쟁우위 확보전략은 모든 면에서 밀려나고 있다. 저렴한 인건비를 약속하는 아웃소싱은 크건 작건 거의 모든 사업분야가 취할 수 있다. 자본이나 저비용 원자재 확보 등 한때 확고해 보인 다른 우위들도 시장 글로벌화로 사라지는 추세다. 그 어느 때보다 경쟁우위를 찾거나 유지하기 어려운 시기가 다가왔다.

이렇게 바뀐 지형에서는 비즈니스 전략도 정교해져야 한다. 혁신능력, 다시 말해 상상력을 발휘해 문제를 해결하고 인간의 필요에 대응하는 것이 성공의 핵심이다. 기업은 다수의 무리에서 벗어날 새로운 방법을 찾아야 한다. 그렇지 못하면 시장을 따라잡기에도 벅찰 것이다.

환경전략은 바로 이때 필요하다. 비교적 새로운 경쟁변수이자 시장을 재편성하는 이슈인 환경은 설비, 기업, 업계를 점검하는 렌즈로 작용해 신선한 사고를 끌어들인다. 환경적 시각을 신중히 활용하면 비용과 위험을 줄이는 데 도움이 된다. 동시에 환경은 상승가치를 높이므로 매출을 늘릴 뿐 아니라, 측정하기 어렵지만 주위의 평판처럼 중요한 무형의 가치도 증대시킨다. 신규시장을 발견하고 고객의 요구를 새롭게 충족시키는 것, 그리고 바르게 행동하는 것, 이 모두가 대다수 주요 이해관계자들이 중시하고 또 긍정적으로 화답하는 요소들이므로 하나같이 잠재적 가치가 있다.

비즈니스 세계는 불가피한 진실에 눈뜨고 있다. 바로 경제와 환경이 서로 깊게 얽혀 있다는 사실이다. 모든 제품은 풍족한 자연과 그 서비스에 의존한다. 신중한 책임의식이 없다면 점차 많은 기업과 산업이 천연자원 제약에 영향을 받을 것이다. 이러한 추세에 대한 우려 때문에 비즈니스에 한층 제약적인 법과 규율 그리고 미래전망이 생겨나고 있다. 그 결과 환경은 세계화, 인터넷, 그리고 CEO를 잠 못 들게 하는 다른 강력한 요인과 더불어 거대 이슈로 자리매김했다. 새롭고 복잡하며 서로 긴밀해진 세상에서 환경전략은 경쟁 차별화의 핵심으로 등장한 것이다.

조만간 환경 이슈를 전략으로 고민하지 않는 기업은 업계 리더십에서 명함도 못 내밀고 지속가능한 이윤도 확보하지 못할 것이다.

전략은 이제 시야가 좁은 계획팀의 수중에서 벗어났다. 현재 모든 기업의 재정상태도 통합적 사고능력을 지닌 경영자에게 그 미래가 달려 있다.[02] 녹색물결의 '안전지대'에 있는 기업들은 환경을 핵심전략으로 능숙하게 배치한 업체들이다. 이들은 기업의 미래를 구성하는 다양한 이해관계자와 어떻게 협력하고 관계 맺을지 동태적이고 총체적인 비전을 세운다. 또한 남다른 사고로 오래도록 유지되는 환경우위를 창출하고, 자사의 환경과제와 도약기회를 파악해줄 수단을 선택하며, 책임의식을 기업의 가치로 전격 수용한다.

우리는 환경우위 사고방식, 에코 추적, 제품 및 공정 재설계, 기업문화 이렇게 네 가지 근본요소가 환경중심적 혁신의 토대라고 본다. 이 장에서는 이 결정적 토대를 개발하는 법을 점검한다. 또한 기업에 영향을 주는 세력, 경쟁집단보다 앞서는 녹색황금 전술, 환경우위를 가로막는 장애물도 살펴보도록 하겠다.

• 환경우위 전략

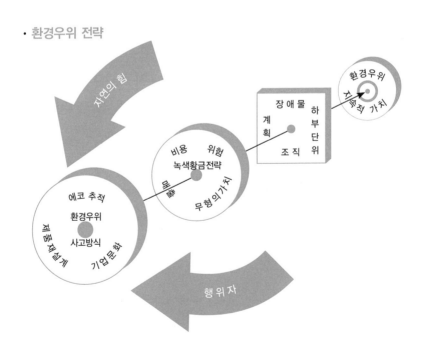

우리는 이 요소들을 한데 모아 환경우위 전략이라는 그림을 완성했다(408쪽 그림 참고). 환경우위 도구 세트를 능숙하게 활용하면 성공적 녹색황금 전술을 끌어낼 수 있다. 이때 자연의 힘과 다양한 행위자가 상당한 영향력을 행사한다. 기업들은 환경우위를 추구하는 과정에서 다양한 장애물을 만나고 실패할 위험에도 처한다. 그렇지만 이에 굴하지 않고 경험에서 교훈을 얻는 기업만이 혁신을 꾀하고 가치를 창출하며 경쟁우위를 키울 수 있다.

압박요인: 자연의 힘과 행위자들

우리는 환경문제를 다양하게 다루는 기업들을 소개하면서 이 책을 시작했다. 플레이스테이션 게임기에서 쓰라린 교훈을 얻은 소니는 이후 사전조치로 1억 달러를 들여 공급업체 감사 시스템을 마련했다. BP는 '탄소추적'으로 효율성을 높인 결과 놀랍게도 20억 달러가 넘는 잠재가치를 발견했다. 게다가 월마트, GE, 골드만삭스는 전임 리더들이 현실성 없다고 여겼을 법한 행보를 보이면서 주요 환경정책을 띄웠다. 환경에 대한 고려는 몇 년간 푸대접을 받더니 이제는 매우 중요한 변수가 되었다. 이제 처음의 질문으로 돌아가자. 대체 무슨 일이 벌어지고 있는가?

한마디로 녹색물결이 비즈니스 세계를 휩쓸고 있다. 그 근본동력은 두 가지다. 첫째, 오염과 천연자원이 주는 압박. 둘째, 업계가 이에 대응할 것을 주장하는 전 세계 사람들이다. 이러한 동력들이 시장의 역동성을 낳는다. 게다가 오랜 비즈니스 관행을 퇴색시키고, 다국적 기업부터 소규모

자영업체까지 모든 기업에게 도전과제를 안기고 있다. 그렇지만 이러한 재편과정에서 환경우위라는 도약기회가 생기기도 한다.

자연의 힘

녹색물결 밑에는 비즈니스 선택을 제약하고 경영적 관심이 필요한 각양각색의 지역적, 전국적, 세계적 환경문제가 놓여 있다. 물 부족부터 기후변화까지 현재 부상한 일부 이슈는 시장뿐 아니라 지구전체를 근본적으로 재편성할 만큼 위협적이다. 파장이 이만큼 심하지 않은 문제들도 섞여 있다. 그렇지만 이 모두가 창조적으로 대응하는 기업에게는 기회로 작용한다.

2장에서 우리는 모든 경영자들이 숙지해야 할 절실한 환경문제 10가지를 제시했다. 오존층파괴 같은 일부 문제는 매우 잘 관리하고 있다. 반면 위태로운 문제들도 있다. 기후변화처럼 가장 다급한 문제는 크든 작든 모든 기업과 업계에 영향을 미칠 것으로 보인다. 특정 환경에서만 비즈니스 전략에 중요한 문제들도 있다. 이외에도 특정 산업별로 막대한 영향을 주는 문제들이 10여 가지 있다.

· · · · · · ·

10대 환경문제

· 기후변화: 대기 중에 쌓인 온실가스는 지구온난화를 일으키고 해수면상승을 유발하며 강우량 패턴을 변화시켜 폭풍의 강도를 높인다.

· 에너지: 탄소제약적인 미래에는 새로운 전력생산방식, 지속가능한 에너지, 청정연료를 위한 신기술이 필요할 것이다.

· 물: 수질오염과 물 부족은 영업권을 불투명하게 하고 전 세계적인 기업 활동에도 제약을 준다.

- 생물다양성과 토지이용: 생태계는 인간과 자연 모두의 생명유지에 필수이다. 무분별한 개발은 서식지 파괴, 개방지 상실, 종의 감소 등을 낳아 생태계의 능력을 떨어뜨린다.

- 화학물질, 유해물질, 중금속: 이 오염물질들은 암을 유발하고 생식능력에 문제를 일으키며 인간과 동식물에게 여러 가지 건강문제를 낳는다.

- 대기오염: 스모그, 미립자, 휘발성 유기화합물은 공중보건을 위협하는데, 갈수록 상황이 악화되는 개발도상국에 특히 치명적이다. 현재 실내 공기오염도 문제를 가중시킨다.

- 폐기물 관리: 대다수 지역사회가 고형폐기물과 독성폐기물 처리문제로 여전히 고심한다. 특히 산업화와 도시화가 진행 중인 지역이 문제다.

- 오존층 파괴: 오존층 파괴는 프레온가스를 단계적으로 줄인 결과 상당량 감소했지만, 대체물 중 일부는 여전히 지구의 오존층 보호막을 얇게 만든다.

- 해양과 어장: 부문별한 어획과 환경오염, 기후변화로 어류자원이 줄었고 7대양의 해양생태계에도 피해를 입었다.

- 산림벌채: 세계 곳곳에서 지속가능하지 못한 벌목이 만연하면서 토양침식과 수질오염을 낳았다. 게다가 홍수위험을 높이고 자연경관까지 훼손했다.

● ● ● ● ● ● ●

이러한 압박요소들이 비즈니스 전략에 문제로 떠오른 이유는 한 가지 단순한 진리 때문이다. 바로 우리의 경제는 자연이라는 자산에 의존하지, 그 역은 아니라는 사실이다. 따라서 천연자원이 위협받으면 그 파장은 사회를 거쳐 기업 전체로 퍼져나간다.

이 이슈들은 복잡다단하다. 기저에 놓인 과학적 원리가 복잡하기도 하고 때로는 서로 모순을 빚는 탓에, 상황을 훨씬 불안정하게 하거나 환경정책 결정에도 갑론을박을 낳는다. 어떤 공공정책은 산업계 전반을 위축시킬 수도 있다. 석탄산업의 경우 탄소제약적 세상에서도 살아남을 수 있을까? 장담하건데 이에 영향받는 업체들이 조용히 사라지지는 않을 것이다. 실제로 석탄회사들은 기후변화 입법의 향방을 주도하기 위해 부단히 노력 중이다. 업계의 미래가 걸린 이슈이기 때문이다.

한편으로 환경적 손실에 예방조치를 '안 하면' 타격이 클 기업과 산업이 있다. 스키 업계는 지구온난화와 에너지 제약이 현재대로 진행될 경우 생길, 작은 경제적 손실 한 가지에 지나지 않는다. 항공업계, 운송업계, 그리고 에너지 집약적 산업 모두가 위태로워진다. 기후변화 관련 자연재해로 비용청구가 늘어난 상황에서 재보험업계가 이에 대처하려 들면, 모든 이들의 보험료도 올라갈 것이다.

다양한 이슈, 각양각색의 이해관계, 여러 가지 과학적 불확실성은 벅찬 과제로 보인다. 그렇지만 경영자들은 체념하거나 혼란스러워 할 수만은 없다. 기업들은 아무리 복잡해도 이 도전과제를 감당하며 위험을 줄이고 동시에 다가올 기회를 낚아채야 한다.

• • • • • • •

불확실한 과학적 원리

기후변화에 관한 CEO 회담이 있은 직후, 듀크 에너지의 CEO 짐 로저스는 이렇게 말했다. "과학적 논쟁은 잊어라. 관련규제는 언젠가 변한다. 그러므로 이에 대비하지 않으면 우리는 난관에 봉착한다."[03] 그는 단순한 현실에 대해 말했다. 바로 절대적으로 확실한 과학은 없다는 것이다. 그러므로 비즈니스는 대응속도를 늦춰서는 안 된다. 과학적 사실에 신경을 쓰든 안 쓰든 환경문제는 우리를 덮칠 것이다.

• • • • • • •

녹색물결의 행위자들

환경문제에 관심을 갖고 기업활동에 영향력을 행사하는 이해관계자 집단이 나날이 진화하면서, 녹색물결의 배후에서 추진력을 불어넣고 있다. 종래에 경영대학에서 가르친 전략에 따르면, 기업을 이끄는 주체는 대담한 결정을 내리는 카르스마적 지도자였고 기업에 영향을 미치는 행위자도 소수에 불과했다. 이때 행위자들이란 경쟁업체, 소비자, '채널 channels(공급업체와 유통업체)', 그리고 정부규제자 정도였다. 그리고 이 모든 행위자는 막강한 주주보다 중요도가 떨어졌다.

힘의 균형이 송두리째 바뀐 것은 아니지만 CEO들이 행위자들의 달라진 위상을 느낄 법한 상황이 전개되고 있다. 새로운 이해관계자들이 사회 및 환경적 공헌에 대한 까다로운 질문을 해오기 때문이다. 시민사회 전반과 환경 NGO가 특히 염두에 둬야 할 세력으로 부상했다. 무책임한 기업에 대항하는 집단 움직임이 이메일과 웹사이트, 사회적 네트워크, 기타 현대적인 의사소통 기술 덕분에 그 어느 때보다 수월해졌다. 게다가 주류를 이루는 대형투자회사를 비롯해 행동주의적 이해관계자들이 어느 순간부터 목소리를 내기 시작했다. 이에 불안해진 이사회도 전과 다르게 CEO를 주시한다.

현재 비즈니스 현실을 좌우하는 이 같은 동력을 무시하는 것은 쉽지도 않거니와, 그 어느 때보다 어리석은 판단이기도 하다. 물론 대다수 환경문제를 버켄스탁(친환경소재로 만든 샌들 전문 브랜드-옮긴이)을 신고 다니며 나무를 끌어안는 환경주의자들이 만들어낸 과장되고 주변적인 문제로 치부하는 거대기업이 아직도 몇몇 있다. 이러한 풍자가 잘못된 만큼 진실도 요점에서 한참 벗어나 있다. 환경문제에 대한 우려는 기업이사와 경영자, 관리자 모두가 녹색물결에 주목할 정도로 널리 퍼져 있다. 이를 피해갈 수 있다고 보는 이들은 사베인스 옥슬리 법처럼 환경과제를 비롯해 잠재적으로 '주목할 만한' 문제에 주목한 법이 늘면 휘청거릴 위험이 있다.

우리는 조사 결과 20종류의 녹색물결 행위자를 발견했다. 이중 일부는 한동안 주변적 존재에 머물겠지만, 대부분은 영향력과 중요도가 갈수록 커질 것이다. 이 이해관계자들은 다섯 그룹으로 나눌 수 있다.

• 규제담당자와 감시단체: NGO 단체, 규제자, 정치인, 원고전담변호사 같은 행위자이다. 이 부류에 속하는 행위자들은 '수직적', '수평적'으로 팽창 중이다. 유럽연합을 비롯한 많은 지역에서는 국가 차원의 규제자가 더욱 적극적으로 활동한다. 그렇지만 수직적 차원 밑에 있는 주정부와 지방정부도 전과 달리 환경 이슈에 개입 중이다. 예를 들어 미국의 주정부는 자체적으로 재생 에너지 정책을 세우고 있다. 미국의 시장들도 자발적으로 나서서 교토 의정서의 기후변화 탄소배출감축 목표를 실천하기로 합의했다. 수직적 차원 위쪽에는 화학물질과 전자장비에 대한 유럽연합 법령 등 대륙차원의 규제가 놓여 있다. 다양한 환경 이슈에 대해 세계적 차원의 규제요구가 매우 광범위하게 확산 중이다.

수평적 차원에서도 핵심세력의 폭이 넓어지고 있다. 회사들은 정부의 요구조건뿐 아니라, 매우 다양한 NGO와 블로거 등 자칭 감시단체의 요청에도 응해야 한다. 이 새로운 행위자들이 기업평판에 타격을 입히는 것은 한순간이다. 온라인 덕분에 기업의 사소한 실수도 국제적 사건으로 쉽게 번져나가기 때문이다. 그렇지만 이것이 모든 기업에게 불리한 소식은 아니다. 파트너십이 급증하면서 과거 적대세력끼리 활발한 동맹을 낳는 경우도 있다. 이제 NGO도 과거와 달리 '적'이 아닌 비즈니스 '파트너'가 되었다.

• 아이디어 생산자와 **여론주도층**: 미디어, 싱크탱크, 학술계가 이에 포함된다. 현재처럼 혁신주도 세상에서 지식을 생산하고 아이디어를 개발하며 정치담론을 형성하는 이들과 연계를 맺으면 경쟁에서 유리해진다. 최고의 두뇌를 활용하기 위해 녹색기업은 학술기관 및 전 세계 연구센터와 제휴를 추진한다.

• **비즈니스 파트너와 경쟁업체**: 업계연합, 경쟁업체, B2B 구매업체, 공급업체가 이 부류에 속한다. 현재 업계는 환경적 이득을 얻고자 서로 협력하여 이 이슈에서 앞서나갈 방법을 모색 중이다. 20년 전 화학업계의 책임 있는 관리Responsible Care 정책으로 시작된 이 흐름은 이후 활발한 활동을 보여주었다.

전자회사도 이에 동참해 공급사슬에 관한 기준을 세웠다. 에너지 대량 소비업체들은 재생 에너지 개발을 촉진하기 위해 그린파워 시장개발 그룹Green Power Market Development Group을 만들었다. 스테이플스부터 도요타까지 여러 제지구입 업체들도 친환경제지 실무그룹을 꾸려 제지공급업체에게 요구할 조건들을 조율하고 있다. 이는 사실상 민간에서 정한 환경기준인 셈이다. 변화압력은 보통 대형 브랜드에서 시작하지만, 그 여파는 무명의 중소기업체에도 전달된다. 몇 년 전, 건축자재 전문업체 홈데포Home Depot는 조달정책을 바꿔 멸종위기 산림에서는 제품을 들여오지 않기로 했다. 이에 바닥재 회사 로마노프Romanoff도 자사제품 중 하나를 베니어판에서 밀집으로 바꾸었다.[04] 회장인 더글러스 로마노프Douglas Romanoff는 이렇게 말했다. "홈데포의 구매정책이 직접적인 파급효과를 낳아 장차 우리가 쓸 소재에도 큰 변화를 주었습니다."

• **소비자와 지역사회**: CEO와 경영진들, 소비자, 어린이, 지역사회가 여기에 속한다. 환경 관련 불매운동이 그 효력을 발휘하면 큰 파장을 몰고 온

다. 1990년대 중반 그 유명한 브렌트 스파 사건이 터지자, 수많은 유럽인들이 쉘사 신용카드를 싹둑 잘라버렸다. 이러한 움직임을 눈치 챈 쉘은 10년이라는 기간 동안 이해관계자와 관계를 개선하기 위해 발 벗고 나섰다. 시장퇴출을 명할 세력은 계속 늘고 있다. '모순적이거나 의식적'인 소비자들이 식품부터 의류, 자동차까지 환경과 사회에 이로운 상품을 갈수록 많이 찾기 때문이다.

• **투자자와 자산평가사:** 직원, 이해관계자, 보험업체, 자본시장, 금융권을 들 수 있다. 모든 경영자들이 인지하고 있듯이, 오늘날과 같은 지식기반 경제에서는 출중하고 영민한 인재를 사로잡는 것은 단지 유익한 정도가 아니다. 이는 필수이다. 회사에 자신의 시간과 에너지를 쏟기에 앞서, 장차 내 직장이 추구하는 바가 무엇인지 궁금해하는 인재들이 늘고 있다. 이들은 기업의 신념과 자신의 세계관이 조화를 이루는 직장에서 일하길 원한다.

종래의 투자자들도 환경영역에서 거물로 등장했다. 처음에 보험업체가 주도하고 현재는 주요 은행까지 가세한 이 금융업체들은 환경적 위험과 책임에 눈길을 주기 시작했다. 그 결과 대출 승인에 앞서 철저한 환경검토를 요구하는 협약인 적도원칙이 탄생했고, 여기에 60개가 넘는 은행들이 가입했다. 그렇지만 이 원칙은 시작에 불과하다. 골드만 삭스, JP 모간, 시티뱅크를 비롯한 여러 많은 은행들도 과거와 달리 대출심사에서 환경요소를 반영하고 있다.

적도원칙을 추진하는 은행 중 하나인 ABN 암로는 새로운 대출 포트폴리오 정책을 개발했다. 암로는 차입자를 고전적인 2×2 도표에 배치한다.[05] 한 축에는 환경위험 대처능력을, 다른 축에는 대처의지가 적혀 있다. 조만간 ABN 암로는 이 기준에 따라 모든 잠재대출을 도표에 그려넣을 생각이다. 4분면의 오른쪽 위에 놓인 대출업체, 다시 말해 환경 이슈를 '자각'하고 어떤 문제라도 해결할 수단이 있는 차입자는 문제될 게 없다. 하지만 왼쪽 위나 오른쪽 아래에 해당하는 거래의 차입자는 뭔가 조치가 필요하다. 왼쪽 아래에 놓인 경우, 즉 의지도 능력도 없는 업체는 대출이 불가능할 것이다.

환경을 비즈니스 전략에 성공적으로 반영하려면 회사들은 에코 추적, 기업문화, 제품 및 공정 재설계와 같은 일련의 도구를 이용해 환경우위 사고방식을 길러야 한다.

환경우위 사고방식

우리는 수십 곳의 기업과 인터뷰를 진행하면서, 환경적 고려를 다른 비즈니스 목표와 효과적으로 조화시켜준 요인을 찾고자 했다. 그 결과 우리는 그들의 사고에 지침이 된 다섯 가지 주요 원칙을 발견했다.

• 나무가 아닌 숲을 보라: 녹색기업은 시간, 경제적 보상, 범주를 고민할 때 폭넓은 시야를 유지한다. 즉 먼 미래를 염두에 두고 판단을 내리며 더욱 엄격한 규제, 소비자의 높아진 눈높이, 자연적 제약에 따른 시장재편성에도 대비한다. 또한 무형의 편익도 경제적 보상에 포함해 계산한다. 위험감소, 낮은 이직률, 고객충성도 증가, 브랜드 가치강화 등에도 가치를 부여한다. 마지막으로 이들은 자신의 영역을 넘어 원자재와 공급업체부터 소비자의 환경적 요구와 바람, 제품의 최종단계까지 가치사슬 전반을

고려한다.

- 윗선부터 시작하라: 모든 녹색기업은 환경우위 추구를 장려하기 위해 '최고경영자급C-level' 차원에서 지원사격을 했다. CEO의 공약부터 시작해야 한다. 물론 이것만으로는 목표를 뛰어넘을 수 없지만, 이것 없이는 어떤 기업도 도약을 꿈꿀 수 없다.

- 아폴로 13호 원칙을 받아들여라: '안 된다'는 답이 아니었다. 기업과 업계는 힘겨워 보이는 환경문제를 풀 때마다 놀라운 창의력을 연거푸 발휘했다. 혁신에 주목한 녹색기업은 직원이 환경 렌즈를 끼고 업무를 새로운 각도에서 바라보도록 유도했다.

- 정서도 객관적 사실임을 인정하라: 선두기업은 지역사회, NGO, 여러 이해관계자 들이 굵직한 환경문제에 대해 느끼는 '감정'을 잘 다뤄야 한다는 점을 알고 있었다. 그래서 기업의 처지를 무턱대고 내세우거나 다른 이의 관심사를 경시하지 않고, '다른 이'의 입장에 서서 이들과 접촉하려고 했다. 또한 이들은 외부인이 어젠다를 좌지우지하도록 방치하지 않았고, 동지나 적들과 만나 대화를 나누었다.

- 바르게 행동하라: 우리가 종종 놀랐던 것은 녹색기업의 선택 배후에 올바른 일을 해야 한다는 참된 믿음이 있다는 사실이었다. 가치관은 실로 중요하다.

에코 추적

환경도구 세트의 두 번째 요소는 훌륭한 정보를 수집하고 활용하기 위한 체계적 접근이다. 녹색기업은 환경적 피해를 파악하기 위해 오디오 분석이나 제품 생애주기 평가 같은 도구를 활용해 이슈를 잡아낸다. 이들은 자사제품의 환경적 여파를 가치사슬의 상류와 하류 전체를 놓고 살핀다.

이러한 도구들은 좋은 자료를 확보하고 세심한 계획을 짰을 때, 그리고 환경경영 시스템이 정착됐을 때 가장 효과적으로 작동한다. 최고의 시스템을 갖춘 회사는 지역별, 사업부문별, 공장별, 심지어는 특정 생산공정별로 수십 가지의 평가기준을 동원해 추적한다. 그리고 이들은 동일한 평가기준을 전 세계로 확장한다. 알칸은 환경실적에 대해 전 세계적인 데이터 웨어하우스data warehouse(각 부문별로 수집한 데이터 중앙창고–옮긴이)를 보유하고 있다. 이런 식으로 모든 부서가 일관성 있게 업무를 보며 유사한 잣대로 평가를 받는다. 공통된 데이터는 본사가 실적을 벤치마크하고 목표를 세우며 진척사항을 세밀하게 모니터하는 데 도움이 된다. 7장에서 언급했듯이 우리는 핵심적 평가기준을 활용해 에너지 소모, 물과 공기오염, 폐기물 배출, 규제준수 등을 추적할 것을 권장한다.

기업은 또한 자신의 세계적 위치를 파악하기 위해 외부의 견해를 접할 필요가 있다. 대다수 녹색기업은 환경전문가와 관계를 맺는다. 일부 기업은 자문단을 통해 자사의 환경노력에 대한 '동료집단 평가'를 실시하여 남들보다 환경문제에서 앞장서간다. 또 어떤 기업은 NGO나 여타 비판자들과 제휴하는 식으로 여우를 닭장 안에 끌어들인다. 과거 비난을 퍼부었던 이들과 탁자에 둘러앉아 시간을 함께하길 기대하는 이는 없겠지만, 이들의 의견수렴은 기업의 에코 추적에 매우 유익하게 작용한다.

마찬가지 의도에서 녹색기업은 환경집단을 넘어 지역사회, 정부, 다른 기업, 그리고 여타 이해관계자 등 변화하는 환경 이슈와 시장여건에 믿을 만한 정보를 제공해줄 대상과도 협력을 꾀한다.

평가를 해야 관리가 이루어진다. 그리고 아는 것이 힘이다. 진부하게 들리겠지만 선두기업은 이를 흘려듣지 않고 행동으로 옮긴다. 이들은 지속적인 시장우위를 확보하기 위해 데이터와 지식을 활용한다.

제품 및 공정 재설계

데이터 추적은 경쟁분야를 명확히 하는 데 도움이 되지만, 기업이 환경 우위를 얻는 경우는 친환경시장의 동력을 이해하고 지식을 활용해 혁신을 추진하며 제품과 공정에 변화를 줄 때 뿐이다. 녹색기업은 제품과 공정뿐 아니라 공급사슬까지도 재설계를 감행한다.

인텔과 허먼 밀러 같은 기업은 환경우위 도구 세트의 두 번째 핵심인 환경설계를 통해 시간과 비용을 절약하여 환경문제를 사전에 고민한다. 또 환경을 고려해 제품을 설계하면 고객의 환경발자국을 줄이는 데도 도움이 된다. 게다가 에너지 가격이 오르는 상황에서, 가장 에너지 효율적인 제품을 시장에 내놓으면 시장지분도 확대할 수 있다.

녹색건물을 수용한 선두기업들도 많다. 그 이유는 뭘까? 제대로 설계한 에너지 효율적 설비들은 비용을 절감하고 작업능률을 올릴 뿐 아니라, 기업의 가치관을 알리는 역할도 하기 때문이다.

이케아 등 몇몇 기업은 규제준수 감사를 넘어 공급업체들이 친환경 중심으로 업무관행을 바꾸도록 끊임없이 압력을 가한다. 이렇게 최상위 기업들은 가치사슬 전반을 재설계해 환경 및 사회적 피해를 줄이려고 노력한다.

기업문화

환경우위의 세 번째 주춧돌은 환경적 사고와 혁신을 자극하는 기업문화 양성에 초점을 둔다. 기업마다 독특한 문화가 있지만 녹색기업은 전반적으로 네 가지 공통점이 있었다.

• **도전적 목표**: 녹색기업은 상징적 목표나 곤란한 목표마저 활용해 혁신을 자극하고 영업방식을 포괄적으로 재검토한다. '목표는 제로'가 그 예이다. 심지어 '제로'가 도달불가능한 수치가 아님을 알게 된 기업들도 소수이지만 있다.

• **의사결정 도구**: 우수기업들은 종래의 비용편익 분석을 개선하여 여기에 무형의 가치도 포함시킨다. 이들은 내부 허들레이트를 조정해(아니면 프로젝트를 '묶어') 환경투자에 유익한 쪽으로 균형점을 맞춘다. 그리고 내부시장을 통해 애덤 스미스의 보이지 않는 손을 활용해 의사결정을 이끌어낸다.

• **공감의식과 참여**: CEO의 공약은 일을 추진시킨다. 다른 핵심관리자들을 참여시키면 전직원이 가세한다. 녹색기업은 다양한 수단을 활용해 경영진이 방심하지 않고 최우선 환경과제에 신경 쓰도록 한다. 어떤 때는 경영자에게 환경과제의 '책임자' 역할을 맡기는 등 부드러운 전략을 쓴다. 매서운 전략을 쓰는 경우도 있다. 그중 GE의 세션 E가 가장 유명한데, 이 자리에서 공장관리자들은 상사와 동료 앞에서 환경실적을 설명해야 한다. 녹색기업은 환경담당자와 제품담당자를 교류시켜 관심과 참여를 높이기도 한다. 이케아, 3M, 듀폰 등 많은 기업의 환경총책임자들은 제품 사업 분야 출신이었다. 그 어떤 사업부서 책임자도 이들 경험 많은 운영자 앞에서는 감히 정책에 따를 수 없다는 말을 꺼내지 못한다. 환경목표

는 적임자가 중간다리 역할을 해야 신뢰도가 커진다.

금전과 인센티브에도 주목해야 한다. 대다수 첨단기업은 주요 환경실적 지표를 보너스에 포함시켰다. 이케아, 3M, 허먼 밀러 등 세계적인 친환경 기업 몇몇 곳은 책임선서를 비롯한 뿌리 깊은 문화를 통해 관리자들을 자극한다. 월마트 같은 기업은 이러한 문화를 단숨에 정착시키기 위해 직원들이 지속가능성을 개인 삶의 일부로 받아들이도록 하고 있다.

마지막으로 단순한 상패수여일지라도 표창제도는 큰 도움이 된다. 대다수 녹색기업은 매년 환경 혹은 지속가능성 시상식을 연다. 환경책임을 높이 평가하는 기업에서 환경분야의 모범사례로 뽑히는 것은 진정한 영광이다.

> 직접적인 인센티브든 문화적 압박이든 녹색기업은 환경공약이 현장운영과 일치하도록 하기 위해 실천방안을 찾는다.

• 의사소통: 현명한 기업은 자사의 환경목표, 성공담, 교훈 등을 귀 기울이는 모든 이들에게 알린다. 지식공유는 모범관행이나 공개보고서를 전하는 내부 인트라넷을 통해 이뤄지기도 한다. 이 문서들은 모든 이해관계자, 그중에서도 직원들에게 회사의 잘된 점과 잘못된 점을 알리는 역할을 한다. 내부 청중에게 환경교육은 훨씬 직접적인 전달방식이다. 제품관리자에게 에코 효율성 기회를 찾는 법을 가르치거나, 중간관리자에게 고민스런 상충관계와 관련된 가상 시나리오를 제시하면, 혁신적 사고와 더 나은 의사결정에 시동을 걸 수 있다.

녹색황금을 발굴하기 위한 전술

　적합한 에코 추적 도구와 제품 재설계, 그리고 환경중심 기업문화가 뒷받침된 환경우위 사고는 녹색황금을 발굴하는 기본토대이다. 그렇지만 실제 행동지침은 가치를 창출하는 녹색황금 발굴전술에 숨어 있다.

　다른 비즈니스 전술과 마찬가지로, 우리의 녹색황금 전술도 비즈니스가 직면하는 침체요인(비용과 위험)은 줄이고 상승요인(매출과 무형의 가치)을 높이는 것이 목적이다. 그렇지만 다른 많은 전술과 달리, 우리의 전술은 이윤추구 과정에서 책임의식을 희생하지 않는다. 혹은 책임의식을 추구하면서도 이윤을 소홀히 하지 않는다. 우리의 녹색기업들은 올바른 일

• 녹색황금 전술의 틀

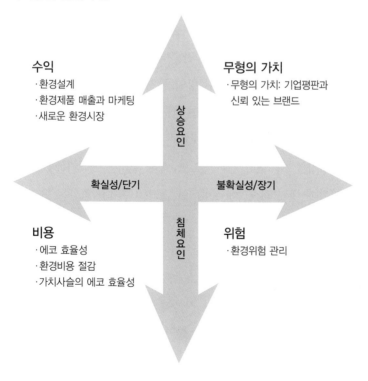

과 성공하는 일이 공존할 수 있음을 나날이 보여주고 있다.

우리가 녹색기업을 연구하면서 도출한 여덟 가지 녹색황금 전술은 앞서 2×2 도표에 제시했다. 예상대로, 대다수 녹색사업들은 지금까지 도표의 왼쪽 아래에 역량을 쏟았다. 비용절감은 위험을 상당히 낮춰주며 내부적으로 설득하기도 쉽고 곧바로 이득을 보는 경우도 종종 있기 때문이다. 이는 경쟁우위도 낳는다. 그렇지만 우리가 연구해본 결과, 비용측면에만 주목한 나머지 더욱 포괄적인 환경우위 창출기회를 놓친 경우가 많았다. 아직 모든 전략을 실행하지 못한 기업들이 많다. 다시 말해 이들은 돈을 주워 담지 못하고 있다.

1. 에코 효율성

오염물질과 폐기물 줄이기는 비즈니스 면에서도 이치에 맞다. 매우 효율적인 기업들도 그동안 지나쳐온 절감요인들을 발견하고는 깜짝 놀란 경우가 있었다. 3M은 지난 30년 동안 수익성 있는 오염방지 정책, 즉 3P 프로그램을 통해 새로운 비용삭감 방안을 지속적으로 찾아냈다. 매우 간단한 변화인 경우도 많았다. 이를테면 반도체업체 ST마이크로일렉트로닉스STMicroelectronics는 공기순환 팬이 더욱 천천히 가동하도록 더 큰 덕트형 공기조화기를 설치했다. 결과적으로 이 팬 설비는 에너지를 85퍼센트 적게 소모했다. 팬 교체작업에 4,000만 달러를 투자한 회사는 단 1년 만에 1억 7,300만 달러를 절감했다.[06]

에코 효율성을 추구한 결과 절감을 뛰어넘어 특정 공정이나 자원을 아예 없애버린 경우도 있었다. 로너 텍스틸은 한때 다른 업체와 동일한 방식으로 염색한 직물섬유를 생산했다. 직물이 가능한 튼튼한 섬유를 만들기 위해 로너는 원사를 화학물질로 코팅한 후 나중에 다시 세척했는데, 이

과정에서 폐수문제가 발생했다. 화학물질 절감방법을 찾던 중 로너는 습기가 섬유를 더욱 단단하게 해준다는 사실을 발견했다. 이제 로너는 화학물질 코팅작업을 생략하며 섬유 내부에 습기를 유지하기 위해 원사를 예전만큼 건조하지 않는다. 절차 하나를 생략한 결과 로너는 다른 과정도 축소했고 화학물질을 줄였을 뿐 아니라 에너지와 비용도 절감했다. 에코 효율적 회사가 이룬 쾌거였다.

로너는 효율성 개선으로 지난 20년 동안 직원 일인당 생산성이 300퍼센트 증가했다. 동종업계가 침체의 악순환에 허덕일 동안 로너는 이들과 달리 수익을 누렸다.

> 에코 효율성은 간단히 말해 폐기물을 줄이고 자원을 생산적으로 활용하는 방식에 기댄다. 군살 없이 운영하는 사업은 생산성과 수익성을 높이고 오염을 줄인다.

2. 환경비용 절감

매립지 요금이나 규제 관련 서류업무처럼, 직접적으로 환경비용을 줄이려는 노력이 상당한 성과로 돌아오는 경우도 있다. 듀폰은 오염방지책으로 수십억 달러를 절감했는데, 이는 폐기물 비용 중 유일하게 '측정가능'한 경우였다. 또 다른 사례로 듀폰은 라이크라(듀폰의 대표적인 기능성 소재-옮긴이) 생산라인에서 불량품을 25퍼센트에서 10퍼센트 미만으로 줄였다.[07] 이렇게 폐기물 줄이기에 힘쓴 결과, 원료를 아끼고 폐기물 매립지 비용이 줄어들었다. 이를 제품으로 환산할 경우 1억 4,000만 달러어치에 해당했다. 이 덕분에 듀폰은 또 다른 공장건설을 미루고 있다. 자본비용을 수백만 달러 절감할 수 있었다. 폐기물을 줄이고 환경비용을 절감한 데서 오는 파급효과는 다각도로 비용을 절감시켰다.

3. 가치사슬의 에코 효율성

환경적 이득을 폭넓게 바라보면서 제품 생애주기 평가도구 등을 활용하면, 비용을 줄일 방법을 가치사슬에서 발견하기도 한다. 이러한 가치발굴 전략은 매우 힘든 작업이기도 하다. 4장에서 우리는 기업에게 매우 효과적인 영역으로 유통을 논했다. 이케아를 비롯한 여러 기업들은 현명한 제품포장과 제품설계를 토대로 트럭에 상품을 실어 보낸 결과 비용을 절감할 수 있었다.

4. 환경위험 관리

투명성이 높아질수록 비즈니스와 브랜드는 어디서든 위험에 노출된다. 또한 선량한 행동이 기업평판과 직결되는 세상이다. 만약 멀리 떨어진 공급업체가 강에 폐기물을 투하하거나 아동을 불법으로 고용했을 경우, 국제적 브랜드라면 대형고객 상실이라는 대가를 치르게 된다.

녹색기업은 잠재적 위험을 파악하고 가급적 서둘러 조치를 취한다. 맥도날드가 닭에 쓰이는 항생제 사용을 줄이라고 공급사슬을 압박하거나 광우병 소가 없다는 사실을 문서로 입증하도록 요구한 것은, 브랜드에 미칠 위험을 낮추기 위함이었다. 인텔은 일부 개발도상국에서 미국으로 건너오는 유해폐기물 수송에 수백 달러를 들여서 폐기물을 제대로 처분한다.[08] 그 이유는 뭘까? 일부 국가의 폐기물처리 시스템을 인텔은 신뢰하지 않기 때문이다. 그리고 도중에 문제가 생길 경우 인텔에게 비난의 화살이 쏟아진다는 사실을 관계자들은 잘 알기 때문이다.

녹색기업은 엄격한 규제가 생기기 전에 사전조치를 취한다. BP는 클린 시티clean cities 정책을 떠워 청정연료나 유황발생이 적은 연료를 팔았는데, 이는 더욱 엄격한 공기정화법을 앞두고 시행한 조치였다. "그 동력은 유황규제가 닥친다는 사실이었습니다. 규제계획을 뒤쫓기보다 먼저 치고 나가 시장의 이득을 차지하기로 결정한 것입니다."[09] BP의 크리스 모터쉐드가 말했다.

경쟁업체보다 먼저 규제에 대비한 기업은 낮은 비용으로도 법적 요구에 맞출 수 있다. 어떤 기업은 더욱 엄격한 통제를 함으로써 독보적 경쟁우위를 차지하기도 한다. 기억해두자. 때로는 '상대적인' 규제부담이 중요한 법이다.

5. 환경설계

폐기물과 오염을 줄이기 위해 공정과 제품을 재설계하는 작업은 환경우위의 큰 영역을 차지한다. 마찬가지로 염두에 둘 점은 잠재적 이득의 상당부분이 공장 밖이나 내부설비에 숨어 있다는 사실이다. 고객들이 환경문제를 풀도록 돕는 일은 고객충성도를 강화하고 신규매출을 자극한다. 제품의 에너지 소모량이나 독성성분을 줄이는 작업 역시 고객가치를 높인다. 전반적인 에너지 관리 시스템을 제공하는 자동차부품업체인 존슨컨트롤즈Johnson Controls처럼, 기업은 고객의 부담을 낮추는 방법을 발견해야 수익을 얻는다.

6. 환경제품 매출과 마케팅

제품의 친환경속성을 마케팅하면 매출을 늘릴 수 있다. 와소 페이퍼 Wausau Paper는 종이타월, 화장실 휴지 등 '외출 때' 쓰는 제품으로 브랜드를 확장하면서, 친환경제품 마크 인증을 전문으로 하는 NGO 단체 그린실Green Seal의 인증을 최초로 받았다. 이후 와소 페이퍼는 제품명에 인증 기관을 아예 삽입해 에코소프트 그린 실로 브랜드를 다시 바꾸었다. 일 년에 업계성장률이 2~3퍼센트인 상황에서, 와소의 시장매출은 첫 두 해 동안 44퍼센트 뛰어올랐다.[10]

사실 친환경 메시지 선전에 정면승부를 건 와소의 마케팅은 보기 드문 사례다. 다른 속성을 배제한 채 '녹색'만 목 놓아 외치는 제품은 보통 매장 선반에서 사라지기 마련이다. 쉘이 푸라 가솔린에서 배운 교훈처럼 환경을 선전하기에 앞서 먼저 제품의 다른 특징을 내세울 필요가 있다. 앞서 말했듯이 친환경 마케팅은 보통 '세 번째 카드'로 활용하는 게 최선 이다.

7. 새로운 환경시장

환경 비전은 신규시장과 가치혁신을 창출할 수 있다. 도요타는 21세기 형 자동차를 새로 정의 내렸고 이는 현실과 매우 맞아떨어진 전망이었다. 대다수 고객이 현재 중형차가 아닌 하이브리드 차량을 찾으며, 상당한 프리미엄을 내고 프리우스를 사려고 몇 달간 대기하기도 한다. 이러한 고객 들에게 다른 대체차량은 없다.

성공하거나 장수한 기업은 정기적으로 기업정체성을 점검한다. 친환경 혁신을 통해 기업은 자사의 역량을 달리 표출할 새롭고 흥미로운 방법을 찾아낸다.

친환경시장을 찾아 나선 기업은 훨씬 더 앞서가는 듯하다. 최근 재생에너지 분야에 진출한 산업장비 제조업체 존 디어John Deere가 바로 그런 경우이다. 이 트랙터 제조업체는 풍력 에너지 수확사업을 신설해 농부들을 끌어들였다. 디어는 재정지원과 자문역할도 할 예정이다. 별난 조합 같지만, 우리 눈에는 흥미로운 전략으로 보인다. 농가에게 필요장비를 제공하던 회사가 농가가 생존하도록 도우면서 새로운 매출창구를 발견한 것이기 때문이다. 이것이야말로 진정한 가치혁신이 아닐까.

8. 무형의 가치

대다수 회사의 가치는 실물자산hard asset보다 높으며 어떤 경우 훨씬 웃돌기도 한다. 브랜드 가치, 더 일반적으로 말해 기업평판은 수십억 달러에 이르기도 한다. 이러한 자산가치에 위협을 가하는 요소는 뭐가 됐든 심각하게 고민해야 한다. BP부터 GE, 월마트에 이르기까지 최근 많은 회사들이 자사 브랜드에 환경요소를 가미한 캠페인을 띄운 것도 이런 맥락에서다.

● ● ● ● ● ● ●

녹색황금을 캔 알칸의 해트트릭hat trick 전략[11]

우리는 녹색황금 전술이 마치 서로 구분되는 것처럼 제시했다. 이는 전술들을 손쉽게 사고하고 비즈니스 전략을 수월하게 찾는 방법이기 때문이었다. 그렇지만 한 기업이 이 모든 전술, 다시 말해 비용과 위험을 낮추고 '거기다' 매출까지 높이는 전술을 동시에 취할 수 없다고 생각하지는 않는다. 자산가치가 200억 달러인 캐나다의 알루미늄 및 포장업체 알칸은 최근 리오 틴토에 인수되면서 인상적인 위업을 달성했다. 짤막하게 설명을 하면 이렇다. 알루미늄 생산은 환경적 피해가 막대한 민폐

업종이다. 이는 세계적인 에너지 집약산업인데다, 채굴과 제련과정에서 상당한 폐기물을 쏟아내고 생산과정에서 생기는 대형 구덩이 밑바닥에도 폐기물을 쌓기 때문이다. 포트라이닝(potlining)이라고 부르는 이 잔류 독성분은 긁어내야 하는데, 바로 여기서 환경문제가 발생한다.

이 독성찌꺼기는 재활용이 쉽지 않으므로, 그 처리방법은 사실 아무도 모른다. 독성찌꺼기는 대개 공간만 차지하고 법적책임만 발생시킬 뿐이다. 알칸의 댄 가그니어가 계산해보니 자사의 포트라이닝 누적량이 50만 톤을 넘어섰다. 그러나 이제는 전과 상황이 달라졌다. 알칸이 포트라이닝을 재활용해 불활성 물질로 바꾸는 혁신적 신기술을 개발했기 때문이다. 알칸은 시범처리설비에 2억 2,500만 달러를 투자했다. 이러한 돌파구로 알칸은 폐기물 문제를 풀었다. 이제 비용을 받고 '경쟁업체'의 폐기물까지 처리해줄지도 모른다.

당시 CEO였던 트래비스 엔겐은 말했다. "지속가능성이라는 틀이 없었다면 우리는 여기까지 오지 못했을 것이다." 알칸의 초기 목표는 환경부담을 줄이자는 정도였다. 그렇지만 현재 경영진은 새로운 공정이 폐기물을 줄이고, 위험과 책임을 낮추며, 수익을 창출해줄 것으로 기대한다. 알칸은 진정한 환경우위를 일구었다.

● ● ● ● ● ● ●

피해야 할 장애물

기업이 환경전략을 실천하기란 결코 쉬운 일이 아니다. 아무리 두각을 나타내는 기업도 다양한 장애물에 걸려 넘어지기 마련이므로 환경우위는 그만큼 손에 넣기 어려운 대상이다. 우리는 환경전략이 실패하는 주요 원인 13가지를 밝혀냈다(431쪽 도표 참고). 이는 크게 3가지 요인으로 다

• 환경우위의 장애물

	실패요인
계획	·나무가 아닌 숲을 본 경우 ·시장을 오해한 경우 ·가격 프리미엄을 기대한 경우 ·고객을 오해한 경우 ·완벽함을 추구한 경우 ·이해관계자를 무시한 경우
조직	·중간관리층을 압박한 경우 ·근시안적 사고를 한 경우 ·환경전문가들이 고립된 경우 ·관성이 존재하는 경우
실내용	·행동이 말보다 앞서는 경우 ·예기치 못한 결과가 나타난 경우 ·의사소통에 실패한 경우

시 나눌 수 있다.

첫째, 계획의 실패다. 이는 제대로 된 고민 없이 환경정책에 주목하거나 잘못된 기대를 거는 경우다. 둘째, 조직의 실패다. 중간관리층에 서로 상충되는 요구를 하거나 근시안적 사고를 하는 경우로, 이는 정책조정을 가로막고 창의성을 떨어뜨린다. 당연히 변화를 바라지 않는 관성적 태도도 조직적 결함의 산물인 경우가 많았다. 셋째, 실내용substance이 없는 경우도 일반적이었다. 때로 이 문제는 환경적 개선이 없는 데서 기인했다. 또 어떤 경우에는 실속 없는 선전을 내세우다가 초라한 결과를 빚기도 했다. 이 모두가 흔한 실패사례지만, 환경우위 틀을 세우거나 전 직원에게 적절한 수단을 마련해주면 충분히 극복할 수 있다.

각자에게 맞는 환경전략 갖추기

모든 환경우위 전략을 종합해주는 유일한 방법은 없다. 우리가 제시한 틀 중에는 조직에 완벽하게 들어맞고 어떤 것은 조직과 맞지 않을 것이다. 특정 시점에서 어떤 제품이나 기업 상황에 더 잘 들어맞는 요소도 있다. 각자 나름의 독자적인 원리가 있긴 하지만, 주요 요소들은 궁합이 잘 맞는다.

이 전술과 도구들은 절대적으로 연결돼 있고 서로 보완하는 관계이다. 이 전술과 도구들이 모두 모여야 상승 작용을 일으켜 비즈니스 위험을 낮추고 비즈니스 가치를 증대시킨다. 예를 들어 제품 생애주기 평가로 기업의 발자국을 탐색하면, 폐기물과 비용을 절감할 기회를 발견할 수 있으며 이는 곧 비즈니스 위험을 낮춰준다. 가치사슬 하류를 관찰하여 고객의 환경부담을 덜어줄 방법을 찾는 일도 모두의 위험을 낮추고 가치사슬의 실적을 높여준다. 게다가 새로운 시장을 발견하면 부가가치를 창출할 뿐 아니라, 시장지분을 뺏길 가능성도 낮춰준다.

녹색물결을 탄 스마트한 기업들

환경우위에는 짝을 이루는 논리가 있다. 우선 우리가 발견한 전략적 이득은 현실에 대한 철저한 분석에 기초한다. 제약된 천연자원과 오염의 압박이 존재하는 세상에서, 환경의식을 보여주는 사업계획서가 나날이 힘을 얻고 있다. 현재 목소리 큰 급진적 환경주의자뿐 아니라, 종래의 '보수적이고 전형적인white-shoe' 금융권을 비롯한 여러 곳에서 환경위험과 그 책임의식을 꼼꼼히 따지며 기업에 압박을 주고 있다. 사회의 환경문제에 해법을 제시하는 기업은 잠재적 비판자들을 침묵하게 할 뿐 아니라 확대된 시장도 발견한다. 팀버랜드의 CEO 제프 스워츠는 자사의 환경정책 중 하나에 대해 이렇게 말했다. "저는 이제 세계적으로 깐깐한 엔지니어들에게 지금의 현실을 반영한 옹호론을 펼칠 수 있습니다. …… 이는 리무진 리버럴limousine liberal(호화롭게 생활하면서 세상을 비판하는 진보진영 인사를 비꼬는 말-옮긴이)도 아니고 자기만족적 태도도 아닙니다. 엄격한 비즈니스일 뿐입니다. 이것이 바로 우리가 추구하는 혁신입니다."[12]

동시에 기업의 환경보호에는 강력한 가치가 있다. 우리가 연구한 녹색기업들 중 몇몇은 아주 막대한 수익을 올렸는데, 자사의 비즈니스 전략을 환경요인과 접목해 개선한 경우에 그러했다. 이들은 수익이라는 동기에도 끌렸지만, 수익 못지않게 책임의식도 손익계산 이상으로 큰 혜택을 준다는 사실을 자각했다. 단기적 이득이 녹색정책을 정당화하지 못할 경우, 이들은 기업과 직원, 지역사회, 지구에 유익한 장기적 가치를 자발적으로 찾아 나섰다. 이들이 친환경전략에서 발견한 황금은 단지 돈뿐만이 아니었다.

비즈니스계는 세계의 환경문제 해결에 기업의 전략이 중요한 역할을 한다는 사실을 차츰 깨닫고 있다. 이들도 알다시피 비즈니스는 사회를 제대로 굴러가게 하고, 제품과 서비스로 필요를 충족시켜주는 가장 강력한 기제이다. 기업은 환경보존과 공동자원 보호책임을 이끄는 등 선의를 향한 동력이 될 수 있으며 또 그래야 한다. 재정적인 '그리고' 환경적인 성공은 동시에 달성할 수 있다. 환경에 대한 올바른 사고방식과 도구로 무장한 기업은 고민스런 상충관계도 무난히 헤쳐 나간다.

새로운 가치에 주목한 경영자들이 직원과 고객을 동시에 자극하는 회사를 창조하고 있다. 결국 환경우위는 경영자와 관리자, 직원을 자극하여 혁신적이고 탄탄하며 뛰어날 뿐 아니라 사회에도 유익한 기업과 산업을 세워내는 새로운 방법인 것이다.

감사의 글

우리는 놀랍게도 수십 개 기업의 고위직 관계자들과 접촉하는 행운을 누렸다. 우리에게 시간을 내준 환경전문가, 공장관리자, 각 부서 담당자, 이사회 의원, 운영총책임자, 최고경영자에게 깊은 감사를 표한다. 우리는 또한 업계와 긴밀하게 일하는 주요 환경단체 직원과도 인터뷰를 했다. 모두 합해 100여 개가 넘는 기업에서 300명 이상의 사람들과 대화를 나누었다.

우리에게 본인의 환경과제와 성공사례를 허심탄회하게, 또 유머를 섞어 전해준 관계자들이 일일이 감사를 표할 수 없을 정도로 많았다. 그렇지만 우리가 실제 요청한 내용 이상을 전해주며, 우리에게 명확한 길을 보여주었던 분들을 몇 명 언급하고 싶다. 이들은 우리가 회사를 자주 방문해 모든 직원과 만날 수 있도록 자리를 주선해주었고, '참호'에도 들어갈 수 있도록 힘써주었으며, 때로는 이미 다 아는 내용을 끝까지 들으며 회의석상을 지킨 경우도 한두 번이 아니었다. 이런 맥락에서 우리는 3M의 키스 밀러와 캐시 리드, AMD의 쉐이 호킨슨, BP의 크리스 모터쉐드, 델의 팻 네이션, 듀폰의 돈 리튼하우스와 폴 테보, 제너럴 일렉트릭의 스티브 램지와 마크 스톨러, 허먼 밀러의 켄트 가워트와 크리스 마노스, 이케아의 토마스 베르그마르크, 인텔의 팀 모힌, 페덱스 킨코스의 래리 로제로, 맥도날드의 밥 랭거트, 로너 텍스틸의 앨빈 캘린, 쉘의 마크 웨인트라웁, 팀버랜드의 테리 켈로그, 유니레버의 클라이브 버틀러에게 감사의 말씀을 드린다.

두 사람의 작업만으로는 이런 책을 내놓지 못했을 것이다. 감사드릴 분이 사람이 참으로 많다. 예일 대학에도 큰 빚을 졌다. 환경법과 정책을 위한 예일 센터의 3년짜리 프로젝트는 이 책의 토대였다. 이 센터의 직원인 멜리사 구달, 크리스틴 김, 이젤라 에디빈이 여러 단계에서 이 프로젝트를 이끌었고, 어수선한 분위기에서도 냉정함을 유지해주었다.

예일 대학의 임업 환경학과, 경영학과, 법학과 출신의 헌신적인 연구지원팀 들도 끊임없이 자료를 제공하고 분석을 해주었으며, 심도 깊은 연구를 통해 우리의 이론과 개념들을 뒷받침하고 방향도 잡아주었다. 특히 젠 에이스, 팻 버티스, 파멜라 카터, 제네비에브 에시히, 조단나 피시, 캐시 플린, 제니퍼 프란켈-리드, 레이첼 골드바서, 케이틀린 그레그, 앤 그로드닉, 로렌 할렛, 로라 헤스, 제시카 지안, 앤드루 콘, 초 리 콴, 에밀리 레빈, 레이프 린덴, 제시카 마스든, 숀 폴, 티파니 포터, 마르니 라파포트, 카라 로저스, 엘레나 사보스티아노바, 자와하르 샤, 마누엘 소모사, 루시 소렌슨, J.R. 타이, 크리스틴 트레즈, 그레이슨 워커, 오스틴 휘트먼, 레이첼 윌슨, 쥬드 우에게 이 공을 돌리고 싶다.

또한 우리의 에이전트로 일의 진행을 도맡은 레이프 사갈린과 미디어

정글에서 우리를 이끌어준 홍보담당 바버라 헨릭스에게 감사를 표하고 싶다. 더불어 이 책 전반에 걸쳐 적절한 어조를 유지하도록 도와준 편집 자문 하워드 민즈에게도 특별히 감사를 드린다. 예일 대학 편집자 마이크 오말리와 스티브 콜카, 제시 허니커트, 데비 마시, 셰어 폴, 리즈 펠톤, 메리 발렌시아 등 예일 대학 출판부의 나머지 팀원과 웨스트체스터 북스 사람들에게도 우리의 비전을 현실로 끌어준 데 대해 깊은 감사를 표한다.

이 책은 여러 경영자, 학자, 그리고 처음부터 지적 조언을 해준 이들 덕분에 한층 수준이 높아졌다. 이 프로젝트를 시작한 첫날부터 한 단계 높은 환경전략을 고민할 수 있도록 우리를 도와준 하버드 대학교 경영대학원의 마이크 포터에게 특별히 감사의 말을 올리고 싶다. 우리는 또한 앤터니 버그만즈, 샹탈-린 카르펜티에프, 버트란 콜럼브, 대니얼 가그니어, 브래드 젠트리, 다이애나 글라스만, 행크 하비히트, 채드 홀리데이, 로버트 제이콥슨, 해리 칼리모, 네트 코헤인, 프랭크 로이, 팻 맥클로우, 레이몬드 네치, 아나스타시아 오루크, 매즈 오블리젠, 로버트 레페토, 제프 시브라이트, 제프 소넨펠드, 데이비드 보겔, 데니스 웰치, 리처드 웰스, 텐시 웰란의 조언과 제안으로 큰 도움을 받았다. 고든 바인더, 메리언 체르토우, 빌 엘리스, 래리 린덴, 얀 윈스턴(앤드루의 아버지) 등 초고를 읽고 세부적으로 뛰어난 시각을 제시하여, 우리의 개념과 생각을 어떻게 책 속에서 펼칠지 도와준 분들에게 특별히 감사의 말씀을 전한다. 뉴욕의 사무실 등 물질적인 도움부터, 책 내용을 어떻게 소규모 기업에도 확장할 것인지 견해를 내고 이 책의 마케팅 방식에도 조언을 해주는 등 온갖 지원을 아끼지 않은 맷 블룸버그에게도 특별히 감사의 말씀을 전한다.

우리는 재정적이고 지적인 후원에도 깊은 감사를 표하고 싶다. 다수의 재단과 환경 리더들이 우리를 도와주었다. 존슨 재단의 제스 존슨, 서드 나 재단의 에드 스클루트와 후퍼 부룩스, 오버브룩 재단의 대니얼 카츠, 플레처 자산관리회사의 알퐁스 플레처 주니어 등이 바로 그들이다. 덧붙 여 우리가 최선을 다하도록 지원을 아끼지 않은 벳시 앤드 제시 핑크 재 단에게 각별한 감사의 말을 전한다. 이들은 초반부터 이 프로젝트를 넘어 지적 어젠다를 구성할 수 있도록 도와주었다.

마지막으로 우리의 인내심 깊은 아내인 엘리자베스와 크리스틴을 빠뜨 릴 수 없다. 이들이 해준 근본적인 지원에 감사를 전한다. 이들은 예상 외 로 길어진 집필기간을 기다려줬을 뿐 아니라, 우리의 생각과 이론을 공감 하며 들어준 은인들이다.

친환경은 공감대가 높다. 그래서 많은 이들이 한번쯤 일상에서 친환경을 실천해본다. 종이 컵 대신 개인 컵을 쓰고 샴푸 대신 비누로 머리를 감으며 비닐 대신 장바구니 들고 다녀본다. 이렇듯 개인이 하는 실천은 부담이 없다. 조금 불편해도 금세 습관이 되기도 하고, 정 힘들면 포기해도 그만이다.

그렇지만 기업은 다르다. 시장에 제품을 내놓는 기업입장에서 소비자가 겪는 불편은 곧 품질의 문제, 나아가 기업의 생존이 걸린 문제이다. 일반 소비자는 환경 운동가가 아니기에 머릿결에 무심한 친환경 샴푸나 입맛에 맞지 않는 유기농 제품은 시장에서 바로 퇴짜를 맞는다. 따라서 친환경에 대한 공감대가 높다 해도 녹색제품으로 시장을 파고들기란 쉽지 않다. 그렇다면 거센 녹색물결에 밀리지 않으려면 기업들은 어떻게 해야 할까? 비교우위를 넘어 환경우위를 차지하려면 기업들은 어떤 전략을 취해야 할까?

『그린 오션 전략』은 이 질문에 현실감 있고 구체적인 답을 한다. 일단 저자들은 비즈니스와 환경을 접목한 기존 논의들이 지나치게 낙관적이어서 오히려 기업들을 힘 빠지게 했다고 지적한다. 그리고 좋은 의도가 곧 좋은 결실은 아니었음을 인정하면서 균형 잡힌 시각으로 친환경전략을 제시한다. 이들이 소개하는 녹색황금 전술은 3M사의 오염방지 정책처럼 비용을 낮추거나, 브랜드 이미지 같은 무형의 가치를 통해 매출을 올리는 다양한 방법들이다. 그렇지만 이들은 성공한 녹색 마케팅에서 친환경은 고객을 끌어 모으는 첫 번째 카드가 아니라 두 번째나 세 번째 카드라는 중요한 지적을 잊지 않는다. 초창기 빠르지도 멀리 나가지도 못했던 전기자동차나 거슬리는 하얀 빛을 발산하던 친환경 형광등은 품질이나 성능이 수준미달이어서, 친환경제품에 대한 안 좋은 이미지만 심어주었기 때문이다.

저자들은 녹색기업으로 거듭나려면 우선 CEO가 환경 렌즈를 껴야 하며, 무형의 편익도 계산할 줄 아는 폭넓은 시야가 있어야 한다고 강조한다. 이러한 인식을 갖춰야만 기업의 환경발자국을 파악하고 기업을 재설계하는 일이 가능해지기 때문이다. 그렇지만 자기 울타리만 살펴서는 곤란하다. 협력업체에 주목하고 가치사슬 전반에 녹색 옷을 입혀야 한다. 동물실험을 하지 않는다던 바디샵이 원칙에 어긋나는 공급업체에서 원료를 일부 구입한 사실을 깨닫고 기존 선전을 철수해야 했던 일은 바로 가치사슬을 두루 살피지 못한 실수에서 나왔다.

책 4부에서 다룬 환경정책이 실패하는 열세 가지 함정은 기업에게 가장 유용한 조언일 것이다. 뜨거운 커피로 종이컵이 두 개씩 낭비되자 호응이 낮은 단열종이컵 대신 종이덮개로 문제를 해결한 스타벅스나, 맥너겟 포장을 환경에 최상인 종이봉투 대신 뚜껑 달린 클램쉘 용기로 타협한 맥도날드는, 각각 고객의 한계와 환경적 순수성을 짚은 사례이다. 이 외에도 시장을 오해하거나 근시안적으로 사고한 경우, 기업에서 환경부서 혼자만 일하는 경우, 행동보다 말이 앞서는 경우 등은 녹색전략을 진지하게 고민하는 기업에게 금쪽같은 조언들이다.

한편 이 책에는 녹색기업의 성장을 응원하는 일반 소비자도 곱씹어야 할 대목이 있다. 본문에 나오는 의류업체 리바이스는 본사제품 중 2퍼센트를 유기농면으로 대체했지만, 나머지 98퍼센트에 대한 소비자들의 질책이 두려웠다고 고백한다. 섣불리 친환경을 내세웠다가 생색내기로 비칠까봐 저자세로 나오는 기업들의 모습이었다. 결국 친환경에 대한 엄격한 잣대는 허울뿐인 녹색기업의 가면을 벗겨주지만, 과도기를 인정하지 않는 완전무결한 잣대는 녹색 싹을 자를 수도 있음을 소비자는 알아야 한다.

결국 친환경기업으로 거듭나기란 쉽지 않다. 소비자의 구미에 맞춰 실용성, 품질, 성능을 갖추는 것은 기본이고, 관련업체의 친환경전략까지 세심히 살펴야 하며, 다양한 이해관계자와 긴밀한 유대도 맺어야 한다. 또 CEO는 불가능은 없다는 고집으로 녹색기업을 이끌면서도 때로 소비자의 정서를 읽는 유연함이 있어야 한다. 게다가 어떤 환경공약을 내세우든 그 비용을 부담하면서 꾸준히 유지하는 유일한 방법은 경제적 성공이라는 점도 명심해야 한다. 이 쉽지 않은 녹색항해에 환경 마케팅을 과대포장하지 않고 빠지기 쉬운 함정을 조목조목 짚은 이러한 안내서가 곁에 있다면, 기업은 한결 순항할 수 있을 것이다. 더 많은 기업이 유연한 파도타기로 튼튼한 비즈니스를 일구면서도 건강한 지구에 일조할 수 있기를 기대해본다.

Selected Green Business Books

Anderson, Ray. *Mid-Course Correction: Toward a Sustainable Enterprise: The Interface Model.* White River Junction, VT: Chelsea Green Publishing, 1998.

Benyus, Janine. *Biomimicry: Innovation Inspired by Nature.* New York: Harper-Collins, 1997.

Blackburn, William R. *The SustainabilityHandbook: The CompleteManagement Guide to Achieving Social, Economic, and Environmental Responsibility.* London: Earthscan, 2007.

Cairncross, Frances. *Costing the Earth.* London: Economist Books, 1992.

Cline, William R. *Global Warming and Agriculture: Impact Estimates by Country.* Washington, D.C.: Peterson Institute for International Economics, 2007.

Edwards, Andres R., and David W. Orr. *The Sustainability Revolution: Portrait of a Paradigm Shift.* Gabriola Island, Canada: New Society Publishers, 2005.

Elkington, John. *Cannibals with Forks: The Triple Bottom Line of 21st Century Business.* Oxford: Capstone Publishing, 1997.

_____. *The Chrysalis Economy: How Citizen CEOs and Corporations Can Fuse Values and Value Creation.* Oxford: Capstone Publishing, 2001.

Elkington, John, and Julia Hailes. *The Green Consumer Guide.* London: Gollancz, 1988 (U.S. edition with coauthor Joel Makower. New York: Penguin, 1990).

Epstein, Marc J. *Measuring Corporate Environmental Performance: Best Practices for Costing and Managing an Effective Environmental Strategy.* Burr Ridge, IL: Institute for Management Accounting and Irwin Professional Publishing, 1996.

Epstein, Marc J., and B. Birchard. *Counting What Counts: Turning Corporate Accountability Into Competitive Advantage.* Reading, MA: Perseus Books, 1999.

Friedman, Frank B. *Practical Guide to Environmental Management.* 10th ed. Washington, D.C.: Environmental Law Institute, 2006.

Gunningham, Neil A., Robert A. Kagan, and Dorothy Thornton. *Shades of Green: Business, Regulation, and Environment.* Palo Alto, CA: Stanford University Press, 2003.

Hart, Stuart L. *Capitalism at the Crossroads: The Unlimited Business Opportunities in Solving the World's Most Difficult Problems.* Upper Saddle River, NJ: Wharton Publishing School, 2005.

Hawken, Paul. *Ecology of Commerce: ADeclaration of Sustainability.*New York: HarperCollins, 1993.

Hawken, Paul, Amory Lovins, and L. Hunter Lovins. *Natural Capitalism: Creating the Next Industrial Revolution.* Boston: Back Bay Books, 1999.

Hoffman, Andrew J. *Carbon Strategies: How Leading Companies Are Reducing*

Their Climate Change Footprint. Ann Arbor: University of Michigan Press, 2007.

_____. *From Heresy to Dogma: An Institutional History of Corporate Environmentalism.* Stanford, CA: Stanford University Press, 2001.

Hoffman, Andrew J., and John G. Woody. *Climate Change: What's Your Business Strategy?* Boston: Harvard Business School Press, 2008.

Holliday, Charles O., Jr., Stephan Schmidheiny, and Philip Watts. *Walking the Talk: The Business Case for Sustainable Development.* Sheffield, UK: Greenleaf Publishing, 2002.

Krupp, Fred, and Miriam Horn. *Earth: The Sequel: The Race to Reinvent Energy and Stop Global Warming.* New York: Norton, 2008.

McDonough, Bill, and Michael Braungart. *Cradle to Cradle: Remaking the Way We Make Things.* New York: North Point Press, 2002.

Nordhaus, Ted, and Michael Shellenberger. *Break Through: From the Death of Environmentalism to the Politics of Possibility.* New York: Houghton Mifflin, 2007.

Nordhaus, William D. *Question of Balance: Weighing the Options on Global Warming Policies.* New Haven, CT: Yale University Press, 2008.

Pernick, Ron, and Clint Wilder. *The Clean Tech Revolution: The Next Big Growth and Investment Opportunity.* New York: Harper-Collins, 2007.

Prakash, Aseem. *Greening the Firm.* Cambridge, UK: Cambridge University Press, 2000.

Reinhardt, Forest. *Down to Earth: Applying Business Principles to Environmental Management.* Cambridge, MA: Harvard Business School Press, 2000.

Savitz, Andrew. *The Triple Bottom Line: How Today's Best-Run Companies Are Achieving Economic, Social, and Environmental Success?-And How You Can Too.* Hoboken, NJ: John Wiley & Sons, 2006.

Schmidheiny, Stephan, with the Business Council for Sustainable Development. *Changing Course: A Global Business Perspective on Development and the Environment.* Cambridge, MA: MIT Press, 1992.

Schmidheiny, Stephan, Frederico J. L. Zorraquin , with the World Business Council for Sustainable Development. *Financing Change: The Financial Community, Eco-Efficiency, and Sustainable Development. Cambridge, MA:* MIT Press, 1996.

Speth, James G. *The Bridge at the Edge of the World: Capitalism, the Environment, and Crossing from Crisis to Sustainability.* New Haven, CT: Yale University Press, 2008.

Taylor, J. Gary, and Patricia Scharlin. *Smart Alliance: How a Global Corporation and Environmental Activists Transformed a Tarnished Brand.* New Haven, CT: Yale University Press, 2004.

Vogel, David. *The Market for Virtue: The Potential and Limits of Corporate Social Responsibility.* Washington, D.C.: The Brookings Institute, 2005.

Winsemius, Peter, and Ulrich Guntram. *A Thousand Shades ofGreen: Sustainable Strategies for Competitive Advantage.* London: Earthscan Publications, 2002.

Selected Green Business Articles

Ehrenfeld, John R. "The Roots of Sustainability." *MIT Sloan Management Review* 46, no. 2 (2005): 23-25.

Esty, Daniel C. "Climate Business/Business Climate: What Stakeholders Demand." *Harvard Business Review* 85, no. 10 (2007): 30, 34.

Gladwin, ThomasN. "Environmental Policy Trends Facing Multinationals." *California Management Review* 20, no. 2 (1977): 81-93.

Hart, Stuart L. "Beyond Greening: Strategies for a Sustainable World." *Harvard Business Review* 75, no. 1 (1997): 66?76.

Hoffman, Andrew J. "Climate Change Strategy: The Business Logic Behind Voluntary Greenhouse Gas Reductions." *California Management Review* 47, no.3 (2005): 21?46.

King, Andrew. "Cooperation between Corporations and Environmental Groups: A Transaction Cost Perspective." *Academy of Management Review* 32, no. 3 (2007): 889-900.

King, Andrew, and Michael Lenox. "Does It Really Pay to Be Green?" *Journal of Industrial Ecology* 5, no. 1 (2001): 105-116.

Krajnc, Damjan, and Peter Glavic. "How to Compare Companies on Relevant Dimensions of Sustainability." *Ecological Economics* 55, no. 5 (2005): 551?563.

Lash, Jonathan, and Fred Wellington. "Competitive Advantage on a Warming Planet." *Harvard Business Review* 85, no. 3 (2007): 18-29.

Lovins, Amory B., L. Hunter Lovins, and Paul Hawken. "A RoadMap forNatural Capitalism." *Harvard Business Review* 77, no. 3 (1999): 145-159.

Orsato, Renato. "Competitive Environmental Strategies: When Does It Pay to Be Green?" *California Management Review* 48, no. 2 (2006): 127-143.

Packard, Kimberly O'Neill, and Forest Reinhardt. "What Every Executive Needs to Know About Global Warming." *Harvard Business Review* 78, no. 4 (2000): 129-135.

Palmer, Karen, Wallace Oates, and Paul Portney "Tightening Environmental Standards: The Benefit-Cost or the No-Cost Paradigm?" *Journal of Economic Perspectives* 9, no. 4 (1995): 119-132.

Porter, Michael. "America's Green Strategy." *Scientific American* 264 (1991): 168.

Porter, Michael E., and M. R. Kramer. "Strategy and Society: The Link between Competitive Advantage and Corporate Social Responsibility." *Harvard Business Review* 84, no. 12 (2006): 78-92, 163.

Porter, Michael E., and Claas Van Der Linde. "Green and Competitive: Ending the Stalemate." *Harvard Business Review* 73, no. 5 (1995): 120-134.

Reinhardt, Forest L. "Bringing the Environment Down to Earth." *Harvard Business Review* 77, no. 4 (1999): 149.

Repetto, Robert, and Duncan Austin. "An Analytical Tool for Managing Environmental Risks Strategically." *Corporate Environmental Strategy* 7, no. 1

(2000): 72-84.

Steger, Ulrich. "Corporations Capitalize on Environmentalism." *Business and Society Review* 75, no. 3 (1990): 72-73.

Thornton, Dorothy, Robert A. Kagan, and Neil Gunningham. "Sources of Corporate Environmental Performance." *California Management Review* 46, no.1 (2003): 127-141.

Vogel, David J. "Is There a Market for Virtue? The Business Case for Corporate Social Responsibility." *California Management Review* 47, no. 4 (2005): 19-45.

Vogel, David J. "The Low Value of Virtue." *Harvard Business Review* 83, no. 6 (2005).

Walley, Noah, and Bradley Whitehead. "It's Not Easy Being Green." *Harvard Business Review* 72, no. 3 (1994): 46-51.

Environment—Oriented Magazines

Audubon

Conservation International e-news updates (at www.conservation.org)

E/The Environmental Magazine

Ethical Corporation

Fast Company

Friends of the Earth eNews (at www.foe.org)

Green Futures (UK)

Green@Work

Nature Conservancy

On Earth (Natural Resources Defense Council)

Plenty

Rainforest Alliance newsletter (at www.ra.org)

Sierra Magazine

Sustainable Industries

This Green Life (quarterly newsletter from Natural Resources Defense Council)

Verdant

Wildlife Conservation magazine (bi-monthly publication from the Wildlife Conservation Society, at www.wcs.org/magazine)

World Wildlife Fund newsletter (at www.wwf.org)

Websites and Blogs with an Environmental Focus

www.andrewwinston.com/blog

www.commonsblog.org (free-market environmentalism)

www.csrwire.com

www.e360.yale.edu

www.eco-advantage.com

www.enn.com/topics/business (Environmental News Network)

www.env-econ.net (Environmental Economics)

www.environmentalleader.com

http://feeds.feedburner.com/greenthinkers

www.gemi.org

www.globalreporting.org

www.greenbiz.com and www.climatebiz.com

http://gristmill.grist.org

http://blogs.harvardbusiness.org/leadinggreen

www.makower.typepad.com/joel=makower

http://mygreenelement.com (News and views on green business)

www.sustainability.com

www.sustainabilitydictionary.com

www.sustainablebusiness.com

www.sustainablelifemedia.com

www.sustainablemarketing.com

www.sustainablog.orgsustainablog.blogspot.com

www.treehugger.com

www.triplepundit.com

www.wbcsd.org

www.worldchanging.com

http://blogs.wsj.com/environmentalcapital (Daily analysis of business and environment by the Wall Street Journal)

우리는 2003년 얼핏 간단해 보이는 의문을 던지며 연구에 착수했다. 바로 어떤 기업이 환경 리더인가라는 질문이었다. 금융계의 리더 찾기는 매우 간단하다. 순이익이나 현금흐름같이 잘 알려진 측정지표를 이용해 빼어난 실적을 찾거나, 아니면 단순히 시간에 따른 주식 가격 그래프를 살피면 된다. 그렇지만 환경영역에서 리더를 뽑는 일은 명확하지가 않다. 이상적인 세계라면 모든 기업들이 정확하고 비교 가능한 환경실적지표(오염물질 배출, 위반사례 등)를 공개할 것이다. 그렇지만 이런 종류의 데이터는 확보하기 불가능하다. 그래서 우리는 이용 가능한 정보를 모으고자, 공개된 자료와 학술문헌까지 다양한 자료에서 정보를 취했고 현재 나와 있는 기업순위를 검토했다. 또 환경담당자에게 설문지를 보내 어느 기업이 환경영역에서 선도적 위치인지를 물어보았다.

우리는 순위선정 작업 때 몇몇 성과관련지표를 참고했지만, 확보 가능했던 것은 대부분 설문결과나 일화성 자료였다. 사실 대다수 환경 및 지속가능성 평가서비스, 이를테면 뉴욕 소재 이노베스트(Innovest), 취리히에 있는 지속가능한 자산관리(Sustainable Asset Management), 여타 사회적 책임투자 기관들도 기업설문에 크게 의존한다.

기존 평가자료와 일부 추가 자료를 한데 모아, 우리는 자체적인 순위지표를 개발했다. 그리고 아래와 같이 점수를 매겼다.

1. 기관투자자(25%)

· 주요 지표(80%): 이노베스트 AAA 혹은 AA 등급, 도미니 400 지수(KLD연구조사기관 작성), FTSE4Good 지수, 다우존스 지속가능성 지수.

· 추가지표(20%): 칼버트 펀드(상위 10위 지주회사), 지속가능성 비즈니스 올스타 20, 시에라 클럽 뮤추얼 펀드.

2. 협정 및 협약 참여도(25%)

· 실적보고 혹은 기업의 사회적 책임(33%): 세레스, 세계보고서지침, 국제환경경영협회, 글로벌 콤팩트(UN이 주도하는 기업의 사회적 책임 촉구 협약-옮긴이), 사회적 책임을 위한 비즈니스(Business for Social Responsibility), 세계지속가능발전 기업협의회(World Business Council For Sustainable Development).

· 기후변화(33%): 퓨 센터(Pew Center)의 비즈니스 환경 리더십 협의회(Business Environmental Leadership Council), 환경부의 기후변화 리더, 에너지부의 온실가스 배출 자진보고, 기후보호(ClimateSavers), 세계야생생물기금, 기후행동연대, 시카고 기후 거래소, 여타 협정 및 지역별 협정.

· 환경부 정책(33%): 에너지 스타, 전국환경실적 트랙(National Performance Track).

3. 연구조사(25%)

· 환경담당자를 대상으로 한 녹색황금 설문조사(75%).

· 여타 조사(25%): 환경혁신센터의 환경·건강·안전 담당자를 대상으로 한 설문조사, 「파이낸셜 타임즈」가 가장 존경받는 CEO와 NGO 리더를 대상으로 한 설문조사.

4. 기타(25%)

· 녹색 비즈니스 연구보고서 검토(33%): 다룬 횟수.

· 성과(33%) : 에너지 사용, 물 소비, 유해폐기물, 폐기물총량, 온실가스 배출, 휘발성 유기물, 질소산화물(NOx), 유황산화물(SOx) 등 8가지 핵심지표에 대한 실적.

· 로비 혹은 정치적 행동(33%): 미 의회 기부상황, 환경유권자연맹(League of Conservation Votters)의 하원의원 순위로 가중평균한 자료.

우리의 설문조사작업

환경 리더를 선별하기란 만만치 않은 작업이다. 어떤 순위선정이든 핵심요소는 업계와 규제기관에 소속된 해박한 사람들의 견해에 기초해야 한다. 우리는 환경담당자 표본(여기에 환경부 담당자들도 추가)을 선발해 다음과 같은 몇 가지 간단한 질문을 던졌다.

· 어떤 기업이 환경실적과 전략에서 리더라고 생각하는가?

· 환경 리더로 긍정적인 주목을 끌지만 실상 자격미달이라고 생각하는 기업이 있는가?

· 환경실천에서 부당한 비판을 받지만 실상 환경실적이나 전략이 우수하다고 생각하는 기업이 있는가?

이는 자유응답형 질문이었고, 그 답변은 전적으로 우리가 설문조사한 관계자들의 지식과 통찰에 따른 것이었다. 이 세 가지 질문에서 가장 많은 표를 얻은 기업을 득표순위에 따라 표에 열거했다. 우리는 이들을 각각 '환경 리더', '과대평가기업', '과소평가기업'이라고 칭했다.

그 결과는 대개 예상에서 벗어나지 않았고 다른 자료 데이터를 보완하는 정도였다. 환경 리더는 우리가 1장에서 열거한 최종 녹색기업(Wave Riders)과 상당히 흡사했다. 그렇지만 우리는 몇 가지 흥미로운 사실도 발견했다. 듀폰, 쉘, 인터페이스 등 세 가지 목록 모두에 이름이 올라온 기업들도 많았다. 이것은 무슨 뜻일까? 이는 일정부분에서 리더 선별이 각자 생각하기 나름이라는 사실을 보여준다. 이는 또한 모든 환경전략에서 리더인 회사는 없으며, 일부 영역에서는 뒤처진다는 점을 반영한다. 어떤 응답은 뒤처지는 면에 초점을 맞췄고 어떤 것은 주도하는 면에 주목했다.

과소평가 목록은 대중적 인식의 이면을 보여준다. 예를 들면 GE의 약진은 비록 잭 웰치가 환경부와 대적하면서 기업의 환경입지에 대한 대중적 평판에 손해를 주긴 했지만, 대다수 환경·건강·안전 전문가들은 GE의 환경경영 시스템을 최고로 손꼽는다는 사실을 보여준다.

환경계의 동네북인 엑슨모빌은 어떻게 해서 최고의 과소평가 기업에 오른 것일까? 이 결과는 기업의 환경관계자들이 엑슨모빌을 효율적 운영기업으로 여기고, 폐기물 감소를 곧 오염물 배출 감소로 인식한다는 점을 보여준다. 게다가 대다수가 엑슨모빌이 뛰어난 환경경영 시스템을 갖췄다고 보았다. 그렇다 해도 엑슨모빌을 명백한 환경 리더로 꼽은 응답자는 아무도 없었다.

데이터 문제와 순위선정의 편향성

순위선정은 여러 가지로 힘들고 제약조건이 많다. 데이터 격차를 없애기 위해 가정과 자료 축약이 불가피했다. 따라서 우리의 목록을 환경 리더 기업 '확정' 순위로 여겨서는 안 된다. 몇 가지 추가로 주목할 사항과 유의점을 언급하면 다음과 같다.

· 순위선정에는 우리의 의도 이상으로 실적이나 결과보다 대중적 인식이나 환경적 노력이 강조됐다. 동료기업과 평가기관에서 크게 주목받는 기업이 두드러지는 경향을 보였다. 반면 이케아 같은 개인기업은 물론, 허먼 밀러처럼 묵묵히 제 몫을 하면서도 인지도가 낮은 기업은 높은 점수를 받지 못했다. 사실 이케아는 25쪽에 있는 전 세계 녹색기업 명단에서 24위에 오르긴 했지만, 이 기업은 누가 보더라도 세계적인 지속가능 대기업이다.

· 개인회사의 경우, 사회적 책임투자(SRI) 점수를 여타 상위권 기업의 SRI 평균점수로 '대체'했다.

· 우리의 분석자료가 다른 모든 자료와 마찬가지로 실제 기업의 환경실적보다 환경책임에 대한 공약 등 가시적 증거에 너무 많은 가중치를 부여했다는 판단이 들었다. 이에 저평가된 기업이나 주목은 못 받아도 흥미로운 이야기가 있을 법한 유망주를 발굴하기 위해 각별히 노력했다.

· 중요한 데이터는 확보하기 힘들거나 확실성이 떨어졌다. 특히 오염물 배출이나 에너지 이용 등 실제 환경실적 데이터는 기업별로 비교가 불가능했다. 데이터와 비교지표를 꾸준히 모을 수 있다면, 노력이나 인지도보다는 실제 성과를 토대로 한 순위선정이 가능할 것이다.

· SRI 기관은 대개 기업설문을 토대로 순위를 선정한다. 자기보고식 정보에 의존하면, 연구방법 문헌이 충분히 입증했듯 일련의 결함과 편의를 낳는다.

· 일부 중복된 분석요인이 있다. 우리도 SRI 기관처럼 동일 요인을 대거 포함한 결과, 점수들이 자기강화적 성격을 띠었다. 예를 들면 이노베스트에서 좋은 등급을 받은 기업은 우리가 매긴 다른 순위항목에서도 좋은 점수를 받을 가능성이 있다.

여러 가지 점에서 아직 다듬어지진 않았지만, 우리처럼 '순위를 다시 순위 매기는 작업'은 매우 유용한 결과를 낳는다고 본다. 다양한 데이터와 순위체계를 조합하면 교란요인이 일부 제거되면서 더욱 선명한 '신호'가 발생한다. 물론 순위작업은 우리의 인터뷰와 분석의 첫 시작일 뿐이었다.

환경 리더 기업	과대평가기업	과소평가기업
브리티시 페트롤리엄	포드	엑슨모빌
다우	브리티시 페트롤리엄	나이키
듀폰	홈데포	쉘
인터페이스	3M	스타벅스
도요타	쉘	브리티시 페트롤리엄
쉘	인터페이스	맥도날드
존슨 앤 존슨	맥도날드	제너럴 일렉트릭
IBM	몬산토	듀폰
나이키	나이키	미 국방부
3M	제너럴 모터스	몬산토
에이치피	쇼	알코아
파타고니아	크놀	벌링턴 노던 산타페
유니레버	바디샵	유니온 퍼시픽
포드	온타리오 파워	시에스엑스
SC 존슨	셰브런 텍사코	스테이플스
노보 노디스크	치키타	시티그룹
피앤지	엠디비시	셰브런 텍사코
백스터	파타고니아	도요타
브리스톨−마이어스 스퀴브	와이어하우저	인터페이스
앤호이저−부시	루슨트	바이엘
아베다	제록스	다우
바스프	컴팩	와이어하우저
허먼 밀러	애플	델
노스크 하이드로	아처다니엘스	제너럴 모터스
리코	다우	코크 인더스트리
스토니필드 팜	레비 스트라우스	포드
일렉트로룩스	듀폰	유피엠−킴메네
알코아	폭스바겐	
킨코스	ST마이크로일렉트로닉스	
소니	테크니언	
제록스	BC 하이드로	
스타벅스	캔포	

벤 앤 제리	알칸	
카킬-다우	알코아	
코퍼러티브 뱅크	브리스톨-마이어스 스퀴브	
제너럴 일렉트릭	엑슨모빌	
헨켈	리오 틴토	
혼다	라파즈	
이케아	IBM	
인텔	지멘스	
제이엠	후지쿠라 카세이	
엠디비시	바텐팔	
밀리켄		
모토롤라		
엠티엔 이큅 쿱		
놈 톰슨		
노바티스		
필립스		
피트니 보우스		
선코		
스위스 리		
유피에스		
HNM		

지난 몇 년 동안 우리는 전 세계 수천 명의 사람들과 녹색황금에 대해 수백 번의 담화를 나누었다. 대화하는 과정에서 반복된 질문이 많았다. 이중 자주 나온 질문에 대해 구체적으로 답하는 것이 유용하리라 본다.

첫 번째 질문: 기업들을 친환경으로 몰아가는 요인은 무엇인가?

비즈니스는 환경적 사고를 영업활동에 반영하는 것이 여러 가지 이유로 합리적임을 깨달았다. 첫째, 물 부족과 기후변화의 잠재적 여파 등 자연이 가하는 직접적인 압력이 일부 기업의 성장기회를 제약하면서 위험과 경쟁우위의 원천으로서 환경에 관심을 돌리게 되었다.

둘째, 자원확보 비용이 전략적 우선순위를 바꾸었다. 오늘날 높은 유가를 고려할 때, 거의 모든 기업과 가계는 에너지 효율성 투자가 부족하다. 그리고 에너지 소비를 줄이면 탄소요금제가 전 세계적 현실로 자리 잡을수록 그 혜택도 커질 것이다.

셋째, 기후변화는 가장 두드러진 신종 이슈이자 규제대상인 한편, 정부는 현재 포장방식, 폐기물, 화학물질 노출 등 여러 가지 오염과 천연자원 이슈에 대한 엄격한 기준을 마련 중에 있다.

넷째, 기업들은 기후변화와 여타 환경문제에 관심이 높은 여러 이해관계자 집단과 대면하고 있다. 기업 리더들도 현재 환경단체 같은 전통적인 이해관계자를 넘어 사고해야 함을 자각하고 있다. 이들은 활동기반인 지역사회, 현재와 미래의 직원들, 자사의 고객 등 여러 중요한 이해관계자에 접근해 만족감을 주고자 녹색전략을 발판으로 삼는다. 그리고 금융업계, 보험회사, 자본시장 등 새로운 이해관계자에게도 대화를 건네고 있다. 이 모든 위험평가자들이 점차 '탄소노출'에 주목하고 환경적 결과가 금융실적에 미치는 영향을 주목하기 때문이다.

이러한 일련의 녹색압력은, 투명성 증대 같은 거대한 압력과 더불어(이는 기업행동에 대한 감시를 높였다), 각종 형태의 현명한 기업들에게 새로운 기술과 접근방식 개발이라는 과제를 던져준다. 크든 작든, 제조업이든 서비스업이든, 첨단기술 분야이든 '구경제'이든 예외인 기업은 없다. 리더들은 이러한 압력이 위험과 기회를 창출한다는 점, 그리고 녹색 렌즈로 전략을 사고하는 일이 비즈니스에 필수라는 점을 깨닫고 있다.

두 번째 질문: 녹색황금 분석 틀과 전략이 중소규모 기업에도 통할까?

모든 규모의 기업들이 환경적 관심을 비즈니스 전략에 반영하는 일이 합리적이라고 깨닫고 있다. 우리가 이 책에서 설명한 도구는 다국적 기업뿐 아니라 중소규모 회사에도 적용된다. 예를 들면 비용절감과 위험감소, 수익증대, 브랜드 강화 등 가치창조와 환경우위의 네 가지 핵심영역은 모든 규모의 기업에게 적용가능하다. 그리고 이슈 포착, 환경발자국 측정, 이해관계자 도표화작업, 제품재설계, 혁신적 기업문화 창출 등 우리가 소개한 도구들은 전 세계 크고 작은 기업들에게 동일한 영향력을 발휘한다.

그렇지만 대기업과 소기업에는 몇 가지 중요한 차이점이 있다. 대기업은 더 큰 환경경영 인프라에 투자가 가능하다. 또 가치사슬에 압력을 행사하는 능력도 훨씬 크다. 월마트나 이케아가 공급업체에게 더 높은 환경기준을 요구하기란 분명 더 수월하다. 그렇지만 소형기업들도 업종끼리 뭉쳐서 기준을 설정할 수 있다. 게다가 소기업은 몇 가지 차별화된 우위를 누릴 수 있다. 혁신지향적 환경이라는 미래로 이행할수록 중소규모 기업은 더욱 발 빠른 대처가 가능하기 때문이다. 역사적으로 볼 때, 획기적 기술의 상당부분은 기업가 정신으로 무장한 소규모 기업에서 나왔다.

세 번째 질문: '친환경'제품에 대한 수요가 정말 있는가?

이 책을 준비하면서 조사해본 결과 친환경제품 시장은 산업별로 상당히 다르다는 사실을 발견했다. 전통적으로, 어떤 제품을 막론하고 친환경제품에 프리미엄을 낼 의사가 있는 구매계층은 극소수에 불과했다. 그렇지만 다수의 제품군에서 이러한 추세에 변화가 있었다. 이를테면 건강식품과 유기농식품 시장이 빠르게 성장하고 있다. 홀푸드는 미국에서 가장 급성장한 슈퍼마켓이다. 그리고 전통적 슈퍼마켓에서도 유기농식품사업이 가장 빠른 성장세를 보여주고 있다.

예일 대학의 조사에 따르면 남들보다 훨씬 더 환경에 주목하는 특정 인구집단이 존재하며, 이들은 녹색 프리미엄을 기꺼이 지불할 용의가 있다고 한다. 바로 가처분 소득이 높은 젊은 계층과 여성들이다. 영국의 경우 소매업체 테스코와 막스 앤 스펜서(Marks & Spencer)가 기후변화부터 폐기물, 건강식품에 이르기까지 환경적 관심이 다양한 고객들을 끌어모으기 위해 친환경의 선봉이 되려고 애쓰고 있다.

그러나 현실에서 유기농식품이나 도요타의 프리우스처럼 매우 보기 드문 대박사례 외에는 친환경제품에 돈을 더 내려는 대중들이 극히 적다. 그렇지만 이 일명 '모순된' 소비자들의 수가 늘어날 것으로 보인다. 여러 연구조사에 따르면 많은 이들이 환경과 사회에 유익한 제품을 원하지만 높은 가격과 낮은 품질을 감수할 생각은 없다고 한다. 이러한 결과는 상품의 가치와 성능을 충족시키고 '동시에' 환경적 혜택을 안겨주는 기업이 앞으로 약진한다는 뜻이다.

네 번째 질문: 친환경을 선전하며 제품을 파는 기업이 '가짜 환경기업'으로 비난받을 위험은 없는가?

탄탄한 분석과 성실한 자세를 갖추고 친환경을 선전하면 가짜 환경기업으로 비난받을 위험이 거의 없다. 그렇지만 이런 과제들을 해결하지 않고 뛰어든 기업들은 위선자로 낙인찍혀 브랜드 가치와 신뢰도가 떨어지고 매출도 줄어들 가능성이 있다. 환경정책이 일반화될수록 체계적이고 전략적인 기업이 참된 환경적 진전을 보여주면 그 노력을 인정받을 것이다. 목표로 삼은 가치를 창출하지 않은 채 '임기응변식'으로 환경적 노력을 하는 기업들은 소홀히 다룬 환경 이슈에서 비난의 여지를 남기게 된다.

다섯 번째 질문: 만약 중국과 인도가 기후변화에 소홀한 상태에서 미국과 유럽만 적극적인 자세를 취하면 비교열위에 놓이지 않을까?

개발도상국에서 활동하는 기업들이 온실가스 배출이나 다른 환경문제에 대한 부담을 같이 나누지 않는 한, 미국과 유럽에서도 이들 문제에 대한 관심을 오랫동안 유지하기 힘들 것이다. 우리는 인도나 중국이 앞으로 방관하지 않으리라 보는데, 대중의 압력을 비롯해서 자국의 이해관계까지 다양한 이유가 있기 때문이다.

인도와 중국은 자국의 발전정도와 절박한 빈곤문제를 고려할 때 기후변화문제를 다룰 만한 입장이 아니라고 주장하지만, 앞으로는 온실가스 배출 줄이기에 힘쓸 가능성이 높다. 현재 두 국가 모두 국내적으로 심각한 환경문제에 직면해 있으며, 특히 넓은 지역에 걸친 대기오염 문제가 두드러져 보인다. 알다시피 온실가스 배출을 줄이면 지역적으로 대기오염을 줄이는 데 도움이 된다.

'교토를 뛰어넘을' 다음 번 기후변화협정은, 지난 시기 세계적 규모의 정책적 노력을 성공으로 이끈 핵심원리를 다시 한 번 재현할 것이다. 그것은 바로 '공통의 그러나 차별된 책임(common but differentiated responsibility)'이다. 이 원칙은 모든 국가가 '공통' 문제의 부담을 지도록 한다. 그렇지만 나라별 발전수준과 재정능력에 따라 구체적 의무에 '차별'을 둔다. 따라서 새로운 협정 아래 미국과 유럽이 온실가스 배출을 상당량 줄이는 한편, 중국과 인도도 온실가스 배출 '증가량'을 특정 퍼센트까지 줄이는 데 초점을 맞추게 된다. 이를테면 중국이 배출량을 10년에 걸쳐 60퍼센트에서 30퍼센트로 줄이는 식이다.

오염감소라는 내부압력과 대외적인 정책압력 외에도, 두 국가는 국제 비즈니스 사회에서 특히 압력을 받을 것이다. 중국은 실상 세계적 공급업체이다(미국에 판매되는 장난감 중 80퍼센트가 중국산). 따라서 우리가 이 책에서 논한 '공급사슬의 녹색화' 정책이 이들 국가 역시 자극할 것이다. 마텔 같은 회사들이 포괄적 공급업체 감사 프로그램 개발이나 청정제품 비용투자를 마다한 채, 언제까지 자사제품에 납 성분이 쓰이도록 계속 방치하지는 않을 것이다. 모든 실수를 잡아내는 정책은 없다 해도, 기업 간 압력은 새로운 공정과 친환경제품 설계로 유도할 것이다.

여섯 번째 질문: 환경시장에서 규제는 여전히 결정적인 동력인가?

많은 기업들이 환경에 주목하는 일이 합리적임을 깨닫고 있다. 그 이유는 사회가 기후변화, 수자원 확보와 수질, 지역의 대기오염, 포장과 폐기물, 식품 안전 등 여러 가지 이슈에서 진전된 모습을 원하기 때문이다. 이러한 이슈가 불거진 이유가 규제 때문이든 아니면 단순한 대중적 기대 때문이든, 현재 이 이슈에 상당한 자금지원이 몰리기 시작했다. 대중적 공약수위가 높아진 상황에서, '해결사'로 정체성을 다지는 역량 있는 기업이 이윤을 거머쥘 것이다.

현명한 비즈니스 리더들은 때로는 규제 덕분에 환경제품에 대한 수요가 생긴다는 점을 잘 알고 있다. 특히 정부가 온실가스 배출을 규제하거나 배출량에 가격을 매길 것이라는 전망은 에너지 효율적 기술이나 대체 에너지에 대한 수요를 부추긴다. 실상 매해 수천억 달러가 '청정기술' 시장에 유입되어, 환경혁신을 추동하고 있다.

일곱 번째 질문: 녹색물결이 가라앉지 않을까? 환경에 대한 사회적 관심이 곧 사라질 유행은 아닐까?

환경에 대한 대중의 관심은 시간에 따라 어느 정도 기복을 타기 마련이다. 그렇지만 장기적으로 보면 오염물 통제와 천연자원 관리에 대한 대중적 관심은 계속 커져왔다. 사실 미국뿐 아니라 세계 어느 나라를 보아도 현재 환경에 대한 관심이 20년 전보다 낮아진 곳은 없다. 따라서 환경 이슈가 바뀌고 기업이 주목하는 우선순위가 변할지언정, 환경에 대한 관심이 사라질 가능성은 없다.

비즈니스 사회가 환경 비즈니스 전략에서 황금알을 발견한 마당에, 폭넓은 사회적 변화를 거슬러 회귀하는 일은 없을 것이다. 월마트의 CEO인 리 스콧은 자사의 500개 대형공급업체 CEO들에게 "지속가능성은 반짝 유행이 아니다."고 말했다. 그가 설명한 전략은 본질적으로 우리가 4장과 5장에서 전개한 내용이었다. 즉 월마트의 가치창출은 더 나은 제품판매, 비용절감, 좋은 평판을 통해 이뤄진다는 것이다. 더 뛰어난 경영법을 발견한 회사가 그 새로운 접근법에서 손을 떼는 일은 드물다. 그러므로 녹색황금에 대한 고민은 오래도록 지속될 것이다.

미주

개정판 서문

1) 댄 에스티는 DFA 회사에게 환경관리도구를 설계해준 서스테이너블 홀딩스(Sustainable Holdings)의 자문이다.

들어가며

1) 플레이스테이션 게임기 사건에 대한 자세한 내용은 다음을 참고하라. Teruo Masaki (Sony), "KeynoteⅡ," Speech, Business for Social Responsibility Conference, Los Angeles, CA, 11 November 2003; 다음도 참고하라. Associated Press, "Dutch Authorities Stop Sony Game Console Shipment over Environmental Fears," 4 December 2001.

2) Lord John Browne, Speech, Stanford University, Palo Alto, CA, 1999.

3) BP의 2007년 지속가능성 보고서는 다음을 참고하라. http://www.bp.com/liveassets/bp_internet/globalbp/STAGING/global_assets/e_s_assets/downloads/bp_sustainability_report_2007.pdf

1부 녹색물결이 밀려온다

Chapter1 미래사회 새로운 성장의 길

1) Jeff Immelt, Speech, launch event for ecomagination, Washington, D.D., 9 May 2005.

2) Lee Scott, "Twenty First Century Leadership," Speech, made to Wal-Mart shareholders, 24 October 2005, http://walmartstores.com/sites/sustainabilityreport/2007/documents/21stCenturyLeadership.pdf

3) David Ignatius, "Corporate Green," Washington Post, 11 May 2005, A7.

4) 2008년 5월 20일, HP의 팻 티어난과 주고받은 편지 내용.

5) Claudia Deutsch, "Goldman to Encourage Solutions to Environmental Issues," New York Times, 22 November 2005.

6) 다음을 참고하라. Benjamin C. Esty, Aldo Sesia Jr., and Carin-Isabel Knoop, "The Equator Principles: An Industry Approach to Managing Environmental and Social Risks," Harvard Business School Case, Product 2005114, 16 June 2005, revised 30 January, 2007.

7) 탄소원칙은 자문가와 대부업체가 미국의 주요기업에게 영향력을 행사하기 위한 기후변화관련 지침이다. 이는 월스트리트 은행들이 전력발전소 프로젝트에 대출을 할 때 탄소위험을 평가하거나 다루도록 한 노력의 결실이다. 더 자세한 내용은 다음을 참고하라. "Leading Wall Street Banks Establish the Carbon Principles," Citigroup Inc., 2008, www.citi.com/citigroup/press/2008/080204a.him.

8) 마이클 포터는 *The Competitive Advantage of Nations*(New York: Free Press, 1990)

에서 현대사회의 경쟁우위는 주로 저비용 투입재보다는 혁신에서 나온다고 주장했다. 토머스 프리드먼도 *The World Is Flat*(New York: Farrar, Straus and Biroux, 2005)에서 비슷한 주장을 한다.

9) 2006년 3월 10일 캐나다 토론토에서 필 베리와 인터뷰한 내용.

10) 2004년 5월 7일 영국 런던에서 쉘의 앨버트 브리샌드와 인터뷰한 내용.

11) D. Kurzman, *A Killing Wind: Inside Union Carbide and the Bhopal Catastrophe*(New York: McGraw-Hill, 1987).

12) 2004년 10월 24일, 코네티컷 주 뉴 헤이븐에서 월 마트의 돈 모슬리와 인터뷰한 내용.

13) 이는 보통 워런 버핏이 한 말이라고 본다. 일례로 다음을 참고하라. Anne Fisher, "America's Most Admired Companies," *Fortune*, 6 March 2006.

14) 밀턴 프리드먼, "The Social Responsibility of Business Is to Increase Its Profits," *New York Times Magazine*, 13 September 1970, 33.

15) 밀턴 프리드먼, *The World Is Flat*.

16) 다음을 참조하라. "2005 Yale Environment Poll," Yale Center for Environmental Law and Policy, 2005, www. yale.edu/envirocenter/.

17) Martin Fackler, "Surging Oil and Food Prices Threaten the World Economy, Finance Ministers Warn," *New York Times*, 15 June 2008.

18) David Vogel, "Comparing Environmental Governance: Risk Regulation in the EU and the US," Center for Responsible Business, Working Paper Series, Paper 2, 1 September 2003, http://repositories.cdlib.org/crb/wps/2/.

19) James Brooke, "At Tokyo Auto Show, a Focus on Fuel, Not Fenders," *New York Times*, 4 November 2005, C1, 4.

20) Elisabeth Rosenthal, "China Increases Lead as Biggest Carbon Dioxide Emitter," *New York Times*, 14 June 2008.

21) 모니카 아라야에게서 인용한 이 구절은 다음을 참고하라. 「To Tell or Not to Tell? Determinants of Environmental Disclosure and Reporting in Corporate Latin America」(2006년 예일 대학 박사학위 논문), 276쪽.

22) Claudia Deutsch, "Take your Best Shot: New Surveys Show That Big Business Has a P.R. Problem," *New York Times*, 9 December 2005.

23) 다음을 참고하라. Zoltan J. Acs and David B. Audretsch, *Innovation and Small Firms*(Cambridge, MA: MIT Press, 1990).

24) 다음을 참고하라. Daniel Esty, "A Term's Limits," *Foreign Policy*, September-October 2001, 74-75. 피라미드의 밑바닥에 대한 더 자세한 내용은 다음을 참고하라. C. K. Prahalad, *The Vortune at the Bottom of the Pyramid*(Upper Saddle River, NJ: Wharton School Publishing, 2004).

25) David Vogel, *The Market for Virtue: The Potential and Limits of Corporate Social Responsibility*(Washington, D.C.: Brookings Institution Press, 2005).

26) 다양한 조직에서 기업의 환경실적 기준을 세우고자 노력 중이다. 그 기관은 다음과 같다. Global Reporting Initiative(www.globalreporting.org), Global Environmental Management Initiative(www.gemi.org), World Business Council on Sustainable Development(www.wbcsd.org). 이중 WBCSD는 2005년 "Beyond Reporting:

Creating Business Value and Accountability"라는 보고서를 내기도 했다.

27) 뉴욕에 소재한 이노베스트는 주식자문 서비스를 제공한다(www.innovest.com 참고). SAM은 취리히에 있는 서비스 기관이다(www.sam-group.com 참고). 우리가 순위선정에 참고한 전체 기관 명단은 부록2를 참고하라.

28) 녹색기업 중 4곳은 개인기업이었고(SC 존슨, 벤 앤드 제리, 파타고니아, 이케아), 또 다른 3곳은 역대 주식가격자료를 구할 수 없었다(홀심, 헨켈, 노보자임스). 따라서 수치는 나머지 43개 기업의 주가동향이다.

29) 많은 연구자와 연구서들이 환경실적과 재무실적 사이의 상관관계를 입증하고자 시도했다. 관련문헌으로 다음을 참고하라. Andrew King and Michael Lenox, "Does It Really Pay to Be Green? An Empirical Study of Firm Environmental and Financial Performance," *Journal of Industrial Ecology* 5:1(2001): 105-116; M. Orlitzsky, F. Schmidt, and S. Rynes, "Corporate Social and Financial Performance: A Meta-analysis," Social Investment Forum Foundation, 2004, www.socialinvest.org/Areas/Research/Moskowitz/winning=papers.htm; K. Gluck and Y. Becker, "The Impact of Eco-Efficiency Alphas on an Actively Managed U.S. Equity Portfolio Performance," State Street Global Advisors, February 2004. 다음 책도 참고하라. Vogel, *The Market for Virtue*.

30) Scott, "Twenty First Century Leadership."

31) Immelt, ecomagination speech.

Chapter2 녹색물결을 탄 스마트한 기업들

1) 유니레버는 이 야심찬 목표를 달성하지는 못했지만 상당한 진전을 이루었다. 더불어 2007년 유니레버가 수산물 사업분야를 전부는 아니지만 대부분 매각한 점도 눈길을 끈다.

2) "Unilever Acts to Improve Sustainability of Fishing in European Waters," *Business Wire*, 22 April 1996.

3) S. Sanandakumar, "Unilever to Buy Seafood Only from Certified COs," *Economic Times*, 11 February 2003.

4) 국가별, 이슈별로 전 세계 상황을 사실에 입각해 분석한 글로는 다음을 참고하라. Yale Center for Environmental Law and Policy, "2008 Environmental Performance Index," 2008, http://epi.yale.edu.

5) Eugene Linden, "Climate Shock," *Fortune*, 23 January 2006, 135-145.

6) 다음을 참고하라. Paul Hawken, Amory Lovins, and L. Hunter Lovins, *Natural Capitalism: Creating the Next Industrial Revolution*(Boston:Back Bay Books, 1999).

7) 2004년 8월 19일 매츠 레더하우젠과 한 인터뷰 내용.

8) Andrew C. Revkin, "Rise in Gases Unmatched by a History in Ancient Ice," *New York Times*, 25 November 2005.

9) Naomi Oreskes, "Beyond the Ivory Tower: The Scientific Consensus on Climate Change," *Science 306*(2004): 1686.

10) Pew Center on Global Climate Change, "Global Warming Basics: Facts and

Figures," www.pewclimate.org/globalwarming-basics/facts=and=figures/.

11) "2007 Was Tied for the Second Hottest Year on Record," www.universetoday. com/2008/01/18/2007-was-tied-for-the-second-hottest-year-on-record/.

12) James Reynolds, "Urgent Action Is Called for Now, Says Blair in Dire Global Warning," *Scotsman*, 15 September 2004, 13.

13) Juliet Eilperin, "Humans May Double the Risk of Heat Waves," *Washington Post*(Final Ed.), 2 December 2004.

14) Bill Chameides and James Wang, Global Warming's Increasingly Visible Impacts, Environmental Defense, 2005, www.environmentaldefense.org/documents/4892= GlobalWarmingmpacts=ExSummary.pdf; David Laskin, "The Great Meltdown: The Freezing Cold Stuff Is a Hot Topic for Scientists and Adventurers Alike," review of "Thin Ice: Unlocking the Secrets of Climate in the World's Highest Mountains by Mark Bowen," *Washington Post*, 20 November 2005.

15) John Schwartz, "Two Studies Link Global Warming to Greater Power of Hurricanes," *New York Times*, 31 May 2006.

16) Associated Press, "Canadian Beetle Infestation Worries U.S.," 16 January 2006.

17) Amy Royden, "U.S. Climate Change Policy under President Clinton: A Look Back," in *Rio's Decade: Reassessing the 1992 Earth Summit, Golden Gate U.L. Rev 32*(2002): 415 n.289.

18) 뉴올리언스 피해가, 폭풍을 강화시킨 기후변화의 직접적 결과라고 주장하는 사람들도 있다. Ross Gelbspan, "Katrina's Real Name," *Boston Globe*, 30 August 2005를 참고 하라.

19) World Water Council, Number of Killer Storms and Droughts Increasing Worldwide, 27 February 2003(Press Release), www.worldwatercouncil.org/ fileadmin/wwc/News/WWC=News/News=2003/PR=climate=27.02.03.pdf.

20) 다음을 참고하라. Daniel Yergin, *The Prize: The Epic Quest for Oil, Money, & Power*(New York: Free Press, 1991). 석유의 종말에 대한 예측에 대해서는 다음 을 참고하라. Colin J. Campbell and Jean H. Laherrere, "The End of Cheap Oil," *Scientific American*, March 1998, 78-83; and Matthew R. Simmons, *Twilight in the Desert: The Coming Saudi Oil Shock and the World Economy*(Hoboken, NJ:John Wiley & Sons, 2005).

21) Edison Electric Institute에서 구한 미국 연료구성통계는 다음을 참고하라. www.eei. org/industry=issues/industry=overview=and=statistics/industry=statistics/index. htm.

22) Peter Schwartz and Spencer Reiss, "Nuclear Now! How Clean, Green Atomic Energy Can Stop Global Warming," *Wired*, February 2005; 또한 전 환경부 장관 이었던 크리스티 토드 휘트먼과 그린피스의 공동설립자인 패트릭 무어는, 새로운 원 자로 홍보캠페인을 주도하겠다고 발표했다. 다음을 참조하라. Matthew L. Wald, "Ex- Environmental Leaders Tout Nuclear Energy," *New York Times*, 25 April 2006, A24.

23) "Renewable Electricity Standards at Work in the States," *Union of Concerned Scientists*, www.ucsusa.org/clean_energy/clean_energy_policies/res-at-work-in-

the-states.him을 참고하라.

24) 청정기술 자료는 여기에서 얻었다. N. Parker and A. O' Rourke, The Cleantech Venture Capital Report 2006, *The Cleantech Venture Network*, 2006. 청정기술 시장의 규모에 대한 자료는 Environmental News Service에서 인용한 다음 자료를 참고했다. "Trillions Foreseen for Business in Global Environmental Markets," Environment Forum, 29 November 2005.

25) Millennium Ecosystem Assessment, "Ecosystems and Human Well-Being: Synthesis"(Washington, D.C.: Island Press, 2005),www.millenniumassessment.org/en/products.aspx.

26) James Kynge, "China Counts Economic Costs as Water Shortages Hamper Growth," *Financial Times*, 26 March 2004.

27) Glen Martin, "Salmon Kill Linked to Level of Klamath River's Flow-Reduced for Irrigation-Played a Role in Huge Die-Off, U.S. Study Finds," *San Francisco Chronicle*, 19 November 2003.

28) Monica Araya, "To Tell of Not to Tell? Determinants of Environmental Disclosure and Reporting in Corporate Latin America" (PhD Dissertation, Yale University, 2006), 286-292.

29) GE Infrastructure, "GE Technology Plays Critical Role in Opening of World's Largest Potable Ultrafiltration Plant," 6 September 2005 (Press Release), www.gewater.com/pdf/pr/20050906=pr.pdf.

30) 리오 틴토의 데이브 리처즈가 제공한 리오 틴토 내부보고서. "Sustaining a Natural Balance: A Practical Guide to Integrating Biodiversity into Rio Tinto's Operational Activities"

31) R. Costanza et al., "The Value of the World's Ecosystem Services and Natural Capital" *Nature* 387(1997): 253-260

32) 그 예로 다음을 참고하라. Edward O. Wilson, *The Future of Life*(New York: Alfred A. Knopf, 2002), 99.

33) Jeffrey Kluger, "Why Are These Frogs Croaking?" *Time*, 23 January 2006.

34) www.dgif.state.va.us/zebramussels을 참고하라.

35) "Wal-Mart Pledges One Acre for Every Acre Developed," http://walmartstores.com/Sustainability/5127.aspx을 참고하라.

36) Janine Benyus, *Biomimicry* (New York: William Morrow and Company, 1997).

37) Daniel Hirsch, "'Wetlands' Importance Now Made Clear," *Atlanta Journal-Constitution*, 12 September 2005, Home Edition, 11A.

38) "Are You Being Served? Environmental Economics," *Economist*, 23 April 2005.

39) Mark D. Taylor, "How Congress Can Solve the Great Asbestos Bankruptcy Heist," *Mealey's Asbestos Bankruptcy Report*, April 2005, 1-10.

40) Defense Council, "Endocrine Disruption: An Overview and Resource List," September 1998, www.nrdc.org/health/effects/bendrep.asp.

41) 2006년 2월 14일 Dr. Taisen Iguchi(National Institute for Basic Biology, Japan)와 개별적으로 나눈 대화.

42) 수은에 대한 연구는 Net Impact CSR weekly newsletter, #100(www.netimpact.org)에 언급돼 있다.

43) Juliet Eilperin, "Excess Mercury Levels Increasing: Survey Shows Fifth of Women of Childbearing Age Are Affected," *Washington Post*, 21 October 2004, A2.

44) Lisa Roner, "U.S. News: Environment Agency Says DuPont Withheld Teflon's Chemical Danger," *Ethicalcorporation.com*, 13 July 2004. 다음도 참고하라. Michael Janofsky, "DuPont to Pay $16.5 Million for Unreported Risks," New York Times (Final Late Ed.), 15 December 2005; 2006년 3월 13일 Dawn Rittenhouse, Jayne Seebach, Daniel Taylor (DuPont)과 나눈 개인적 대화.

45) 댄 에스티는 샤클리의 환경전략에 조언을 해왔다.

46) U.S. EPA, "More Details on Sulfur Dioxide: Based on Data through 2002," www.epa.gov/airtrends/sulfur2.html.

47) European Commission, "Brief Commission Prepares Strategy to Improve Air Quality," 22 February 2005; www.eurativ.com/en/health/를 참고하라.

48) World Business Council for Sustainable Development, *The Cement Sustainability Initiative Progress Report,* June 2005.

49) 2004년 5월 4일 미시건 주 지랜드에서 허먼 밀러의 래리 다이크후이스, 랜디 러스터, 켄트 가워트와 진행한 인터뷰.

50) 미국의 재활용 현황에 대한 자세한 내용은 www.epa.gov/epaoswer/non-hw/muncpl/recycle.htm#Figures/을 참고하라. 국제적 비교자료는 다음을 참고했다. "Recycling Olympics" Report, compiled by Planet Ark for National Recycling Week 2004, www.planetark.com/nrw/04RecyclingReport.pdf.

51) Harri Kalimo, *E-Cycling: Linking Trade and Environmental Law in the EC and the U.S.*(Ardsley, NY: Transnational Publishers, 2006)을 참고하라.

52) Silicon Valley Toxics Association, "Poison PCs and Toxic TVs: E-Waste Tsunami to Roll across the US: Are We Prepared?"
www.svtc.org/cleancc/pubs/ppcttv2004execsum.htm. 다음도 참고하라. Kevin Carmody, "U.S. Computer Makers Score Poorly on Toxic-Materials Report," Austin American-Stateman, 29 November 2001.

53) 이 규제동향에 대한 더 자세한 정보는 다음을 참고하라. Margaret Walls, "Extended Producer Responsibility and Product Design," Working Paper, Resources for the Future(Washington, D.C., March 2006).

54) 2005년 9월 핀란드 에스푸에서 노키아의 타피오 타칼로, 키르시 소무넨, 하리 칼리모와 인터뷰한 내용.

55) L. Michael Cacace et al., "The Hot 100," Fortune, 5 September 2005.

56) 댄 에스티는 테크턴 이사회에 속해 있다.

57) U.S. EPA, "Regulatory Impact Analysis: Protection of Stratospheric Ozone," 1987.

58) "Global Oceans Conference Finds Progress Slow," *Environmental News Service*, 31 January 2006.

59) Australian Institute of Marine Science, *Status of Coral Reefs of the World*: 2004. Volume 1, www.reefbase.org/References/ref=literature=detail.asp?refID=23038/.

카리브 해의 경우 지난 30년 동안 산호초의 80퍼센트가 사라졌다. Lauren Morello, "Deaths of Corals: Sea Lions Signal Growing Marine Crisis," *Greenwire*, 17 February 2006을 참고하라.

60) Rachard Manning, "The Oil We Eat," *Harper's Magazine* 308(2004): 3.

61) 다음을 참고하라. "Heavy Seas," *Economist.com*, 30 December 2003; National Center for Policy Analysis webpage, www.DebateCentral.org; www.un.org/events/tenstories/story.asp?storyID=800/.

62) 저자들이 계산에 참고한 자료 출처는 다음과 같다. 유엔 식량농업기구, 임업부문 "Global Forest Resources Assessment 2005: 15 Key Findings," 2006.

63) "Paper War: Environmentalists Take on Victoria's Secret for Mailing More Than 1 Million Catalogs a Day," *Time*, 12 December 2005.

64) Sachiko Kuwabara-Yamamoto, "The 'Rio' Environmental Treaties Colloquium," *Pace Environmental Law Review* 13 (1995): 111.

65) Howard French, "China's Growing Deserts Are Suffocating Korea," *New York Times*, 14 April 2002; Soh Ji-young, "Worst Ever Yellow Dust Expected This Spring," *Korea Times*, 20 February 2004.

Chapter3 녹색물결의 배후

1) 이해관계자에 대한 더 자세한 내용은 다음을 참고하라. R.K. Mitchell, B.R. Agle, and D.J. Wood, "Toward a Theory of Stakeholder Identification and Salience: Defining the Principle of Who and What Really Counts," *Academy of Management Review* 22:4(1997): 853-886.

2) 다음을 참고하라. Benjamin Cashore, *Governing through Markets: Forest Certification and the Emergence of Non-State Authority*(New Haven, CT: Yale University Press, 2004).

3) Helmut Anheier, Marlies Glasius, and Mary Kaldor, eds., *Global Civil Society 2001*(New York: Oxford University Press, 2001).

4) Richard Edelman, "Rebuilding Public Trust Through Accountability and Responsibility," Address, Ethical Corporation Magazine Conference, New York, NY, 3 October 2002.

5) Leyla Boulton, "Greens Follow Suit," *Financial Times*, 30 December 1997.

6) Buckley, "Successful Collaboration in Action," Presentation, Ethical Corporation NGO and Business Partnership Conference, Washington, D.C., 25 May 2005.

7) 2004년 10월 16일, 텍사스 주 라운드 록에서 델의 팻 네이션, 브라이언트 힐튼과 진행한 인터뷰.

8) "Group Claiming Credit for Vail Fires Says the Aim Was to Help Lynx," CNN.com, 22 October 1998.

9) Paul Tolme, "Blowing in the Wind," *Newsweek*, 13 March 2006.

10) 리조트 평가와 관련해서는 www.skiareacitizens.com을 참고하라.

11) Eric Kelderman, "Greenhouse-Gas Limits Gain Steam in States," Stateline.org, 1

May 2007, www.stateline.org/live/details/story?contentID=203932/.

12) "California v. EPA," Washington Post, 16 November 2007, A32. 메사추세츠 대 환경부의 대법원 판례에 비춰볼 때 캘리포니아가 유리한 위치에 있다.

13) 최근 교토의정서 서명국가는 다음을 참고하라. http://unfccc.int/files/essential= background/kyoto=protocol/application/pdf/kpstats.pdf.

14) Kathy Mulady, "Seattle Dreams of 'Green' Team: Mayor Urging Other U.S. Cities to Enact Kyoto Protocol," Seattle Post-Intelligencer Reporter, 17 February 2005.

15) 2006년 캐나다 토론토에서 열린 세계 환경센터 컨퍼런스, Wayne Balta의 연설 "Supply Chain Strategies in the Information Technology Industry."

16) Robert Percival et al., Environmental Regulation: Law, Science, and Policy, 4th ed.(New York:Aspen Publishers, 2003), 544.

17) 가격 차트는 Percival et al. Environmental Regulation, 545를 참고하라. 지난 몇 년 간 이산화황의 톤당 가격이 600달러 이상으로 확연히 증가했다. 한 가지 원인은 저유황석탄가격이 올랐기 때문이다. 다음을 참고하라. Tom Fowler, "Rising Price of Pollution: Cost of Buying Sulfur Dioxide Allowances Rises Sharply," Houston Chronicle, 28 March 2005, www.chron.com.

18) Nelson Schwartz, "Inside the Head of BP," fortune, 26 July 2004.

19) 다음을 참고하라. Ann Johnston and Angeles T. Rodriguez, "Environmental Disclosure: Come Clean in the Green Wave of Face the Heat," Natural Resources & Environment, Winter 2006, 3-8.

20) Gregory A. Bibler and Christopher P. Davis, "Disclosing Environmental Liabilities in the Wake of Sarbanes-Oxley," Metropolitan Corporate Counsel, April 2003.

21) Raja, Mishra, "Rhode Island Wins Lead Paint Suit," Boston Globe, 23 February 2006, www.boston.com/business/articles/2006/02/23/rhode_island_wins_lead_paint_suit/.

22) "W.R. Grace Hit with Record Superfund Fine for Libby Asbestos," Environmental News Service, 11 March 2008, www.ensnewswire.com/ens/mar2008/2008-03-11-093.asp.

23) "Australia Planned Coal Station Cancelled over Greenhouse Concerns," Ethicalcorp.com, 17 November 2005.

24) Cain Burdeau, "Oil Canals May Have Worsened Katrina," Associated Press, 21 January 2008, www.usatoday.com/news/nation/2008-03-11-093.asp.

25) Timothy Gardner, "Global Climate Coalition Battles Kyoto Treaty," Reuters, 8 November 2000.

26) 결국 스타키스트의 경쟁우위는 금세 사라졌다. 이 사례에 대한 심도 깊은 분석은 다음을 참고하라. Forest Reinhardt, Down to Earth(Watertown, MA: Harvard Business School Press, 2000), 31-44.

27) 다음을 참고하라. United Nations Industrial Development Organizatio, eds., Sustainable Supply Chains: The Global Compact Case Studies Series, 2005, www.unido.org/doc/42222/.

28) 다음을 참고하라. Landon Thomas, "A Path to a Seat on the Board? Try the

Fairway," *New York Times*, 11 March 2006, A1.

29) Paul Pressler, "Keynote Ⅱ," Speech, Business for Social Responsibility Conference, New York, NY, 10 November 2004.

30) 2004년 7월 데이브 맥로플린과 나눈 대화.

31) Paul Nussbaum, "Increasingly, Evangelists Are Embracing Environmentalism," *Knight Ridder Newspapers*, 25 May 2005.

32) 이 캠페인에 대한 더 자세한 정보는 www.christiansandclimate.org를 참고하라.

33) 알칸의 수로 터널 이야기의 근거는 다음과 같다. 2004년 3월 31일 캐나다 밴쿠버에서 알칸의 댄 가그니어와 나눈 인터뷰, 2004년 6월 23일 알칸의 사이먼 레이디척, 파올라 키슬러와 나눈 대화. 그리고 "Alcan Suing BC Government over Cancelled Power Project(Kemano Completion Project on the Nechako River)," *Canadian Press Newswire*, 22 January 1997도 참고했다.

34) 변모하는 인간의 욕구에 대한 고전적 이론으로 '매슬로우의 욕구체계(Maslow's Hierarchy)'가 있다. 지속가능성 논의에서 이 이론의 역할에 대한 더 자세한 내용은 다음을 참고하라. Pieter Winsemius and Ulrich Guntram, A Thousand Shades of Green(London: Earthscan, 2002), 4-11.

35) www.gsb.stanford.edu/news/research/hr_mbajobchoice.shtml을 참고하라. 1만 1,480달러라는 값은 2006년 경영학 석사 졸업생의 기대소득 중앙값인 8만 2,000달러에서 산출했다.

36) 2005년 1월 13일 GE의 스티브 램지와 한 인터뷰.

37) Anne Mulcahy, "Keynote Ⅳ," Speech, Business for Social Responsibility Conference, New York, NY, 11 November 2004.

38) 투자집단이 지속가능성에 어떻게 영향을 미치는지에 대한 더 자세한 정보는 다음을 찾고하라. Stephan Schmidheiny, Frederico J. L. Zorraquin, and the World Business Council for Sustainable Development, Financing Change: *The Financial Community, Eco-Efficiency, and Sustainable Development*(Cambridge, MA: MIT Press, 1996).

39) SRI 투자가 시장 전체를 놓고 볼 때 그 실적이 월등한지에 대해서는 논란이 많다. 그러나 기업의 지속가능성 등급화 작업을 하는 뉴욕소재 회사 이노베스트는 환경문제를 다루는 회사가 다른 모든 이슈관리에도 뛰어나다는 흥미로운 주장을 폈다. 이들은 그야말로 뛰어난 회사들이다. 환경적 우수성은 투자자들이 뛰어난 업체를 선별하는 데 활용하는 또 다른 지표가 되었다.

40) "Merrill Lynch, World Resources Institute Analyze Climate Change Investment Opportunities," SocialFunds.com, www.greenbiz.com/news/news=third.cfm?NewsID=28304/.

41) Sarah Ryle, "That's Not Sir to You," *Guardian*, 24 February 2002.

42) "Investors at UN Talk About Climate Change," *Associated Press*, 11 May 2005.

43) Alex Kaplun, "Calif. Treasurer to Call for Investment in Enviro-Friendly Companies," *Greenwire*, 3 February 2004.

44) Clifford Krauss, "Rockefellers Seek Change at Exxon," *New York Times*, 27 May 2008, C1.

45) www.cdproject.net을 참고하라.

46) Christopher Rowland, "Greening of the Boardroom: Socially Conscious Investors Get Results on Global Warming," *Boston Globe online*, 31 March 2005, www.boston.com/news.

47) Dean Calbreath, "Changes in Climate Pose Greatest Challenge for Insurers, Say Experts from Around World," *San Diego Union Tribune*, 23 April 2004.

48) James Reynolds, "Urgent Action Is Called for Now, Says Blair in Dire Global Warning," *Scotsman*, 15 September 2004.

49) 2004년과 2005년 자연재해에 따른 비용의 출처는 다음과 같다. "Natural Disasters Made 2005 Costliest for Insurance Industry: Munich Re," *Agence France-Presse*, 29 December 2005.

50) 다음을 참고하라. Benjamin C. Esty, "The Equator Principles: An Industry Approach to Managing Environmental and Social Risks," Harvard Business School Cse, Product 205114, 16 June 2005, revised 30 January 2007.

51) 2005년 6월 2일 뉴욕 주 뉴욕에서 앙드레 아바디와 한 인터뷰

52) Jim Carleton, "J.P. Morgan Adopts 'Green' Lending Policies," *Wall Street Journal*, 25 April 2005, B1.

53) Associated Press, "Citigroup Adopts Environmental Policy," www.nytimes.com, 22 January 2004.

54) Daniel Esty, "When Being Green Puts You in the Black," *Washington Post*, 4 March 2007, B01.

2부 그린 비즈니스도 전략이다

Chapter4 비용과 위험을 줄이는 전략

1) 2004년 3월 5일, 델라웨어 주 윌밍턴에서 듀폰의 폴 테보, 돈 리튼하우스와 진행한 인터뷰 내용.

2) 2004년 5월 27일 AMD의 존 카팔, 테리 말로니, 줄리아 부세이와 나눈 대화, 2006년 2월 27일 저자와 나눈 서신교환.

3) *Innovations Review*, 2008, 16. www.edf.org/InnovationsReview/을 참고하라.

4) Joel L. Lovell, "Left-Hand-Turn Elimination," *New York Times*, 9 December 2007.

5) Jo Ann Steinmetz, "SJ Headquarters Use of Environmental Tech Also Cut Costs," *San Jose Mercury News*, 17 January 2006.

6) 3P 프로그램의 역사와 '감축정책의 문제점'에 관한 토론은 2004년 5월 24일, 미네소타 주 미니애폴리스에서 3M의 캐시 리드, 키스 밀러와 진행한 인터뷰를 토대로 했다. 다음도 참고했다. Thomas Zosel, "Pollution Prevention," *Vital Speeches of the Day* 65:8 (1999): 243.

7) 2004년 5월 24일 미네소타 주 미니애폴리스 3M의 캐시 리드와 한 인터뷰. Zosel, "Pollution Prevention"도 참고함.

8) 총 감축량에 대한 3M의 추산은 http://solutions.3M.com을 참고하라.

9) 2004년 5월 24일 미네소타 주 미니애폴리스에서 3M의 짐 옴랜드와 한 인터뷰.

10) Michael Porter and Claas Van der Linde, "Green and Competitive: Ending the Stalemate," *Harvard Business Review 73*(1995): 120-134.

11) 산업생태학 분야를 자세히 논한 책으로는 다음을 참고하라. T. E. Graedel and B. R. Allenby, Industrial Ecology, 2nd ed. (Upper Saddle River, NJ: Prentice-Hall, 2003). 다음도 참고하라. R. Lifset and T. E. Graedel, "*Industrial Ecology*: Goals and Definitions," in *handbook of Industrial Ecology*, R. Ayres and L. Ayres, eds. (Cheltenham, UK: Edward Elgar, 2000); and D. Allen, "Using Wastes as Raw Materials: Opportunities to Creat an Industrial Ecology," *Hazardous Waste and Hazardous Materials* 10:3 (1993): 273-277.

12) 부산물 교환과 관련한 더 많은 정보는 다음을 참고하라. EPA document 530K94003, "Review of Industial Waste Exchanges," National Environmental Publications Information System, 1994, http://nepis.epa.gov/pubtitle.him. 다음도 참고하라. Daniel C. Esty, "Environmental Protection in the Information Age," *NYU Law Review* 79:1 (2004): 115-211.

13) Nicholas Varchaver, "How to Kick the Oil Habit," Fortune, 23 August 2004.

14) 2003년 11월 25일과 2003년 12월 12일에 킨코스의 래리 로제로와 나눈 대화.

15) 2007년 가을, 월마트의 찰스 짐머만과 여러 차례 나눈 대화.

16) 캐시 리드 인터뷰.

17) 2004년 8월 25일 스위스 헤르브뤼그에서 로너의 앨빈 캘린과 진행한 인터뷰.

18) 2005년 3월 6일 코네티컷 주 뉴 헤이븐에서 인터페이스의 레이 앤더슨과 진행한 인터뷰.

19) 유해물질 배출량 조사와 폐기물 감축 노력에 대한 듀폰의 대응은 폴 태보를 비롯한 여러 사람들과의 인터뷰를 통해 전해 들었다.

20) 2004년 3월 31일 캐나다 밴쿠버에서 알칸의 댄 가그니어와 진행한 인터뷰. 그리고 2005년 2월 25일에 저자와 주고받은 서신.

21) 2004년 5월 4일 허먼 밀러의 폴 머레이와 진행한 인터뷰.

22) 톨루엔과 여타 화학물질이 건강에 미치는 영향에 대한 자세한 내용은 다음을 참고하라. www.atsdr.cdc.gov/HEC/CSEM/toluene/physiologic=effects.html.

23) 2003년 12월 3일, 2005년 3월 25일, 2005년 4월 8일에 걸쳐 팀버랜드의 테리 켈로그와 나눈 대화. 2006년 3월 6일 팀버랜드의 벳시 블레이스델과 나눈 대화.

24) "DuPont Technology to Receive U.S. EPA's Clean Air Excellence Award; Innovative SuperSolidsTM Coatings Technology Reduces Emissions by More Than 25 Percent for Automotive Finishes," *PR Newswire*, 6 March 2003.

25) 2004년 12월 16일, 텍사스 주 파머에서 델의 딕 헌터와 나눈 인터뷰.

26) 더 자세한 정보는 http://solutions.3M.com을 참고하라.

27) 2005년 8월 24일 스웨덴 알름홀트에서 이케아의 토머스 이바르손과 진행한 인터뷰. 이케아 보고서에 실은 클리판 소파에 대한 추가정보는 다음을 참고할 것. "Social and Environmental Responsibility," 2005, p.27.

28) Jim Fitzgerald, "Kellogg to Drop Mercury-Battery Toys after Spider-Man Promotion," *Associated Press*, as reported on www.maineenvironment.org/toxics/spidey=APstory.htm, 16 July 2004.

29) 맥도날드의 선행이슈 관리와 수은 건전지 제거에 관한 내용은 2004년 7월 28일 일리노이 주 오크 브룩에서 맥도날드의 밥 랭거트와 인터뷰하면서 전해 들었다. 더 큰 맥락에서 보면, 맥도날드는 소다 음료수보다 장난감에 비용을 두 배 더 지출한다는 사실에 주목하라(2004년 맥도날드의 사회적 책임 보고서 보충판 초안에 나온 내용이다).

30) "Oprah Accused of Whipping Up Anti-Beef Lynch Mob," CNN.com, 21, January 1998, www.cnn.com/US/9801/21/oprah.beef/.

31) "The Shell Global Scenarios to 2025," www.shell.com/static/royal-en/downloads/scenarios/exsum=23052005.pdf.

32) IRM, AIRMIC, and ALARM, "A risk Management Standard," The Institute of Risk Management, 2002.

33) 2004년 7월 28일 맥도날드의 엘세 크루엑과 나눈 대화.

34) David Long, "Green List," Presentation, Business for Social Responsibility Annual Conference, Washington, D.C., 3 November 2005; and correspondence with author, 7 March 2006.

35) 2006년 2월 27일 노키아의 하리 칼리모와 주고받은 편지내용.

36) 2005년 5월 9일, 워싱턴 D.C.에서 열린 에코매지네이션 출범행사에서 제프 이멜트가 언급한 말.

37) "Toshiba, Electrolux to Form Tie-Up," *Daily Yomiuri*, 25 May 1999.

38) Japan's "Top Runner" labeling program, www.eccj.or.jp/top=runner/index=contents=e.html을 참고하라.

39) Darcy Frey, "How Green Is BP?" *New York Times*, 8 December 2002.

40) 칼리모와 나눈 서신교환.

41) Forest Reinhardt, "Champion International Corp.: Timber, Trade, and the Northern Spotted Owl," Harvard Business School Case 792017, 1991.

42) 듀폰의 프레온가스 이야기는 여러 차례 회자됐지만, 가장 명료하게 다룬 것은 하버드 경영대 교수인 포레스트 라인하르트가 쓴 두 권의 저작이다. Richard H.K. Vietor and Forest Reinhardt, "DuPont Freon Products Division," Harvard Business School Case 389111, 1989; and Forest Reinhardt, *Down to Earth*(Waterton, MA: Harvard Business School Press, 2000), 61-61.

Chapter5 수익을 올리고 무형의 가치를 내는 전략

1) 2005년 5월 9일, 워싱턴 D.C.에서 열린 에코매지네이션 출범행사에서 제프 이멜트가 언급한 말.

2) GE's Ecomagination Report, 2007,
http://ge.ecomagination.com/site/index.html#media/2007ecoreport/을 참고하라.

3) Laurent Belsie, "Companies That Cut Pollution for Profit," *Christian Science Monitor*, 22 April 2002, www.csmonitor.com/2002/0422/p16s01-wmcr.html.

4) Karen Spaeder, "Turn Environmental Problems into Opportunities," entrepreneur. com, reprinted on www.msnbc.com, 17 March 2006.

5) Matt Stansberry, "Server Specs: Dept. of 'Green' Computing," *SearchDataCenter. com*, 3 October 2005.

6) 델은 PC나 전자장비 제조업체 중 '회수'작업을 하는 유일한(혹은 최초의) 회사는 아니다. 일례로 IBM은 일찍이 1991년부터 고객들의 생애주기 문제를 도와왔다.

7) 2005년 3월 30일 델의 토드 아보게스트와 나눈 대화.

8) 2004년 3월 5일, 델라웨어 주 윌밍턴에서 듀폰의 폴 테보, 돈 리튼하우스와 진행한 인터뷰 및 2004년 6월 3일 함께 나눈 대화.

9) 2004년 5월 24일, 미네소타 주 미니애폴리스에서 3M의 캐시 리드, 키스 밀러와 진행한 인터뷰.

10) 2004년 7월 28일 일리노이 주 오크 브룩에서 맥도날드의 밥 랭거트와 진행한 인터뷰.

11) 2004년 5월 24일, 미네소타 주 미니애폴리스에서 3M의 캐시 리드, 키스 밀러, 짐 옴랜드와 진행한 인터뷰.

12) 2004년 10월 20일 네덜란드 헤이그에서 쉘의 마크 웨인트라웁과 진행한 인터뷰.

13) 캐시 리드 외 여러 사람과 진행한 인터뷰.

14) 2004년 6월 1일 마리아 에밀리아 코레아와 나눈 대화.

15) 마크 웨인트라웁과의 인터뷰.

16) 안트론은 듀폰 소유였다가 지금은 코크 인더스트리에 속해 있다. 매출증가량은 듀폰의 돈 리튼하우스가 제공한 내부문서인 '2003년 듀폰 지속가능한 성장 시상식'을 참고했다.

17) "Timberland Introduces New Packaging Initiative," January 27, 2006, http://greenbiz.com/news/news=third.cfm?NewsID=30215/.

18) James Salzman, "Informing the Green Consumer: The Debate over the Use and Abuse of Environmental Labels," *Journal of Industrial Ecology* 1:2 (1997): 11-21.

19) See MSC website(www.msc.org) and FSC website(www.fscus.org).

20) 2005년 3월 6일 코네티컷 주 뉴 헤이븐에서 인터페이스의 레이 앤더슨과 진행한 인터뷰.

21) 도요타의 프리우스 추진과정에 얽힌 자세한 뒷얘기는 대부분 제프리 라이커(Jeffrey Liker)의 *The Toyota Way*(New York: McGraw-Hill, 2004)에서 참고했다.

22) 가시혁신의 개념은 인시아드 경영대학원의 김위찬과 르네 마보안 교수에게서 따왔다. "Value Innovation: The Strategic Logic of High Growth," *Harvard Business Review*, January-February 1997, 103-112.

23) 김위찬과 르네 마보안 교수의 *Blue Ocean Strategy: How to Create Uncontested Market Space and Make the Competition Irrelevant*(Watertown, MA: Harvard Business School Press, 2005)을 참고하라.

24) 다음을 참고하라. Paul Hawken, Amory Lovins, and L. Hunter Lovins, *Natural Capitalism: Creating the Next Industrial Revolution*(Boston: Back Bay Books, 1999).

25) 레이 앤더슨 인터뷰.

26) Kenny Bruno, "BP: Beyond Petroleum or Beyond Preposterous?" CorpWatch, 14 December 2136, www.corpwatch.org/article.php?id=219/.

27) "BP Solar International Inc.," Hoover's: AD&B Company, www.hoovers.com/bp-solar/-ID__59267-/free-co-factsheet.xhtml, accessed 18 June 2008.

28) 2004년 10월 21일 영국 런던에서 BP의 크리스 모터쉐드와 진행한 인터뷰.

29) 트리스 모터쉐드 인터뷰.

30) Darch Frey, "How Green Is BP?" *New York Times*, 8 December 200.

31) 다음을 참고하라. "Britain's Most Admired Companies 2005," Management Today, 2 December 2005, 41; and "Most Admired League Table 2004: The Measures of Success," *Management Today*, 2 December 2004.

32) 「포춘」은 수년간 브랜드 평가지표(BrandAsset Valuator)를 통해 브랜드 평가작업을 해온 브랜드 컨설턴트업체 랜도(Landor)에게 브랜드가 크게 강화된 업체를 알려달라고 의뢰했다. 또 다른 기업인 브랜드 이코노믹스(Brand Economics)는 증가한 경제적 가치를 중심으로 브랜드를 평가했다. 전체 연구내용을 다음을 참고하라. Al Ehrbar, "Breakaway Brands," *Fortune*, 31 October 2005, 153-170.

33) 크리스 모터쉐드 인터뷰.

34) Michael Jay Polonsky and Philip J. Rosenberger Ⅲ, "Reevaluating Green Marketing: A Strategic Approach," *Business Horizons* 44 (2001): 21-31.

35) Lorraine Bolsinger, "The Story behind GE's Ecomagination," Speech, Business for Social Responsibility Annual Conference, Washington, D.C., 4 November 2005.

36) 에코매지네이션 제품 선정기준에 대한 정보는 볼싱어의 연설뿐 아니라, 2005년 10월 31일 그린오더(GreenOrder)의 조 말카운(Joe Malcoun)과 나눈 대화, 2006년 3월 5일 그린오더의 앤드루 샤피로(Andrew Shapiro)와 나눈 대화를 참고했다. 또한 2005년 2월 28일 GE의 피터 오툴(Peter O'Toole)과 주고받은 편지도 참고했다.

37) 에코매지네이션 전체 광고를 보려면 다음을 방문하라. www.ge.com/en/company/companyinfo/advertising/eco=ads.htm.

38) 이미지 파워 녹색 브랜드 연구는 2007년과 2008년에 랜도 어소시에이츠, 콘 앤 울프, 펜, 숀 앤 버랜드가 수행했다.

39) 2004년 10월 19일 네덜란드 로테르담에서 예로엔 보르드빅과 진행한 인터뷰, 2004년 10월 19일과 2004년 11월 1일 유니레버의 크리스 폼프렛과 나눈 대화, 2004년 11월 2일 유니레버의 디어크 피터스와 나눈 대화를 참고했다.

40) Joel Makower, "Nike Things Considered," http://makower.typepad.com/joel=makower/2005/03/nike=things=con.html.

41) Micheline Maynard, "Is Ford Running on Empty?" *New York Times*, 16 July 2006.

42) Joan Harrison, "Acquiring the Socially Conscious Company," *Mergers and Acquisitions*, June 2000.

43) 2006년 2월 23일 리처드 웰스와 나눈 서신교환.

Chapter6 환경우위 사고방식

1) Mark Beech, "The Originals," *Sports Illustrated* 93:5 (200): 94-95.

2) 2004년 1월 28일 애리조나 주 챈들러에서 인텔의 릭 폴슨과 진행한 인터뷰.

3) 쉘의 시나리오 그룹의 역사는 다음을 참고하라. Peter Schwartz, *The Art of the Long View*(New York: Doubleday, 1991).

4) Kate Sosnowchik and Joseph Fiksel, "Awakening a Sustainability Giant," *Green@ Work*, Winter 2004, 14.

5) 2004년 5월 24일 미네소타 주 미니애폴리스에서 3M의 캐시 리드, 키스 밀러, 그레고리 앤더슨, 발레리 영과 진행한 인터뷰.

6) 다음을 참고하라. Marc Epstein, *Measuring Corporate Environmental Performance: Best Practices for Costing and Managing and Effective Environmental Strategy*(New York: McGraw-Hill, 1995).

7) 캐시 리드 외 여러 사람과 진행한 인터뷰.

8) 2004년 10월 25일 자연보존 인터내셔널의 글렌 프리켓과 나눈 대화.

9) 2004년 8월 27일, 스위스의 겔터킨덴에서 이케아의 구드몬드 볼브레히트와 나눈 인터뷰.

10) "HP Printing Supplies Recycling," 2008, http://h30248.www3.hp.com/recycle/supplies/overview.asp?_cc=us/.

11) 다음을 참고하라. BP Sustainability Report, 2007, www.bp.com/liveassets/bp_internet/globalbp/STAGING/global_assets/e_s_assets/downloads/bp_sustainability_report_2007.pdf.

12) 2004년 6월 1일, 2004년 6월 3일에 그루포누에바의 마리아 에밀리아 코레아와 나눈 대화. 그루포누에바에 대한 더 많은 내용은 다음을 참고하라. Monica Araya, "To Tell or Not to Tell? Determinants of Environmental Disclosure and Reporting in Corporate Latin America"(PhD Dissertation, Yale University, 2006), 275-284.

13) 다음을 참고하라. Gene Kranz, *Failure Is Not an Option: Mission Control from Mercury to Apollo 13 and Beyond*(New York: Simon & Schuster, 2000). 아폴로 13호에 대한 자세한 내용은 http://en.wikipedia.org/wiki/Apollo=13#Problem을 참고하라. 짐 러벨 이야기는 http://history.nasa.gov/SP-350/ch-13-1.html을 참고하라.

14) 2004년 3월 5일, 델라웨어 주 윌밍턴에서 듀폰의 폴 테보, 돈 리튼하우스, 에드 몬간과 진행한 인터뷰 내용.

15) Toxics Release Inventory data, www.rtk.net.

16) 2004년 12월 16일 텍사스 주 라운드 록에서 델의 팻 네이선과 진행한 인터뷰. 2003년 12월 3일, 2005년 3월 25일, 2005년 4월 8일, 팀버랜드의 테리 켈로그와 나눈 대화. 2003년 11월 25일, 2003년 12월 12일, 킨코스의 래리 로제로와 나눈 대화.

17) "DuPont Footprint Goals," DuPont: The Maracles of Science, 2005, see www2.dupont.com/sustainability/en_US/Footprint/background.html#renewable/, accessed 18 June 2008.

18) "The Golf Magazine Golf Course Guide," *Golf Magazine*, GolfCourse.com, www.golfcourse.com/search/coursedtl=ga.cfm?source=GA&courseid=118/.

19) 골프장 물 소비량 계산은 다음을 참고했다. "War over Water," *Golf Course News*, 20 January 2005. 그리고 애리조나 공프장 명단은 www.1golf.com/az/index.htm 을 참고했다. 세계적으로 필요한 물 소비량 자료는 www.infoforhealth.org/pr/m14/m14chap2=2.shtml과 A. Marcoux, *Population and Water Resources*(Rome: United Nations Food Agriculture Organization September 1994), 4-33을 참고하라.

20) 릭 폴슨 인터뷰.

21) 릭 폴슨 인터뷰.

22) Joan Magretta, "Growth through Sustainability (an Interview with Monsanto's CEO, Robert Shapiro)," *Harvard Business Review* 75:1 (1997): 78-88.

23) 2005년 1월 20일, 뉴저지 주 파라무스에서 이케아의 밥 케이와 진행한 인터뷰.

24) Herman Miller, "Journey toward Sustainability," www.hermanmiller.com/CDA/SSA/Category/0,1564,a10-c605,00.html.

25) 2003년 11월 12일, 캘리포니아 로스 엔젤레스에서 열린 사회적 책임을 위한 비즈니스 컨퍼런스에서 칼리 피오리나가 한 개회 기조연설.

26) Herman Miller, "The Environment: A Better World Together," www.hermanmiller.com/CDA/SSA/Category/0,1564,a10-c382,00.html.

Chapter7 기업의 환경발자국 파악하기

1) 환경발자국에 대한 더 자세한 개념은 다음을 참고하라. Wackernagel and William Ress, *Our Ecological Footprint: Reducing Human Impact on the Earth*(Gabriola Island, BC: New Society Publishers, 1996).

2) 흥미롭게도 BP는 환경발자국 개념을 다룬 시리즈 광고를 통해 이 개념을 널리 알리고 있다.

3) LCA 평가가 상품 자체가 아니라 은행에 초점을 맞출 경우에는 전혀 다른 분석이 필요할 것이다. 이 경우에 각 지점에서 생기는 이슈가 아니라 대출해준 업체들의 오염배출에 주안을 두게 된다. 이러한 사실 때문에 대형은행들이 적도원칙에 참여해 자신들이 해준 대출의 환경적 피해를 살피고 있다.

4) LCA 소프트웨어는 현재 이용가능하며 매우 유용하다. 더 많은 정보를 원하면 우리의 웹 사이트를 방문해보라. www.eco-advantage.com. 그렇지만 각 LCA 평가는 업체별로 다르다.

5) 내추럴 스텝은 시스템 상태에 대한 매우 구체적인 용어를 개발했다. 이는 다음과 같다. 지속가능한 사회에서, 자연은 (1)지구의 표면에서 뽑아낸 물질의 축적(예를 들면 카드뮴과 화석연료 CO_2), (2)사회에서 만든 물질의 축적(프레온가스와 환경호르몬 등), (3)물리적인 파괴(산림벌채나 어획남용 등)에 체계적인 영향을 받지 않는다. 그리고 인간도 (4)자신들의 욕구를 충족시키는 능력을 체계적으로 손상시키지 않는다(예를 들면 정치적 권력과 경제적 힘의 남용에서 비롯된 것). 내추럴 스텝에 대한 더 자세한 내용은 다음을 참고하라. Brian Nattrass and Mary Altomare, *The Natural Step for Business* (Gabriola Island, BC: New Society Publishers, 1999).

6) 2004년 11월 16일 칼 헨릭 로버트와 나눈 대화.

7) 실적평가에 대한 더 많은 정보는 다음을 참고하라. Marc J. Epstein and J.F. Manzoni, eds., *Performance Measurement and Management Control: Superior Organizational Performance*(New York: Elsevier Science, 2004). 다음도 참고하라. Daniel C. Esty, "Why Measurement Matters," *in Environmental Performance Measurement: The Global 2001-2002 Report*, Daniel C. Esty and Peter Cornelius, eds. (New York: Oxford University Press, 2002).

8) 균형성과표는 하버드 경영대학원의 로버트 캐플란과 데이비드 노튼이 개발한 전략적 경영수단이다. 그들의 다음 저작을 참고하라. *The Balanced Scorecard: Translating Strategy into Action* (Watertown, MA: Harvard Business School Press, 1996).

9) "The World's Biggest Drinks Firm Tries to Fend Off Its Green Critics," Economist. com, 6 October 2005.

10) 2004년 5월 3일 미시건 주 지랜드에서 허먼 밀러의 가베 윙과 스콧 샤론과 인터뷰한 내용. 이들의 점수제도는 맥도너/브라운가르트 분석법(MDBC)에 토대한 것이었다.

11) 2004년 12월 16일, 텍사스 주 파머에서 델의 돈 브라운과 진행한 인터뷰.

12) SVA는 사실상 흔히 사용하는 또 다른 측정지표인 경제적 부가가치(Economic Value Added)와 사실상 동일하다. SVA는 '주주의 관점에서 본 기업의 성과가치로 정의한다. 이는 기본적으로 세후 순영업이익(NOPAT)에서 채권과 주식발행에 따른 자본비용을 차감해 계산한 것으로, 가중평균자본비용(WACC)에 토대한 개념이다.'(www. investopedia.com/terms/s/shareholdervalueadded.asp를 참고했다).

13) 2004년 3월 5일, 델라웨어 주 윌밍턴에서 듀폰의 폴 테보, 돈 리튼하우스, 에드 몬간과 진행한 인터뷰.

14) "2008 Environmental Performance Index," Yale Center for Environmental Law and Policy (2008), http://epi.yale.edu.

15) 다음을 참고하라. Aseem Prakash, "A New-Institutionalist Perspective on ISO14000 and Responsible Care," *Business Strategy and the Environment 8* (1999): 322-335.

16) www.wbcsd.org와 www.gemi.org를 참고하라.

17) www.europa.eu.int/comm/environment/emas/index=en.htm을 참고하라.

18) "Exxon Back in Court over 1989 Valdez Spill Fine," MSNBC News service, 27 January 2006, http://msnbc.msn.com/id/11059801/%23storycontinued/을 참고하라. 엑슨모빌은 주정부와 연방정부 벌금으로 30억 달러를 지출했다. 그러나 아직도 법원 판결에 맞선 항소가 진행 중이며, 이로 인해 불어난 비용도 90억 달러에 달했다.

19) Wayne Balta, "Supply chain Strategies in the Information Technology Industry," Speech, World Environment Center Conference: "Clean Production Strategies in the Supply Chain," Toronto, Canada, 10 March 2006.

20) 2005년 1월 13일 코네티컷 주 페어필드에서 GE의 콜린 코너, 잭 캠벨, 마크 스톨러, 스티븐 램지와 진행한 인터뷰.

21) 그 예로 다음을 보라. Jem Bendell, ed., *Terms for Endearment*(Sheffield, UK: Greenlear Publishing, 2000). 더 많은 정보와 우리가 여기서 다룬 파트너십 유형의 예를 보려면 eco-advantage.com을 참고하라.

22) 치키타와 열대우림동맹의 바나나 생산과 관련한 파트너십 논의는 2004년 7월 6일

과 2004년 7월 24일에 치키타의 데이브 맥로플린과 나눈 대화, 2004년 8월 3일에 열대우림동맹의 크리스 월과 나눈 대화를 참고했다. 다음의 책도 매우 유용했다. Gary Taylor and Patricia J. Scharlin, *Smart Alliance: How a Global Corporation and Environmental Activists Transformed a Tarnished Brand* (New Haven, CT: Yale University Press, 2004).

23) Gleen Prickett, "Strange Bedfellow: Can Partnerships between Corporations and Non-Governmental Organizations Save the Environment?" Presentation at the New America Foundation seminar, 20 November 2002.

24) Tensie Whelan(Rainforest Alliance), "Chiquita's Cost/Productivity: Are Corporate Responsibility Programs an Added Cost?" Presentation document, correspondence with author, 22 February 2006.

25) 중미에서는 유기농 바나나가 불가능한데, 화학 제초제가 필요한 균이 한 가지 있기 때문이다.

26) 2004년 7월 6일 치키타의 데이브 맥로플린과 나눈 대화.

27) 맥도날드의 파트너십에 대한 정보는 2004년 7월 28일 일리노이 주 오크 브룩에서 맥도날드의 밥 랭거트, 브루스 파인버그, 사만다 스터한, 그리고 퍼세코의 케네스 크라우제와 인터뷰하면서 얻었다. 2004년 7월 28일 맥도날드의 쇠고기 공급업체인 OSI 그룹의 필리스 안토나치와 나눈 대화도 참고했다. 그리고 다음도 참고했다. "McDonald's Socially Responsible Food Supply Initiative Progress Update," July 2004, internal document.

28) 2004년 3월 31일, 캐나다 밴쿠버에서 알칸의 댄 가그니어와 진행한 인터뷰.

29) 2004년 1월 28일 인텔의 팀 모힌, 릭 폴슨, 데이브 올니와 나눈 인터뷰. www.epa.gov/ProjectXL도 참고하라.

30) 2006년 2월 27일 노키아의 해리 칼리모와 나눈 서신교환. http://europa.eu.int/comm/environment/ipp/home.htm도 참고하라.

31) 2004년 3월 12일과 2004년 10월 20일, 네덜란드 헤이그에서 쉘의 마크 웨인트라웁과 진행한 인터뷰. 다음도 참고하라. "Crude Realities: Mining the Future, the Dark Magic of Oil Sands," Fortune, 3 October 2005.

32) 다음을 참고하라. Regional Municipality of Wood Buffalo Census 2007. www.woodbuffalo.ab.ca/business/demographics/demographics.asp.

33) www.us-cap.org를 참고하라.

34) John Elkington and Shelly Fennell, "Partners for Sustainability," *in Terms for Endearment*, Jem Bendell, ed. (Sheffield, UK: Greenleaf Publishing, 2000).

Chapter8 기업 재설계

1) 특히 다음을 참고하라. William McDonough and Michael Braungart, *Cradle to Cradle: Remaking the Way We Make Things* (New York: North Point Press, 2002).

2) 클리매텍스 직물 이야기는 2004년 8월 25일 스위스 헤르브뤄그에서 로너의 앨빈 캘린과 진행한 인터뷰, 로너에서 받은 직물 및 그 역사를 다룬 문서 'The Story of E'를 토대로 했다.

3) Daniel C. Esty and Michael E. Porter, "Industrial Ecology and Competitiveness:

Strategic Implications for the Frim," *Journal of Industrial Ecology* 2:1 (1998): 38.

4) Esty and Porter, "Industrial Ecology," 37.

5) 2004년 5월 4일 미시건 주 지랜드에서 허먼 밀러의 크리스 마노스, 켄트 가워트, 폴 머레이와 진행한 인터뷰.

6) Esty and Porter, "Industrial Ecology," 38.

7) 다음을 참고하라. Marian R. Chertow, "Industrial Symbiosis: Literature and Taxonomy," *Annual Review of Energy and the Environment 25* (2201): 313-337.

8) 미 친환경건축위원회와 리드 인증 프로그램에 대한 더 많은 정보는 www.usgbc.org 에서 볼 수 있다. 신규법안은 건물들이 리드 기준에 따르도록 의무화하고 있다. 다음을 참고하라. "USGBC, Engineering Groups Partner on Baseline Green Building Standard," *Greenbiz.com*, 16 February 2006.

9) 2004년 5월 3일 미시건 주 지랜드에서 허먼 밀러의 렌 필론과 진행한 인터뷰.

10) 공급사슬에 대한 더 많은 내용은 다음을 참고하라. United Nations Industrial Development Organization, eds., *Sustainable Supply Chains: The Global Compact Case Studies Series*, 2005, www.unido.org/doc/42222/.

11) "Mattel Toy Recall List," *CBS Evening News*, 14 August 2007. www.cbsnews.com/stories/2007/08/14/fyi/main3166371.shtml.

12) Wayne Balta, "Supply Chain Strategies in the Information Technology Industry," Speech, World Environment Center Conference "Clean Production Strategies in the Supply Chain," Toronto, Canada, 10 March 2006. 그리고 2006년 3월 13일 저자와 주고받은 서신교환.

13) 이케아의 이웨이 프로그램에 대한 자세한 내용은 다음 자료들에서 얻었다. 2004년 8월 23일 스웨덴 헬싱보리에서 이케아의 토마스 베르그마르크, 댄 브란스트룀과 진행한 인터뷰, 2004년 8월 23일 덴마크 코펜하겐에서 이케아의 올레 블리드홀름과 진행한 인터뷰, 2004년 8월 27일 스위스의 겔터킨덴에서 이케아의 구드몬드 볼브레히트와 나눈 인터뷰. 일부 자세한 내용은 토마스 베르그마르크가 전해준 내부문서 'IWAY Evaluation Checklist' 버전 2.1에서 얻었다.

14) 2004년 8월 25일 이케아의 올레 블리드홀름과 진행한 인터뷰. 다음도 참고하라. "Social and Environmental Responsibility Summary Report, 2004," p. 15.

Chapter9 환경우위 기업문화

1) 2004년 3월 5일, 델라웨어 주 윌밍턴에서 듀폰의 폴 테보, 돈 리튼하우스, 에드 몬간과 진행한 인터뷰. 다음도 참고하라. "Crude-Laden Double-Hulled Tanker Survives Gash without a Spill," *Oil and Gas Journal*, 24 November 1997, 44.

2) Jathon Sapsford, "Toyota Adds to Executive Ranks as It Ramps Up Research Efforts," *Wall Street Journal*, 27 June 2005.

3) "Environmental Report," Unilever, 2003.

4) Michael Porter, "America's Green Strategy," *Scientific American* 264 (1991): 168. 다음도 참고하라. Michael Porter and Claas Van der Linde, "Green and Competitive: Ending the Stalemate," *Harvard Business Review* 73 (1995): 120-134.

5) 2004년 11월 30일 코네티컷 주 뉴 헤이븐에서 허먼 밀러의 크리스 마노스와 진행한 인

터뷰.

6) 2004년 3월 31일 캐나다 밴쿠버에서 알칸의 댄 가그니어와 진행한 인터뷰.

7) 폴 테보 인터뷰.

8) 2004년 8월 31일 알칸의 릭 로렌스와 나눈 대화.

9) 리튼하우스 인터뷰.

10) 폴 테보 인터뷰.

11) 2004년 5월 24일 미네소타 주 미니애폴리스에서 3M의 캐시 리드, 키스 밀러와 진행한 인터뷰.

12) 2004년 8월 23일 스웨덴 헬싱보리에서 이케아의 토마스 베르그마르크와 진행한 인터뷰.

13) 2004년 5월 24일 미네소타 주 미니애폴리스에서 3M의 짐 옴랜드와 한 인터뷰.

14) 2004년 7월 28일 맥도날드의 밥 랭거트와 진행한 인터뷰.

15) 2004년 3월 11일 영국 런던에서 BP의 피터 데이비스, 크리스 모터쉐드와 진행한 인터뷰.

16) 2003년 12월 3일, 2005년 3월 25일, 2005년 4월 8일, 팀버랜드의 테리 켈로그와 나눈 대화.

17) 켈로그와 나눈 대화.

18) 2008년 5월 6일 GE의 로레인 볼싱어와 나눈 대화.

19) 2004년 5월 4일, 허먼 밀러의 폴 머레이와 진행한 인터뷰.

20) 2004년 3월 11일, 영국 런던에서 BP의 피터 데이비스, 크리스 니콜슨, 크리스 모터쉐드와 진행한 인터뷰.

21) 2004년 3월 12일, 영국 런던에서 가스 에드워드와 진행한 인터뷰.

22) 2004년 3월 11일, 영국 런던에서 크리스 모터쉐드와 진행한 인터뷰.

23) 2004년 8월 24일 스위스 헤르브뤼그에서 앨빈 캘린과 진행한 인터뷰.

24) 2004년 5월 4일 미시건 주 지랜드에서 허먼 밀러의 제리 에이커스와 진행한 인터뷰.

25) "The Results Are In: Over 92% of IKEA Customers Bagged the Plastic Bag!" 2 April 2008. www.ikea.com/ms/en_US/about_ikea/press_room/press_release/national/blue_bag_thank_you.html을 참고하라. 댄 에스티와 앤드루 윈스턴은 이케아가 '비닐봉지 챙기기' 프로그램을 체계적으로 세우는 데 도움을 주었다.

26) Erin White and Jeffrey Ball, "A Green Perk Offered for Green Car: Hyperion Gives Employees $5,000 to Purchase Vehicle," *Wall Street Journal*, 29 November 2004, B4.

27) EQAT에 대한 자세한 내용은 모두 2004년 5월 4일 미시건 주 지랜드에서 허먼 밀러의 크리스 마노스, 켄트 가위트, 폴 머레이, 브라이언 워커와 진행한 인터뷰를 토대로 했다.

28) 2004년 3월 14일 AMD의 쉐이 호킨슨, 리드 컨텐트, 리치 웨이건드, 필 트라우브리지와 나눈 대화. 2004년 5월 11일 AMD의 크레이그 가르시아와 진행한 인터뷰.

29) 켈로그와 나눈 대화.

30) 2005년 1월 13일 코네티컷 주 페어필드에서 GE의 스티븐 램지, 마크 스톨러와 진행한 인터뷰.

31) 2004년 8월 23일 덴마크 코펜하겐에서 이케아의 니콜 슈나이더와 진행한 인터뷰.

32) 이 아이디어 회의는 제프리 라이커의 책 *The Toyota Way*(New York: McGraw-Hill, 2004)에 언급돼 있다. 다음도 참고하라. Charles O. Holliday Jr., Stephan Schmidheiny, and Philip Watts, *Walking the Talk: The Business Case for Sustainable Development* (Sheffield, UK: GreenLeaf Publishing, 2002).

33) 2004년 5월 4일 미시건 주 지랜드에서 허먼 밀러의 크리스 마노스, 켄트 가워트, 폴 머레이와 진행한 인터뷰.

34) 2006년 3월 10일 캐나다 토론토에서 필 베리와 인터뷰한 내용

35) 캐시 리드 인터뷰.

36) 2004년 10월 16일, 텍사스 주 파머에서 델의 딕 헌터와 나눈 인터뷰.

37) 토마스 베르그마르크 인터뷰.

38) 2004년 10월 24일 스타벅스의 벤 팩커드와 케빈 캐로더스와 나눈 대화, 그리고 2005년 4월 22일 주고받은 편지.

39) 2004년 6월 9일 3M의 빌 넬슨과 릭 레너와 나눈 대화.

40) 보고와 관련한 더 많은 정보는 다음을 참고하라. SustainAbility, United Nations Environment Programme, and Standard & Poor's *Risk and Opportunity: Best Practice in Non-Financial Reporting*, www.sustainability.com/insight/reporting-article.asp?id=128/; Allen White, "New Wine, New Bottles: The Rise of Non-Financial Reporting," *A Business Brief by Business for Social Responsibility*, 20 June 2005, www.bsr.org/Meta/200506=BSR=Allen-White+Essay.pdf; and Global Reporting Initiative, *Sustainability Reporting Guidelines of* 2002,www.globalreporting.org/guidelines/2002contents.asp.

41) "Connecticut Utility Pleads Guilty," *WaterTech online*, 30 September 1999, www.waternet.com/News.asp?mode=4&N=ID=12648/. 유죄인정으로 1,000만 달러에 달하는 벌금을 물었다.

42) GRI에 대한 더 자세한 정보는 www.globalreporting.org를 참고하라. 우리는 몇몇 수상경력이 있는 기업의 사례를 www.eco-advantage.com에 올려놓았다.

43) 2005년 3월 6일 코네티컷 주 뉴 헤이븐에서 인터페이스의 레이 앤더슨과 진행한 인터뷰.

44) Gary Pfeiffer, "Keynote," Speech, conference Board annual meeting on Business and Sustainability, New York, NY, 10 June 2004.

45) 2004년 10월 20일 네덜란드 헤이그에서 쉘의 마크 웨인트라웁, 렉스 홀스트와 진행한 인터뷰.

46) 2004년 6월 1일 마리아 에밀리아 코레아와 나눈 대화.

47) 2004년 3월 31일 캐나다 밴쿠버에서 알칸의 댄 가그니어와 나눈 인터뷰, 2004년 6월 23일 알칸의 사이먼 레이디척, 파울라 키슬러와 나눈 대화.

48) 앨빈 캘린 인터뷰.

49) 2004년 12월 10일 뉴욕 주 뉴로셸에서 앨리사 하몬드와 나눈 인터뷰, 2006년 3월 1일 주고 받은 편지.

50) 사이먼 레이디척과 파울라 키슬러 인터뷰.

Chapter10 환경정책이 실패하는 이유

1) 루즈 공장 이야기는 여러 곳에 나온다. 더 많은 정보를 얻으려면 www.ford.com을 참고하라. 그리고 다음도 참고하라. "Ford Transforms Old Facility into Enviro Friendly Plant," *Greenwire*, 4 April 2004.

2) 다음을 참고하라. "Wal-Mart Pledges One Acre for Every Acre Developed," http://walmartstores.com/Sustainability/5127.aspx, accessed 25 July 2008.

3) 2004년 11월 2일 디어크 피터스와 나눈 대화.

4) Bloomberg News, "Toyota Says It Plans Eventually to Offer an All-Hybrid Fleet," 14 September 2005.

5) 2004년 10월 24일 스타벅스의 벤 팩커드, 케빈 캐로더스와 나눈 대화, 그리고 2005년 4월 22일 수 메클렌부르크 인터뷰.

6) 2004년 1월 21일 영국 런던에서 진행한 인터뷰, 그리고 2006년 2월 13일 주고받은 편지.

7) 전문가 견해에 따르면 프레온가스의 '지구온난화 가능성'은 매우 높다.

8) Bloomberg News, "Fuji Photo Wins Dispute over Cameras," *New York Times*, 3 August 2004.

9) 2004년 1월 28일 애리조나 주 챈들러에서 인텔의 류 스카페이스, 팀 모힌, 테리 맥마누스, 랜디 헬게손과 나눈 인터뷰. 2005년 11월 3일 워싱턴 D.C에서 모힌과 진행한 인터뷰. 다음도 참고하라. John Harland and Tim Mohin, "Designing for the Environment Turns Intel Fabs Green," Technology@Intel, November 2005.

10) 2003년 11월 25일, 2003년 12월 12일 킨코스의 래리 로제로와 나눈 대화.

11) 2005년 3월 31일 킨코스의 래리 로제로와 나눈 대화.

12) 2004년 11월 30일 코네티컷 주 뉴 헤이븐에서 허먼 밀러의 크리스 마누스와 진행한 인터뷰. 2006년 2월 28일 허먼 밀러의 마크 슈르만과 나눈 편지.

13) 2004년 7월 28일 일리노이 주 오크 브룩에서 맥도날드의 밥 랭거트와 엘세 크루엑, 퍼세코의 케네스 크라우제와 진행한 인터뷰.

14) Charles O. Holliday Jr., Stephan Schmidheiny, and Philip Watts, *Walking the Talk: The Business Case for Sustainable Development* (Sheffield, UK: Greenlear Publishing, 2002), 139: discussed in Monica Araya, "To Tell or Not to Tell? Determinants of Environmental Disclosure and Reporting in Corporate Latin America" (PhD Dissertation, Yale University, 2006), 276.

15) 2005년 1월 5일 리오 틴토의 데이브 리처즈와 나눈 대화. 다음도 참고하라. D. G. Richards, "Integrating Mineral Development and Biodiversity Conservation into Regional Land-Use Planning," *Landscape Ecology and Wildlife Habitat Evaluation: Critical Information for Ecological Risk Assessment, Land-Use Management Activities, and Biodiversity Enhancement Practices*, L. A. Kapustka, H. Galbraith, M. Luxon, and G. R. Biddinger, eds. (West Conshohocken, PA: ASTM International, 2004), ASTM STP 1458.

16) 2005년 3월 27일 스타벅스의 수 메클렌부르크와 진행한 인터뷰.

17) 2003년 12월 3일, 2005년 3월 25일, 2005년 4월 8일 팀버랜드의 테리 켈로그와 나눈 대화.

18) 이후 쉘은 공정개선에 4,900만 달러를 투자한 결과, 지난 5년에 걸쳐 정유공장의 이산화황 배출량을 50퍼센트 줄였다.

19) "TotalFinaElf: 'We Have Learnt by Experience,'" *Weekly Petroleum Argus*, 27 May 2002. 다음도 참고하라. "Damage Limitation," *Weekly Petroleum Argus*, 27 May 2002.

Chapter11 지속적 경쟁우위를 위한 실천방법

1) Forest Reinhardt, "DuPont Ereon Products Division," Harvard Business School Case 389111, 1989.

2) Forest Reinhardt, "Champion International Corp.: Timber, Trade, and the Northern Spotted Owl," Harvard Business School Case 792017, 1991.

3) 2004년 5월 3일 환경보호의 톰 머레이와 나눈 대화. 저자에게 건네받은 문서, Tom Murray, "Copy This! Reducing the Environmental Impacts of Copy Paper Use," presentation document, 19 November 2003.

4) 2004년 10월 19일 네덜란드 로테르담에서 예로엔 보르드빅과 진행한 인터뷰, 2004년 10월 19일과 2004년 11월 1일 유니레버의 크리스 폼프렛과 나눈 대화.

5) 2005년 1월 5일 리오 틴토의 데이브 리처즈와 나눈 대화.

6) 2004년 10월 16일, 텍사스 주 라운드 록에서 델의 팻 네이선과 진행한 인터뷰. 2006년 2월 24일 델의 토드 아보게이스트와 주고받은 편지.

7) 2004년 8월 24일 스웨덴 알름홀트에서 이케아의 고란 브로해머와 진행한 인터뷰.

8) 이해관계자를 기업이론에 어떻게 활용할 것인가는 수년 동안 학술적 연구의 핵심이었다. 연구자 대부분이 이 주제에 관한 근대적 사고의 출발점으로 다음 책을 언급한다. R.E. Freeman, *Strategic Management: A Stakeholder Approach* (Boston: Pitman, 1984). 우리는 특히 이해관계자를 우선시하는 모범적인 관행과 분석틀을 제시한 두 가지 분석서를 참고했다. Ronald K. Mitchell, Bradley R. Agle, and Donna J. Wood, "Toward a Theory of Stakeholder Identification and Salience: Defining the Principle of Who and What Really Counts," *Academy of Management Review* 22:4 (1997): 853-886; and Jem Bendell, "Talking for Change? Reflections on Effective Stakeholder Dialogue," *New Academy of Business*, 20 October 2000.

9) Mitchell et al., "Toward a Theory of Stakeholder Identification and Salience."

10) 2×2 도표에 대한 더 자세한 내용은 다음을 참고하라. G. Savage, T. Nix, C. Whitehead, and J. Blair, "Strategies for Assessing and Managing Organizational Stakeholders," *Executive* 5:2 (1991): 61-75.

Chapter12 환경전략으로 독보적 기업 만들기

1) Michael Porter, *Competitive Advantage: Creating and Sustaining Superior Performance* (New York: Free Press, 1985).

2) 다음을 참고하라. Howard Gardner, "The Synthesizing Leader," *Harvard Business Review*, February 2006, reprinted in The HBR List: Breakthrough Ideas for 2006.

3) Adam Aston and Burt Helm, "The Race Against Climate Change," *Business Week*, 12 December 2005, 59.

4) "Home Depot Pushes Contractor to Use Environment-Friendly Product," *Greenwire* from Green-Biz.com, 7 June 2003.

5) 2005년 6월 2일 뉴욕 주 뉴욕에서 앙드레 아바디와 진행한 인터뷰.

6) Aston and Helm, "The Race against Climate Change," p. 66.

7) 2004년 3월 5일, 델라웨어 주 윌밍턴에서 듀폰의 폴 테보, 돈 리튼하우스, 에드 몬간과 진행한 인터뷰 내용. 이 사업부문은 현재 코크 인더스트리가 소유한 인비스타에 속해 있다.

8) 2004년 1월 29일 인텔의 알렉스 허드와 나눈 대화.

9) 2004년 10월 21일 영국 런던에서 BP의 크리스 모터쉐드와 진행한 인터뷰.

10) 2004년 9월 8일과 2006년 4월 3일, 베이 웨스트의 마크 스탠랜드와 나눈 대화. 2004년 5월 18일 그린 실의 아서 웨이스만과 나눈 대화.

11) 2004년 3월 31일 캐나다 밴쿠버에서 열린 글로벌 2004에서 트라비스 엔겐의 기조연설. 2004년 3월 31일, 캐나다 밴쿠버에서 알칸의 댄 가그니어와 진행한 인터뷰. 2004년 6월 23일 알칸의 사이먼 레이디척, 파올라 키슬러와 나눈 대화. 다음도 참고하라. "Rio Tinto Alcan Inaugurates Breakthrough US$2225 Million Porlining Treatment Pilot Plant in Quebec," 12 June 2008,

www.riotinto.com/riotintoalcan/ENG/media/35_media_releases_1242.asp.

12) Unmesh Kher, "Getting Smart at Being Good···Are Companies Better Off for It?" (Time Inside Business), Time, January 2006, A7.

이케아 사람들은 왜 산으로 갔을까?

펴낸날   초판 1쇄   2012년 2월 7일

지은이   대니얼 C. 에스티, 앤드루 S. 윈스턴
옮긴이   김선영
펴낸이   심만수
펴낸곳   ㈜살림출판사
출판등록 1989년 11월 1일 제9-210호

경기도 파주시 문발동 522-1
전화   031)955-1350   팩스 031)955-1355
기획·편집 031)955-4694
http://www.sallimbooks.com
book@sallimbooks.com

ISBN   978-89-522-1716-5   03320

책임편집 **박지혜**